স্মৃতির অলিন্দে একাকী

স্মৃতিচারণায় প্রবীর রায়

inkScribe

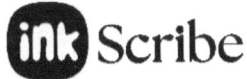

স্মৃতির অলিন্দে একাকী

Publisher: Inkscribe Publishing Pvt. Ltd

ISBN Number: 978-1-969259-16-6

সূচিপত্র

কথামুখ

আমি নামকরা মানুষ নই। খুবই সাধারণ একটা মানুষ। কিন্তু জীবনের অভিজ্ঞতা বিচিত্র। কত কিছু করেছি --- এডভার্টাইসিং ফার্মে চাকরি থেকে শুরু করে অভিনয়, আবৃত্তি, ধারাবাহিক প্রযোজনা, পরিচালনা থেকে শেষে থামলাম এসে ছায়াছবি পরিচালনাতে। থামলাম কারণ এই বয়েসে নতুন আর কিছু করা সম্ভব নয় বলে। তবু দেখতে দেখতে তিনটে ফিল্ম পরিচালনা করা হয়ে গেলো। এর আগে কলকাতা দূরদর্শনের জন্যও প্রচুর ধারাবাহিক প্রযোজনা করেছি, পরিচালনা করেছি এবং অভিনয়ও করেছি।

কর্মক্ষেত্রে নানারকম অভিজ্ঞতা আমার ঝুলিতে। বিশেষত ধারাবাহিক প্রযোজনা, পরিচালনা আর অভিনয়ের ক্ষেত্রে। ভারতবর্ষে দূরদর্শন সম্প্রচারের ক্ষেত্রে আমি কিন্তু অনেক ব্যাপারেই প্রথম। যেমন প্রথম রঙ্গিন সম্প্রচার, পণ্ডিত রবিশঙ্করকে দূরদর্শনের পর্দায় প্রথম নিয়ে আসা, কলকাতা দূরদর্শনে প্রথম স্পন্সরড ধারাবাহিক শুরু ডিডি১, ডিডি২ এবং ডিডি৭ (ডিডি বাংলা) তিনটে চ্যানেলেই। কলকাতার দূরদর্শনের প্রথম গোয়েন্দা ধারাবাহিক 'বিচিত্র তদন্ত', প্রথম শরৎচন্দ্রের উপন্যাস নিয়ে ধারাবাহিক 'গৃহদাহ'। আজ কত মানুষের, কত হাউসের, কত চ্যানেলের লাভজনক ব্যবসা হচ্ছে ধারাবাহিক প্রযোজনা।

আসলে সব কিছু প্রথম করার মধ্যে একটা রিস্ক কিন্তু থেকে যায়। কেউ যদি সময়ের আগে কিছু করতে যায়, তাহলে একটা রিস্ক তো থাকবেই। আমি যখন প্রথম রঙিন কভারেজ করি, অর্ধেক মানুষই জানতেন না U-Matic cassette কি জিনিস। তাই লোকসানও করেছি প্রচুর।

এই পরিণত বয়সে এসে মাঝে মাঝে ফেলে আসা অতীতের পানে তাকিয়ে দেখতে বেশ লাগে। খানিকটা ভয় মিশ্রিত বিস্ময়, কৌতুক – সব মিলে মিশে একটা রঙচঙে অনুভূতির জন্ম হয় তাতে খানিক

তৃপ্তির মিশেল থাকে। ভাবতে বসি- সাহসে ভর করে নতুন নতুন কাজে জড়িয়ে পড়ে কতো রকম অভিজ্ঞতা সঞ্চয় হয়েছে। এখন মনে হয়- এই অভিজ্ঞতাগুলোই মানুষকে নিরন্তর নতুন কাজে লেগে পড়ার প্রেরণা যোগায়। প্রাত্যহিক ব্যস্ততার ফাঁকফোকরে একটু অবসরমতো এই অভিজ্ঞতাগুলো লিখে ফেলার একটা তাগিদ অনুভব করছি কিছুদিন যাবৎ। এখানে সম্পূর্ণ লেখাটাই আমার নিজস্ব অভিজ্ঞতাপ্রসূত। কোনো বই পড়ে বা কারো মুখে শোনা গল্প নয়। প্রত্যেক গুণীজনের সঙ্গে আমার ব্যক্তিগত পরিচয়ের পরিপ্রেক্ষিতে এই লেখা। সে সময়টা ছিল "অযান্ত্রিক", তাই সেই সময়ের অনেক ছবি আর কণ্ঠস্বর এখন আর আমার সঙ্গে নেই, সেটাই খুব দুঃখের কিন্তু একটা স্বর্ণময় যুগে আমার জন্ম। তার জন্য ঈশ্বরের কাছে আমি কৃতজ্ঞ।

আমার এই লেখার পিছনে কিছু মানুষের অবদান আমাকে স্বীকার করতেই হবে মানে করা উচিত বলে আমি মনে করি। আমার স্ত্রী পপাই (সোমশ্রী রায়), ছেলে নীল (অভিরূপ রায়) আর বৌমা আশু (ফালাক) তো আছেই। ওদের কথা আলাদা করে বলার কোনো মানে হয় না। নীল তো আমাকে ২০২৪ এর ফেব্রুয়ারিতে ডেডলাইন দিয়েছিলো শেষ করার জন্য। কিন্তু নিজের মানসিক ক্লান্তি আমার সবসময় লেখার অন্তরায় হয়ে দাঁড়িয়েছিল।

আত্মীয়স্বজন বাদে বাইরের মানুষের মধ্যে যাঁদের কথা না বললেই নয়, তাঁদের এই ফাঁকে একটু কৃতজ্ঞতা জানিয়ে রাখা উচিত বলে মনে করি। পৌলমী শীল- আমার দুটো ছায়াছবির ("যেতে নাহি দিব","অগ্নিমন্থন") পিছনে পৌলমীর সহযোগিতা ভোলবার নয়। সবরকম ভাবে আমার পাশে দাঁড়িয়েছিল। আমার অনেক অনেক কৃতজ্ঞতা ও ভালোবাসা পৌলমীকে। রূপ দে - তোমার প্রতিও রইলো আমার কৃতজ্ঞতা। যেতে নাহি দিবো ছবিটা করার সময় আমার পাশে দাঁড়ানোর জন্য।

শর্বরী চক্রবর্তী-যে মানুষটা নিঃস্বার্থভাবে আমার পাশে থেকেছে দুটো ছায়াছবি ("যেতে নাহি দিব"এবং "অগ্নিমন্থন") শেষ করা এবং রিলিজ করা পর্যন্ত। শুধু তাই নয়, আজও আমার লেখার পিছনে

যার হাত সবচেয়ে বেশি। ক্রমাগত উৎসাহ দিয়ে যাওয়া থেকে বাংলার কোনো ভুল ত্রুটি শোধরানো পর্যন্ত। আমার প্রতিটা পোস্টে স্বতঃস্ফূর্ত প্রতিক্রিয়া এবং কমেন্ট একটা মানুষকে প্রেরণা জোগাতে সাহায্য করে। সেটাও অস্বীকার করা যায় না। আমার আন্তরিক শ্রদ্ধা ও কৃতজ্ঞতা তোমার প্রতি শর্বরী।

এ ছাড়া এই বইয়ের প্রকাশক থেকে আরম্ভ করে মুদ্রণের সঙ্গে যুক্ত সবার জন্য রইলো অনেক অনেক ভালোবাসা। আর সবশেষে পাঠকদের জানাই অশেষ ধন্যবাদ ও ভালোবাসা ধৈর্য সহকারে এই বইটি পড়ার জন্য। সবাই ভালো থাকুন, ঈশ্বরের কাছে এই কামনা করি।

পুরনো সেই দিনের কথা

রাত বেশ হলো। খাওয়ার পর বাড়ির সামনে একটু পায়চারি করা অনেক দিনের অভ্যাস। বেরোবার আগে ঘড়ির দিকে তাকিয়ে দেখি, কাঁটা দুটো বারোটা বাজাবার যৌথ প্রচেষ্টায় রত। বাতাসে এখনও হিম ভাব। সারাদিনের কর্মব্যস্ততার পরে শহরটা কেমন যেন এলিয়ে আছে। বড়ো রাস্তায় দু একটা ধাবমান গাড়ির সোচ্চার ঘোষণা। অনতিদুরের কোনো বাড়ি থেকে এফ. এম বাহিত হয়ে মান্না দে আমার কাছে পৌঁছলেন ; "আমি নিরালায় বসে বেঁধেছি আমার স্মরণবীণ"- ! চলার গতি আরও শ্লথ হলো। ... আলোর পিছনে লুকানো ছায়া মায়া জড়ায় ..... আচ্ছা, এই লেখক, কবি এঁরা আমার আপনার মনের কথা এতো সুন্দর করে কি করে বলেন? নিজের ভেতরে একটা তিরতিরে চোরা স্রোত টের পেলাম, কষ্টের আবার একই সঙ্গে ভালো লাগার। স্মৃতির সরণী বেয়ে পেছন দিকে ফিরে চললাম। কতো ছায়া, কতো ছবি। স্মৃতির থেকে ভালো কোনো ট্যুরিস্ট স্পট আছে বলে আমার জানা নেই।

অনেকদিন থেকেই ভাবছি নিজের কথা লিখি। সেই কোন সুদূর কাল থেকে রঙীন উপল খন্ডে সাজানো পথ বেয়ে হাঁটতে হাঁটতে এতোদূর চলে এলাম। জীবনের প্রান্তসীমায় পৌঁছে মনে হচ্ছে সেই সব মন-ভালো করা, মন-খারাপ করা অনুভূতি দিয়ে ঝাড়লন্ঠন সাজাই। ছুঁয়ে যাই আমার একান্ত প্রিয়জনেদের যাদের অনেকেই রক্ত সম্পর্কিত না হয়েও আমার আত্মার আত্মীয়।

মনকপাট খুলে দিলাম। আত্মকথন শুরু হোক।

আমার জন্ম ১৯৪৮এর ৩১শে আগস্ট বালিগঞ্জে ৮ নম্বর ফার্ন প্লেসে। আমার ঠাকুর্দারা প্রথম দিকে থাকতেন গরপাড়ে। পরে ১৯৪৪ এ এই বাড়ি কিনে দক্ষিণ কলকাতায় চলে আসেন। ঠাকুর্দা তিন ছেলে, মেয়ের জন্য দক্ষিণ কলকাতায় তিনটে বাড়ি কিনেছিলেন। দুটো গোলপার্কে আর একটা ফার্ণ প্লেসে। ঠাকুর্দার

মৃত্যুর পর ওই বাড়িটা আমার জেঠামশাই পান। গোলপার্কের বাড়ি দুটোয় ভাড়াটে ছিল। পরে আমার পিসি এসে মৌচাকের পাশের বাড়ির ভাড়াটে উঠিয়ে বসবাস শুরু করেন। আর আমার বাবার অংশের বাড়ির নম্বর ছিল ২১/৬ গড়িয়াহাট রোড, গাঙ্গুরামের পাশে- ব্যান্ডবক্সের লাগোয়া গলিতে। ওই বাড়ি আমি বিক্রি করে দিয়েছিলাম ১৯৭৫ সালে ফিল্ম বানাবার নেশায়। এখন ওখানে এক টুকরো জমিও খুঁজে পাওয়া যাবে না।

আমার মায়ের বাড়ি ছিল গড়িয়াহাটে গিনি ম্যানসনের পাশে। আলেয়া সিনেমার পাশে পেট্রোল পাম্পের পেছন দিকে একটা বড় বাড়িতে আমার দাদু দিদিমা থাকতেন। ১৯৪৫এ দাদু ওই বাড়িতেই মারা যান। দাদুকে দেখতে ওই বাড়িতে এসেছিলেন ডাক্তার বিধান রায়। দেখতে এসেই দরজায় দাঁড়িয়ে দিদিমাকে বলেছিলেন- "কিছু করার নেই।"
এ সবই আমার জন্মের আগের গল্প। দিদিমা ইন্দুলেখা চৌধুরীর খুবই প্রিয় ছিলাম আমি। রবীন্দ্রনাথের কাছে শিক্ষা প্রাপ্ত এই মহিলার জীবনের আদর্শই এক অনন্য ধারায় বইতো। দাদু মারা যাবার পর শুনেছিলাম ওঁকে একাই সব করতে হতো। কিন্তু সবসময় মুখে হাসি দেখতাম। মায়ের কাছে গল্প শুনেছি গুরুদেব না কি অনেক জায়গায় আমার দিদিমাকে নিয়ে যেতেন। কোনো অনুষ্ঠানে গিয়ে যদি কেউ সন্ধ্যাবেলা দিনের বেলার গান ধরতো অথবা বর্ষার সময়ে শীতের গান ধরতো, গুরুদেব দিদিমার দিকে তাকিয়ে শুধু বলতেন "ইন্দু"। তখন দিদিমা উঠে গিয়ে গুরুদেবের মনমতো গান করতেন। গুরুদেবের এতো কাছের ছিলেন আমার দাদু দিদিমা কিন্তু দিদিমার কাছে এই নিয়ে আত্মম্ভরিতা দেখিনি। নিজেকে সব সময় গুটিয়ে রাখতেন। শেষ দিন পর্যন্ত কর্পোরেশন স্কুলে পড়িয়ে গেছেন। আমার দিদিমা চলে যান ১৯৬৬ সালে।

ছোটবেলার স্মৃতি বলতেই মনে পড়ে মাত্র দশ বছর বয়সেই বাবাকে হারানো, ১৯৫৮র ১১ই নভেম্বর। বাবা যেদিন মারা যান সেদিন আমি দিদিমার কাছে। ঠাকুমা অসুস্থ সেটা জানতাম। খবর পেয়ে ফার্ণ প্লেসের বাড়ি গিয়ে জানতে পারি বাবা আর নেই। বাবা মায়ের তিন সন্তানের মধ্যে আমি বড়ো, আমার পরে দুই বোন পাপড়ি

আর নুপুর। যে সময়টা বাবার কোলেপিঠে খেলা করার বয়স, সেই সময়েই আমি হঠাৎ বেশ বড়ো হয়ে গেলাম। ঠাকুর্দা প্রফুল্ল চন্দ্র রায় ঢাকার মানুষ হলেও পড়াশোনা ফরিদপুরে। পেশায় ইলেকট্রিক্যাল ইঞ্জিনীয়ার। পরবর্তী সময়ে ১৯১৭ তে Philips & Roy Private Limited তৈরী করেন। ঠাকুর্দার বাবা অর্থাৎ আমার প্রপিতামহ রাজকুমারচন্দ্র রায় ব্রাহ্মধর্ম গ্রহণ করেছিলেন বলে তাঁর বাবা তাঁকে ত্যাজ্যপুত্র করেন। ঠাকুর্দা প্রফুল্লচন্দ্র রায় পরিণয় সূত্রে আবদ্ধ হন ব্রাহ্মধর্মের পরিব্রাজক গুরুদাস চক্রবর্তীর কন্যা সান্ত্বনার সঙ্গে। একেবারে শিশু বয়সে মা- হারা সান্ত্বনা প্রতিপালিত হন কর্ণওয়ালিস স্ট্রিটে সাধারণ ব্রাহ্ম সমাজে শিবনাথ শাস্ত্রীর কাছে। আদর করে তিনি সান্ত্বনাকে ডাকতেন 'শেল্টার বিউটি' বলে।

মনে পড়ছে সেই শৈশব থেকেই কতো বিখ্যাত মানুষের সংস্পর্শে এসেছি। তখন তো আর এতো শত বুঝতাম না। কিন্তু স্মৃতির রঙীন মৌতাতের সঙ্গে আমার ঘরবসত- সেই কোন কাল থেকে! দাদু মনোরঞ্জন চৌধুরীর কথা আমার মনেই নেই। তিনি আমার জন্মের আগেই গত হন ১৯৪৫ এ। দিদিমা ইন্দুলেখা চৌধুরী রবীন্দ্রনাথ ঠাকুরের পঞ্চ কন্যার এক কন্যা। দিদিমার সঙ্গে উত্তরায়ণে গিয়ে কবিপুত্র রথীন্দ্রনাথ ঠাকুর এবং পুত্রবধূ প্রতিমা দেবীর সঙ্গে দেখা হওয়াটাও বেশ মনে আছে। আমার মায়ের নাম রঞ্জিতা আর মাসীর নাম নন্দিতা- দুটো নামই রবীন্দ্রনাথ ঠাকুরের দেওয়া। ছোটবেলা থেকে আমার স্বাস্থ্য খুব ভালো ছিলো না। মাত্র তিন বছর বয়সে নেফ্রাইটিসে আক্রান্ত হয়েছিলাম। দীর্ঘদিন ভুগে শেষে ডাক্তার বিধানচন্দ্র রায়ের চিকিৎসায় সুস্থ হয়ে উঠি। ১৯৫৭তে আমাকে পাঠানো হল দার্জিলিং-এ পিসির বাড়ি। পিসির বাড়ি "হোয়াইট হল" ছিল টঙ্গা রোডে. তেনজিং নোরগের বাড়ির নিচে। প্রথমে আমাকে ভর্তি করা হলো মহারাণী গার্লস হাই স্কুলে। পিসি বীণা নন্দী ওই স্কুলেরই শিক্ষিকা, সুতরাং তাঁর স্নেহ মিশ্রিত শাসনের আওতায় আমি বড়ো হয়ে উঠবো- এমনটাই ইচ্ছে ঠাকুর্দার। চতুর্থ শ্রেণীতে ভর্তি হলাম। এদিকে বাবাও পারিবারিক ব্যবসা ছেড়ে কাইজার কোম্পানির চাকরী নিয়ে জামশেদপুরে চলে যান, সঙ্গে মা আর দুই বোন।

বাবা অকালে চলে যাওয়াতে যথারীতি মাকে নানাবিধ সাংসারিক প্রতিকূলতার মুখোমুখি হতে হয়। পিতৃহীন হওয়ার ব্যথা ভোলার আগেই ঠাকুমাকে হারালাম মাত্র তিন মাসের মধ্যে, ১৯৫৯ ফেব্রুয়ারীতে। পুত্রশোক সইতে পারেননি। বছর দশ এগারোর ছেলেটা সেই বয়সেই জীবনের সঙ্গে সমঝোতা করতে শিখে গেল। পিতৃহীন ছেলেটিকে স্নেহ যত্নে আগলে রেখেছিলেন মায়াদি, ঠাকুর্দা তাকে কন্যাসমা মানুষ করেছিলেন। ১৯৬১তে ঠাকুর্দা আমার মা আর দুই বোনকে কল্যাণীতে পাঠিয়ে দিলেন।

লিখতে বসে দেখছি, কতো যে অবান্তর স্মৃতিরা চারপাশে ভীড় করে এসে দাঁড়িয়েছে। সবাই মুখ বাড়াচ্ছে- আমি কখনও প্রসন্ন, কখনও বিষণ্ন। মনে পড়ছে, দার্জিলিংএ ক্যাপিটাল সিনেমা হলে লালুভুলু ছবিটা দেখতে গেছি পিসির সঙ্গে। কি দেখেছিলাম, এখন আর সেটা মনে নেই। শুধু একটা নিষ্ফল যন্ত্রণা, যা সেদিন এবং তারপর আরও অনেকদিন আমাকে কুরে কুরে খেয়েছিলো ; ইস, আমার যদি একটা দিদি থাকতো।

ছোটবেলার মজার দিনগুলোর কথাও মনে পড়ে। ছোটবেলা থেকেই আমার মাথায় দুষ্টু বুদ্ধি খেলা করতো। একটা ঘটনা শেয়ার করছি। আমার ঠাকুরদার বন্ধু ছিলেন সিনিয়ার পি সি সরকার মানে প্রতুল চন্দ্র সরকার। আমাদের দুই পরিবার প্রায় প্রতিবেশী ছিলাম। ফলে আসা যাওয়া লেগেই থাকতো। এখন যিনি পি সি সরকার নামে বিখ্যাত, মানে প্রদীপ চন্দ্র সরকার, তিনি আমার বন্ধু। ছোটবেলা থেকেই একসঙ্গে আড্ডা, খেলাধূলো চলতো। আমার ঠাকুরদা চীন স্বাধীন হবার পর সে দেশে গিয়েছিলেন ৫০-এর দশকের শেষে। ফেরার পর একদিন প্রতুল সরকার এসেছেন আমাদের বাড়িতে। আমাদের বাড়িতে মদ্যপান চলতো না। নানারকম খাওয়া দাওয়া আর আড্ডার পরে বাড়ির ছোটদের উনি বললেন- “আমি তোমাদের একটা ম্যাজিক শেখাব। তোমরা সবাই মনে মনে একটা করে সংখ্যা ভাব।” তারপর গুণ, ভাগ, যোগ, বিয়োগ- নানা কিছু করে উনি সবাইকে বলে দিলেন কে কোন সংখ্যা ভেবেছে। আমাকে জিজ্ঞেস করলেন। আমি বললাম, “না,

মেলেনি।" উনি জিজ্ঞেস করলেন, "তুমি কি সংখ্যা ভেবেছিলে?" আমি বললাম, "৩/৪"। প্রাণখোলা হাসিতে ঘর ভরিয়ে উনি ঠাকুরদাকে বলেছিলেন, "এই ছেলেটা তো ভীষণ বিচ্ছু"।

আমরা তিন ভাই বোন আগেই বলেছি। আমার পরে পাপড়ি, তারপর নুপুর। পাপড়ি নৈহাটী ঋষি বঙ্কিমচন্দ্র কলেজ থেকে পাস করে ভালোবেসে বিয়ে করে কিশোর চৌধুরীকে। কিশোর তখন সিঙ্গার কোম্পানিতে চাকরি করতো, পার্ক স্ট্রিট শোরুমে বসতো। তারপর চাকরি ছেড়ে লুব্রিকেন্ট অয়েল উৎপাদন করা শুরু করে, জাহাজে এই অয়েল সাপ্লাই করতো। ওদের কোনো ছেলে মেয়ে ছিল না। এ ছাড়া কিশোর Wild Life Conservation এর সঙ্গে জড়িত ছিল এবং ভারতবর্ষে Elephant Conservation এর একজন প্রধান মুখ ছিল। কিশোর ছিল একজন FRGS (Fellow of Royal Geological Society)। ওদের আর একটা নেশা ছিল গাড়িতে সারা ভারতবর্ষ ঘুরে বেড়ানো। সারা পৃথিবীও চষে বেরিয়েছে ওরা। ২০১৭ সালে কিশোর আমাদের ছেড়ে চলে যায়। তারপর থেকে পাপড়ি একদমই একলা হয়ে যায়। ও নানারকম জনহিতকর কাজের সঙ্গে নিজেকে যুক্ত করে ফেলে। আমার সব থেকে ছোট বোন নুপুর বিহারীলাল কলেজ থেকে হোম সায়েন্স নিয়ে পাস করে নিজে পছন্দ করে বিয়ে করে প্রদীপ দেকে। প্রদীপ শিবপুরের সিভিল ইঞ্জিনিয়ার, M.N. Dastoor থেকে ডিরেক্টর হওয়ার পর অবসর গ্রহন করে। ওদের এক মেয়ে সোনাই (নীলাঞ্জনা) একটি মাল্টি ন্যাশনাল কোম্পানির ভাইস প্রেসিডেন্ট, দিল্লীতে থাকে।

আবার ফিরে যাই আমার স্মৃতিচারণায়। দার্জিলিঙে আর মন বসলো না। বসার কথাও নয়। ঠান্ডা আর তার সঙ্গে ঝিরঝির বৃষ্টি, খুব বিষন্ন লাগতো। কলকাতার কথা মনে পড়তো, মন খারাপ করতো। জীবনের সব থেকে সুন্দর সময়েই আমি অব্যবস্থিতচিত্ত।

১৯৬১ তে দার্জিলিং থেকে ফিরে এলাম কলকাতায় ঠাকুর্দা ঠাকুমার কাছে। তারপর বালিগঞ্জ জগতবন্ধু ইনস্টিটিউট থেকে ১৯৬৫ তে উচ্চ মাধ্যমিক। পড়াশোনার পাশাপাশি তখন আমি সাঁতার নিয়ে মশগুল। ১০০ মিটার ব্রেস্ট স্ট্রোক আর ১০০ মিটার বাটারফ্লাই

আমার নেশা। ১৯৬৩, ১৯৬৪ তে সাঁতারে স্কুল ক্যাপ্টেন। দু বছরই আমার অধিনায়কত্বে জগতবন্ধু ইন্সটিটিউট ইন্টার- স্কুল চ্যাম্পিয়ান। সাউথ ক্যালকাটা ডিস্ট্রিক্ট আর ন্যাশনাল চ্যাম্পিয়ানশিপে বাংলার স্কুলের হয়ে প্রতিনিধিত্ব করার সম্মান তখন করায়ত্ত। ১৯৬২ তে অ্যান্ডারসন ক্লাবে ওয়াটার ব্যালেতে অংশগ্রহণ আরেকটা স্মরণীয় অভিজ্ঞতা। ইন্টার-স্কুল, ডিস্ট্রিক্ট স্কুল, এক মাইল সাঁতার প্রতিযোগিতা - সবখানেই আমি হাজির।

শুধু সাফল্যের দিনেও আমি একা। আনন্দ ভাগ করে নেবার মতো সস্নেহ প্রশ্রয় বাড়িতে পাইনি, মাসির কাছে ছাড়া। টুকু মাসি। তখনকার দিনে নামকরা মঞ্চাভিনেত্রী ছিলেন। তরুণকুমার আর সুব্রত চ্যাটার্জীর সঙ্গে একসঙ্গে অভিনয় করতেন। 'পাশের বাড়ি' ছায়াছবিতে নায়িকা মনোনীত হয়েছিলেন কিন্তু পারিবারিক কারণে করতে পারেননি। সাবিত্রী চ্যাটার্জী করেছিলেন এবং ওটাই সাবিত্রী চ্যাটার্জীর প্রথম নায়িকা চরিত্র। সেই মাসি আমার সব কম্পিটিশনে চলে যেতেন। সে অ্যান্ডারসন হোক বা কলেজ স্কোয়ার হোক বা হেদুয়া।

বাড়িতে না হোক, বাইরে পাড়ায়, ক্রমে পাড়ার বাইরে আমি তখন রীতিমতো যাকে বলে হিরো। আমাকে নিয়ে কিশোরীদের উচ্ছ্বাস, পাগলামি সে বয়সে দারুণ উপভোগ্য ছিলো। কতো যে মজার ঘটনা মনে পড়ছে লিখতে বসে। বাংলার ক্রিকেট অধিনায়ক সুধাংশু চ্যাটার্জীর (আসল নাম নয়) মেয়ে ঝুলন (আসল নাম নয়) গলা ফাটিয়ে আমাকে সমর্থন করতে গিয়ে ভারী সোনার হারটাই ছিঁড়ে ফেললো। মনে পড়ছে দেবিকার কথা। পাড়ার মেয়ে। মনে মনে বেশ বুঝি আমায় পছন্দ করে। কিন্তু সেটা প্রকাশ করা যাবে না। ১৯৬৪ র কথা। ইন্টার ক্লাব প্রতিযোগিতার ফাইনাল। আমার ফেভারিট ইভেন্ট ১০০ মিটার ব্রেস্ট স্ট্রোক। ডেভিড হাওয়ার্ড বলে একটি ছেলের ফেভারিট ১০০ মিটার বাটারফ্লাই। হিটে এই ইভেন্টে ডেভিড প্রথম আর আমি তৃতীয়। ফাইনালের আগে দেবিকা তো প্রচুর আওয়াজ দিলো। আমারও জেদ চাপলো মাথায়। ফাইনালের ফল ঘোষণা হলো। শত্তুরের মুখে ছাই দিয়ে আমি প্রথম আর ডেভিড তৃতীয়। এরপর যেটা হলো সেটার জন্যে আমার কোচও

প্রস্তুত ছিলেন না। ১০০ মিটার ব্রেস্ট স্ট্রোকে নামার আগেই আমি অজ্ঞান। দেবিকাকে সবাই দুষলো। ওর প্রত্যয়ী উত্তর কিন্তু আমাকে নায়ক করেই ছাড়লো। ১৯৬৪ তেই রাজ্যপাল পদ্মজা নাইডুর হাত থেকে একের পর এক পুরস্কার গ্রহণ করেছিলাম। মা সেবার পুরস্কার গ্রহণ অনুষ্ঠানে হাজির ছিলেন। আর মাসিও ছিলেন, সেই প্রথম- সেই শেষ। কতো যে স্মৃতি-!

১৯৬৯ এ সিটি কলেজ অফ কমার্স থেকে বানিজ্য শাখায় স্নাতক হলাম। আমি বড়ো হয়ে গেলাম। উড়তে শিখলাম। সাঁতারের নেশা ছেড়ে এবার অন্য নেশার সন্ধান পেলাম। হ্যাঁ উড়তে শিখলাম। আমাদের পাড়ায় তখন সিমলা থেকে একটি মেয়ে এলো, নাম তাপসী (নাম পরিবর্তিত)। অসাধারণ সুন্দরী। লেডি ব্র্যাবোর্ণে ভর্তি হল সেই মেয়ে। তাকে দেখেই আমার একটা গান বেরিয়ে এলো- "আমার স্বপ্নে দেখা রাজকন্যা থাকে, আমার বাড়ির তিনটি বাড়ি পরে, ভ্যানগার্ডটি (তখন আমাদের গাড়ি ছিল স্ট্যান্ডার্ড কোম্পানীর) ভিড়িয়ে দিয়ে সেথা দেখে এলাম তারে"। এ গান অবশ্য ওর সামনে কোনোদিন গাই নি, কিন্তু একদিন যখন ও ১০ নম্বর দোতলা বাস ধরবে বলে বাসস্ট্যান্ডে দাঁড়িয়ে, সটান গিয়ে তাকে প্রোপোজ করে বসলাম। জিজ্ঞেস করলো, "কি করো?" বললাম, "1st year B.Com Hons"। উত্তর দিল, "আমি 2nd year"। ব্যস, সব জল হয়ে গেল। তখনকার সময়ে এই ব্যপারটা খুব ইম্পর্টান্ট ছিল। মেয়ে বড় আর ছেলে ছোট? অসম্ভব!

৬৭তে আলাপ হলো জয়শ্রীর সঙ্গে ফোন ক্রশ কানেকশানের মাধ্যমে, তখন ক্রশ কানেকশান খুব হতো। জয়শ্রী দাশগুপ্ত, তখন সাউথ পয়েন্টে। নিরূপমা প্রিন্টিং প্রেস নামে পারিবারিক ব্যবসা। বাবা অমলেন্দু দাশগুপ্ত ছিলেন স্টেটসম্যানের জার্নালিস্ট। সেই মেয়ের সঙ্গে প্রথম দেখা হলো ১৯৬৭র কোনো একদিন, পার্ক স্ট্রিটের Flurys এ। ততোদিনে সে মেয়ে মিস ফেমিনা খেতাবধারী। তারপর "মিস ক্যালকাটা"। পরদিন গ্র্যান্ড হোটেলে সেলিব্রেশান পার্টি। জয়শ্রী আমাকে সঙ্গে করে নিয়ে গেলো তার সেই সাফল্যের আঙ্গিনায়। এতোদিনে আমাদের সম্পর্কটা জানাজানি হলো। স্বীকার করতে দ্বিধা নেই, প্রথম প্রেমের স্পন্দন টের পেয়েছিলাম।

তারপর থেকে আমাদের দেখা সাক্ষাৎ বাড়তে লাগল। আমাদের আড্ডা মারার জায়গা ছিল জিমিস কিচেনের পাশে লিডো নামে একটা রেস্‌টুরেন্টে। এখন সেটা উঠে গিয়ে একটা চাইনিজ রেস্তোঁরা হয়েছে। বয়ঃসন্ধির আবেগে আর উচ্ছ্বাসে ভেসে গিয়ে আমরা ঘর বাঁধার সিদ্ধান্ত নিয়ে ফেললাম। ৬৮ তে জয়শ্রী হায়ার সেকেন্ডারী দিলো আর সে বছরই ২৫ শে জুন আমরা রেজিস্ট্রি করলাম - বাড়িতে না জানিয়ে।

বিয়ে তো নয়, রীতিমতো রোমাঞ্চকর একটা অভিযান। আমার ঠাকুর্দার বাবা কলকাতার প্রথম ম্যারেজ রেজিস্ট্রার। সেই সুবাদে বিয়ের ছাড়পত্র পাবার বয়সের হিসেবটা জানা ছিলো; ছেলের ২১ আর মেয়ের ১৮। তখন একটা নিয়ম ছিলো, জন্মের শংসাপত্র না থাকলে bone টেস্ট করে বয়স নির্ধারণ করা হতো। সেই সুযোগটা নিলাম কারণ হিসেব মতো আমার তখনও ২১ হয় নি। বোন টেস্ট করে দেখা গেলো আমার ২১ হয় নি কিন্তু জয়শ্রী ১৮ পেরিয়েছে। যাক বাঁচা গেলো। অন্তত ইলোপমেন্টের চার্জ আনা যাবে না! ওর মা এলেন আমাদের বাড়িতে, ঠাকুর্দার সঙ্গে কথা হলো। ও পক্ষ আইনী তরজা শুরু করলেও ঠাকুর্দা অবিচল রইলেন। "গ্র্যাজুয়েট হলে ওই মেয়ের সঙ্গেই আমার নাতির বিয়ে দেব"- শুনে আশ্বস্ত হলাম। জয়শ্রী পাকাপাকি এলো আমার কাছে। প্রথমে দিন কয়েক বালিগঞ্জের কর্ণফিল্ড রোডে এক মামার কাছে, সেখান থেকে কল্যাণীতে মায়ের কাছে। এবারে গুরু দায়িত্ব - গ্রাসাচ্ছাদনের চিন্তা। তখনও গ্র্যাজুয়েট হইনি। প্রথমে কিছুদিন পারিবারিক ইলেকট্রিক্যাল কোম্পানির কাজ দেখাশোনা করলাম। পড়াশুনা হচ্ছে না, অতএব কল্যাণী ছাড়লাম। এবারে জয়শ্রীদের বাড়িতে উঠলাম। সেখান থেকেই স্নাতক পরীক্ষা এবং সসম্মানে পাশ করলাম।

জয়শ্রীর সঙ্গে বিয়ের সময়ে আমাদের দুজনেরই বয়েস খুবই কম। তখন এত সংসার বুঝতাম না। যদিও তখন আমাদের মেয়ে (মৌ) হয়ে গেছে। খালি পার্টি আর রেস্‌টুরেন্ট। আমাদের তখন একটা গ্রুপ ছিল মন্‌টুদা (ব্যানার্জী নন), ওনার স্ত্রী হেলেন বৌদি, সুজিতদা, ওনার স্ত্রী বুলাদি। আজ আর কেউ নেই। বুলাদি আমাকে খুব

ভালোবাসতেন। আমার ডাক নাম ছিল বাপু। ওনার ছেলে হওয়ার পর ছেলের নাম নাম রাখলেন বাপু। এঁরা ছাড়া দেবীদা, দীপকদা, আশীষদা, ওনার স্ত্রী চৈতিদি (সঙ্গীতশিল্পী সুপ্রীতি ঘোষের মেয়ে), পরিতোষদা ও বুলা এবং আরো অনেকে। দীপকদা ছিলেন অভিনেত্রী লোলিতা চ্যাটার্জীর স্বামী এবং DUCKBACK কোম্পানির অন্যতম মালিক (হাতবদল হওয়ার আগে)। ল্যান্সডাউন রোডে বিরাট বাড়ি। ওই বাড়িতেও খুব আড্ডা হতো।

আমরা প্রায়ই পার্ক স্ট্রিট, নিজামে ঘুরে বেড়াতাম। এখনকার পার্ক স্ট্রিটের সঙ্গে তখনকার পার্ক স্ট্রিটকে কেউ মেলাবেন না প্লিজ। এখন পার্ক স্ট্রিট যতই সাজানো হোক, তখন পার্ক স্ট্রিটের একটা আলাদা গ্ল্যামার ছিল। তখন 'Trincas'এ গান করতেন উষা আয়ার (উষা উথুপ), 'Moulin Rouge' এ গান করতেন মধু, 'Magnolia' তে গান করতেন রাজ্ , 'Blue Fox' এ অমৃক সিং অরোরা। সে এক জমজমাট পার্ক স্ট্রিট। আবার ওদিকে ফিরপো মার্কেটে 'Lido' রুম। এই ফিরপো মার্কেট ১৯৬০-এর দশকে প্রিয় জায়গা ছিল উত্তমকুমার, সত্যজিৎ রায়, অমিতাভ বচ্চনের। স্টিমড ইলিশ প্রথম চালু হয় এখানে। আর খ্রীষ্টমাস এবং ৩১শে ডিসেম্বরে লিডো রুম চা চা চা, হুলা অথবা বেলী ডান্সে তখন জমজমাট। আবার তখন গ্র্যান্ড হোটেলের Princess-এ ক্যাবারে করতেন শেফালী আর হাওয়াইয়ান ডান্স করতেন রুপা ব্যানার্জী। আর মোটামুটি সব জায়গায় ড্রেস কোড ছিল। লাউঞ্জ স্যুট অথবা ডিনার জ্যাকেট। তা ছাড়া হাউস পার্টি তো আছেই।

ওই সময় একদিন একটা মজার ঘটনা ঘটলো। আমি, জয়শ্রী, দীপকদা, পরিতোষদা, বুলা সবাই গিয়েছি নিজামে রোল খেতে। আমরা বাইরে গাড়িতে বসে অর্ডার করলাম। ওখানে গেলে তাই করতাম, ভিতরে যেতাম না। 'পালোয়ান' বাইরে দিয়ে যেত খাবার। নেড়া মাথা পালোয়ানের মতো চেহারা, ওকে সবাই চিনতো। প্রায়ই যাওয়ার দারুন আমরা একটু স্পেশাল ছিলাম। তখন দীপকদার গাড়ি ছিল 'Dodge Kingsway'। রোল খেতে খেতে হঠাৎ দীপকদা বললো "চলো এখন হাজারীবাগ ঘুরে আসি"। তখন প্রায় রাত ১০ টা। সবাই নেচে উঠলো। দীপকদা আর পারিতোষদা ছাড়া সবারই

বয়েস দুয়ের কোঠায়। পরিতোষদা তখন 'Sen Raleigh' কোম্পানিতে চাকরি করতেন। ব্যস রওনা হয়ে গেলাম হাজারীবাগের পথে কিন্তু কিছুটা গিয়ে আমি আর জয়শ্রী বললাম, "এই ভাবে দুম করে মেয়েকে রেখে যাওয়া যাবে না। পরে একদিন প্রোগ্রাম করা যাবে।" ফিরে এলাম কিন্তু এই ছিল আমাদের হুজুগ।

রীনা ঘোষের কথা মনে আছে? উত্তমকুমারের সঙ্গে রাজকন্যা ছবিতে নায়িকার ভূমিকায় ছিলেন। রীনাদিকে নিয়ে একটা মজার ঘটনা আছে। রীনাদি আমাদের পাড়ার আমাদের সিনিয়র দিদি। রীনাদির ছোট বোন খুকু (রুপা) আমাদের এক ব্যাচ। ১৯৬১ সালে রবীন্দ্র শতবার্ষিকী পালন হবে। রীনাদি খুব ভালো নৃত্যশিল্পী ছিলেন। রবীন্দ্র শতবার্ষিকীতে রীনাদির পরিচালনায় চণ্ডালিকা নৃত্যনাট্য হবে, তার রিহার্সাল চলছে। আমি তখন ক্লাস এইটের ছাত্র। যেখানে রিহার্সাল হচ্ছে, তার দোতলায় একটা ব্যালকনি ছিল, আমরা ছোটরা ওখানে দাঁড়িয়ে রিহার্সাল দেখছি। ওই সিনটা যখন রিহার্সাল হচ্ছে সন্ন্যাসী বলছেন "জল দাও আমায় জল দাও," আমি উপর থেকে জল ঢেলে দিয়েছি। নিচে সারা উঠোন জলে জলাকার। রীনাদি রেগে আমাকে ধরার জন্য ছুটতে শুরু করলো, আমি সারা পাড়া দৌড়ে বেড়াচ্ছি আর রীনাদি আমার পিছনে।

যাই হোক একডালিয়া প্লেসে সেই রীনাদির বাড়ির একটা অংশে প্রথম সংসার পাতলাম। ভালোবাসার কবোষ্ণতায় মাখামাখি আমার আর জয়শ্রীর সংসার। প্রোগ্রেসিভ পাবলিসিটি সার্ভিসেস কোম্পানিতে অ্যাকাউন্ট এক্সিকিউটিভ ট্রেনী হিসেবে জয়েন করলাম। ১৯৬৯ র ২৫শে জুন আমার ঘর আলো করে এলো আমার মেয়ে। চিত্তরঞ্জন হাসপাতাল থেকে সকন্যা জয়শ্রীকে নিয়ে যখন ফিরলাম, তখন আমি সুখের সপ্তম স্বর্গে। আমার মেজঠাকুমা পোশাকি নাম রাখলেন 'পিয়ালী' আর আমি রাখলাম ডাক নাম 'মৌ'।

১৯৭০ এর শুরুতে কোনো এক সময় কানে এলো সত্যজিত রায় তাঁর নতুন ছবি প্রতিদ্বন্দীর নায়িকার ভূমিকায় নতুন মুখ খুঁজছেন। আমরা আর সত্যজিৎ রায় দুটো পরিবারই ব্রাহ্ম হওয়ার সুবাদে

পারিবারিক একটা পরিচিতি ছিল। তা ছাড়া গল্প শুনেছি সুকুমার রায় আমাদের বাড়িতে খুব আসতেন। আমার ঠাকুরদা ঠাকুমা ওনাকে তাতাদা (সুকুমার রায়ের ডাক নাম) বলে ডাকতেন। এই রকম আমাদের একটা পারিবারিক অনুষ্ঠানে সত্যজিৎ রায় জয়শ্রীকে দেখেন। তারপর খবর নিয়ে জানতে পারেন যে জয়শ্রী ফিলিপ্স এন্ড রায়ের (আমার ঠাকুরদা) নাতবৌ। উনি জয়শ্রীকে ডেকে পাঠান এবং প্রতিদ্বন্দ্বীর জন্য নির্বাচিত করেন যদিও আমার আপত্তি ছিল। জয়শ্রী বললো "শুধু এই একটা ফিল্মে করি, আর করবো না"। কিন্তু বাস্তবে কি তা হয়! তার উপর প্রথম ফিল্মই যদি সত্যজিৎ রায়ের হয়! ততদিনে জয়শ্রী ওর "আর ফিল্ম করবো না", কথা না রেখে পর পর ফিল্মে অভিনয় করে যাচ্ছে এবং মোটামুটি নামও করেছে। দীনেন গুপ্তর 'আজকের নায়ক', ইন্দর সেনের 'পিকনিক', রমাপ্রসাদ মৈত্রর 'এক যে ছিল বাঘ', সুখেন দাসের 'অচেনা অতিথি'. উত্তমকুমারের সঙ্গে 'রোদন ভরা বসন্ত', 'অসাধারণ' ও 'সব্যসাচী' এবং আরো অনেক ফিল্ম। ওই সময়েই উত্তমদার সঙ্গে আমাদের ঘনিষ্ঠতা, যেটা উত্তমদার শেষদিন পর্যন্ত ছিল এবং বেনুদির সঙ্গেও শেষদিন পর্যন্ত ছিল। আজও সোমার সঙ্গে আমার সেই সম্পর্ক আছে। উত্তমদার গল্প আর একদিন হবে।

ওই সময় ইন্দো-বাংলাদেশ যৌথ প্রথম ছবি শুরু হবে 'সূর্যকন্যা'। পরিচালক আলমগীর কবির, যিনি ছিলেন জাহির রায়হানের যোগ্য সহকারী। আলমগীর ওই ফিল্মের জন্য কলকাতায় এসে জয়শ্রীর সঙ্গে কথাবার্তা ফাইনাল করলেন। আমাদের দুজনেরই স্ক্রিপ্টটা ভালো লেগেছিলো। নায়ক বাংলাদেশের বুলবুল আহমেদ এবং সিডনি। ওই ছবির সূত্রে আমাদের প্রথম ঢাকা যাওয়া। ওখানে আলাপ হলো রাজ্জাক, সুচন্দ্রা, ববিতার সঙ্গে। সেই সময় ভূপেন হাজারিকার সঙ্গে আমাদের খুব ভাব। আমার মামার খুব বন্ধু ছিলেন ভূপেনদা। কলকাতায় থাকতেন টালিগঞ্জ গল্ফ ক্লাব রোডে। প্রায়ই মামারা সব গাড়ি নিয়ে গিয়ে ভিক্টোরিয়ার সামনে মাঠে বসতেন। আর ওখানে ভূপেনদার গলা ছেড়ে গান। 'গঙ্গা আমার মা, পদ্মা আমার মা...'। আর তার সঙ্গে পল রবসন। সে সব অসাধারণ সন্ধ্যা। উত্তমদার বাড়ি যাওয়ার সূত্রে শ্যামলদার (শ্যামল

মিত্র) সঙ্গেও খুব ভাব হয়ে গিয়েছিলো। শ্যামলদা সেই সময় থাকতেন লেক টেরাসে (দেশপ্রিয় পার্কের কাছে, যতদূর মনে পড়ছে)। সেই বাড়িতেও গিয়েছি অনেকবার। ভূপেনদার কথা বলতে গিয়ে শ্যামলদারও এই রকম একটা ঘটনা মনে পড়লো। গঙ্গার ধারে 'Gay Restaurant' (এখন আর নেই) এর সামনে গাড়িতে পিছনের সীটে বসে শ্যামলদা, হাতে রামের গ্লাস, পাশে বসে সলিলদা (শ্যামলদার ভাই সলিল মিত্র না, ইনি সলিল মন্ডল, Excise Commissioner ছিলেন)। শ্যামলদা গাইছেন "সেদিনের সোনাঝরা সন্ধ্যা আর এমনি মায়াবী রাত মিলে......."। আহা - ভোলা যায় না। কি সব দিন। সলিল মিত্রর কথা যখন উঠলো, তখন বলতেই হয় অসাধারণ কন্ঠস্বর ছিল তাঁর। নেহাত এত বড় দাদার কাছে ভাই চাপা পড়ে গেলেন। খুব সহজ সরল ভালোমানুষ ছিলেন। আমার বাড়িতে খুব আসতেন, আমিও যেতাম ওনার কসবার বাড়িতে। শ্যামলদার ছেলে সৈকতের সঙ্গেও আমার খুব ভালো পরিচয়। উত্তমকুমারের উপর যে ফিল্মটা আমি করেছি 'যেতে নাহি দিব', সেই ফিল্মে সৈকত শ্যামলদার চরিত্রে অভিনয় করেছেন।

এবার আসল কথায় ফিরি। আলমগীর বললেন, "আমার পরের ফিল্ম 'সীমানা পেরিয়ে'তে আমি ভূপেন হাজারিকাকে নিতে চাই।" আলাপ করিয়ে দিলাম ভূপেনদার সঙ্গে। আর সেই ছবির বিখ্যাত গান হলো 'মেঘ থম থম করে...'। যার হিন্দি সুর উনি করেছিলেন অনেক পরে রুদালি ফিল্মে... ' দিল হুম হুম করে'। এই সময় আমাদের বন্ধুদের একটা গ্রুপ ছিল। সবাই তখন অভিনয় জগতে প্রতিষ্ঠা পাবার জন্য লড়াই করছে। পুনা থেকে পাস করে আসা কল্যাণ চ্যাটার্জী, ভাস্কর চৌধুরী, নিপন গোস্বামী, জয়া ভাদুড়ী (বচ্চন) ছাড়াও কলকাতার শমিত ভঞ্জ, মৃনাল মুখার্জী এঁরাও ছিলেন। আমাদের আড্ডা ছিল দক্ষিণ কলকাতার ট্রায়াঙ্গুলার পার্কের কাছে হাটারি রেস্টুরেন্টে। এক তলায় ছিল জনতা কেবিন। ওখানে আড্ডা ছিল ক্যামেরাম্যান দীপক দাস এবং আরো অনেকের। নিপন মাঝে মাঝে ওখানেও আড্ডা মারতো।

এখানে কয়েকটা কথা উল্লেখ করা প্রয়োজন। জয়া তখন কলকাতার যাদবপুরের সেন্ট্রাল রোডে ভাস্কর চৌধুরীর বাড়িতে থাকতো। জয়ার বাবা বিখ্যাত সাংবাদিক এবং সাহিত্যিক তরুণ ভাদুড়ীর বন্ধু হওয়ার সুবাদে রবি ঘোষ ছিলেন জয়ার স্থানীয় অভিভাবক। ভাস্কর পুনাতে জয়ার এক বছরের সিনিয়র। ভাস্কর তখন কলকাতায় বেশ কয়েকটা সিনেমায় অভিনয় করছে। সত্যজিৎ রায়ের প্রতিদ্বন্দী, তপন সিনহার এখনই এবং আরো কয়েকটা। সেই সূত্রে ভাস্করের একটা পরিচিতি ছিল। ভাস্কর জয়াকে নিয়ে পরিচালকদের কাছে নিয়ে যেত কাজের জন্য। জয়ার প্রথম বাংলা ছবিতে অভিনয় হচ্ছে অজিত গাঙ্গুলী পরিচালিত জননী ফিল্মে (সত্যজিৎ রায়ের "সমাপ্তি" ছবিটা বাদ দিলে)। কিন্তু এই ফিল্মে জয়ার অর্ধেক পার্ট কেটে বাদ দিয়ে দেওয়া হয়। জয়ার পরের ফিল্ম অজিত লাহিড়ীর 'আটাত্তর দিন পরে' শমিত ভঞ্জের বিপরীতে। সেই সময়ে একদিন আড্ডা মারতে এসে জয়া বললো ঋষিকেশ মুখার্জী আমাকে একটা হিন্দি সিনেমায় অভিনয়ের জন্য ডেকেছেন। সেদিন খুব হৈচৈ, খাওয়া দাওয়া হলো। 'গুড্ডি' ছবিতে শমিত ভঞ্জের বিপরীতে জয়ার প্রথম হিন্দি ছবিতে অভিনয়। জয়া যখন হিন্দি ফিল্মে মোটামুটি নাম করেছে, সেই সময়ে ঢুলুদার (অরবিন্দ মুখার্জী) সিনেমা 'ধন্যি মেয়ে' তে অভিনয় করতে কলকাতায় এলো। অনেকের ধারণা 'ধন্যি মেয়ে' জয়ার প্রথম বাংলা ফিল্ম। সম্পূর্ণ ভুল ধারণা।

যাই হোক প্রতিদ্বন্দ্বীর পর জয়শ্রী আরো অনেক ফিল্মে অভিনয় করেছিল। জয়শ্রী ছাড়াও আরো চারজন বাংলা চলচ্চিত্রে চুটিয়ে তখন কাজ করছেন। সুমিত্রা মুখার্জী, আরতি ভট্টাচার্য, মিঠু মুখার্জী ও রাজশ্রী বসু। রোদন ভরা বসন্ত ও সব্যসাচীর সময় আমার সঙ্গে উত্তমদা, বেনুদির পরিচয় হয়ে ময়রা স্ট্রীটে যাতায়াত শুরু হয়। উত্তমদা ও বেনুদির সঙ্গে আমার সেই সম্পর্ক শেষদিন পর্যন্ত ছিল। বেনুদির মেয়ে সোমার সঙ্গে আমার আজও বন্ধুত্বের সম্পর্ক। সোমা আমার সঙ্গে ফিল্ম ও সিরিয়ালে কাজও করেছেন।

ওই সূর্যকন্যা ফিল্ম করতে গিয়েই আলমগীরের সঙ্গে জয়শ্রীর প্রেম শুরু হয় এবং আমাদের ডিভোর্স হয় ১৯৭৪ এ। মানসিক দিক

থেকে খুবই ভেঙে পড়েছিলাম। এখনকার প্রজন্মের মতো এমন সম্পর্কচ্ছেদের সংগে এতো অভ্যস্ত ছিলাম না । শেষে ১৯৭৪ সালে আমাদের ৬ বছরের বিবাহিত জীবনের সমাপ্তি। সেই সময় একটা মানসিক অশান্তির মধ্যে আমি কল্যাণীতে চলে গেলাম মায়ের কাছে। কল্যাণীতে আমাদের বাড়ি ছিল অনেকদিনের। আমার বোনেরা ওখান থেকেই পাস করেছিল। বোনেদের বিয়ে হয়ে যাওয়ার দারুন আমার মা একাই থাকতেন তখন কল্যাণীতে।

আমার আর জয়শ্রীর মেয়ে মৌ ছোটবেলা থেকেই পড়াশোনাতে খুব ভালো ছিল। ওকে প্রথমে ভর্তি করা হলো চন্দননগরে সেন্ট জোসেফ কনভেন্টে। সেখানে ও পিয়ানো বাজানো শিখেছিল। সেখান থেকে নিয়ে ওকে দার্জিলিং-এ লরেটোতে ভর্তি করা হয়। আমার সঙ্গে জয়শ্রীর সাংসারিক জীবনের জটিলতার জন্য মৌ-এর ছোটবেলাটা খুবই মানসিক অব্যবস্থার মধ্যে দিয়ে কেটেছে। কিছুদিন ও দিদিমার কাছে পার্ক সার্কাসে ছিল। কিন্তু আমার বোন পাপড়ি ও ভগ্নিপতি কিশোরের কাছেই ও মানুষ। দার্জিলিং লরেটো থেকে কলকাতায় ওকে নিয়ে এসে প্র্যাট মেমোরিয়ালে ভর্তি করা হয়। তখন আমার আর পপাইর সঙ্গেই থাকতো ঢাকুরিয়া সেলিমপুরে। খুব ভোরে ওর স্কুল ছিল, পপাই রোজ সকালে ওকে নিয়ে বাসে উঠিয়ে দিয়ে আসতো। আমার ওখান থেকেই ও ফাইনাল পাস করে। তারপর ইন্টারভিউ দিয়ে 'Cathay Pacific' এ এয়ার হোস্টেসের ইন্টারভিউ দিয়ে নির্বাচিত হয়ে হংকং চলে যায়। আমি, পপাই, নীল সবাই গিয়েছিলাম ওকে এয়ারপোর্টে সি-অফ করতে। আমি যেতাম মাঝে মাঝে ওর কাছে হংকং-এ।

ওখানেই ফ্লাইটে মৌ-এর আলাপ ব্রিজরাজ সিংহ নামে এক হিমাচলী ছেলের সঙ্গে। ক্রমে প্রেম থেকে বিয়েতে পরিপূর্ণতা। আমি কলকাতা থেকে পপাইর পাঠানো সোনা বাঁধানো লোহা, পলা এবং সিঁদুর নিয়ে গিয়েছিলাম। বিয়ের পর মৌ চাকরিও ছেড়ে দেয় এবং পৃথিবীর বিভিন্ন প্রান্তে ঘুরে বেড়ায় বরের চাকরির সূত্রে। USA, London হয়ে আপাতত দুবাইতে আছে। এক ছেলে উদয় আর মেয়ে উনা। উদয়ের মুখে ভাতও নীল দিয়েছিলো কলকাতায় আমাদের সন্তোষপুরের বাড়িতে। বেশ বড় করেই অনুষ্ঠান

করেছিলাম। উদয় এখন থাকে USA তে আর মেয়ে উনা থাকতো লন্ডনে কিন্তু এখন আমার মেয়ের কাছেই থাকে দুবাইতে। সুখের সংসার। মাঝে মাঝে কলকাতায় আসে। আমাদের সঙ্গে দেখাও হয়। বাড়িতে আসে। নীলের সঙ্গে খুব ভাব। নীল আর ফালাকও যায় দুবাই। আমার মা যতদিন বেঁচে ছিলেন, বেশির ভাগটাই মৌ সব দেখা শোনা করতো ঠাম্মার। পাটুলিতে ফ্ল্যাট কিনে দেওয়া, এসি, ফ্রিজ সব দিয়ে সাজিয়ে দিয়েছিল। ১৯শে জুন ২০২৩ এ মা চলে যাওয়ার পর সেই ফ্ল্যাট বিক্রি করে দেয়।

কল্যাণীতে থাকাকালীন আমার সঙ্গে যোগাযোগ হয় ওখানকার একটা বিখ্যাত কালচারাল গ্রুপ 'কল্যাণী কোরাস'- এর সঙ্গে। আমিও ওদের সঙ্গে জড়িয়ে গেলাম, যেহেতু আমিও তখন আবৃত্তি, শ্রুতি নাটক করতাম আর কালচারাল জগতের অনেকের সঙ্গেই আমার যোগাযোগ ছিল। 'কল্যাণী কোরাস'- এর মূল উদ্যোক্তা ছিলেন সন্তু বিশ্বাস আর তাপস চক্রবর্তী। তাপস ভীষণ ভালো গান করত আর সন্তু খুব ভালো তবলা বাজাতো। তাপস পরে রুমা গুহঠাকুরতার কয়ারে যোগ দেয় আর সন্তুও নিয়মিত তবলা বাজাতো আশ্রমিক সংঘে। সেই আমরা তিনজন মিলে প্ল্যান করলাম কল্যাণীতে একটা খুব বড় প্রোগ্র্যাম করতে হবে। ঠিক করলাম রবীন্দ্রনাথের শাপমোচন করবো। আমি কলকাতা থেকে তখন বিখ্যাত নৃত্য শিল্পী শক্তি নাগকে নৃত্য পরিচালনা আর মূল চরিত্র অরুণেশ্বরের ভূমিকায় নৃত্যের জন্য নিয়ে এলাম। উনি কল্যাণীতে এসে রিহার্সাল করতেন সপ্তাহে ৩ দিন। এ ছাড়া গ্রন্থনার জন্য আমি নিয়ে এলাম দূরদর্শনের ছন্দা সেনকে। নৃত্যে অরুণেশ্বর করেছিলেন শক্তি নাগ আর কমলিকা করেছিলেন কল্যাণীরই একজন অধ্যাপকের স্ত্রী জয়শ্রী মুখার্জী। সেই অনুষ্ঠান ভীষণ হিট করলো আর রাতারাতি আমাকে কল্যাণীতে সবাই চিনে গেলেন। ওখানেই আমার আলাপ হলো 'পপাই'য়ের (সোমশ্রী) সঙ্গে। পপাই ওই অনুষ্ঠানে নেচেছিল। আমি আর ছন্দা গ্রন্থনা করলাম অরুণেশ্বর আর কমলিকার ভূমিকায়। শাপমোচন কল্যাণী কোরাস এর অন্যতম শ্রেষ্ঠ প্রযোজনা ছিল। সেটা ১৯৭৬ সালের কথা। আমি পরবর্তীকালে কল্যাণীতে অনেক নাটকেও অভিনয়

করেছি। তার মধ্যে একটা বিখ্যাত নাটক ছিল মর্জিনা আব্দাল্লাহ, যেখানে আমি 'হুসেন' করেছিলাম।

ওই শাপমোচন করতে গিয়ে আমার পরিচয় পপাইর (সোমশ্রী) সঙ্গে। তারপর প্রেম। ওদের বাড়ির ঘোরতর আপত্তি আমাদের আটকাতে পারলো না। এই আপত্তিটা খুবই স্বাভাবিক। প্রথমত বয়েসের প্রচুর তফাৎ (প্রায় ১১ বছরের), তার উপর একটা দোজবরের সঙ্গে বিয়ে, একটা মেয়ে সহ। পপাইর বাবা সুধাময় ব্যানার্জী ঠিক তার আগেই মাত্র ৫০ বছর বয়েসে ক্যান্সারে মারা যান। উনি 'পিলকিংটন গ্লাস ফ্যাক্টরির' অ্যাকাউন্টেন্ট ছিলেন। সেন্ট্রাল এভিনিউতে ওনার অফিস ছিল। বাবার খুব প্রিয় ছিল পপাই। আমার মধ্যে না কি ও বাবার ছায়া দেখেছিলো। সেই থেকেই ওর দিক থেকে প্রেম আসতে শুরু করে। পপাইর মা কাবেরী ব্যানার্জী (খুকু) একটি সাধারণ মধ্যবিত্ত ঘরের মহিলা। প্রথম দিকে না হলেও পরের দিকে আমাকে খুব পছন্দ করতেন। শ্বশুর বাড়িতে গেলেই আমি কি খেতে পছন্দ করি সেটাই রান্না হতো। আর সারাক্ষন বলতেন 'প্রবীরকে এটা দাও, ওটা দাও'। ওনার চলে যাওয়াটাও খুবই অদ্ভুত ভাবে। সকালে মন্দিরে পুজো করতে গিয়ে 'খুব ক্লান্ত লাগছে' বলে একটু বসলেন। ব্যস ওখানেই সব শেষ। পুণ্যাত্মারা বোধহয় এই ভাবেই দেহ ছেড়ে চলে যান। সবার বিরোধিতা সত্ত্বেও দুজন মানুষের সাপোর্ট আমরা পেয়েছিলাম। একজন তাপস চক্রবর্তী (যিনি শাপমোচনে অরুণেশ্বরের গান গেয়েছিলেন) এবং জয়শ্রী মুখার্জী (যিনি শাপমোচনে কমলিকার চরিত্রের নৃত্য করেছিলেন)। জয়শ্রীদি আজ আর নেই। আমি ওঁকে দিদি বলতাম যদিও প্রায় একই বয়েসী। জয়শ্রীদি আমি, তাপস, পপাই একসঙ্গে খুব সময় কাটাতাম। কখনো আমার বাড়িতে, কখনো জয়শ্রীদির বাড়িতে।

একদিন আমরা চারজন দক্ষিনেশ্বর গিয়েছিলাম। ওখানে ঘুরে ওখান থেকে একটা নৌকা ভাড়া করে বেলুড় যাওয়ার সময় একটা মজার ঘটনা ঘটলো। চারজন আড্ডা মারতে মারতে যাচ্ছি। আমি কি একটা যেন পপাইকে করতে বললাম। পপাই বললো, "না পারবো না।" আমি বললাম "না পারলে আমি কিন্তু গঙ্গায় ঝাঁপ

মারবো।" তখন আমরা মাঝ গঙ্গায়। পপাই ভাবলো ইয়ার্কি মারছি। বললো, "ঠিক আছে মারো ঝাঁপ, এত সহজ না। 'মাঝ গঙ্গায় ঝাঁপ মারবে'! মাস্তানি !!" আমি 'ঠিক আছে' বলে জামাকাপড় খুলে মারলাম ঝাঁপ। সবাই তো ঘাবড়ে গেলো। আমি নৌকার পাশে সাঁতরাতে লাগলাম। এক সময় আমি সাঁতার চ্যাম্পিয়ন ছিলাম, সেটা সবাই জানে কিন্তু তাই বলে মাঝে গঙ্গায় ঝাঁপ মারবো, ভাবতেই পারেনি। মাঝি বলছে, "আপনি উঠে আসুন।" আমি জিজ্ঞাসা করলাম "কেন ?এখানে কুমির আছে?" ও বললো "না কুমির এখানে নেই কিন্তু মাঝে মাঝেই ঘূর্ণি আছে।" তারপর সবাই অনুরোধ করায় উঠে এলাম। এইরকম কম বয়েসের অনেক মজার মজার গল্প আছে। আজও পপাই মাঝে মাঝে বলে এই গল্প যদি ওর মুড ঠিক থাকে।

আমি আর পপাই বিয়ে করলাম ১৯৭৯ সালে ৬ই এপ্রিল। আমাদের ভবানীপুর ব্রাহ্মসমাজে রিসেপশন হলো। আজ ৪৬ বছর হয়ে গেল। সবার মতের বিরুদ্ধে আমাকে বিয়ে করলো মাত্র ২০ বছর বয়েসে। প্রথম থেকেই আমার আহ্লাদী ছিল। পপাইর ২৪ বছর বয়েসে নীল এলো ১৯৮৩ সালে উডল্যান্ডসে। নীল আসার পর আমার কাছে ওর আহ্লাদ একটু কমলো, নীলের বাড়লো। তাতে অল্প অভিমান হয়েছিল। কিন্তু হাজার হোক নিজের সন্তান, তাই মেনে নিল। আমি তখন নতুন নতুন Venture নিয়ে ব্যস্ত আর পপাই তার তাল সামলাতে ব্যস্ত! অনিশ্চিত পেশায় জড়িয়ে পড়েছি। বিরাট বিরাট কাজ করছি কিন্তু টাকা পয়সার দেখা নেই, উল্টে ধার বাড়তে লাগলো। তখন পপাই নীলকে সামলাচ্ছে, সংসার সামলাচ্ছে। আমাদের জীবনটা সবসময়েই খুব গ্ল্যামারাস ছিল। পার্টি, শুটিং, ফিল্ম আর্টিস্ট, পলিটিশিয়ান- সব তখন আমাদের জীবনের অঙ্গ হয়ে হয়ে গেছে। তার মধ্যেও কোনোদিন পপাইকে তাল হারাতে দেখিনি। মদ্যপানে আসক্তি নেই, ধূমপানে আসক্তি নেই অথচ কি প্রাণ ওর মধ্যে। আমার আউটডোরে চলে যাওয়া, নীলকে নিয়ে ওর একা থাকা ওই অল্প বয়েসে। আমার খারাপ সময়ে পাশে দাঁড়ানো- আজও সেই ট্র্যাডিশন চলেছে। আমি তখন বেশ নাম করছি কিন্তু টাকা পয়সার অভাব। যখন পেমেন্ট আসতো, তখন কদিন রাজা- তারপর আবার যে কে সেই। তার

মধ্যেও ও টাকা জমাতো, আবার অন্যের কাছ থেকে এনে দিচ্ছি বলে সুদ সহ আমাকে ধার দিতো। একসময় পপাই চাকরি নিলো। নীলকে স্কুলে পৌঁছে অফিস চলে যেত। অবশ্য মাঝে মাঝে আমিও নীলকে ড্রপ করতাম "বিড়লা হাই"তে (তৎকালীন হিন্দি হাই স্কুল)। অফিস থেকে ফিরে রোজকার সংসার, নীলকে পড়ানো - সব পপাই। আর আমি বাড়ি ফিরে ইন্ডাস্ট্রির মানুষের সঙ্গে আড্ডা, সেখানেও রকমারি জলখাবার করে দেওয়া। আস্তে আস্তে ওর চাকরিতে প্রমোশন হলো।

এর মধ্যে বিনা মেঘে বজ্রপাত। পপাইর ক্যান্সার ধরা পড়লো। বেশ অ্যাডভান্সড স্টেজে। নীলের জন্মদিনের দিনে পপাইর অপারেশন। কিছুতেই সেদিন অপারেশন করতে রাজি না। ডাক্তার গৌতম মুখার্জী বললেন "এক্ষুনি অপারেট করতে হবে, কোনো সময় দেওয়া যাবে না।" অপারেশনের আগে তখনও কি চিন্তা আমাদের নিয়ে। যদি কিছু হয়ে যায় ওর, আমরা কি করে থাকবো! ভগবানের আশীর্বাদ আর গৌতম মুখার্জীর জন্য ও ফিরে এলো কিন্তু কি অসীম কষ্ট। তখন ৮টা কেমো, ২২ টা রেডিয়েশান। প্রথম কেমো হয়ে যাওয়ার পর দ্বিতীয় কেমোর ডেট পড়লো ৩১শে ডিসেম্বর। বললো- "পার্টি করবে।" ওর অনুরোধে গৌতম মুখার্জী একদিন পেছলেন ডেট আর আমাদের পারিবারিক বন্ধু মধুমিতা সোমেন ওদের বাড়িতে ওর জন্য ৩১শে নাইট করলো। ওই অবস্থায় নেচে গেলো কত রাত অবধি। পরদিন সকালেই কেমো। তার মধ্যেও ও অফিস করেছে, সংসার দেখেছে, নীলকে দেখেছে। ও নিজে যে কষ্ট পেয়েছে এই রোগে আর যাতে কেউ না পায়, তার জন্য তৈরি করলো "The Friends Foundation of Asia"। যাদের দেখার কেউ নেই, হাসপাতাল যাদের জবাব দিয়ে দিয়েছে, তাদের থাকার জন্য হোম। একটু সুস্থ হওয়ার পর অফিস থেকে সপ্তাহে ৩ দিন যেত হোমে সোনারপুর কারবালাতে।

নীলের বিয়েতে মোটামুটি এক হাতে সব করলো। ওদের বিয়ের পোশাক, তত্ত্ব- সব কিছু একা হাতে করেছে। অফিস থেকে কেনাকাটা করতে চলে যেত বা অনলাইনে সব আনিয়েছে। নীল আর আশু বোধহয় ২/১ দিন গেছে নিজেদের পোশাক পছন্দ করার

জন্য। সবাই লোক ডেকে তত্ত্ব সাজায়। কিন্তু ও রোজ রাতে বসে বসে একদম একা (and I mean it) একদম একা ৫৮টা ট্রে সাজিয়েছে। মাছের, মিষ্টির সব ট্রে ওর হাতে সাজানো- ভাবা যায় না ! যাঁরাই আমাদের বাড়িতে আসেন, প্রথম কথা, কি সুন্দর সাজানো! অল্প টাকার মধ্যে, কি কষ্ট করে সব পপাই করেছে। সেখানেও আমি চেঁচামিচি করতাম। উফফফ আবার ভাঙা ভাঙি...! বন্ধুদের বাড়িতে নেমন্তন্ন করলে ৬/৭ পদ নিজের হাতে রান্না করতো। বাইরে থেকে খাবার আনবো বললে সবাই বলতো 'পপাই রান্না না করলে যাবো না।' এমনও হয়েছে একসঙ্গে ৩০ জনের রান্নাও করেছে। সব রকমের বাসন বাড়িতে করে রেখেছে। ডেকোরেটরের কাছ থেকে বা কারো কাছ থেকে চেয়ে কিছু আনতে হতো না। আজও এই বয়েসে সকালে উঠে আমাদের সকালের জলখাবার করা, নীল, আমার, আশুর লাঞ্চ রেডি করে ৯-৪৫ এ অফিসে বেরিয়ে যায়। ফিরে এসেই রান্না ঘরে। নীল, আশু, আমি রাতে কি খাবো। কেউ সূপ, ফ্রাইড চিকেন, কেউ ভাত, মাছ। সব রেডি করে বোধহয় একটু সময় পায় নেটফ্লিক্স দেখার। আজকাল শুক্র, শনিবার নীল বাইরে থেকে খাবার আনে আর মাম্মাকে জোর করে একটু ওয়াইন খাওয়ায়।

বাড়িতে যখন যা প্রয়োজন সব ওর কাছে মজুত। সে তেল সাবান, রেজার থেকে শুরু করে ৩ রকমের মই, স্ক্রু ড্রাইভার, ড্রিল মেশিন সব সব মজুত। কোনো মিস্ত্রী বাড়িতে কাজ করতে এলে তাকে কিছুই আনতে হয় না। রিমোটের ব্যাটারী শেষ, সেলোটেপ লাগবে কোন সাইজের, ৫/৬ সাইজের রেডি ওর কাছে। গিফট প্যাক করতে হবে- গিফট পেপার, নানা রকম রিবন সব রেডি হাতের কাছে। যা দরকার শুধু একবার মুখ থেকে বললেই হলো। সব বাড়িতে মজুত। বলে শেষ করা যাবে না। একজন কনভেন্টে পড়া মেয়ে, চাকরি করে, ছেলে মানুষ করে রাত ২/৩ পর্যন্ত মদ, সিগারেট না খেয়ে পার্টি করে- আমার জীবনে আমি দেখিনি। নীলের বিয়ের আগে নীল বলেছিলো "মাম্মা , তোমার মতো বৌ কোথায় পাবো?" সত্যি পাওয়া অসম্ভব !

আমি ভাগ্যবান পপাইকে পেয়ে। আমার বান্ধবীর সংখ্যা একটু বেশি কিন্তু তাতেও ওর কোনো হেলদোল নেই। এ তো গেলো আমাদের নিজেদের কথা। হাসপাতালে চাকরি করার দরুন বন্ধুবান্ধব, আত্মীয়স্বজন, পাড়ার লোকেদের কার্ড করে দেওয়া, ডাক্তারের সঙ্গে অ্যাপয়েন্টমেন্ট করে দেওয়া, কেউ ভর্তি থাকলে তাদের দেখা শোনা করা- কোনো কিছুতে ওকে অসন্তুষ্ট হতে দেখিনি। বরং আমি মাঝে মাঝে রেগে যাই যখন অসময়ে ফোন আসে। তখনও ওর উত্তর তৈরি- মানুষ বিপদে পড়েই ফোন করে। Covid Vaccine যে কত বন্ধুবান্ধব, আত্মীয়স্বজনকে করিয়ে দিলো তার ঠিক নেই। রাত ৯টা অবধি অফিস করে বাড়িতে এসে আবার সরকারের সঙ্গে ভিডিও মিটিং করা- তার মধ্যে বাড়িতে সবার খাওয়া দাওয়া রেডি করা। ওর কোনো নেশা নেই- নেটফ্লিক্স দেখা, সাজগোজ করা আর বাড়ি সাজানো ছাড়া। সারাক্ষণই কিছু না কিছু লিখি, কত মানুষজনকে নিয়ে লিখি। আজ ভাবলাম আমার বৌকে নিয়ে একটু না হয় লিখলাম। জানি, পপাই দেখলে লজ্জা পাবে, বলবে 'কি সব বোকা বোকা।'

আর আমার ছেলে নীলও (অভিরূপ রায়) হয়েছে ভীষণ ইন্ট্রোভার্ট আর সেলফ ডিপেন্ডেন্ট। ওর কোনো চাহিদা নেই। কিছু দিলে পছন্দ হলে নেবে। না দিলেও চাইবে না। ওকে বুঝে নিতে হবে, ওর কি দরকার। ওকে ফীল করতে না পারলে ওকে বোঝাও সম্ভব না। বিড়লা হাই (হিন্দি হাই স্কুল) থেকে উচ্চ মাধ্যমিক পাস করার পর সেন্ট জেভিয়ার্স কলেজ থেকে Business Management নিয়ে গ্রাজুয়েট হওয়ার পর মুম্বাইতে IBM এ চাকরি নিয়ে চলে গেলো মাত্র ২২/২৩ বছর বয়েসে। ওখানে প্রায় দুবছর চাকরি করার পর, কলকাতায় চলে এলো HSBC তে চাকরি নিয়ে। এখানে চাকরি করতে করতে ইয়ং ট্যালেন্টদের প্ল্যাটফর্মের জন্য তৈরি করলো 'FFACE' (Fame Fashion and Creative Excellence) প্রায় ১৬/১৭ বছর চাকরি করার পর পুরোপুরি এই পেশায় জড়িয়ে পড়লো চাকরি ছেড়ে দিয়ে। চাকরি করতে করতে MBA করে ছিল "Risk Management"এর উপর। আজ ঈশ্বরের আশীর্বাদে কলকাতায় আর মুম্বাইতে ওর অফিস। মুম্বাই, কলকাতা মিলিয়ে থাকে। মুম্বাইতে একটা ফ্ল্যাটও কিনেছে। Abolutely Self made Person.

আমি বা ওর মা যদি ওর কাছে কিছু চাই- ও কোনোদিন না বলে না। নিজের অসুবিধা থাকলেও এক কথায় রাজি। আমি টাকা পয়সার কথা বলছি না। অন্য যে কোনো প্রয়োজনে যা চাইবো, সবেতেই হ্যাঁ। বিশেষত মাম্মা যদি বলে, তাহলে তো কথাই নেই। মাম্মা হাসপাতাল ম্যানেজমেন্টের উপর লেকচার দিতে সিকিম মণিপাল ইউনিভার্সিটি যাবে। নীল মাম্মাকে একা ছাড়বে না, সেও যাবে সঙ্গে। এবং গেলোও সঙ্গে। আমরা মানে আমি আর পপাই অনেক ভাগ্যবান আর ভগবানের অসীম আশীর্বাদে নীলের মতো ছেলে পেয়েছি। এতো ভদ্র ব্যবহার, কোনো attitude নেই। ওর সব বন্ধু বান্ধবরা ওর প্রশংসা করে। নিজের ছেলে বলে বলছি না কিন্তু আজকাল দেখি তো, বড়দের সম্মান দিতে শেখেনি কেউ।

নীল যদিও এই প্রজন্মের ছেলে কিন্তু ওর একটা অদ্ভুত টান আছে পুরোনো দিনের অভিনেতা অভিনেত্রীদের এবং গানের উপর। ছোট থেকে বাড়িতে এই সব চর্চা হয়তো ওকে ওই দিকে আকৃষ্ট করেছিল। বিশেষ করে উত্তমকুমার। ছোটবেলায় পুরো উচ্চারণ করতে পারতো না, বলতো "উতুকুমার"। ২০১৬ সালে বাংলা সিনেমার শতবর্ষ উদযাপনে ও ঠিক করলো – FFACE-এর পক্ষ থেকে সেই বছরে কয়েকজন বিখ্যাত পুরোনো মানুষকে সম্বর্ধনা দেবে সঙ্গে সার্টিফিকেট ও সম্মাননা হিসেবে ১০০০০/-। আমাকে বললো, "বাবা, তুমি সাবিত্রী চ্যাটার্জী, সুপ্রিয়া দেবী,তরুণ মজুমদার এবং আরতি মুখার্জীকে ঠিক করে দাও। যে পাঁচজনকে ওরা সেবার সম্মান জানিয়েছিল, তাঁরা হলেন সুপ্রিয়া দেবী, সাবিত্রী চ্যাটার্জী, তরুণ মজুমদার, আরতি মুখার্জী, চিত্রগ্রাহক সৌমেন্দু রায় এবং শক্তি ব্যানার্জী। নীলের এবং FFACE এর এই মনোভাবকে সাধুবাদ জানাতে হয়।

এখন নীল বিবাহিত। ইসলাম ধর্মের মেয়ে ফালাক রাশিদকে বিয়ে করেছে যে এখন ফালাক রাশিদ রায়। ফালাকের বাবা হচ্ছেন মুসলিম আর মা হচ্ছেন গুজরাটি হিন্দু। কিন্তু বাড়িতে হিন্দুর রাজত্ব চলে। ফালাক বাংলাতে অভিনেত্রী হিসেবে পা রেখেছে। কলকাতায় জন্মের দরুন স্বচ্ছন্দভাবে বাংলা বলতে পারে। আর বর যেহেতু গ্ল্যামার ওয়ার্ল্ডে আছে এবং আজকের সব অভিনেতা,

অভিনেত্রী, পরিচালক সবাই নীলের বন্ধু হওয়ার দরুন ফালাকের কাজ করাও সুবিধা। অভিনয়টা ভালোই করে। ওর ভেতর একটা স্বতঃস্ফূর্ততা আছে। কিন্তু যতই তুমি ভালো অভিনয় করো, ঠিকঠাক পৃষ্ঠপোষকতা না থাকলে এই ইন্ডাস্ট্রিতে খুব সমস্যা। বিশেষ করে মেয়েদের। সেখানে ফালাক অনেক নিশ্চিন্ত। এটা ওর গ্রেট অ্যাডভান্টেজ।

নীল আমাকে আর পপাইকে ইউরোপ টুর করিয়ে আনলো। সমস্ত প্ল্যান করা, টিকিট বুকিং, হোটেল বুকিং, sight seeing এর সব টিকিটও এখান থেকে বুক করেছে আমাদের জন্য। কোনো টুর কন্ডাকটর না। সব নিজে করেছে। আর যেহেতু আমাদের ঘুরিয়ে আনলো, সেই জন্য পরের বছর শ্বশুর, শাশুড়িকেও ঘুরিয়ে আনলো। এইটা খুবই প্রশংসাযোগ্য বলে আমি মনে করি। যখনি আমাদের চারজনের কোথাও বেড়াতে যাওয়ার কথা হয় সবসময়ে বলে- "চলো আমরা ছজন যাই।" মানে সঙ্গে ওর শ্বশুর শাশুড়ি। আমি পছন্দ করি না করি কিন্তু এটা নিশ্চই বিরাট প্রশংসা দাবি করতে পারে। এরকম জামাই পাওয়া অনেক অনেক ভাগ্যের ব্যাপার। আর আশুর জন্য তো অনেক জন্মের সুফল এইরকম বড় পাওয়া।

তবে ভালো অভিনেতা হতে গেলে, ভালো ভালো ফিল্ম দেখা খুবই জরুরি। তাতে অভিনয়ের টাইমিংটা শেখা যায়। কখন তুমি ডায়ালগ বলবে, কতটা pause নিয়ে বলবে, এটা ভালো অভিনয়ের সবচেয়ে বড় দিক। ভালো অভিনয়ের আর একটা দিক হচ্ছে লেন্স এক্টিং। ১৮,৩৫, ১০০ বা ২৫০ মিলিমিটারে একই রকম অ্যাক্টিং হয় না। সেটা একজন অভিনেতা, অভিনেত্রীকে জানতে হবে। কেউ যদি 18 মিমি লেন্সে গাল কাঁপিয়ে বা চোখের খেলা দেখানোর চেষ্টা করে, সেটা হারিয়ে যাবে। একজন অভিনেতা, অভিনেত্রীকে এইসব জানতেই হবে। যে কারণেই আজকাল উত্তমকুমার, সৌমিত্র চট্টোপাধ্যায়, ছবি বিশ্বাস, পাহাড়ি সান্যাল, সুচিত্রা সেন, সুপ্রিয়া দেবী, সাবিত্রী চ্যাটার্জীর অভাব। ওঁরা অভিনয়কেই ধ্যান জ্ঞান মনে করতেন। ইভেন্টে ছুটে বেড়ানো আর ফিতে কাটার দিকে নজর দিলে আসলটাই হারিয়ে যাবে। এদের কাছে এখন আসল বস্তুর

থেকে উপলক্ষ বড় হয় দাঁড়িয়েছে। এটা আমার সমালোচনা নয়, বয়ঃজেষ্ঠ হিসেবে আমার ছোট্ট উপদেশ।

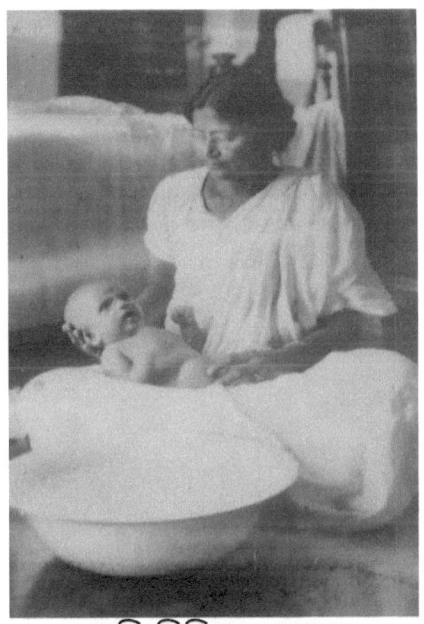

আমি দিদিমার কোলে

মার কোলে

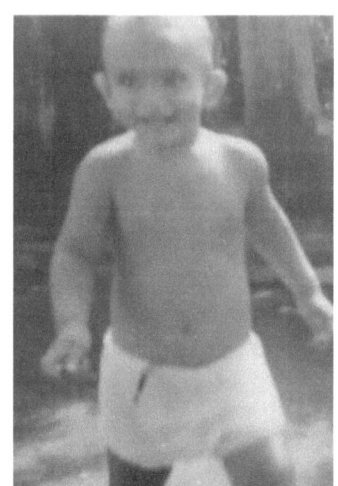

আমি

আমি, পাপড়ি, নুপুর

ঠাকুরদার সঙ্গে আমরা জ্যাঠতুতো,পিসতুতো আট ভাইবোন

আমাদের বিয়ের

করে প্রকল্প হচ্ছে। তাতেও কি
আরও আছে। এক গোষ্ঠী কলক
চারপাশে ছাড়া কাজ করতে না
হাওড়া পুর অঞ্চ। সব
অধিগ্রহণের পর কয়েক বছর
ছিল জমি। বহু গোষ্ঠীকে বলা হ
গঙ্গা পার হয়ে কেউ প্রজেক্ট
মাননি। প্রসূনরা বিপুল টাকায়
কিনে 'পশ্চিম কলকাতা' নাম
বিশ্বমানের প্রকল্প করছেন।
বিপুল কর্মসংস্থানের সুযোগ দি
হইলার প্রকল্প করছেন। দোষ?

৪ মঙ্গলবার ৭ ফেব্রুয়ারি ২০০৬, ২৪ মাঘ ১৪১২

প্রতিদিন

উদ্বিগ্ন করে তুলবেন না। মুখ্যমন্ত্রী শিল্পায়ন নিয়ে যা বলছেন এবং যা করছেন, তার অধিকাংশই বিতর্কের অবকাশ রাখছে। বিরোধীরা যে সব অভিযোগ তুলছেন শিল্প-বিপর্যয় নিয়ে, তার অধিকাংশই সঠিক। কিন্তু রাজনীতির এই লড়াইতে অকার্তার শিল্পগোষ্ঠী চিন্দমাড়ি হলে ক্ষতি গোটা রাজ্যের।

আবার বলি, শিল্প গড়তে তো বহু গোষ্ঠীকে ডাকা হল। বহুবার বিদেশ সফর হল। বহু আমন্ত্রণের চিঠি গেল।

ক্যান্সারে দগ্ধ, তবু হার না মেনে হাসপাতাল পরিত্যক্তদের নিয়ে হোম গড়েছেন সোমশ্রী

কৃষ্ণকুমার দাস

স্বামী-পুত্র-পরিবার হাসপাতালে ভর্তি করার পর আর খোঁজ নিচ্ছেন না। হাসপাতাল কর্তৃপক্ষ 'অবৈধ রোগী' ঘোষণা করেছে। মৃত্যুপথযাত্রী এমন ক্যান্সার রোগী সংগ্রহ করতে হাসপাতালে হাসপাতালে ঘুরে বেড়ান তিনি। পরিত্যক্ত এমন রোগীদের 'সংগ্রহ' করেই একটি 'হোম'(হসপিস) চালাতে শুরু করেছেন তিনি। এই তিনি নিজে একজন ক্যান্সার রোগী। নাম সোমশ্রী রায়।

২০০০ সালে মাত্র ৪৬ বছর বয়সে সোমশ্রীর ক্যান্সার আক্রান্ত অঙ্গে অস্ত্রোপচার করেন সার্জন ডাঃ গৌতম মুখোপাধ্যায়। কেমো ও রেডিওথেরাপির জেরে একসময় মাথার চুল সব উঠে গিয়েছিল। এখনও হরমোন থেরাপি চলছে। প্রতি মুহূর্তে লড়াই করে চলেছেন। তবে লড়াইটা দ্বিমুখী। এক নিজের শরীরে বাসা বাঁধা রোগের সঙ্গে। আর দ্বিতীয়টা হল, হোমের চারপাশের বেশ কিছু মানুষের ভ্রান্ত ধারণার সঙ্গে।

সোমশ্রীর নিজের কথায়, 'ক্যান্সার একটা ছোঁয়াচে রোগ। যে এলাকায় এই রোগীরা থাকেন, সেখানকার বাসিন্দারা সবাই ক্যান্সারে আক্রান্ত হবেন।" এমন ধারণার বশবর্তী হয়ে প্রথমে যাদবপুরের মডার্ন পার্ক এবং পরে নরেন্দ্রপুরের কারবালা থেকে হোমের ক্যান্সার রোগীদের উৎখাত করে দিয়েছেন এলাকার বাসিন্দারা। বাধ্য হয়ে মুমূর্ষু পরিত্যক্ত ক্যান্সার রোগীদের গড়িয়ায় একটা বেসরকারি হাসপাতালে রাখতে বাধ্য হচ্ছি। রাজ্যের মন্ত্রী থেকে শুরু করে শাসকদলের একাধিক জনপ্রতিনিধিকে জনতার এই 'অত্যাচার' নিয়ে জানিয়েছি। কিন্তু অসহায় মৃত্যুপথযাত্রী ক্যান্সার রোগীদের পাশে কেউ এসে দাঁড়াননি। মেলেনি পুলিশি নিরাপত্তাও।" যোধপুর পার্কে এক বেসরকারি হাসপাতালে বসে

'হসপিস' চালাতে গিয়ে প্রতিদিন, প্রতিমুহূর্তে কী কী দুর্ভোগে পড়ছেন সেকথা জানান সোমশ্রী। বাধ্য হয়ে মৃত্যুমুখী মানুষগুলোকে নিয়ে সুন্দরবন এলাকায় চলে যাওয়ার সিদ্ধান্ত নিয়েছেন তিনি এবং তাঁর অন্যতম সহযোগী ব্রততী চৌধুরি।

অর্পিতা রায়(দক্ষিণ কলকাতা), দীনবন্ধু প্রসাদ(টিটাগড়), শাহবানু বেগম(লালবাগ)। কেউ কোলনে, কেউ মলদ্বারে, আবার কেউ গলার ক্যান্সারে ভুগছিলেন। ক্যান্সার রোগী বলে তিনজনকেই বাড়ির লোকেরা পরিত্যাগ করে গিয়েছিলেন একাধিক হাসপাতালে। এঁদের নিয়ে মুখ্যমন্ত্রীর নিজের কেন্দ্র যাদবপুরের মডার্ন পার্কে 'হসপিস' খোলেন তিনি। এই তিন ক্যান্সার আক্রান্তের সঙ্গে মালতী বিশ্বাস, লেখা দাস রায় ও জয়ন্তী চক্রবর্তী নামের আরও কয়েকজন রোগী। যাদবপুর বিশ্ববিদ্যালয়ের এক অধ্যাপকের বাড়ির একতলা ভাড়া নিয়ে 'হসপিস' চালু করেন। কিন্তু ক্যান্সার ছোঁয়াচে রোগ বলে ওই অধ্যাপককে অপমানিত করে তাঁর বাড়ি থেকে সোমশ্রীর 'কুড়িয়ে আনা' মৃত্যুপথযাত্রী রোগীদের উৎখাত করেন প্রতিবেশীরা। একই ঘটনার পুনরাবৃত্তি।

নিজে ক্যান্সার রোগী হিসাবে কলকাতা মেডিক্যাল কলেজের রেডিওথেরাপি বিভাগে যখন যেতেন তখনই পরিত্যক্ত রোগীদের যন্ত্রণা দেখে 'হসপিস' তৈরির কথা ভাবেন সোমশ্রী। তৈরি হয় 'দ্য ফ্রেন্ডস ফাউন্ডেশন অফ এশিয়া।' সরকারি কোনও সাহায্য নেই। স্রেফ কিছু সহানুভূতিশীল মানুষের সমর্থন আর আর্থিক সাহায্য নিয়েই এগিয়ে চলেছেন সোমশ্রী। মৃত্যুর আগের দিনগুলোয় একটু ভালোবাসা, একটু সহানুভূতি দেওয়ার এমন উদ্যোগ নিতে দেখে এগিয়ে এসেছেন ডাঃ সুবীর গঙ্গোপাধ্যায়, ডাঃ গৌতম মুখোপাধ্যায় মতো ক্যান্সার বিশেষজ্ঞরা।

আমরা দুজন

মেয়ে মৌ সঙ্গে নাতি নাতনি উদয় - উনা ,

ছেলে নীল ও মেয়ে মৌ

মেয়ে , জামাই ব্রিজ

আমরা চারজন পপাই, নীল, ফালাক এবং আমি

নীলে ও ফালাকের বিয়ে

বেয়াই, বেয়ানের সঙ্গে আমরা

জ্যাঠা প্রসাদ রায়, জেঠিমা আরতি রায়, দীপু ও পুপু

আমার শ্বশুর সুধাময় ব্যানার্জী ও শাশুড়ী কাবেরী ব্যানার্জী

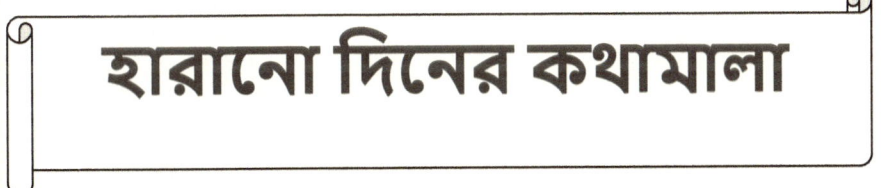

হারানো দিনের কথামালা

হারানো দিনের কথামালা

আমার ঠাকুরদা (প্রফুল্ল কুমার রায়)

আমার ঠাকুরদা প্রফুল্ল কুমার রায় বিখ্যাত ছিলেন "ফিলিপ্স এন্ড রায়" নামে। আমার ঠাকুরমা সান্ত্বনা রায়। ঠাকুরদার বাবা রাজকুমার রায়। ব্রাহ্মধর্মে দীক্ষিত হওয়ার কারণে, ওঁর বাবা রামকুমার রায় ওঁকে ত্যাজ্যপুত্র করেন। ঠাকুরদার জন্ম ঢাকাতে, পড়াশোনা ফরিদপুরে। কলকাতায় চলে আসেন আমার বাবার জন্মেরও আগে, আমার জ্যাঠার তখন বয়স ১৯ দিন, ১৯১৯ সালে। ঠাকুর্দারা প্রথম দিকে থাকতেন গরপাড়ে। পরে ১৯৪৪ সালে বালিগঞ্জে ৮, নম্বর ফার্ন প্লেস বাড়ি কিনে দক্ষিণ কলকাতায় চলে আসেন। ঠাকুর্দা তিন ছেলে মেয়ের জন্য দক্ষিণ কলকাতায় তিনটে বাড়ি কিনেছিলেন। দুটো গোলপার্কে আর একটা ফার্ণ প্লেসে। ঠাকুর্দার মৃত্যুর পর ওই বাড়িটা আমার জেঠামশাই পান। গোলপার্কের বাড়ি দুটোয় ভাড়াটে ছিল। পরে আমার পিসি এসে বাড়ির ভাড়াটে উঠিয়ে বসবাস শুরু করেন। আর আমার বাবার অংশের বাড়ির নম্বর ছিল ২১/৬ গড়িয়াহাট রোড, গাঙ্গুরামের পাশে- ব্যান্ডবক্সের লাগোয়া গলিতে।

৮, নম্বর ফার্ন প্লেসে আমার জন্ম। কম বয়েসে বাবা চলে যাওয়ায় আমি ঠাকুরদা ঠাকুরমার কাছেই মানুষ। আমার দুই বোনকে নিয়ে মা থাকতেন কল্যাণীতে, ঠাকুর্দার কিনে দেওয়া বাড়িতে। ঠাকুরদা না থাকলে আমরা সবাই কোথায় ভেসে যেতাম, জানি না। নাতি বলে আমার আদরটা একটু বেশি ছিল। শুধু নাতি নয়, বংশেরও বড় ছেলে। শুনেছি আমার জন্মের পর পুরো ফার্ন প্লেস নাকি আলো দিয়ে সাজানো হয়েছিল। মনে আছে- স্কুলে একদিন একটা অঙ্ক না পারায় অংকের শিক্ষক প্রমথ বাবু আমার পেটে নাভির পাশে চামড়াটা দুই আঙ্গুল দিয়ে ধরে ঘোরাতে ঘোরাতে বলেছিলেন, "দাদুর (আমি ঠাকুরদাকে দাদু বলতাম) কাছে মানুষ হচ্ছিস তো !

তাই আদরে বাঁদর হচ্ছিস।" বাঁদর হচ্ছিলাম কি না জানিনা তবে সত্যি সত্যি আদরটা একটু বেশি ছিল। ঠাকুরমা চলে যাওয়ার পর সেটা আরো বেড়ে গিয়েছিলো। দাদুকে যিনি দেখাশোনা করতেন, সেই মায়াদিকে অফিস থেকে ফিরে জিজ্ঞাসা করতেন আমার সঙ্গে কেউ খারাপ ব্যবহার করেছে কি না ! আর মায়াদিও সব দাদুকে বলতেন। মায়াদি (মায়া + দি) মিলে আমাদের কাছে হয়ে গিয়েছিলো "Madi" (ম্যাডি)।

আমি সাঁতারে খুব ভালো ছিলাম। ন্যাশনাল লেভেলে সাঁতার কাটতাম, স্কুল ক্যাপ্টেন ছিলাম। আমার ক্যাপ্টেন্সিতে দু বছর পর পর আমার স্কুল চ্যাম্পিয়ন হয়েছিল। তাতেও দাদুর উৎসাহ ছিল। কোনোদিন কোনো কম্পিটিশন থাকলে পরের দিন সকালে আগে আমি আমাদের লিভিং রুমে এসে আগেই খবরের কাগজ খুলে দেখতাম আমার নাম। তারপর দাদু ঘরে এসে যখন মনোযোগ দিয়ে কাগজ পড়ার কারণ জানতে চাইতেন, আমি শুধু দাদুকে আমার নামটা দেখিয়ে দিতাম। দাদুর মুখের হাসিটা তখন খুব ভালো লাগতো। রোটারি ক্লাব থেকে প্রতিবছর ক্লাব সদস্যদের জন্য বাটানগরে সাঁতার প্রতিযোগিতা হতো। ওখানে সব ইভেন্টেই আমি প্রথম। আমি তো তখন ন্যাশনাল লেভেলের সাঁতারু। এই সব প্রতিযোগিতা আমার কাছে তখন ছেলেখেলা। তখন দাদুর গর্বিত মুখটা দেখে মন ভরে যেতো।

আমার দাদু তখন কলকাতার খুব গণ্যমান্য ব্যক্তি। দাদুর কোম্পানি "Philips & Roy Pvt Ltd" তখন ভারতবর্ষের এক নম্বর ইলেট্রিক্যাল কোম্পানি। শুধু ভারতে নয়, নেপাল, সিকিমও দাদুর ব্যবসার অন্তর্গত ছিল। সেই সূত্রে দাদু তখন একজন পরিচিত মানুষ। তৎকালীন রাজ্যপাল হরেন মুখার্জী থেকে শুরু করে প্রফুল্ল সেন, অতুল্য ঘোষ, গীতা মুখার্জী সবারই আমাদের বাড়িতে আসা যাওয়া ছিল। ফরওয়ার্ড ব্লকের হেমন্ত বসু নির্মল ঘোষ এঁদেরও দেখেছি আমাদের বাড়িতে। এঁরা ছাড়াও তৎকালীন মার্কিন কনস্যুলেট জেনারেল Monore. E. Aderhold এবং অন্যান্য বেশ কিছু ডিপ্লোম্যাটদের এর সঙ্গেও খুব ভালো আলাপ পরিচয় ছিল।

তিন বছর বয়সে আমি নেফ্রাইটিসে আক্রান্ত হই। সেই রোগ তখন মারণ রোগ ছিল। বিধান রায়ের চিকিৎসায় আমি সুস্থ হই প্রায় দু বছর পর। দাদুর জন্যই এ সব সম্ভব হয়েছিল। ওয়েলিংটন স্ট্রিটে বিধান রায়ের দুটো বাড়ি আগেই আমার দাদুর অফিস ছিল। বর্তমানে যে রাস্তার নাম নির্মলচন্দ্র স্ট্রিট । আমার স্পষ্ট মনে আছে যে দিন ডাক্তার বিধান রায়ের দেহাবসান হয় ১লা জুলাই ১৯৬২ সালে, সেদিন বোধহয় একটা ছুটির দিন ছিল। দাদু বাড়িতে ছিলেন। খবর পাবার সঙ্গে সঙ্গে দাদু বেরিয়ে গেলেন।

আমি যখন দার্জিলিঙে পড়তাম, সেই সময় প্রতিবছর গরমকালে দাদু দার্জিলিং চলে যেতেন আমার সঙ্গে কিছুদিন কাটানোর জন্য। ওখানে তো গরমের ছুটি ছিল না। কিন্তু দাদু যখন যেতেন, তখন আমাকে কয়েকদিন ছুটি করিয়ে নিয়ে আসতেন। কার্সিয়ংএ একটা বাড়ি ভাড়া করতেন। দাদুর সঙ্গে আমার মা, আমার পিসতুতো দিদি, বোন ও আরো কিছু আত্মীয় যেতেন। আর আমাকেও দার্জিলিং থেকে নিয়ে আসতেন। দারুন কাটতো কয়েকটা দিন। তারপর সবাই ফিরে গেলে আমার আবার মন খারাপের দিন শুরু হতো। দাদু Calcutta Rotary Club এর মেম্বার ছিলেন। সেই সুবাদে ছোটদের কোনো অনুষ্ঠানে, স্পোর্টসে আমরা যেতাম। বাটানগরে সাঁতার প্রতিযোগিতার কথা তো আগেই লিখেছি।

তখনকার রোটারি ক্লাব সমন্ধে দু একটা কথা লেখা জরুরি। এখনকার মতো তখন কিন্তু অলিতে গলিতে রোটারি ক্লাব ছিল না। সেই সময় কলকাতায় একটাই রোটারি ক্লাব ছিল "Calcutta Rotary Club"। তখন মেম্বার হতো by Invitation। কলকাতার সব ক্ষেত্রে এক নম্বর মানুষদেরই আমন্ত্রণ জানানো হতো। রাজ্যপাল, মুখ্যমন্ত্রী, পুলিশ কমিশনার এঁরা ছিলেন অনারারি মেম্বার। যতদিন পোস্টে ওঁরা থাকবেন, ততদিনই ওঁরা মেম্বার। আমার দাদু ছিলেন Senior Active মেম্বার। তখন ইন্টারন্যাশনাল রোটারি প্রেসিডেন্ট ছিলেন একজন বাঙালি, নীতিশ চন্দ্র লাহিড়ী। উনি অবশ্য লিখতেন লাহারী (Nitish Chandra Laharry)। উনিই প্রথম এশিয়ান যিনি ওই পজিশনে ছিলেন। ওঁর পর আজ পর্যন্ত আর তিনজন ভারতীয় ইন্টারন্যাশনাল প্রেসিডেন্ট হয়েছেন। কলকাতায় একবার

ইন্টারন্যাশনাল রোটারি কনফারেন্স হয়েছিল। কনফারেন্সের ক'দিন আমাদের বাড়িতে দুজন মার্কিন মহিলা রোটারিয়ান ছিলেন। ওনাদের নাম ছিল ন্যান্সি আর বেটি। সেই সূত্রে আমাদের বাড়িতে প্রচুর ককটেল পার্টিও হতো যদিও আমার দাদু ড্রিংক করতেন না। তখন এইসব ককটেল পার্টির ড্রেসও ছিল বেশ ফর্মাল। ওই সময় একটা গ্ল্যামারাস কলকাতা দেখেছি।

আমার দাদুর আর একটা পরিচয় ছিল "এক্সিবিশন স্পেশালিস্ট" হিসেবে। ১৯৪৯ সালে ইডেন গার্ডেনসে কলকাতায় প্রথম এক্সিবিশন অনুষ্ঠিত হয়। "Calcutta Industries Fair" নামে উনি প্রতি দুবছর অন্তর একটা এক্সিবিশন করতেন। প্রথমটা হয়েছিল ক্যাথেড্রাল রোডে ১৯৬০ সালে। এরপর ১৯৬২, ৬৪, ৬৬ সালে হয়েছিল। এই এক্সিবিশনে ইন্দিরা গান্ধী, ডাক্তার বিধান রায়, পদ্মজা নাইডু সবাই এসেছেন কোনো না কোনো সময়। আজকের "বিজলি গ্রিল" এর ব্যবসায়িক সফলতার পিছনে আমার দাদুর বিরাট হাত ছিল। ১৯৬২/৬৪ সালে ওঁরা একটা ষ্টল চেয়েছিলেন। সেই সময় বিজলি গ্রিলকে বিশেষ কেউ চিনতেন না। তখন খুব নাম ছিল 'Spencer'-এর। বিশেষ করে ওদের Ice Cream Soda। বিজলি গ্রিলের মালিক "দেবু বারিক" দাদুকে অনুরোধ করেছিলেন একটা স্টলের জন্য। আমার দাদু শুধু ষ্টল নয়, পুরো রেস্টুরেন্ট স্পেস দিয়েছিলেন খুবই কম টাকায়। আর ওই এক্সিবিশনের সমস্ত রকম অফিসিয়াল মিটিং ওই বিজলি গ্রিলের রেস্টুরেন্টে হতোঁ। তার বিলিংও কম হতো না। অত্যন্ত সজ্জন ভদ্রলোক ছিলেন দেবু বারিক। আমি পণ্ডিত রবিশঙ্করের অনুষ্ঠান টিভিতে টেলিকাস্টের সময় কোনো স্পনসর পাচ্ছিলাম না। কারণ তখন টিভি স্পন্সরশিপের কন্সেপ্টই তৈরি হয়নি। আমি গিয়েছিলাম দেবু বারিক মহাশয়ের কাছে বিজলি সিনেমার পাশের রাস্তায় ওঁদের অফিসে। উনি তো আমার দাদুর নাম শুনেই স্পনসর করতে একবারেই রাজি হয়ে গেলেন। কৃতজ্ঞ চিত্তে বললেন "ফিলিপ্স এন্ড রায়" না থাকলে, আমরা আজ এখানে আসতেই পারতাম না"। সবার কৃতজ্ঞতাবোধ থাকে না কিন্তু ওঁর ছিল। "বিজলি গ্রিল" কলকাতা দূরদর্শনের প্রথম স্পনসর। ওঁদের বিজ্ঞাপনের ফিল্মও

আমার করা। প্রথম টেলিকাস্টের দিন দেবুবাবু ওঁর বাড়িতে আমাদের পুরো টিমকে ডিনারে আপ্যায়িত করেছিলেন।

আমাদের মানে আমার দাদুর সেই সময় টোটাল টেলিভশন ষ্টুডিও এবং টিভি স্ক্রিন ইকুইপমেন্ট ছিল। ভারতবর্ষের বিভিন্ন এক্সিবিশনে ওটা যেত একটা এন্টারটেইনমেন্ট হিসেবে। আমাদের নিজেদের ক্যামেরা, টেলিভশন সেট সব ছিল। ছোট ছেলেমেয়েরা ওখানে পারফর্ম করতো আর বাড়ির লোকজন বাইরে টিভি সেটে দেখতেন। আমার স্ত্রীও পারফর্ম করেছিল ১৯৬৪ সালে পার্কসার্কাস ময়দানের "Calcutta Industries Fair"এ। তখন ওর ৫ বছর বয়স। আমি পরে ওর কাছেই শুনেছিলাম আর ও জেনে অবাক হয়ে গিয়েছিলো যে ওই সেট সবটাই আমাদের। শ্যামলদা বলে একজন ইঞ্জিনিয়ার এর সব দেখা শোনা করতেন এবং ভারতের বিভিন্ন প্রান্তে উনি নিয়ে যেতেন। আমাকেও একবার দাদু পাঠিয়েছিল কানপুরে শ্যামলদার সঙ্গে ১৯৬৮ সালে। তখন কেউ ভাবতেই পারতো না এই ধরণের এন্টারটেইনমেন্ট। ১৯৭০ সালে ফরওয়ার্ড ব্লকের অনুরোধে উনি করেন "নেতাজি প্রদর্শনী"। ১৯৭২ সালে রামমোহন রায়ের জন্মের দ্বিশতবার্ষিকী উপলক্ষ উনি একটা এক্সিবিশন ("রামমোহন মেলা") এর ব্যাপারে ইন্দিরা গান্ধীর সঙ্গে মিটিং করতে দিল্লী গিয়েছিলেন। সেখানেই ২৬শে অক্টোবর, ১৯৭২-এ ৮২ বছর বয়েসে ওঁর দেহাবসান হয়।

আমার দাদুর সম্বন্ধে যতই বলি, মনে হয় কিছুই বলা হলো না। আমার দাদুর মতো এতো সম্মানীয় মানুষ আমি আমার জীবনে দেখিনি। আমার খুব মনে আছে, আমাদের এলাকাতে যিনি নির্বাচনে দাঁড়াতেন, সে কর্পোরেশনের ভোট হোক কি বিধানসভা, আগে এসে দাদুর সঙ্গে দেখা করে যেতেন। সুব্রত মুখার্জিকেও দেখেছি প্রথমবার যখন দাঁড়ালেন দাদুকে এসে প্রণাম করে গিয়েছিলেন। পরে সুব্রতদার সঙ্গে সেই নিয়ে গল্পও হয়েছে। ওঁর জীবনযাত্রা এবং লড়াকু মনোভাব সবার জীবনে আদর্শ হওয়া উচিত।

ঠাকুরমা (সান্ত্বনা রায়)

ব্রাহ্মধর্মের পরিব্রাজক গুরুদাস চক্রবর্তীর কন্যা সান্ত্বনা। একেবারে শিশু বয়সে মা- হারা সান্ত্বনা প্রতিপালিত হন কর্ণওয়ালিস স্ট্রিটে সাধারণ ব্রাহ্ম সমাজে শিবনাথ শাস্ত্রীর কাছে। আদর করে তিনি সান্ত্বনাকে ডাকতেন "শেল্টার বিউটি" বলে। আমার ঠাকুরমার কথা খুব বেশি মনে নেই। বাবা চলে যাওয়ার তিন মাস পর ঠাকুরমাও চলে যান পুত্রশোকে। তখন আমার বয়স ১০ বছর ৬ মাস। সেইজন্য খুব বেশি মনে থাকার কথাও নয়। কিছু টুকরো টুকরো ঘটনা মনে আছে। মন খারাপ করার কারনে দার্জিলিং থেকে ফিরে এলাম কলকাতায় ঠাকুদা ঠাকুরমার স্নেহছায়ায়। বাড়ির কাছেই জগদ্বন্ধু ইনস্টিটিউশনে আমাকে ভর্তি করা হলো। স্কুল ছিল সকালে। আমার মনে আছে দুপুরে বাড়ি ফিরেই ব্যাগটা ছুড়ে ফেলে দিয়ে পাড়া চরতে বেরিয়ে যেতাম। আর ঠাকুরমাও পেছন পেছন ছুটতো- "আরে এখন চান করে খাওয়ার সময়, কোথায় যাচ্ছিস আবার? দাদু (আমি ঠাকুরদাকে দাদু বলতাম) এলে আমি কিন্তু বলে দেব।" কে শোনে কার কথা, ঠাকুরমা কি আমাকে ধরতে পারে। শেষে অবনীদা (আমাদের বাড়িতে কাজ করতেন) আমাকে চ্যাংদোলা করে ধরে নিয়ে আসতেন। সন্ধ্যেবেলা ঠাকুরদা ফিরলেই নালিশ। কিন্তু মজার ব্যাপার ঠাকুরদা তো কিছুই বলতেন না। ওই একটু কপট রাগ দেখাতেন। আর তার ফলস্বরূপ আমার হাতে ঠাকুরমার মার খাওয়া। এটা নিত্যনৈমিত্তিক ঘটনা। সেটা কিন্তু ঠাকুরমা নালিশ করতেন না। মাঝে মাঝে ঠাকুরদা সন্ধ্যাবেলা ফিরে ঠাকুরমাকে নিয়ে পার্টিতে চলে যেতেন। তখনকার সেই ড্রেস ছিল দেখার মতো। ঠাকুরদার থ্রি-পিস স্যুট আর ঠাকুরমার কি শাড়ী বলতে পারবো না। ওঁরা কেউই কিন্তু ড্রিংক করতেন না।

আর খুব মনে আছে ঠাকুরদার ফেরার আগে সন্ধ্যাবেলা ঠাকুরমা গা ধুয়ে পাউডার মেখে আমাকে নিয়ে ছাদে গিয়ে শুয়ে থাকতেন আর কত সব বিপ্লবীদের গল্প শোনাতেন। ঠাকুরমা একটু থামলেই আমি রেগে যেতাম। ওই সব গল্প শুনতে শুনতে আমার রক্ত গরম

হয়ে যেত। এখানে বলে রাখা ভালো, আমার ঠাকুরমাও জেল খেটেছেন বীনা দাসের সঙ্গে। বীনা দাসও আমাদের পাড়ায় থাকতেন। ঠাকুরমা বাড়ির বারান্দায় দাঁড়িয়ে নিয়ম করে ব্রিটিশদের বিরুদ্ধে লিফলেট বিলি করতেন। সেইজন্য ঠাকুরমা গল্প বলতে বলতে থামলেই আমি রেগে যেতাম। তখন ঠাকুরমা বলতেন "আমার পিঠটা চুলকে দে, তাহলে আবার বলবো।"

আমার বাবা যেদিন মারা যান সেদিন আমি দিদিমার কাছে। ঠাকুমা অসুস্থ সেটা জানতাম। খবর পেয়ে চলে এলাম ঠাকুরদা ঠাকুরমার বাড়ি। সে এক মর্মস্পর্শী দৃশ্য। ঠাকুরমার পায়ের কাছে আমার মা বসে হাউ হাউ করে কাঁদছেন আর ঠাকুরমার শরীর অর্দ্ধেক খাটের উপর আর বাকি অর্দ্ধেক অতি যত্নে মাটিতে শুয়ে রাখা সদ্য ৩৫ পার হওয়া আমার বাবার নিথর শরীরের উপর। ঠাকুরদা একদিকে মাথায় হাত দিয়ে বসে আর চোখ দিয়ে জল গড়িয়ে পড়ছে। আমাকে ডেকে একটা হাত ধরে বসে রইলেন। জীবনের শেষ দিন পর্যন্ত ওই দৃশ্য ভুলবো না। আমার ১০ বছর বয়েসে ঘটে যাওয়া সেই ঘটনা আজ ৭৬ বছর বয়েসেও সমানভাবে নাড়া দিয়ে যায়। ঠাকুরমাকে নিয়ে এইটুকুই আমার স্মৃতি।

ঠাকুমার কোলে আমি

আমেরিকান কনস্যুলেট জেনারেলের সঙ্গে ঠাকুরদা

পদ্মজা নাইডুর ও গীতা মুখার্জীর সঙ্গে ঠাকুরদা

ডাক্তার বিধান চন্দ্র রায়ের সঙ্গে ঠাকুরদা

আমার দাদু, দিদিমা

"১৩১৪ সালের আষাঢ়ের প্রথম দিনে বোলপুর শহর হইতে উত্তরাভিমুখী লাল মাটির রাস্তা দিয়া দালানবাহকের টমটমে চলিয়াছি- পথটি গ্রামের দিকে চলিয়া গিয়াছে। রাস্তার দুই ধারে কোনো বসতি নাই-জনবিরল,, ছায়াবিহীন রাঙামাটির পথে বাহিয়া দুই একটি গরুর গাড়ি ধীর মন্থর গতিতে গ্রামের দিকে চলিয়াছে। ভুবনডাঙ্গা গ্রাম অতিক্রম করিতেই দেখিলাম, রাস্তার পশ্চিমে জলভরা বাঁধ উত্তর পশ্চিমে বিস্তৃত, তারা পশ্চিম তীরে সুদীর্ঘ তাল বৃক্ষশ্রেণী। তারপর কয়েকটি লাল কালির ঘর লইয়া নিচু- বাংলা - অদূরে ঘন সন্নিবিষ্ট লাল তরুশ্রেণীর অবকাশ পথ দিয়া শান্তিনিকেতনের আশ্রম দেখা যাইতেছিল। যতদূর চক্ষু যায়, দিগন্ত-প্রসারী শুধু মাঠ আর মাঠ।

শান্তিনিকেতন আশ্রমের উত্তরের ফটক দিয়া অতিথি ভবনের সম্মুখে গিয়া নামিলাম। অপরাহ্ন বেলায়,একতলার বারান্দায় মহর্ষি-পৌত্র দ্বিপেন্দ্রনাথ ঠাকুর আরাম কেদারায় শয়ান। আমাদের অভিভাবক আমাদিগকে লইয়া সেখানে উপস্থিত হইলেন। দ্বিপুবাবু জগদানন্দ রায় মহাশয়কে ডাকিয়া আনিবার জন্য তাঁহার বয়কে আদেশ করিলেন। কিয়ৎক্ষণ পরে জগদানন্দবাবু আসিলে, তাঁহার কাছে আমাদিগকে সমর্পণ করিয়া দিয়া বলিলেন, "এই দুটি ছেলেকে তোমাদের আশ্রমে ভর্তি করে নাও।" আমরা তাঁহার সঙ্গে সঙ্গে চলিলাম।

এখন যেখানে গ্রন্থাগার, সেই গৃহটি তখন খড়ে-ছাওয়া দ্বিতল ছিল- উপরে উঠিবার সিঁড়ি ছিল গৃহটির পূর্ব্ব দিকের বহিঃপ্রান্ত দিয়া। সেই সিঁড়ির বাম পার্শ্বেই একতলার একটি কক্ষে ছোট্ট অফিস ঘর। গ্রীষ্মাবকাশের পর সবে মাত্র নতুন ছেলে আসিতে আরম্ভ করিয়াছে। জগদানন্দবাবুর সঙ্গে আমরা দুই ভাই ও আমাদের সঙ্গীয় অভিভাবক অফিস ঘরে প্রবেশ করিলাম। ছোটখাটো, ছিপছিপে পাতলা মানুষটি, আমাদিগকে দেখিয়াই স্মিতমুখে সাদর

সম্ভাষণ জানাইলেন- সরোজ ও আমি তাহার পায়ে প্রণত হইলাম- তিনি আমাদের পরিচয় জিজ্ঞাসা করিলেন। পরে জানিলাম, ইনিই আশ্রম-পরিচালক ভূপেন্দ্রনাথ স্যান্ন্যাল মহাশয়। তাঁহার স্নিগ্ধ বাৎসল্যে আমরা মুগ্ধ হইলাম। তাঁহার উপরেই আশ্রমের অফিস পরিচালনার, যাবতীয় কর্ম্ম-ব্যবস্থার ও আয়-ব্যয়ের হিসাব রাখার ভার ন্যস্ত ছিল।

সঙ্গে আনিবার জন্য আশ্রম হইতে জিনিষের যে ফর্দ পাঠানো হইয়াছিল, তাহা এই- ধুতি-৪, পাঞ্জাবী-৪, সার্ট-২, গামোছা-২, হাফ প্যান্ট-২ পট্টবস্ত্র (চেলি)-১, সতরঞ্চি-১, কম্বল-২, মশারী-১, বালিশ-১, বাটি-২, গ্লাস-১, গাড়ু-১, কোদাল-১, হারিকেন ল্যান্টার্ন-১, ছোট ট্রাঙ্ক-১। হরিৎ রঙের আলখাল্লা এখানে তৈরি করাইয়া লইতে হইল। সঙ্গীয় সব জিনিষ আমরা অফিসঘরে বুঝাইয়া দিলাম। তখনকার আশ্রম-জীবনের উপকরণ কত বাহুল্যবর্জিত ছিল, তাহা দেখাইবার জন্য এই প্রসঙ্গ উল্লেখ করিলাম।"

***

আমার দাদু মনোরঞ্জন চৌধুরী, ওনার ভাই সরোজরঞ্জন চৌধুরী এবং আমার দিদিমা ইন্দুলেখা চৌধুরী ছিলেন আশ্রমের প্রথমদিকের ছাত্র ছাত্রী। আমার দাদুর প্রথম আশ্রমে যাওয়ার দিনের অভিজ্ঞতা ওনারই লেখা দিয়ে শুরু করলাম। দাদুকে আমি দেখিনি। আমার জন্মের আগে ১৯৪৫ সালে উনি ইহলোক ত্যাগ করেন। দাদু, দিদিমা দুজনেই শান্তিনিকেতনের শুরুর দিনে পড়াশোনা করেছিলেন। দুজনেই ছিলেন রবীন্দ্রনাথের স্নেহধন্য। দিদিমাকে অবশ্য আমি অনেক বছর পেয়েছিলাম। একজন নম্র, শিক্ষিত মহিলা। অল্প বয়েসে দাদু চলে যাওয়ার পর অর্থকষ্টে দুটি নাবালিকা কন্যাকে নিয়ে দিম্মা হয়ে পড়লেন দিশেহারা। কিন্তু মৃত্যু মাঝে ঢাকা আছে যে অন্তহীন প্রাণ, সেই প্রাণশক্তিকে পাথেয় করে এই কঠিন বাস্তবের মুখোমুখি হলেন তিনি। আমি দিদিমার সবচেয়ে প্রিয় ছিলাম এবং একমাত্র নাতি। আর সবাই নাতনি। আমি বড় হওয়ার পর দেখেছি, এত অর্থকষ্টের মধ্যেও কোনো কিছু চাইলে কোনোদিনও না বলতেন না। দিম্মার আর একটা জিনিস আমার খুব মজা লাগতো। আমরা যেমন খেতে বসে আগে ভাত,ডাল,

সবজি- তারপর মাছ বা মাংস খাই, দিম্মা কিন্তু শেষ পাতে ডাল খেতেন। মাছ মাংস অবশ্য খেতেন না। আমি আজও সবার কাছে দিম্মার শেষ পাতে ডাল খাওয়ার গল্প বলি।

কবিগুরুর কাছেই ওনার প্রথম শিক্ষা লাভ। দিম্মা খুব ভালো গান করতেন। কবিগুরু অনেক অনুষ্ঠানে, আমার দিম্মাকে সঙ্গে করে নিয়ে যেতেন। শুনেছি কোনো অনুষ্ঠানে কেউ যদি সন্ধ্যাবেলা, দিনের বেলার গান ধরতেন কিংবা বর্ষাকালে শীতকালের গান ধরতেন, কবিগুরু খুব অসন্তুষ্ট হয়ে আমার দিদিমার দিকে তাকিয়ে শুধু বলতেন "ইন্দু"। দিদিমা বুঝে যেতেন এবং উঠে গিয়ে স্থান, কাল অনুযায়ী গান ধরতেন। আমার দিদিমার গান শোনার জন্য নাকি প্রচন্ড লোকসমাগম হতো জায়গা না পেয়ে লোকে গাছের উপরেও উঠে যেতেন। আমার মনে আছে দিদিমার সঙ্গে "উত্তরায়ণ" এ গিয়ে আমি রবীন্দ্রপুত্র রথীন্দ্রনাথ ঠাকুর এবং প্রতিমা দেবীকে প্রণামও করে এসেছি। তখন আমার ৭/৮ বছর বয়স। তখন তো এতো কিছু বুঝতাম না। আজ মনে হয় কি অমূল্য সেই অভিজ্ঞতা। দাদু, দিদিমা দুজনেই শান্তিনিকেতনের শুরুর দিনে পড়াশোনা করেছিলেন।

আমার দাদু, দিদিমাকে লেখা কবিগুরুর বেশ কিছু চিঠি এখনো আমার কাছে আছে যেগুলো এখন হীরকখন্ডের মতোই দূর্লভ এবং দ্যুতিতে সমুজ্জ্বল। যদিও বেশির ভাগ চিঠিই বিশ্বভারতীর মিউজিয়ামে দিয়ে দেওয়া হয়েছে। চিঠিগুলো পড়লে সে সময়ের অনেক তথ্য জানা যায়। বিশ্বভারতীতে দেওয়ার আগে বেশ কিছু চিঠি দাদু কপি করে রেখেছিলেন, সেই রকম একটা চিঠিও এখানে দিলাম। কবিগুরু তাঁর দুই ছাত্র ছাত্রীকেই জীবনে সফল হবার আশীর্বাদ করেছিলেন। দুজনের বিবাহ সংবাদে তিনি আশীর্বাণীতে সংসারের খুঁটিনাটি বিষয়ে অনেক পরামর্শ দিয়েছিলেন এবং কিভাবে সুখে, শান্তিতে সংসার করা যায়, সে বিষয়ে সদুপদেশ দিয়েছিলেন। বয়সে নিতান্ত নবীন দুই তরুণ তরুণীর কাছে এ অনেক বড় পাওয়া। আমার মা ও মাসির "রঞ্জিতা" ও "নন্দিতা" কবিগুরুর দেওয়া নাম।

আমার দিদিমা ইহলোক ত্যাগ করেন ১৯৬৬ সালে। শেষ জীবন পর্যন্ত শিক্ষকতা করে গেছেন কর্পোরেশন স্কুলে। এই সব মানুষজনের অভাব আজ খুব অনুভব করি !

দাদু, দিদিমার সঙ্গে মা ও মাসি

দিদিমার সঙ্গে মা ও মাসি

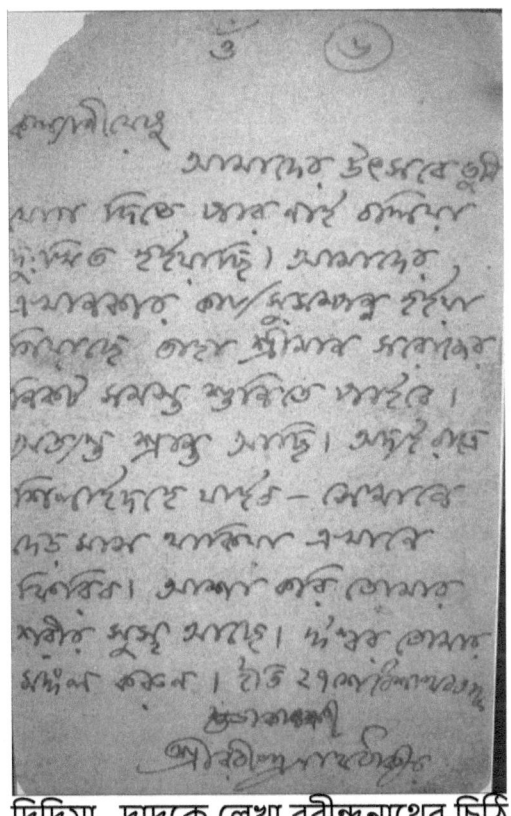

দিদিমা , দাদুকে লেখা রবীন্দ্রনাথের চিঠি

ওঁ

কল্যাণীয়েষু

আমাদের উৎসবে তুমি যোগ দিতে পার নাই বলিয়া দুঃখিত হইয়াছি। আমাদের এখানকার কার্য সুসম্পন্ন হইয়া গিয়াছে তাহা শ্রীমান সরোজের নিকট সমস্ত শুনিতে পাইবে। অত্যন্ত শ্রান্ত আছি। অদ্যাই রাতে শিলাইদহে যাইব- সেখানে দেড় মাস থাকিয়া এখানে ফিরিব। আশা করি তোমার শরীর সুস্থ আছে। ঈশ্বর তোমার মঙ্গল করুন।

ইতি ২৭শে বৈশাখ ১৩২২

শুভাকাঙ্ক্ষী

শ্রী রবীন্দ্রনাথ ঠাকুর

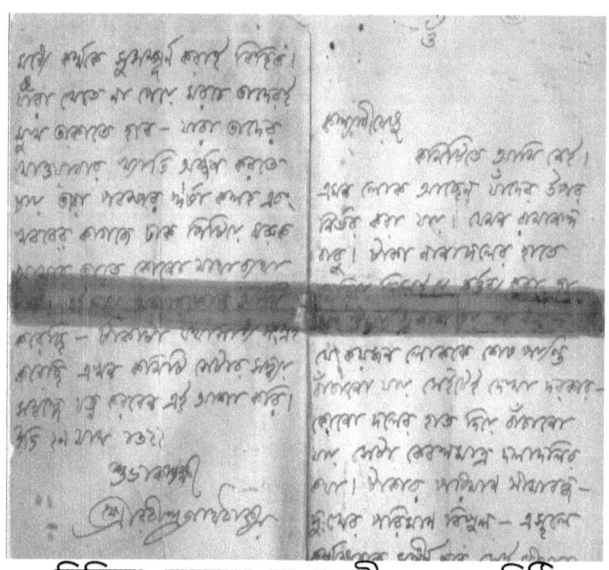

দিদিমা , দাদুকে লেখা রবীন্দ্রনাথের চিঠি

ওঁ

কল্যাণীয়েষু

কমিটিতে আমি নেই। এমন লোক আছেন যাঁদের উপর নির্ভর করা যায়। যেমন রামানন্দ বাবু। টাকা নানা দলের হাতে দিয়ে দিলেই যে কর্তব্য করা হয় এবং ঔদ্ধত্য প্রকাশ পায় সেটা মনে রাখতে হবে। যে কয়জন লোককে শেষ পর্যন্ত বাঁচানো যায়, সেইটেই দেখা দরকার। কোনো দলের হাত দিয়ে বাঁচানো সেটা কেবলমাত্র দলাদলির কথা। টাকার পরিমান সীমাবদ্ধ- দুঃখের পরিমান বিপুল- এস্থলে কর্মক্ষেত্রকে সংকীর্ণ করে সেই সীমার মধ্যে কর্মকে সম্পূ করাই বিহিত। যারা খেতে না পেয়ে মরবে তাদেরই মুখ তাকাতে হবে- যারা তাদের খাওয়াবার খ্যাতি অর্জন করতে চায়, তাঁরা পরস্পর ঈর্ষা কলহ এবং খবরের কাগজে ঢাক পিটিয়ে মরুক, আমার তাতে কোনো মাথাব্যথা নেই। এই সময় আমার সাধ্যমতো এ কাজ করেছি- টাকাটা যথাসাধ্য সংগ্রহ করেছি। এখন কমিটি সেটার সদব্যয় সম্বন্ধে যত্ন করবেন এই আশা করি।

ইতি ২৯ মাঘ ১৩২২

শুভাকাঙ্ক্ষী

শ্রী রবীন্দ্রনাথ ঠাকুর

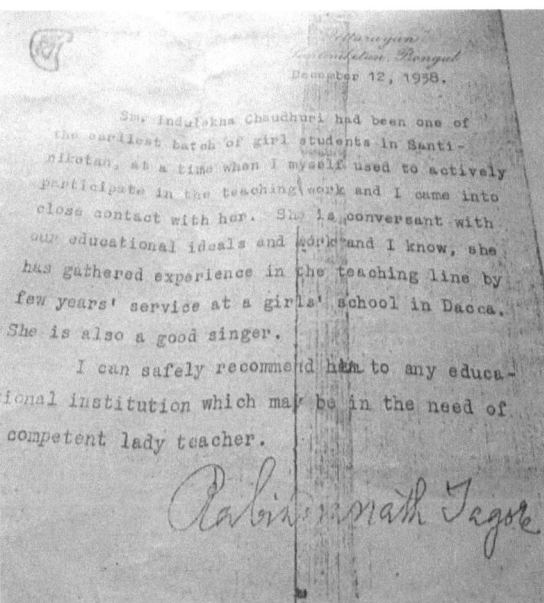

দিদিমাকে দেওয়া রবীন্দ্রনাথের সার্টিফিকেট

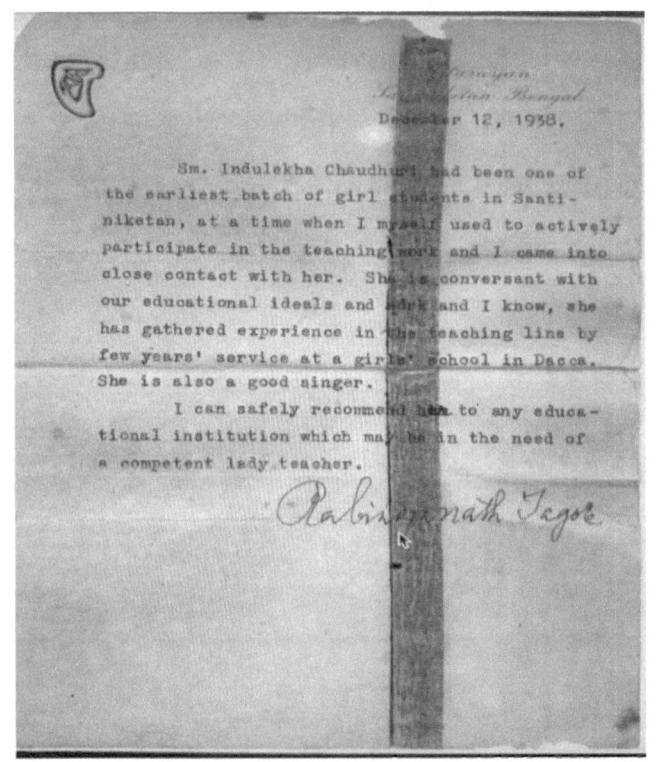

Uttarayan
Santiniketan, Bengal
December 12, 1938

Sm. Indulekha Chaudhuri had been one of the earliest batch of girl students in Santiniketan, at a time when I myself used to actively participate in the teaching work and I came into close contact with her. She is conversant with our educational ideals and work and I know, she has gathered experience in the teaching line by few years' service at a girls' school in Dacca. She is also a good singer.

I can safely recommend her to any educational institution which may be in the need of competent lady teacher.

Rabindranath Tagore

আমার বাবা

পিতা নোহসি পিতা নো বোধি নমস্তেহস্তু মা মা হিংসীঃ
তুমি আমাদের পিতা, পিতার ন্যায় আমাদিগকে জ্ঞান শিক্ষা দাও। তোমাকে নমস্কার।

বাবা !
এতো শুধু ডাকার সুখেই ডাকা। রক্ত-মাংসের মানুষটাকে সেরকম ভাবে মনে পড়ে কই? হ্যাঁ, একটা হালকা অবয়ব স্পষ্ট ভাবে মনে গাঁথা আছে, সুস্পষ্ট ছবি আঁকা আছে টুকরো টুকরো মূহুর্ত গুলোর। ৮ নম্বর ফার্ন প্লেসের সিঁড়ি দিয়ে উঠে বাঁ দিকের ছোট্ট ঘরটায়, যে ঘরটায় বড়মা থাকতেন (বাবাদের ঠাকুমা), সেই ঘরটায় দুই হাতের তালু মেঝেতে দিয়ে বাবা হয়েছেন ঘোড়া, পিঠে আমি বা ভাই বোনেদের অন্য কেউ। ঠিক মনে পড়ছেনা কিছুতেই। কিন্তু আনন্দঘন মূহুর্তটুকু আজো অনুভবে গাঁথা আছে সেই একই রকম। সৌভাগ্যবশতঃ আমার স্মৃতিতে বাবার জন্য কোনও বিষাদছবি আঁকা নেই। প্যান্টের উপরে হাফ হাতা সার্টটা না গুজে উপর দিয়ে তুলে পরা সুদর্শন ছফুট লম্বা প্রসন্নকান্তি মানুষটি আমার বাবা।

১১ই আগস্ট ১৯২৩- উত্তর কলকাতার গরপাড়ে প্রফুল্ল চন্দ্র রায় আর সান্ত্বনা রায়ের কোল আলো করে যে শিশুটি চোখ মেলে চাইল, সেই শিশুটি, দেবকুমার রায় আমার বাবা। বাবা ছিলেন ঠাকুমা-দাদুর কনিষ্ঠ সন্তান, তাই ঠাকুমার সবচেয়ে প্রিয়। প্রিয় সব দাদা-দিদিদেরও। শুনেছি ভীষন রগুড়ে ছিলেন, মজা করতে পারতেন প্রচন্ড। মজার ছলে মেয়েদের মতো শাড়ি পরে দিদিদের দলে ভিড়ে যেতেন অনায়াসেই। বন্ধুবৎসল বাবার বন্ধু ছিল অগুনতি। সমাজের সব স্তরেই ছিলো তাঁর বন্ধুত্ব- কোলকাতার সব নামজাদা সম্ভ্রান্ত বাড়ির ছেলেরা যখন বুইক, ডজ্ গাড়ি নিয়ে বাবার বন্ধুত্বের সাহচার্য পেতে প্রায়শই আসতেন ৮ নম্বর ফার্ন প্লেসে, তেমনি একটু পিছিয়ে পরা সঙ্গীরাও ছিলেন বাবার প্রানের দোসর।

গোয়েঙ্কা কলেজ থেকে কমার্স গ্রাজুয়েট হবার পর বাবার কোম্পানীতে যোগ দেন। যে সময়ের যা বৈশিষ্ট, যে বয়সের যা ধর্ম, ছোটবেলা থেকেই ডানপিটে স্বভাবের মানুষ আমার বাবা। ১৯৪৬ সালে হিন্দু মুসলমানের দাঙ্গায় পার্কসার্কাসে বিপন্নদের উদ্ধারে নিজের জীবনের ঝুঁকি নিয়ে ছদ্মবেশে ঝাঁপিয়ে পড়েছিলেন। প্রত্যক্ষদর্শীদের জবানবন্দিতে শোনা গেছে ১৯৪৬-এর সেই দাঙ্গার সময়ে খেপে ওঠা উন্মুক্ত তলোয়ার হাতে এক পাঠান মুসলমান ব্যক্তিকে নাকি রাস্তায় প্রকাশ্য দিবালোকে পিছন থেকে জড়িয়ে ধরে একই সঙ্গে কাবু এবং শান্ত করেছিলেন। বাবা ছিলেন একাধারে অসম সাহসের অধিকারী এবং উপস্থিত বুদ্ধিতে খুরধার। সেবা কর্মে ছিলেন অত্যন্ত দক্ষ। নিঃসন্তান মাসী কিম্বা পিসিদের কারোর কোনো অসুখের খবরে বাবা নাকি দৌড়ে যেতেন সর্বপ্রথম, সুস্থ হওয়া পর্যন্ত বাবার অবস্থান থাকতো সেই ঠিকানাই। ১৯৪৭-এ বাবা বিয়ে করলেন রঞ্জিতা চৌধুরীকে। আমার মার নাম "রঞ্জিতা" রবীন্দ্রনাথ ঠাকুরের দেওয়া। ছোটবেলার স্মৃতি বলতেই মনে পড়ে মাত্র দশ বছর বয়সেই বাবাকে হারানো, ১৯৫৮ র ১১ই নভেম্বর। বাবা মায়ের তিন সন্তানের মধ্যে আমি বড়ো, আমার পরে দুই বোন পাপড়ি আর নুপুর। যে সময়টা বাবার কোলেপিঠে খেলা করার বয়স, সেই সময়েই আমি হঠাৎ বেশ বড়ো হয়ে গেলাম। মাত্র ১০টা বছর পেয়েছি আমার বাবাকে।

আমার স্মৃতিতে রয়েছে- বাবারা তিনজন অত্যন্ত ঘনিষ্ঠ ছিলেন- বাবা, দেবনাথ চ্যাটার্জী (সোমনাথ চট্টোপাধ্যায়ের দাদা) এবং প্রদীপ কুমার বটব্যাল (মুম্বাই, কলকাতার বিখ্যাত অভিনেতা)। তখন ওরা জয় রাইড (মূলতঃ couple ride) করতেন। ১০০ টাকার বিনিময়ে প্লেনে করে ঘুরে আসা যেত। অনেক বছর পর, ততোদিনে বাবা মারা গেছেন, আমি তখন প্রায়ই কাজের সুবাদে বোম্বে যাতায়াত করি, একবার দেখি ফ্লাইটে প্রদীপ কুমার। ওনার পাশের সিটটা খালি ছিল। আমি গিয়ে ওঁর পাশের সিটে বসে বললাম, "আমার পরিচয় দেব? আপনি আমার বাবাকে চিনতে পারবেন?" উনি অবাক হয়ে বললেন, "কে তোমার বাবা?" বললাম- "বাচ্চু" (বাবার ডাক নাম)। শুনে উনি স্তম্ভিত, কেঁদে ফেললেন- তারপর খুঁটিয়ে সবার সব খবর নিলেন। সেই সময় ওনার আর্থিক অবস্থাও খুব

খারাপ। বাবার আরেক বন্ধু পিশু মজুমদার সত্যজিত রায়ের "প্রতিদ্বন্দী" ছবিতে অভিনয় করেছিলেন। বাবার এই সব বন্ধুরা ফার্ণ প্লেসের বাড়িতে দিনের পর দিন আড্ডা, হৈচৈতে সময় কাটিয়েছেন। সেই স্মৃতিটা আজ সবার সাথে শেয়ার করলাম। মাত্র ৩৫ বছর বয়সে সর্বগুনসম্পন্ন এতো সুন্দর একটি ব্যক্তিত্ব হারিয়ে গেলেন কোন সুদূরে। আমরা নাবালক তিন ভাইবোন এহেন একজন ব্যতিক্রমী উঁচু মাপের বাবার সঙ্গ করা, নিজেদের বোধে মূল্যায়ন করা, সব সুযোগ থেকেই বঞ্চিত থাকলাম।

আমার স্মৃতিতে আরো দু একটা ঘটনা আছে। বাবা যখন আমার ঠাকুরদার ব্যবসা থেকে বেরিয়ে গিয়ে জামশেদপুরে কাইজার কোম্পানিতে চাকরি করতেন, তখন সন্ধ্যাবেলা আমি, মা আর দুই বোন বাইরে লনে বসে থাকতাম বাবার জন্য। দূর থেকে দেখতাম বাবা আসছেন আর মা বলতেন, "ওই যে তোদের বাবা আসছে।" কাইজারে চাকুরীরত স্যুট, টাই পরিহিত বাবা সমান আকর্ষণীয়। আমি লাফিয়ে লন থেকে বেরিয়ে রাস্তায় চলে যেতাম। আমার সুদর্শন, সুপুরুষ বাবা নাকি ছিলেন আদ্যন্ত প্রেমিক। তখনকার সমাজের 'শেষের কবিতা'র কেটি, লিসিরা সবাই নাকি ছিলেন বাবার প্রেমে পাগল। বাস্তবমুখী বাবা ১৯৪৭ সালে বিয়ে করেন শান্তিনিকেতনে কবিগুরুর আদর্শে উজ্জীবিত বাবা-মায়ের দ্বিতীয়া কন্যা আটপৌরে, আমাদের মা রঞ্জিতাকে। বাবা জানতেন তখনকার যৌথ পরিবারে লাবন্যরাই টিকে থাকে শেষ পর্যন্ত। এতোটাই দূরদর্শী ছিলেন তিনি। আর একটা ঘটনা মনে আছে। কলকাতার ফার্ন প্লেসের বাড়িতে বাবা আমাকে বলতেন, 'পিঠের উপরে হাট'। আমিও হেটে বেড়াতাম বাবার পিঠের উপর। প্রাণশক্তিতে ভরপুর বাবা প্রায়ই আমাকে নিয়ে ড্রাইভ করে বেড়িয়ে পড়তেন গোলপার্কে জ্যাঠার বাড়িতে কিম্বা অন্য কোথাও। আমি অবাক হয়ে ভাবতাম ড্রাইভার রতনদা ছাড়া গাড়ি চলবে কি করে। বাবা কৌতুক ছলে বলতেন "গাড়িতে বসেই দেখ না কেমন ঘুরিয়ে আনি তোকে।"

বাবা মায়ের বিবাহিত জীবন দীর্ঘস্থায়ী হয়নি। মাত্র ১১ বছর বাদে ১৯৫৮সালে ১১ই নভেম্বর আমাদের বাবা ৩২ বছরের সুন্দরী স্ত্রী,

তিনটি শিশু সন্তান রেখে ইহলোকের সকল মায়া কাটিয়ে পাড়ি দেন অমৃত লোকের উদ্দেশ্যে। আমাদের মায়ের দীর্ঘ ৬৫ বছরের একাকীত্বের অবসান ঘটলো ১৯শে জুন, ২০২৩ সন্ধ্যা পাঁচটায়। কল্পনায় ভেসে আমার ভাবতে ভালো লাগছে কোনো এক লোকে মা-বাবা আবার মিলিত হয়েছেন। মর্ত্যলোকের সন্ধ্যায় প্রায়শই বাবা যেমন জুঁই বা বেলিফুলের মালা মার খোঁপায় জড়িয়ে দিতেন, আজও তেমনই দিচ্ছেন।

এই রকম টুকরো টুকরো স্মৃতির মধ্যেই বাবা আমার কাছে বেঁচে আছেন এবং থাকবেন। সত্যিই কিছুই ফুরোয় না। তাই আজ এতোগুলো বছর পরেও স্মৃতিতে সবই তরতাজা। এই ব্রহ্মাণ্ডে হারিয়ে যায় নি কিছুই, তুমি আমি সবাই আছি, থাকবোও চিরকাল। ঘুরছি সবাই চক্রাকারে।

নীল, ফালাকের আশীর্বাদে আমার মা, মাসি

আমার মা

মা বাবার সঙ্গে আমার দুই বোন পাপড়ি, নুপুর

মার সঙ্গে আমরা তিন জন

আমার মা

দেখতে দেখতে ক্যালেন্ডারের পাতা ওল্টাতে ওল্টাতে আমাদের পরিবারের আগের প্রজন্মের শেষ পারানির কড়ি মার প্রয়াণ দিবস ১৯ জুন ২০২৩। যে ডাকে পরম নিশ্চয়তা, সেই 'মা' ডাক মুছে গেলো আমাদের জীবন থেকে। ২০২৩ সালের জানুয়ারী মাস থেকে জুনের ১৮ তারিখ পর্যন্ত ছ মাস ধরে গুটিগুটি পায়ে মা অমৃত লোকের দিকে পা বাড়িয়েছিলেন। উনিশে জুন সন্ধে পাচঁটায় আমাদের সকলের মায়া ত্যাগ করে মা সেই না-ফেরার দেশেরই যাত্রী হলেন।

এই 'মৃত্যু' শব্দটির সাথে আমরা পরিচিত শিশু বয়স থেকেই। কবিগুরু রবীন্দ্রনাথের মতে "শিশুবয়সের লঘু জীবন বড় বড় মৃত্যুকেও অনায়াসেই পাশ কাটাইয়া ছুটিয়া যায়, কিন্তু অধিক বয়সে মৃত্যুকে অত সহজে ফাঁকি দিয়া এড়াইয়া চলিবার পথ নাই"। আমাদের আট নম্বর ফার্ন প্লেসের শিশুদের জন্যে কথাটি সমভাবে প্রযোজ্য। আজ এই পরিণত বয়সে এসে বুঝে গেছি সবচেয়ে প্রাচীন সত্য বাক্য "যেতে নাহি দিবো", কিন্তু বাস্তব জীবনে এর কোন সত্যতাই নেই-যেতে আমাদের দিতেই হয়। তাই যাঁদের আবর্তে আমাদের জীবন শুরু হয়েছিল, যাঁদের স্নেহচ্ছায়ায় আমরা বড় হয়ে উঠেছিলাম তাঁরা আজ সবাই না-ফেরার দেশে। সবাইকে আমরা যেতে দিতে বাধ্য হয়েছি। আনন্দ উৎসবে ভরপুর, আত্মীয় স্বজনে পরিপূর্ণ আমাদের পরিবারের আগের প্রজন্মের শেষ বাতিটুকু টুপ করে নিবে গেলো মার মৃত্যুর সাথে সাথেই।

শান্তিনিকেতনে কবিগুরু রবীন্দ্রনাথ ঠাকুরের প্রথম দিকের ছাত্র-ছাত্রী আমার দিম্মা-দাদু শ্রীমতি ইন্দুলেখা চৌধুরী ও শ্রীযুক্ত মনোরঞ্জন চৌধুরীর দ্বিতীয়া কন্যা মা খুকু। গুরুদেব স্বয়ং মার নাম রাখলেন রঞ্জিতা এবং ছোট মাসী টুকুর নাম নন্দিতা। মায়েরা চারবোন- বড়মাসী আর সেজ মাসী শিশু অবস্থায় অকালেই ইহকালের মায়া ত্যাগ করেন। রবীন্দ্র পরিমন্ডলে চারজনের ঘর

সংসার ছিল গানে গল্পে আনন্দে ঠাস বুনুনীতে ভরা। অকস্মাৎ পিতা মনোরঞ্জন চৌধুরীর মৃত্যুতে সুর গেলো ছিঁড়ে। বাল্যবস্থাতেই মা মাসী পিতৃহারা হলেন। দারুণ অর্থকষ্টে দুটি নাবালিকা কন্যাকে নিয়ে দিম্মা হয়ে পড়লেন দিশেহারা। কিন্তু "মৃত্যু মাঝে ঢাকা আছে যে অন্তহীন প্রাণ, "সেই প্রাণশক্তিকে পাথেয় করে এই কঠিন বাস্তবের মুখোমুখি হলেন তিনি। কবিগুরুর দর্শনে দিম্মা-দাদু দীক্ষিত --"ভালো মন্দ যাহাই আসুক সত্যরে লহো সহজে" এই আদর্শ ছিল পরিবারের মূলমন্ত্র। বাবার আহ্লাদের দুলালী খুকুরও উত্তর জীবনে এই মহামন্ত্রই ভিত শক্ত করেছিল।

শান্তিনিকেতন, ব্রাহ্ম গার্লস স্কুল, আশুতোষ কলেজের পাঠ শেষ করে ১৯৪৭ সালে নিজেরই মনোনীত পাত্র সুপুরুষ দেবকুমার রায়ের সঙ্গে বিবাহ সূত্রে আবদ্ধ হলেন। শ্রীযুক্ত প্রফুল্ল কুমার রায় ও শ্রীমতি স্বান্তনা রায়ের ছোট পুত্র বাচ্চুর স্ত্রী সার্থক নামা রঞ্জিতা এতো বড়ো যৌথ পরিবারের মন জয় করে নিলেন অনায়াসেই। ১৯৪৮এ আমার জন্ম, তারপর আমার দুই বোন পাপড়ি আর নুপুর। আমাদের বাবা ছিলেন এক ব্যতিক্রমী চরিত্র। কর্মঠ, একাধারে তেজী এবং অসম্ভব দয়ালু। হিন্দু মুসলমান দাঙ্গায় অনেকের প্রাণ রক্ষার্থে আমার বাবা এক বিশেষ ভূমিকা পালন করেছিলেন। ৫০ দশকের প্রথম দিকে আমেরিকান কোম্পানি কাইজারে চাকরি নিয়ে জামশেদপুর চলে যান পারিবারিক প্রতিষ্ঠিত ব্যাবসা "'ফিলিপ্স এন্ড রয়" ছেড়ে। সঙ্গে যান মা আর ছোট বোন নূপুর। অভিমানী বাবা সব অভিমান চুকে বুকে গেলে অনতিবিলম্বে আবার ফিরে আসেন ৮ নম্বর ফার্ণপ্লেসে আমাদের দাদু প্রফুল্লর পাশে।

আমার সুন্দরী মা ছিলেন প্রাণশক্তিতে ভরপুর। এতো কিছু বিপর্যয়ের পরেও ছোটবেলার খিলখিল হাসি শেষ দিন পর্যন্ত ঠোঁটের কোণে মুচকি হাসি হয়ে থমকে ছিলো। আপন পর ভেদাভেদ না করে ভালোবাসার ক্ষমতা ছিলো অসীম। আর একটা পরিবারে কম বয়েসে বিধবা হলে অনেক কিছু বাধা বিঘ্নের সম্মুখীন হতে হয়। আমার ঠাকুরদা সেটা বুঝে আমার মা আর দুই বোনকে কল্যাণীতে মার নামে বাড়ি কিনে পাঠিয়ে দিলেন আর আমাকে

দার্জিলিঙে। আমি অবশ্য আমার ঠাকুরদার কাছেই মানুষ। আমার দুই বোন কল্যাণী স্কুল থেকেই পাস করেছে। আমার ঠাকুরদা না থাকলে সবাই কোথায় যে ভেসে যেতাম। ১৯৫৮ সালে অকস্মাৎ বাবার মৃত্যুর পরে আমাদের ৮ নং ফার্ন প্লেসে দাদুর ছত্রচ্ছায়ায় যৌথ পরিবারে দিন কেটে যাচ্ছিল রোজই যেমন দিন কাটে। শিশু বয়সে এখনও গভীর ভাবে দাগ কাটা আছে বিক্ষিপ্তভাবে মায়ের কিছু চিত্র। কখনো মা গোপনে চোখের জল ফেলছেন, কখনো উদাস চোখে বাইরের দিকে তাকিয়ে আছেন। মার হয়তো তখন বুক ফেটে যেতো, কিন্তু মাকে কখনো কিছু বলতে শুনিনি।

রন্ধনশিল্পে পটিয়সী মা সহজেই সকলের মন জয় করতে পারতেন। সব রকম আচার, সস তৈরি করায় মা ছিলেন একমেবাদ্বিতীয়ম। কি অল্পতেই যে মা তুষ্ট থাকতেন,তা এক দৃষ্টান্ত স্বরূপ। মার আচারের জগতে কারোর প্রবেশের অধিকার ছিলো না। তিনতলার বারান্দা থেকে বেছে বেছে আম কেনা, চোখ থেকে চশমা খুলে রেখে একটা একটা করে সর্ষে বাছা, কোথাও কোন সমঝোতা না করে অত্যন্ত নিষ্ঠার সঙ্গে সমস্ত উপকরণ মিশিয়ে আক্ষরিক অর্থে এক অমৃত স্বাদ তৈরি করতেন। সবশেষে নির্বিশেষে সকলকে এই আচার নিজের হাতে তুলে দিতে মা যে কি স্বর্গীয় সুখ অনুভব করতেন, তা বলে বোঝানো যাবে না। মার হাতে যাদু ছিলো, কেউই এই শিল্প কৌশল আয়ত্ত করতে পারেনি। তাই মার সাথে সাথেই এই নিপুণ শিল্প বিলুপ্ত হয়ে গেলো। কোনো পার্থিব জিনিষের চাহিদা ছিলো না, এইসব ছোটখাটো প্রাপ্তিতে ছিলো মার স্বর্গসুখ। পরবর্তী জীবনে "All Bengal Women's Union"এ একটি বৃদ্ধাবাসকে স্বয়ংসম্পূর্ণ করে গড়ে তোলার গুরুত্বপূর্ণ দায়িত্ব নিজের কাঁধে তুলে নেন। সেখানে দীর্ঘ ১৪/১৫ বছর সব রকম সেবায়, এমনকী অসুস্থ আবাসিকাদের সুস্থ করার প্রয়াসে তাদের সাথে হাসপাতালে বিনিদ্র রাত্রি যাপন করেছেন দিনের পর দিন। প্রয়োজনে পরিচিত, অপরিচিত সকলের সেবাতেই মা ছিলেন অগ্রণী।

বেড়াতে যাবার আগ্রহ ছিল প্রবল। মায়ের একমাত্র চাহিদা ছিল বেড়াতে যাওয়া। জীবনের প্রথম দিকে সবকিছু থেকে বঞ্চিতা

নারীকে ঈশ্বর বাকি জীবনে সুদে আসলে ভরে দিয়েছেন। তাই জীবনে কি পাননি তার হিসেব মেলাতে তাঁর মন কোনো দিনই রাজি ছিল না। ঘুরেছেন সারা ভারতবর্ষই। পৃথিবীর রূপ, রস, গন্ধ চেটেপুটে আস্বাদন করেছেন। তুমুল উৎসাহে সঙ্গীর অভাবে কুন্ডু স্পেশালে একলাই গেছেন অমরনাথ। আমার মেয়ে মৌ নিয়ে গেছে দুবাই, লন্ডন, প্যারিস। মার ৮০ বছরের জন্মদিনে মৌয়ের ছেলে উদয় এবং মেয়ে উনা মাকে উপহার দেয় আফ্রিকা সফর। পাপড়ির দুই নিকট বন্ধুর তত্ত্বাবধানে মা আফ্রিকা যান পরিবারের কারোর সঙ্গ ছাড়াই। রবিবার করে মার সঙ্গে দেখা করতে গেলেই বলতেন, " বাপুকে দুটো মাছের চপ দাও, দুটো চিত্রকূট দাও।" আমি রেগে গিয়ে বলতাম "মা, আমারও বয়েস হয়েছে।" মা বলতেন "মার কাছে কখনো ছেলে মেয়ের বয়েস হয় না।"

এই দীর্ঘ জীবনে অনেক চড়াই উৎরাই পথ ভেঙ্গে মা জীবন কাটিয়ে গেছেন নিজের শর্তে। সংসারের প্রতি মার মায়া ছিল অপরিসীম, তার পরিধি ছিল দিগন্ত বিস্তৃত। মার জীবন মানে একটি প্রতিষ্ঠান। কর্মঠ, নিঃস্বার্থ সৎ একটি জীবন দিয়ে শুধু শিখিয়ে গেছেন কি করে মাথা উঁচু করে সসম্মানে বাঁচতে হয়। মা, তুমি যেখানেই থাকো, ভালো থেকো মা। সব হিসেব নিকেশ, জ্বালা যন্ত্রনা চুকিয়ে তুমি আজ ঠাঁই পেয়েছো তাঁর কোলে। তাই তুমি আনন্দে আছো, শান্তিতে আছো। তোমাকে সশ্রদ্ধ বিনম্র প্রনাম আর অনেক অনেক আদর।

পারিবারিক ব্যবসায় হাতে খড়ি

ছেলেবেলা থেকেই সব কিছুতেই আমার আগ্রহ। বয়সোজনিত কারণে স্বভাবে একটু চঞ্চলমতি, একটু অস্থিরচিত্ত, বেপরোয়া আমি বিজ্ঞাপন জগতের কাজ ছেড়ে এবারে আমাদের পারিবারিক ব্যবসায় যোগ দিলাম। আগেই লিখেছি, ইলেকট্রিক্যাল ইঞ্জিনিয়ার আমার ঠাকুর্দা ১৯১৭ সালে Philips & Roy Pvt. Ltd নামে ইলেকট্রিক্যাল কোম্পানি তৈরি করেন। '৭২ এর শেষের দিকে বিজ্ঞাপনের চাকরি ছেড়ে ওই কোম্পানিতে রোগ দিলাম। Philips & Roy Pvt. Ltd-র অফিস ছিল ৩৮/২, ওয়েলিংটন স্ট্রীট, কল-১৩, প্রাক্তন মুখ্যমন্ত্রী বিধানচন্দ্র রায়ের বাড়ির ঠিক দুটো বাড়ি আগে। এই রাস্তাটা এখন নির্মলচন্দ্র স্ট্রীট নামে খ্যাত।

বাবা নেই। ব্যবসা দেখতেন আমার দাদু আর জ্যেঠামশাই। তবে জ্যেঠামশাই ছিলেন শৌখিন আর ভালো মনের মানুষ, ব্যবসার কাজ বিশেষ বুঝতেন না। আর সেই ফাঁকেই আমার অভিযান শুরু হলো। আমি রোজ যেতাম ওই অফিসে, কাজ দেখতাম। এরপর আমি নিজে ব্যবসা শুরু করি। তার জন্য সেই সময় দাদুর কাছ থেকে ১০০ টাকা ধার নিয়েছিলাম। সে যুগে ১০০ টাকা মানে অনেক টাকা। পরে আমি লাভের মুখ দেখতে শুরু করলে সে টাকা ফেরতও দিয়ে দিই। অফিসে বসে অর্ডার তোলা শুরু করি। Philips & Roy নামটা থাকত, কিন্তু Pvt. Ltd শব্দদুটি বাদ দিয়েছিলাম। স্বাভাবিকভাবেই পার্টি নামের এই তারতম্য ধরতে পারত না। কখনো কোথাও আমি আমি দাদু বা জেঠার নাম নিতাম না।

আমার ঠাকুরদার তখন আর একটা ব্যাপারে খুব নাম ছিল। কলকাতায় যত বড় বড় এক্সিবিশন তখন হতো, সবগুলোই পরিচালনা করেছেন আমার ঠাকুরদা প্রফুল্ল কুমার রায় (ফিলিপ্স এন্ড রায়)। এক্সিবিশন স্পেশালিস্ট হিসেবে ঠাকুরদার নাম ছিল। ওঁর প্রথম এক্সিবিশন ১৯৪৯ সালে ইডেন গার্ডেনসে। এর পর ওঁর করা "কলিকাতা ইন্ডাস্ট্রিস ফেয়ার" প্রতি দু বছর অন্তর হতো।

তৎকালীন প্রধান মন্ত্রী ইন্দিরা গান্ধী থেকে শুরু করে রাষ্ট্রপতি জাকির হুসেন, বিধান রায়, প্রফুল্ল সেন,পদ্মজা নাইডু, মোরারজি দেশাই সবাই এই এক্সিবিশনে আসতেন অতিথি হিসেবে। আমি, আমার জ্যাঠতুতো ভাই দীপু, আমরা ষ্টল অ্যালটমেন্ট কন্ট্রোল করতাম। তার থেকেও ভালো ইনকাম করতাম। ১৯৬৪ সালে ক্যাথিড্রাল রোডে যে "কলকাতা ইন্ডাস্ট্রিস ফেয়ার" হয়, সেখানেই ঠাকুরদা প্রথম 'বিজলি গ্রিল'কে রেস্টুরেন্ট করার অনুমতি দেন এবং সেখান থেকেই 'বিজলি গ্রিল'-এর উত্থান। বিজলী গ্রিলের মালিক শ্রী দেবু বারিক মহাশয় এর জন্য চিরদিন কৃতজ্ঞ ছিলেন। আমি যখন প্রথম স্পন্সর্ড টিভি সিরিয়াল "Ravishankar, A legend of Glory" করি দূরদর্শনের জন্য, তখন বিজলি গ্রিল প্রথম স্পনসর ছিল। উনি আমাকে বলেছিলেন 'তোমার ঠাকুরদার জন্য আজ আমরা এখানে, সেই জন্য আমরাই তোমাকে স্পনসর করবো।' ওদের প্রথম কমার্শিয়ালও আমার করা। স্ক্রিপ্ট লিখেছিলেন বিখ্যাত সাহিত্যিক দিব্যেন্দু পালিত আর পরিচালনা করেছিলেন গৌতম ঘোষ। এই রকম কৃতজ্ঞতাবোধও আজকাল হারিয়ে গেছে।

দক্ষিণ কলকাতায় বালিগঞ্জ ফাঁড়ির কাছে Refugee Handicrafts-এর বিশাল শোরুমের কথা নিশ্চয়ই অনেকের মনে আছে। ওই বিল্ডিং-এর একতলায় ছিল শো-রুম আর দোতলায় ওই সংস্থার অফিস। সম্পুর্ণ বাড়িটার বৈদ্যুতিকরণের কাজ করেছিলাম আমি। উদবোধনের দিনেও গোটা বাড়িটার বৈদ্যুতিকরণের দায়িত্ব ছিল আমার। মনে আছে একদিন ওই পথে দাদুর সাথে ফিরছি। দাদুকে শোরুমের কাজের কথা বললাম। উনি তো অবাক। গাড়ি থেকে নেমে আমাকে নিয়ে ভেতরে গেলেন, জিজ্ঞেস করলেন। শোরুমের কর্তাব্যক্তিরাও অবাক দাদুকে দেখে। ওঁরা জানালেন- "হ্যাঁ, এই ছেলেটিই তো এখানে এসে দেখাশোনা করে কাজ করেছে। ও তো ঘুণাক্ষরেও জানায়নি যে ও আপনার নাতি।" যাই হোক, নিজের ঘরের মধ্যেই আমার স্বাধীন ব্যবসায় বাড়িতে একচোট অশান্তি হল। জ্যেঠামশাই দাদুর কাছে আমার নামে অভিযোগ জানালেন। দাদু অবশ্য আমার পাশেই দাঁড়ালেন। আগেই বলেছি জ্যেঠামশাই ব্যবসার কাজ বিশেষ বুঝতেন না।

অনীহা আর বিরক্তিতে একদিন "ধুত্তোর" বলে ব্যবসা ছেড়ে দিলাম।

আমার ঠাকুরদার করা শেষ এক্সিবিশন ১৯৭০ সালে। ফরওয়ার্ড ব্লকের হেমন্ত বসু এবং নির্মল ঘোষের অনুরোধে করা 'নেতাজি প্রদর্শনী'। তারপর ওঁর শরীরটা খুব ভেঙে গিয়েছিলো। তা সত্ত্বেও ১৯৭৪ সালে রাজা রামমোহনের দ্বিশতবর্ষ উপলক্ষে 'রামমোহন মেলা' করার কাজে মেতে উঠলেন এবং সেই কারণে দিল্লীতে গেলেন প্রধানমন্ত্রী প্রধানমন্ত্রী ইন্দিরা গান্ধীর সঙ্গে একটা মিটিংয়ে এবং সেখানেই ২৬শে অক্টোবর ১৯৭২-এ ওঁর জীবনাবসান ৮২ বছর বয়সে। দাদুর মরদেহ কলকাতায় আনা হয় পরের দিন।

দাদু চলে যাওয়ার পর আমাদের ব্যবসার অবস্থা খারাপের দিকে চলে যেতে থাকে। আমাদের এক কাকা ছিলেন বিপুল রায়। কাকার প্রথম চাকরি আমাদের কোম্পানিতে সুপারভাইসর হিসেবে। আমরা 'বাগুকাকা' বলে ডাকতাম। বাগুকাকা থাকতেনও আমাদের বাড়ি ফার্ন প্লেসে। এই বাগুকাকাই আমাদের প্রথম মশলা দোসা খাইয়েছিলেন গড়িয়াহাটে নির্মলা রেস্টুরেন্টে। সেটা বোধহয় ৬০এর দশকের প্রথম দিকের কথা। একটা দোসার দাম ছিল ৩৫ পয়সা। মনে আছে আমরা ৫ ভাইবোন খেয়েছিলাম। দাম পড়েছিল ১ টাকা ৭৫ পয়সা। সেই বাগুকাকার অসম্ভব বিজনেস সেন্স। "সেরা ইলেকট্রিক" নামে উনি কোম্পানি তৈরি করলেন এবং ফিলিপ্স এন্ড রায়ের সব কিছু উনি কিনে নিলেন। সেই কোম্পানি এখনো ভালোভাবেই চলছে। আমাদের ওয়েলিংটন স্ট্রিটের অফিসও এখন "সেরা ইলেকট্রিক প্রাইভেট লিমিটেড" এর। বাগুকাকা অবশ্য ২০২১ সালে আমাদের ছেড়ে চলে গেলেন।

বিজ্ঞাপন জগতে প্রথম পদক্ষেপ

আরও একটু পেছনে ফিরি। সেদিন লিখেছিলাম না জীবনের বিচিত্র অভিজ্ঞতা আমার মতো সাধারণ মানুষের জীবনটাকে রঙ্গীন করে রেখেছে। দুঃখ-সুখের ঢেউএর দোলায় ভেসে সুদীর্ঘ পথ পাড়ি দিলাম। ১০ বছর বয়সে বাবাকে হারিয়েছি। একান্নবর্তী পরিবারে গুরুজন এবং অগ্রজদের আদরে, শাসনে আমার অনুসন্ধিৎসু মন বিকশিত হয়েছে। মাথার উপরে বটবৃক্ষের মতো ছিলেন আমার ঠাকুর্দা। সেই ছোটবেলা থেকে কতো কিছুতে আমার আগ্রহ। জীবনটাকে নেড়েচেড়ে, ফেলে ছড়িয়ে উপভোগ করেছি। এখন জীবনের প্রান্তসীমায় এসে মনে হয়- প্রতিটি অধ্যায়, প্রতিটি ঘটনা যেন সবুজ প্রান্তর জুড়ে ঝরে থাকা ফুল। সে ফুল কুড়োতে গেলে পায়ে কাঁটা ফুটবে না- তা কি হয়?

কলেজের পড়া শেষ করে অ্যাড এজেন্সীতে যোগ দিলাম। বি কম ডিগ্রি পাবার পর ১৯৭০ সাল নাগাদ খবরের কাগজে বিজ্ঞাপন দেখে Progressive Publicity Service Pvt. Ltd-এ Accounts Executive Trainee পদের জন্য আবেদন করে চাকরিটা পেয়ে গেলাম। বর্তমানে সংস্থার ডাইরেক্টার সুদীপ শ্রীমল। সুদীপবাবুর বাবা যুগল শ্রীমল ছিলেন কলকাতার নেহেরু চিলড্রেন্স মিউজিয়ামের প্রতিষ্ঠাতা এবং ম্যানেজিং ডিরেক্টার। যুগলবাবুই আমার ইন্টারভিউ নিয়েছিলেন। আমার ঠাকুর্দার সঙ্গে যুগলবাবুর দারুন হৃদ্যতা ছিল। আমি ইন্টারভিউতে গিয়ে ঠাকুর্দার নামটাও বলিনি। পরে সেটা জানার পর ওঁরা যারপরনাই অবাক হয়েছিলেন। সুদীপবাবুর মা আরতী শ্রীমল ইলিয়াট রোডে All Bengal Womens Union –এর একজন কর্ণধার ছিলেন। আমার মা ওই সংস্থাতে বেশ কিছুদিন কাজ করেছেন। পরবর্তী সময়ে শ্রীমতী আরতী শ্রীমল দক্ষিন কলকাতায় Inner Wheel Club প্রতিষ্ঠা করেন। তিনি ছিলেন Founder Chairman (১৯৭৭-৭৮)। আমাদের বাড়িতে নিয়মিত আসতেন। শ্রীমল পরিবারের সঙ্গে এখনও আমার যোগাযোগ আছে। কলকাতা শহরে এই সংস্থার Hoarding board এখনও দেখা

যায়। যেমন "Karukrit", তেমনি Progressive Publicity Service-এর Hoarding board-র নাম "Display"।

জয়েন তো করলাম কিন্তু আমার মন পড়ে থাকতো স্টুডিও পাড়ায়। অফিস কেটে কেটে চলে যেতাম স্টুডিওতে। আমি তো চিরকাল উত্তমকুমারের ভক্ত। মনে আছে 'দুটি মন' রিলিজ করেছে- ১৯৭০ সাল। Client visit করতে যাবার নাম করে আমি অফিসের গাড়ি নিয়ে উজ্জ্বলাতে প্রিমিয়ার শো দেখতে চলে গেলাম। প্রায় তিন ঘন্টা পরে গাড়ি নিয়ে অফিসে ফিরলে সুদীপবাবু আমাকে জিজ্ঞেস করেছিলেন- অফিসের গাড়ি নিয়ে এতোক্ষণ কোথায় ছিলে? কাউকে কৈফিয়ৎ দেওয়া আমার ধাতে সইতো না। এক কথায় রেজিগনেশান লেটার দিয়ে চাকরিটা ছেড়ে দিলাম। বছরখানেক ছিলাম ওই অফিসে। প্রখ্যাত অভিনেত্রী ললিতা চট্টোপাধ্যায়ের দিদি কল্যানী মুখার্জী আমার সহকর্মী ছিলেন। প্রখ্যাত বিজ্ঞাপন ব্যক্তিত্ব রাম রে-র ছোট ভাই রামচন্দ্র রায়কেও সহকর্মী হিসেবে পেয়েছিলাম।

এর পরে আমি কিছুদিন আরেকটা বড় সংস্থা Indian Publicity Bureau তেও কাজ করেছিলাম। ওদের অফিস ছিল ম্যাডান স্ট্রিটে। এখানেও আমি বছর খানেক কাজ করি। কিন্তু এই সব নামকরা প্রতিষ্ঠানে কাজ করার সুবাদে যে অভিজ্ঞতা অর্জন করেছিলাম- তার ফলে পরবর্তীতে বেশ কয়েকটি অ্যাড ফিল্ম তৈরি করার সুযোগ হয়- যেমন কিটপ্লাই, ক্যালকাটা কেমিক্যাল, চেসমী গ্লিসারিন সোপ, বিজলি গ্রিল নাইস ক্রীম, পিয়ারলেস বাজার, প্লাস ফিনাইল, এভারেস্ট ফিনাইল ইত্যাদি...
এই হলো আমার অভিজ্ঞতার একটি অধ্যায়... অতঃপর আবার নতুন পথ চলা শুরু হল...

প্রথম ডকুমেন্টারী- রবীন্দ্রনাথ ও ত্রিপুরা

রবীন্দ্রনাথ ঠাকুরের সঙ্গে ত্রিপুরার নিবিড় সম্পর্ক। বেশ কয়েকবার ত্রিপুরার রাজ পরিবারের আতিথ্য গ্রহণ করেছিলেন। তাঁর উপন্যাস 'রাজর্ষি' এবং নাটক 'বিসর্জন' ও 'মুকুট' ত্রিপুরার প্রেক্ষাপটে রচিত। আমি ত্রিপুরা সরকারের পক্ষ থেকে কবিগুরুকে নিয়ে একটি তথ্যচিত্র তৈরি করার প্রস্তাব পেলাম। পাঠকের কৌতুহল হওয়া স্বাভাবিক কি ভাবে আমি এমন প্রস্তাব পেলাম।

১৯৭৩ এর কথা। সুখময় সেনগুপ্ত তখন কংগ্রেস শাসিত সরকারের মুখ্যমন্ত্রী। ত্রিপুরার অর্থমন্ত্রী দেবেন্দ্রকিশোর চৌধুরীর সঙ্গে আলাপের সুবাদে এই তথ্যচিত্রটি করার দুর্লভ সম্মান লাভ করি। আমি তখন থাকতাম গোলপার্কে। মৌচাক মিষ্টির দোকানের পাশে এখন যেখানে সপ্তর্ষি রেস্টুরেন্ট- সেই সময় সেখানে ছিল "ত্রিপুরা হাউস"। দেবেন্দ্রকিশোর ছিলেন সিলেটের মানুষ- কাঠবাঙ্গাল, অন্ধ ইষ্টবেঙ্গল ভক্ত। প্রায়ই কলকাতায় আসতেন। তখন কোনো একজনের সুবাদে ওঁর সঙ্গে পরিচয়। আমার প্রাক্তন স্ত্রী জয়শ্রী তখন সত্যজিত রায়ের ছবিতে কাজ করেছে। ফলে একটা পরিচিতির বিষয় ছিলই। কলকাতায় এসে সুযোগ পেলেই ইস্টবেঙ্গলের খেলা দেখতে যেতেন। প্রায়ই কলকাতায় আসার সূত্রে দেবেন্দ্রকিশোর যে কবে 'দেবুদা' হয়ে গেলেন জানিনা। আমিও ইস্টবেঙ্গলের ভক্ত তখন। মনে আছে সে বছর (১৯৭৩) IFA শিল্ড ফাইনাল দেখতে আমি দেবুদার গাড়িতেই ওনার সঙ্গে গিয়েছিলাম মাঠে। ইস্ট বেঙ্গল বনাম দক্ষিন কোরিয়ার পিয়ং ইওং সিটির মধ্যে ফাইনাল। ইস্টবেঙ্গল জিতেছিল ৩-১ গোলে।

এই রকম একটা সময় দেবুদা আমাকে প্রস্তাব দিলেন- ত্রিপুরার সঙ্গে রবীন্দ্রনাথ ঠাকুরের গভীর যোগাযোগ। তুমি তো বিজ্ঞাপন জগত, ফিল্ম জগতের সঙ্গে যুক্ত। তুমি এই বিষয় নিয়ে কিছু কাজ করো, আমি তোমাকে যথাযথ সাহায্য করব। সেই আমার ত্রিপুরা যাওয়া আসা শুরু হয়। বহুবার সেখানে গিয়েছি। তখন কলকাতা-

আগরতলা বিমান ভাড়া ছিল ১২৫ টাকা। প্রতিবারই আমি ওঁর বাড়িতে উঠতাম। একবার শুধু অনেক অতিথি থাকায় ওঁর বাড়ি থাকা হয় নি- দেবুদাই সার্কিট হাউসে থাকার ব্যবস্থা করে দিয়েছিলেন। তখন আমার সহযোগী ছিলেন সৌমেন দত্ত। ওঁদের কোম্পানির নাম ছিল VANTGAGE POINT। অফিস ছিল ট্রায়াঙ্গুলার পার্কে। সৌমেন দত্তর ভাইয়ের কোম্পানি আজকের 'INCODA'। মনে আছে, একবার ফিনান্স মিনিস্টার, ফরেস্ট মিনিস্টার আমাদের নিয়ে উদয়পুর ফরেস্ট বাংলোতে গেলেন। সঙ্গত কারণেই সঙ্গে অনেক অফিসার ছিলেন। ওখানে ট্রাইবাল মানুষজন এবং ফরেস্ট ডিপার্টমেন্ট থেকে গার্ড অফ অনার দিয়েছিল যেহেতু ফরেস্ট মিনিস্টার সঙ্গে ছিলেন।

পুরো শ্যুটটা করেছিলাম আগরতলাতে। ১৯২৬ সালে রবীন্দ্রনাথের শেষ ত্রিপুরা সফরে রাজা বীরবিক্রম কিশোর মাণিক্যের সঙ্গে পরিচিত হন। রবীন্দ্রনাথের "বিশ্বভারতী" গড়ার পিছনে রাজা বীরচন্দ্র মানিক্য থেকে শেষ রাজা বীরবিক্রম কিশোর মাণিক্যের রাজত্বের (১৯২৩ - ১৯৪৭) শেষদিন পর্যন্ত অ্যানুয়াল গ্রান্ট হিসেবে একটা বড় অর্থ বরাদ্দ ছিল। বিখ্যাত শিল্পী ধীরেন্দ্র কৃষ্ণ দেববর্মন এবং বিখ্যাত মনিপুরী নৃত্যশিল্পী বুদ্ধিমন্ত সিংহকে বিশ্বভারতীতে পাঠানো হয়েছিল, মণিপুরী নৃত্যকে বিশ্বভারতীর সাংস্কৃতিক পাঠক্রমের মধ্যে যুক্ত করার জন্য। রবীন্দ্রনাথের মৃত্যুর এক মাস আগে রাজা বীরবিক্রম কিশোর মানিক্য নিজে বিশ্বভারতীতে উপস্থিত থেকে কবিগুরুকে "ভারতভাস্কর" উপাধিতে ভূষিত করেন। এই সব ঘটনা আমার ডকুমেন্টারিতে ছিল। ডকুমেন্টারি ফিল্মটা তৈরি করে আমি ত্রিপুরা সরকারকে হস্তান্তরিত করেছিলাম। এও এক চমৎকার অভিজ্ঞতা ছিল।

রবীন্দ্রনাথ ও রাধাকিশোর মানিক্য

রাজা বীরচন্দ্র মানিক্য

ভারতীয় দুরদর্শনে প্রথম রঙ্গীন সম্প্রচার

১৯৮১র মাঝামাঝি হঠাৎ ঘোষনা হল- অল ইন্ডিয়া ফুটবল ফেডারেশানের (AIFF)–র আয়োজনে ভারতে প্রথম Jawaharlal Nehru International Invitation Gold Cup Football Tournament অনুষ্ঠিত হবে। তখন AIFF- এর ভাইস প্রেসিডেন্ট প্রিয়রঞ্জন দাসমুন্সী। AIFF Secretary অশোক ঘোষ আর IFA সেক্রেটারী অশোক মিত্র। উরুগুয়ে, চীন, দক্ষিণ কোরিয়া, ইটালী, যুগোশ্লাভিয়া আর ভারত –এই ছয়টা দেশ অংশগ্রহণ করবে। খেলা হবে কলকাতার ইডেন গার্ডেনে। তখন যুবভারতী ক্রীড়াঙ্গনের কোনো অস্তিত্ব নেই।

তার আগে ১৯৭৫ এর ৯ই আগস্ট কলকাতা দূরদর্শনের জন্ম হয়েছে। তখন প্রতি বছর মালয়েশিয়ার মার্ডেকায় এশিয়ার সর্ববৃহৎ ফুটবল টুর্ণামেন্ট হতো। মার্ডেকা টুর্ণামেন্টের সম্প্রচার হতো তবে লাইভ দেখানো হতো না। খেলাগুলো পরে দেখতাম। নেহেরু গোল্ড কাপের খবরটা জেনে মাথায় একটা অদ্‌ভুত আইডিয়া এলো- 'কেমন হয় যদি নেহেরু গোল্ড কাপ ফুটবল টুর্ণামেন্টের রঙ্গীন সম্প্রচার করা যায়। ভাবলাম তো! কিন্তু কাজটা করব কি ভাবে? আমি কিন্তু তখন দূরদর্শনের কাজকর্ম সম্পর্কে একটুও ওয়াকিবহাল নই।

সিনক্লেয়ার্স গ্রুপ অফ হোটেল অ্যান্ড ট্রাভেলসের অন্যতম কর্ণধার বেণু দাসগুপ্ত ছিল আমার বোন ভগ্নিপতি পাপড়ি কিশোরের বন্ধু। বেনুর সঙ্গে তখন অশোক ঘোষ, প্রিয়রঞ্জন দাসমুন্সির ভালো সম্পর্ক। তার কাছে গিয়ে প্রথম প্রস্তাবটা দিলাম। আলোচনা করে দুজনে মিলে গেলাম অশোক ঘোষের কাছে। সেটা ৮১র মাঝামাঝি। অশোকবাবুকে সব বোঝানো হল- একেবারে নতুন একটা বিষয়- তাই বেশ একটা আগ্রহ তৈরি হল। বরাতজোরে AIFF

থেকে Exclusive TV coverage rights পেয়ে গেলাম। এগ্রীমেন্ট হলো। নির্ধারিত হল আমাকে ১.২০ লক্ষ টাকার সমপরিমাণ অর্থ ডলারে পেমেন্ট করতে হবে এবং আরও এক লক্ষ টাকা ভারতীয় কারেন্সীতে দিতে হবে। সেই সঙ্গে একটা ভি সি আর (VCR) আর টিভি সেট দান করতে হবে AIFF কে।

ঝুঁকি নিয়ে ১০,০০০/- টাকা অ্যাডভান্স দিয়ে এগ্রীমেন্ট সই করলাম। সই তো করলাম- কোথায় কালার ক্যামেরা পাওয়া যায় – তাই-ই জানি না। কলকাতা দূরদর্শনে তখন আমার অনেক পরিচিত বন্ধুবান্ধব ছিল- তাদেরই একজন বিমান সিনহা ক্যামেরাম্যান, আমার বন্ধু। গেলাম ওর কাছে। শিব শর্মা তখন স্টেশন ডিরেক্টার। বিমান সব শুনে টুনে বললো- "ভারতে কোথায় কালার ক্যামেরা? একমাত্র পুণে ফিল্ম ইন্সটিটিউটে গোটা দুয়েক ক্যামেরা থাকতে পারে। কিন্তু তোকে দেবে কি?" কলকাতা দূরদর্শনে তখন তখন যে কটা ক্যামেরা সবই Protapak ক্যামেরা সাদা কালো। নেহেরু গোল্ড কাপ ফুটবল টুর্ণামেন্ট অনলাইন কভার হয়েছিল মাত্র তিনটে PROTAPAK ক্যামেরায় – স্পোর্টস প্রোডিউসার বিশ্বনাথ দাসের তত্ত্বাবধানে। আর এখন? সাম্প্রতিক বিশ্বকাপ ফুটবল প্রতিযোগিতায় ছিল ৩৪ টা অনলাইন ক্যামেরা, এ ছাড়া ৩৭০টা ক্যামেরা HD, UHD, 4K HDR কভারেজের জন্য। সেখানে নেহেরু গোল্ড কাপ ফুটবল টুর্ণামেন্টের কলকাতা দূরদর্শনের কাছে ছিল ৩টে ক্যামেরা আর আমাদের কাছে (24 Frames) ৫ টা ক্যামেরা।

সে যাক। ঝুঁকি নিয়ে নেমে তো পড়লাম। আমার তো মাথায় হাত। কালার ক্যামেরা কোথায় পাই ? খোঁজ করতে করতে জানতে পারলাম ভারতে এক মাত্র Video Studio আছে বোম্বেতে Western Outdoor Advertising Company – বোম্বেতে সমাচার মার্গে অফিস। চলে গেলাম সেখানে। কথা হলো মিস রাধিকা ভূষণের সাথে। উনি প্রখ্যাত অভিনেতা ভারত ভূষণের ভাইঝি। রাধিকার সঙ্গে দীর্ঘ আলোচনা হল। ওঁর কাছে জানলাম ভিডিও ক্যাসেট দু রকমের – ১) U-matic video cassette (analogue recording) যেটা SONY –র প্রোডাক্ট আর ২) VHS (Video Home System)- এটা জাপানে তৈরি। রাধিকা আমাকে বললেন –"VHS set-up

অনেকগুলো আছে কিন্তু U-matic system নেই। প্রোফেশন্যাল কাজের জন্য U-matic system ই লাগবে। আপনি যদি International Tournament Cover করতে চান, আপনাকে U-matic system ব্যবহার করতে হবে।"

সমস্যা হল অন্য জায়গায়। বিভিন্ন দেশে কালার স্ট্যান্ডার্ড বিভিন্ন। তখন ভারতে analogue সম্প্রচারে colour encoding system ছিল Phase Alternating Line (PAL)-B। আমেরিকা এবং তার সহযোগী দেশগুলোতে ছিল NTSC (National Television System Committee) আর ফ্রান্স, রাশিয়া ইত্যাদি দেশে প্রচলিত ছিল SECAM (Sequential Couleur a memoire)। এটা ছিল system exactly contrary to American method। রাধিকা আমায় জানালেন "U-matic video cassette ভারতে পাওয়া যায় না। জাপানের হিতাচীর সঙ্গে কোলাবোরেশন আছে। জাপানের ZOOM Company থেকে এই ক্যাসেট আনাতে হবে। প্রতিটি ক্যাসেট ৬০ মিনিটের, দাম ২৫০০ টাকা। তার মানে ৯০ মিনিটের খেলার জন্য প্রতিদিন দুটো করে ক্যাসেট লাগবে।" তাতেই রাজী আমি। ফিরলাম বোম্বে থেকে।

এবারে কলকাতায় একটা অফিস চাই আমার। থিয়েটার রোডে গঙ্গা-যমুনা বিল্ডিং-এ পবন লোহিয়ার অফিস ছিল। তিনি ছিলেন আমার এক মামাশ্বশুরের বন্ধুর ছেলে। সেখানেই হলো আমার প্রথম অফিস- 24 Frames। টুর্নামেন্টের সময় এগিয়ে আসছে। একদিন বোম্বে থেকে Telex এল (তখন Fax নেই)- Western Outdoor Advertising Company থেকে টেকনিক্যাল ডিরেক্টার আর ফিনান্সিয়াল ডিরেক্টার কলকাতায় আসছেন সরেজমিন দেখতে। আমি এয়ারপোর্ট থেকে ওঁদের নিয়ে সোজা ইডেন গার্ডেন্সে চলে গেলাম। ইডেনে তখন তিনটি কমেন্ট্রি বক্স- দুটো অল ইন্ডিয়া রেডিও আর একটা বিবিসি। সব দেখে শুনে দুই ডিরেক্টার বললেন- "Console Room এর জন্য একটা ঘর চাই।" ঠিক হল – অল ইন্ডিয়া রেডিওর একটা ঘর নেওয়া হবে।

আবার সমস্যা। আমাকে বলা হল – যে ঘরটা নেওয়া হবে, সেটা এয়ার-কন্ডিশন করতে হবে। ওই ঘরে যে কেবলের তার ফেলা হবে- সেটা আন্ডারগ্রাউন্ড হতে হবে। তার উপরে কার্পেট থাকবে। বোম্বে থেকে ৮/১০ জন Crew মেম্বার আসবে, তাদের সম্পর্কে বিস্তারিত তথ্য লালবাজারে ডিসি হেডকোয়ার্টারের কাছে জানাতে হবে কারণ প্রধানমন্ত্রী শ্রীমতি ইন্দিরা গান্ধী টুর্ণামেন্ট ওপেন করবেন। এটাও জানানো হল- সব Crew মেম্বারদের পাঁচতারা হোটেলে থাকার ব্যবস্থা করতে হবে। ক্যামেরা ভাড়া আর Crew মেম্বারদের জন্য প্যাকেজ হল ২.৫০ লাখ। তা ছাড়া যাতায়াত খরচ, খাবারের বিল এসব তো আলাদা। অনেক কাঠখড় পুড়িয়ে আমি সেটা ১.৯০ লাখে নামাতে সক্ষম হলাম। অ্যাডভান্স হিসেবে ৩০,০০০ টাকা পাঠিয়েও দিলাম।

১৬ই ফেব্রুয়ারী ১৯৮২- ভারত-চীন ম্যাচ দিয়ে টুর্ণামেন্ট শুরু হবে। উদবোধন করবেন প্রধানমন্ত্রী শ্রীমতি গান্ধী। সব ব্যবস্থা শেষ করে আমরা প্রস্তুত। ক্লাব হাউসে 24 Frames- এর জন্য একটা এক্সিকিউটিভ এনক্লোজার বরাদ্দ হয়েছে। গ্রীণ কার্ড দেওয়া হয়েছে। হঠাৎ আগের দিন (১৫ই ফেব্রুয়ারী) দুপুরে মাঠ থেকে ফোন এলো আমার কাছে – শঙ্করদা ফোন করেছেন। শংকরদা মানে শংকর চট্টোপাধ্যায় তখন কলকাতার প্রখ্যাত ক্যামেরাম্যান আর শ্রেষ্ঠ ক্যামেরা ক্রেন অপারেটর। ব্যক্তিগত জীবনে উনি রামানন্দ চট্টোপাধ্যায় এর নাতি। অজয় কর, তপন সিংহ, ঋত্বিক ঘটকের মতো পরিচালকের সঙ্গে কাজ করেছেন। তাঁর ঝুলিতে তখন সহকারী চিত্রগ্রাহক হিসেবে ঝিন্দের বন্দী, সপ্তপদী, যুক্তি তক্কো গপ্পো –র মত ছবি। এ হেন শংকরদা আমার হয়ে মাঠে গোটা কাজটা তদারকীর দায়িত্বে ছিলেন। শংকরদা ফোনে আমাকে তখুনি ডেকে পাঠালেন- ঘোর সমস্যা। কি ? অল ইন্ডিয়া রেডিও থেকে বলেছে 'ওরা নাকি কোনো ঘর ছাড়তে পারবে না, দুটো ঘরই ওদের চাই।' দৌড়লাম মাঠে। দু পক্ষকেই অশোক ঘোষ ডেকে পাঠালেন, সেখানে অশোক মিত্রও উপস্থিত। কথা হল। বললাম- "তা কি করে সম্ভব? পরের দিন খেলা! মনিটর, আন্ডারগ্রাউন্ড কেবল কানেকশান, এয়ার কন্ডিশন –সব ব্যবস্থা হয়ে গেছে- এখন ঘর ছাড়ব কি ভাবে?" সব শুনে অশোক ঘোষ অল ইন্ডিয়া রেডিও

কলকাতাকে বললেন- "যদি অ্যাডজাস্ট করে এই ঘরে করা সম্ভব তাহলে AIR থাকুক, নাহলে অল ইন্ডিয়া রেডিওর ধারাবিবরণীর দরকার নেই। 24 Frames- এর তত্ত্বাবধানে কালার কভারেজ হবে।"

প্রথম দিনটা গেলো। অশোক ঘোষ ফরমান জারি করলেন – "ক্লাব হাউস এ কালার টিভি দেখতে চাই। বিদেশে সব জায়গায় কালার টিভি। বিদেশের সব প্লেয়ার এসেছেন, তাঁদের সামনে আমাদের সম্মানের জন্য এটা প্রয়োজন। প্রবীর, ব্যবস্থা করো। তোমার কাভারেজ ক্লাব হাউসে চলবে।" আবার চিন্তায় পড়ে গেলাম। এর জন্য একটা পাওয়ারফুল টিভি চাই, পাই কোথায়? দৌড়লাম অরবিন্দ কোম্পানীর অভয় তাঁতিয়ার কাছে। আমার বিশেষ বন্ধু। অভয় এখনও আছে, তবে কোম্পানীর নাম বদলে হয়েছে অ্যাঞ্জেল ভিডিও। ওদের শোরুমে একটা বড়ো টিভি দেখলাম, সেই ৮২ সালে দাম ৪৮,০০০ টাকা। ওটাই ভাড়ায় চাই আমার। অভয় কিছুতেই দেবে না। তারপরে রাজী হল এক শর্তে- দৈনিক ৫০০ টাকা ভাড়া আর সেটের ইন্সিওরেন্স করাতে হবে। এক রাতের মধ্যে ইন্সিওরেন্স। কি ভাবে সম্ভব? সেই অবিশ্বাস্য কাজটাও হল। সেই মামা শ্বশুর কাঞ্চন মামার শরণাপন্ন হলাম। উনি ইন্সুরেন্স কোম্পানিতে ছিলেন। চৌরঙ্গী রোডে হিমালয় হাউসে ওঁদের অফিস। পরদিন সকাল নটায় সেখানে পৌঁছে কাঞ্চনমামার সক্রিয়তায়, ইন্সিওরেন্সের কাগজপত্র তৈরি করে বেলা ১২টার মধ্যে ক্লাব হাউসে কালার টিভি পৌঁছে গেল – খেলা শুরু বেলা দুটোয়। অশোক ঘোষ এসে দেখে গেলেন। কলকাতা দূরদর্শনের সাদা কালো টিভি সরিয়ে নিতে বললেন।

রূপক সাহা তখন আনন্দবাজার পত্রিকার স্পোর্টস রিপোর্টার, স্পোর্টস এডিটর মতী নন্দী। প্রথম দিন খেলা শেষ হওয়ার পর বিকেলে রূপক আমার কাছে এলো একটা ইন্টারভিউ নিতে- "AIR এর সঙ্গে আমার কি ঝামেলা হয়েছে?" আমি সত্যি কথাই বললাম। পরদিন আনন্দবাজারে সেটা ফ্রন্ট পেজ নিউজ হলো। একটা জিনিষ দেখেছি, সেকালেও একালেও... অ্যান্টি-এস্টাবলিশমেন্ট কথা বললেই সেটা খবর হয়ে যায়। যাই হোক, ১৬ দিন ধরে যজ্ঞ চললো। এই প্রথম আমরা চোখের সামনে উরুগুয়ের রামোস ,

ফ্রান্সিসকোলির মত ফুটবলারদের দেখলাম। এর আগে ১৯৭৭ এ মোহনবাগান- কসমস ক্লাবের প্রীতি ম্যাচে পেলেকে দেখেছিলাম। কিন্তু তখন পেলে প্রায় অস্তাচলে। এই প্রথম সত্যিকারের আন্তর্জাতিক ফুটবলের স্বাদ পেলাম আমরা। সেই সময়ের বিখ্যাত English Commentator অরিজিৎ সেন ধারাবিবরণী দিয়েছিলেন !!

প্রতিযোগিতা তো শেষ হল। কিন্তু এর পরে আমাকে নানারকম প্রতিকূলতার মুখোমুখি হতে হল। সবার নিশ্চয়ই মনে আছে সেই সময় NOVA বলে একটা ঠান্ডা পানীয়ের সংস্থা ছিল। ওরা মাঠে বিশ্রামের অবসরে পানীয় সরবরাহের দায়িত্ব পেয়েছিল।ওই সংস্থা থেকে আমাকে বলা হয়েছিল যে আমরা যেন মাঠে ওদের কভার করি। ওরা প্রতিশ্রুতি দিয়েছিল- সব ক্যাসেট ওরা কিনে নেবে। শেষ পর্যন্ত ওরা কিছুই নেয় নি। প্রত্যেকটা স্টেট ফুটবল ফেডারেশান প্রথমে বলেছিল, আমাদের কাছ থেকে ক্যাসেট কিনবে। শেষ পর্যন্ত কেউ কেনেনি। শুধু কোরিয়ান ব্রডকাস্টিং সিস্টেম (KBS) ওদের তিনটে খেলার ক্যাসেট নিয়েছিল কিন্তু তার পেমেন্ট পাইনি কারণ তখন আমার Foreign Exchange Earning Code ছিল না, আমি ওটা জানতামই না। শুধু উরুগুয়ে এখানেই ওদের সব খেলার ক্যাসেট কিনে নিয়েছিল ওদের ইন্ডিয়ান কারেন্সী Prize money দিয়ে। ফলে এতো বড়ো একটা প্রোজেক্টের শেষে আমি তখন বেশ ক্ষতির মুখোমুখি। কিন্তু হাল ছাড়তে নারাজ। ঠিক করলাম- সমস্ত ম্যাচের হাইলাইটস দিয়ে ন্যাশনাল দূরদর্শনের জন্য একটা এক ঘন্টার অনুষ্ঠান করব। অনুষ্ঠানটির নাম ঠিক হলো An Exclusive Affair। স্পনসর ঠিক হলো ডানকান। গেলাম দিল্লী। খান মার্কেটে লোকনায়ক ভবনে তখন দূরদর্শনের অফিস। তখন সব ইন হাউস প্রোগ্রাম। স্পন্সরশীপের ব্যাপারটা একেবারেই প্রচলিত ছিল না। দূরদর্শনের Controller of Programme তখন Mr. J.N. Singh। তিনি সব শুনে বললেন- "ডানকান মানে সিগারেট। আমরা সিগারেটের বিজ্ঞাপন দিতে পারব না।" ঠিক হল, ডানকান চা দিয়ে স্পনসর করা হবে। শেষ পর্যন্ত সেটাও ফলপ্রসু হলোনা।

কি করা যায়! এবারে যোগাযোগ করলাম পিয়ারলেস কোম্পানীর সঙ্গে। তখন চেয়ারম্যান ছিলেন বি কে রায়। আমি শ্রী রায়ের সঙ্গে

দেখা করলাম কলকাতায়, পিয়ারলেস ভবনে। কথাবার্তা হল। একদিন টেলিকাস্ট হবে, কভারেজ মূল্য ৮০,০০০ টাকা। উনি সব দেখে শুনে বললেন, আপনার সঙ্গে আর কে আছে। আমি বললাম "কেউ না, আমি একা।" উনি অবাক হয়ে আমার বয়স জানতে চাইলেন। বললাম- ৩৪ ! উনি তখন যা বলেছিলেন, এখনও আমার কানে ভাসে- "আপনি একটা ৩৪ বছরের বাঙালি ছেলে, একা এতো বড় কাজ করেছেন। আমি একটা টাকাও কাটবো না..." বলে আমার আবেদনপত্র নিয়ে approved বলে সই করে দিলেন। লিখতে গিয়ে এখনও আমার চোখে জল এসে যাচ্ছে। ভারত সরকার শেষ পর্যন্ত এটাও মানতে চাইল না যেহেতু পিয়ারলেস বেসরকারী ইনসিওরেন্স সংস্থা। শেষ পর্যন্ত যা দাঁড়ালো- শুধু কলকাতায় নয়, গোটা দেশে প্রথম কালার টিভি কভারেজ করে আমি পুরো টাকাটাই ক্ষতির মুখোমুখি দাঁড়ালাম। কিন্তু আমার একটা পরিচিতি হলো।

মনে পড়ে তৎকালীন ভারতীয় টিমের কোচ পি কে ব্যানার্জী হোটেল হিন্দুস্থান ইন্টারন্যাশনাল-এর ব্যাঙ্কোয়েটে আমার দেওয়া একটা স্পেশাল শোতে ইন্ডিয়া বনাম চিনের খেলার ফার্স্ট ডে কভারেজ দেখতে দেখতে আমাকে জড়িয়ে ধরেছিলেন। বলেছিলেন "মনার (মনোরঞ্জন ভট্টাচার্য) সেমসাইড গোলটা আর একবার দেখাও তো।" আমি স্লো মোশনে দেখিয়েছিলাম যা তখন ভারতীয় দূরদর্শনে অসম্ভব ছিল দেখানো। মনে আছে সেই সময় সংবাদ বিচিত্রাতে দেবদুলাল বন্দোপাধ্যায় আমাকে নিয়ে একটা অনুষ্ঠানও করেছিলেন।

"Television in India" উইকিপিডিয়াতে লেখা হল "It is also noted that Bengali filmmaker Prabir Roy had the distinction of introducing colour television coverage in India in February–March 1982 during the Nehru Cup, a football tournament which was held at Eden Gardens, Kolkata, with five on-line camera operation, before Doordarshan started the same during the Delhi Asian Games in November that year."

অতঃ কিম? ভাবতে বসলাম-এবারে কি করা যায়? যে কোনো ভেঞ্চার কভার-আপ করতে গেলে আরেকটা ভেঞ্চার করতে হয়। সুতরাং নতুন আইডিয়া ভাবতে লাগলাম। ভাবতে ভাবতে একটা আইডিয়া মাথায় এসে গেলো!

ইন্দিরা গান্ধী ও অশোক ঘোষ নেহেরু গোল্ড কাপ ফুটবল টুর্নামেন্ট ১৯৮২

নেহেরু গোল্ড কাপ ফুটবল টুর্নামেন্ট ১৯৮২

Team	Pld	W	D	L	GF	GA	GD	Pts
Uruguay	5	3	2	0	9	5	+4	8
China	5	2	3	0	6	2	+4	7
South Korea	5	1	4	0	10	8	+2	6
Italy Olympic	5	2	0	3	7	9	−2	4
India	5	1	2	2	6	8	−2	4
Yugoslavia B	5	0	1	4	3	9	−6	1

নেহেরু গোল্ড কাপ ফুটবল টুর্নামেন্ট ১৯৮২

স্মৃতির মণিকোঠায় পন্ডিত রবিশংকর

দেশে প্রথম রঙ্গীন টিভি কভারেজ করে মিশ্র অভিজ্ঞতা হল জীবনে। একদিকে নতুন একটা কাজ করার অপার আনন্দ, বিপ্রতীপে আর্থিক ক্ষতির মুখোমুখি। ভাবতে বসলাম। ভাবতে বসে মনে হল এবারে এমন কোনো মানুষকে নিয়ে কাজ করতে হবে যিনি আন্তর্জাতিক খ্যাতিসম্পন্ন। ভাবতে ভাবতে বিদ্যুৎ চমকের মতো মনে হল- পন্ডিত রবিশঙ্করকে নিয়ে কাজ করলে কেমন হয়। পন্ডিত রবিশঙ্করের তখন দুনিয়া জোড়া নাম। তখন উনি বিটলস–এর সঙ্গে কাজ করছেন, ইহুদী মেনুহিনের সঙ্গে যুগলবন্দী করছেন। এ দেশে থাকেন না। মাত্র দু মাসের জন্য এ দেশে আসতেন, বাকি দশ মাস বাইরে। ডোভার লেন মিউজিক কনফারেন্সে আসতেন। ইন্ডোর স্টেডিয়ামে ওঁর অনুষ্ঠানের টিকিট ব্ল্যাকে বিক্রি হত। বিদেশের টিভিতে উনি অ্যাপিয়ার করেছেন কিন্তু ভারতীয় টিভিতে তখনো পর্যন্ত ওঁকে দেখা যায় নি। সুতরাং স্থির করলাম এবারে পন্ডিত রবিশঙ্কর।

কিন্তু ওঁর কাছে পৌঁছব কি করে? ভাবতে ভাবতে চৈতিদির কথা মনে হল। চৈতি চ্যাটার্জী প্রখ্যাত শিল্পী সুপ্রীতি ঘোষের কন্যা। চৈতিদির কাকা ছিলেন বিমান ঘোষ- His Masters' Voice (HMV) তে উচ্চপদে আসীন। ভাবলাম উনি হয়তো আমাকে সাহায্য করতে পারেন। আমি চৈতিদিকে বললাম, "আমাকে শুধু একটা অ্যাপয়েন্টমেন্ট করিয়ে দাও।" বিমানবাবু তখন থাকেন বালিগঞ্জে ফাঁড়িতে প্রেসিডেন্সি কোর্টে। ব্যাচিলার মানুষ। চৈতিদি অ্যাপয়েন্টমেন্ট করিয়ে দিল। আমি গেলাম বিমানদার বাড়িতে। প্রস্তাবটা রাখলাম যে আমি পন্ডিত রবিশঙ্করকে নিয়ে একটা প্রোগ্রাম করতে চাই, শুধু রাইট আমাকে দিতে হবে। শুনে বিমানদা একটু সংশয়ী- 'উনি কি রাইট দেবেন? উনি কাউকেই রাইট দেন না।' আমার ভাগ্যটা ভাল। পন্ডিতজী তার এক মাসের মধ্যেই কলকাতায় আসছেন। সালটা ১৯৮৩ র শুরু।

তখন কলকাতায় এলে রবিশঙ্করজী দু জায়গায় উঠতেন। একটা হচ্ছে এলগিন রোডে (উডবার্ণ রোডের ক্রসিং-এ) জাহাজবাড়ি। অথবা বালিগঞ্জ পার্ক রোডে লালা ভরতরাম চরতরাম (ডি সি এম গ্রুপ/ঊষা কোম্পানীর মালিক)- এর বাড়ি। বিমানদা আমাকে যোগাযোগ রাখতে বললেন। পন্ডিত রবিশঙ্কর এলেন, উঠলেন এলগিন রোডের বাড়িতে। নির্ধারিত অ্যাপয়েন্টমেন্ট মতো বিমানদার সাথে গেলাম সে বাড়ি। গিয়ে দেখলাম, প্রচুর লোকজন দেখা করতে এসেছে, খুব ভীড়। আমাকে দোতলার ঘরে নিয়ে যাওয়া হল। একা বসে রইলাম। মিনিট পনেরো পরে পন্ডিত রবিশঙ্কর এলেন। ওঁকে দেখেই আমি কি রকম হয়ে গিয়েছিলাম। উঠে প্রনাম করে আমার প্রস্তাবটা নিবেদন করলাম। উনি সব বুঝতেন, বললেন- "কভারেজ তো করবে, এর আগে কি কাজ করেছ?" তখন তো একটাই কাজের অভিজ্ঞতা আমার ঝুলিতে- নেহেরু গোল্ড কাপ ফুটবল টুর্ণামেন্টের কথা বললাম। জিজ্ঞাসা করলেন, "কটা ক্যামেরা দিয়ে কভার করবে? দেখো, আমি বিদেশের টিভিতে অ্যাপিয়ার করেছি কিন্তু ভারতীয় টিভিতে কখনও করিনি।" তখন ভারত সরকারের সম্প্রচার মন্ত্রী Mr. L.K. Bhagat। বললেন- "মিঃ ভগতও আমাকে অনুরোধ করেছেন কিন্তু আমি রাজী হইনি, কারণ আমি মনে করি না এদেশে সেরকম প্রোফেশ্যনালভাবে কোনো কাজ হয়।" আমি প্রার্থনা জানালাম, "আমাকে একটা সুযোগ দিন।" তার মাসখানেক পরেই নেতাজী ইন্ডোর স্টেডিয়ামে পন্ডিত রবিশংকর- আল্লারাখার অনুষ্ঠান। আর ছিলেন নজাকত আলি-সদাকত আলি। পন্ডিতজী আমাকে বললেন- "ঠিক আছে, তুমি বিমানের সঙ্গে এসেছ। আমার অনুষ্ঠান রেকর্ড করো কিন্তু আমাকে না দেখিয়ে, আমার অনুমতি ছাড়া তুমি টেলিকাস্ট করতে পারবে না।" তাতেই রাজি আমি। এগ্রীমেন্ট হলো।

এগ্রীমেন্ট তো হলো। আবার সেই ক্যামেরার সমস্যা। কলকাতায় কালার ক্যামেরা নেই। আবার দৌড়লাম বোম্বেতে Western Outdoor Advertising Company তে। বললাম সব। ওরা শুনে বলল- "ঠিক আছে, তবে এবার ক্যামেরা বোম্বে থেকে নিতে হবে না। কলকাতায় আমাদের টোটাল সেট আছে with online console system for Calcutta Race coverage, আমরা ওখান থেকেই পাঠিয়ে দেব। ক্যামেরা অপারেটরও ওখানে আছে। বোম্বে থেকে শুধু রমজান শেখ আর রুই জয়সোয়াল যাবে।" ক্যামেরার ব্যবস্থা করে ফিরে এলাম। অনুষ্ঠান হয়েছিল জানুয়ারী-ফেব্রুয়ারী নাগাদ (সেঠিক তারিখটা মনে নেই)। আবার শঙ্করদাকে ডাকলাম। শঙ্করদা সব দেখে শুনে বললো- 'এই লাইটে কভারেজ হবে না, এক্সট্রা লাইট লাগাতে হবে।' এবারে কল্পনা করলাম- নেতাজী ইন্ডোর স্টেডিয়ামের সিলিং- কতো উঁচু। তাও সেখানে আমার লাইট হল। অনুষ্ঠানের দিন কভারেজ শুরু হল। অনুষ্ঠানের মাঝপথে হঠাৎ দর্শকমহল থেকে আপত্তি- সিলিং-এর এক্সট্রা লাইট থেকে অসুবিধে হচ্ছে। বাধ্য হলাম আমদের লাইট নিভিয়ে দিতে। কিন্তু কভারেজ বন্ধ না করে শেষ করলাম। আমি বিভিন্ন সংস্থায় যোগাযোগ করেছিলাম। রিলায়েন্স কোম্পানীর Executive Vice President Mr. G. K. Krishnamurthy- র কাছ্ থেকে টেলেক্স পেলাম। রবিশঙ্করের নাম শুনে ওরা এই অনুষ্ঠানটা স্পনসর করতে আগ্রহী। এবারে আমার শিল্পীর অনুমতি নেবার পালা। এডিটিং করে দেখলাম সেই অতিরিক্ত আলো নিভিয়ে দিতে হয়েছিল বলে অনুষ্ঠানের উজ্জ্বলতা অনেক কমে গেছে।

যাই হোক এবার তো পণ্ডিতজিকে দেখাতে হবে অনুমতি নেওয়ার জন্য। গেলাম ওনার বেনারসের বাড়িতে। যতদূর মনে পড়ে বাড়িটার নাম "হিমাঙ্গনা" (HIMANGANA)। উনিও গিয়েছিলেন তখন ওখানে দিন তিনেকের জন্য। সঙ্গে সর্বক্ষণের সঙ্গী দুবেজি। বেনারসে আমি তিন দিন ওঁর অতিথি হয়ে ওই বাড়িতে ছিলাম। সে এক দারুন অভিজ্ঞতা। কত রকম গল্প হতো খাওয়ার টেবিলে। ইন্ডিয়ান ক্লাসিকাল সঙ্গীত থেকে উত্তমকুমার থেকে সত্যজিৎ রায়। ওরকম হোস্টও আমি আমার জীবনে খুব কম পেয়েছি। সব হলো কিন্তু ভিডিও দেখানো হলো না। কারণ ওখানে ওনার কোনো VCR ছিল না। বললেন ,"এক কাজ করো প্রবীর, তুমি দিল্লী চলে এস, ওখানে দেখে নেবো।" ওখান থেকে ফেরার সময়ে আমার স্ত্রী পপাইকে একটা (সোমশ্রী) চিঠি দিয়েছিলেন, সেটা আজও আমার বাড়িতে আছে।

তখন পন্ডিতজী দিল্লীতে ৯৫, লোদী গার্ডেন রোডের বাড়িতে থাকতেন। বাড়িটি তাঁকে দিয়েছিলেন তৎকালীন প্রধানমন্ত্রী ইন্দিরা গান্ধী। দিল্লীতে পৌঁছে কনট প্লেসে অশোক যাত্রীনিবাসে উঠলাম। এটা ১৯৮২-র এশিয়ান গেমসের সময় তৈরি হয়েছিল। ওঁর বাড়ি গেলাম। তখন ওঁর বাড়িতে কোনো ভি সি আর ছিল না। এই অনুষ্ঠান দেখবেন বলে ওনার সেক্রেটারী দুবেজীকে দিয়ে ভি সি আর কিনে আনলেন। দুবেজী ছিলেন অল ইন্ডিয়া সেক্রেটারী- বেনারসের মানুষ আর কলকাতার সেক্রেটারী ছিলেন রবীন পাল। এবারে ওঁর বেডরুমে খাটের উপর বসে নতুন ভি সি আর-এ অনুষ্ঠানটা দেখা হল। সব দেখেশুনে উনি যা বলেছিলেন, এখনও আমার কানে বাজে- "What you think Prabir? Should I approve it? যেখানে আমি I & B Minister কে রিফিউজ করেছি, সেখানে কি আমি এটা অ্যাপ্রুভ করতে পারি? তুমি কি বলো?" জিজ্ঞাসা করলেন, "এটা করতে তোমার কতো খরচ হয়েছে?" বললাম "৬৫০০০-৭০০০০ টাকা।" শুনে বললেন- "এখন আমার কাছে অতো টাকা নেই। আমার কাছে থাকলে, তোমাকে দিয়ে দিতাম টাকাটা।" শুনে আমার চোখে জল এসে গেলো। আমি বললাম, "আপনি কেন টাকা দেবেন? বরং আমাকে আর একটা ডেট দিন।" উনি বললেন, "এরকম পাব্লিক ফাংশানে তুমি টিভির জন্য কভারেজ করতে পারবে না। তোমাকে আমার জন্য এক্সক্লুসিভ শ্যুট করতে হবে। তোমার মতো করে লাইট করে শ্যুট করতে হবে।" সেটা ছিল মার্চ ১৯৮৪। আমাকে বললেন- "৯/১০ সেপ্টেম্বর তুমি বোম্বেতে আমাকে নিয়ে এক্সক্লুসিভ শুট করো।" দুবেজীকে বলে আমার সঙ্গে এগ্রীমেন্ট করে নিলেন। মনে আছে, সেদিন ওঁর সঙ্গে ডিনার করে, ওঁর গাড়ি রাত দেড়টা নাগাদ আমাকে অশোক যাত্রীনিবাসে পৌঁছে দিয়েছিলো।

এবারে বোম্বে যাত্রা- আবার Western Outdoor Advertising Company তে। WOAC আশ্বাস দিল কোনো অসুবিধে নেই, এখানে প্রচুর ক্যামেরা পাওয়া যাবে। অনুষ্ঠানের জন্য ৫০০০ টাকা দিয়ে হল বুকিং হল জুহু-তে VAIDAS Auditorium। এবার আমার নিজস্ব অনুষ্ঠান, সুতরাং নিজের মতো প্রোগ্রাম সাজালাম। ঠিক হল, তিনটি আধ ঘন্টার অনুষ্ঠান হবে, আরেকটা এক ঘন্টার লাইভ

অনুষ্ঠান রেকর্ডিং করব। আগস্ট মাসের মাঝামাঝি হঠাৎ কলকাতায় ওঁর ভাইপো ভূদেবশঙ্কর আমাকে ফোন করে বললেন- "কাকা ইন্ডিয়াতে এসেছেন, দিল্লীতে আছেন। তোমার সঙ্গে খুব দরকার, যোগাযোগ করো।" তখন আশীষদা-চৈতীদির বাড়ি থেকেই সব ট্রাঙ্কল করতাম। করলাম যোগাযোগ। পণ্ডিতজি বললেন- "একটা সমস্যা হয়েছে, ৯/১০ সেপ্টেম্বর হবে না, ওটা ১১ই সেপ্টেম্বর করো আর বোম্বেতে হবেনা, ব্যাঙ্গালোরে ব্যবস্থা করো।" শুনে বললাম- "কিন্তু ব্যাঙ্গালোরে তো এরকম স্টুডিও নেই, কি করব?" উনি বললেন- "চিন্তার কারণ নেই। ব্যাঙ্গালোরে DECCAN STUDIO আছে, খুব ভালো ব্যবস্থা, আমি বলে দিচ্ছি।" অগত্যা গেলাম ব্যাঙ্গালোর। তখন ব্যাঙ্গালোর যেতে চার ঘন্টা লাগতো, ডিরেক্ট ফ্লাইট ছিল না। উঠলাম হোটেলে।

পরদিন স্টুডিওতে গেলাম। ওটা অডিও স্টুডিও, এশিয়ার সর্ববৃহৎ অডিও স্টুডিও কিন্তু ভিডিওর ব্যবস্থা নেই। স্টুডিওর মালিক Mr.Tangail- খুব প্রভাবশালী মানুষ ! সব শুনে Mr Tangail বললেন, "আমার তো অডিও ষ্টুডিও, ভিডিও নয়। তবে আমি এখানে দূরদর্শনে কথা বলে ক্যামেরার ব্যবস্থা করতে পারি, যদি কালার ক্যামেরা পাওয়া যায়।" ওঁর ছেলের সঙ্গে গেলাম ব্যাঙ্গালোর দূরদর্শনে। কলকাতার মতোই অবস্থা- সব PROTAPAK ক্যামেরা। ফিরে এসে বলাতে ইনি বললেন- "কোনো চিন্তা নেই, ম্যাড্রাস থেকে যোগাড় করে দিচ্ছি।" বসে রইলাম হোটেলে। ওঁর ছেলে বাই রোড ম্যাড্রাস গেলেন। একদিন বাদে ফিরে জানা গেল ওখানেও কিছু নেই। সব কথা জানিয়ে ফোন করলাম পন্ডিত রবিশঙ্করকে। শুনে বললেন- "তাহলে আর কিছু করার নেই, তুমি এটা ডিসেম্বরে করো- এবারে হবে না।" আমি শুনে সিদ্ধান্ত নিয়ে ফেললাম। পন্ডিতজীকে বললাম- "আমি এখান থেকেই বোম্বে ফ্লাই করছি, ১১ই সেপ্টেম্বরেই শুটিং করব। কলকাতায় ফিরে আপনার সাথে যোগাযোগ করছি।" আবার বোম্বে- আবার WOAC –কথাবার্তা হলো। ক্যামেরা, টেকনিশিয়ান সব ব্যবস্থা হল- নেহেরু গোল্ড কাপের মতোই, খরচ বেশীই হবে। নির্ধারিত দিনে কলকাতা থেকে গিন্নি পপাই আর ১১ মাসের ছেলে নীলকে নিয়ে রওনা হলাম। আমার এক সিনিয়ার দাদা কাম বন্ধু প্রলয় চ্যাটার্জী তখন

কলকাতায় ডালমিয়া কোম্পানীর সিনিয়ার রিজিওনাল ম্যানেজার। ওঁর স্ত্রী গীতা বৌদি রবিশঙ্করের অসম্ভব ফ্যান। ওঁরা সঙ্গে যেতে চাইলেন। গেলাম। গিয়ে উঠলাম চালুক্য হোটেলে। টেকনিশিয়ানরাও উঠলো। শুধু রুই জয়সোয়ালকে রাখতে হল ফাইভ স্টার হোটেল তাজ রিজেন্সীতে। রবিশঙ্করজী উঠেছিলেন ওঁর এক ছাত্রীর বাড়িতে। শুধু অনুষ্ঠানের জন্য ওঁকে একদিন তাজ রিজেন্সীতে রাখলাম।

ফাইনাল কাউন্টডাউন শুরু হল। আমি হল কর্তৃপক্ষের সঙ্গে কথা বলে জানতে চাইলাম জেনারেটর আছে কি না। Mr. Tangail প্রবল আত্মবিশ্বাসে বললেন, "জেনারেটরের প্রয়োজন নেই- এখানে লোডশেডিং হয় না।" ১১ তারিখ সকালে দেখি ব্যাঙ্গালোর শহরে পন্ডিতজীকে স্বাগত জানিয়ে তোরণ বসানো হয়েছে। Mr. Tangail-ই ব্যবস্থা করেছিলেন। আর ওখানকার সংবাদপত্রের প্রথম পাতায় বিজ্ঞাপন প্রকাশিত হয়েছে, "Deccan Studio welcomes Pandit Ravi Shankar". এ তো নিজেদের স্টুডিওর পাবলিসিটি। খুব বিরক্ত হলাম। ফোনে দুবেজীকে সব জানিয়ে স্টুডিওতে পৌঁছলাম। গিয়ে বললাম- "আমার অনুমতি ছাড়া কেউ প্রেসের সঙ্গে কথা বলবে না। তাহলে আমি আজ অনুষ্ঠানই করবো না।" আগেই বলেছি, ঠিক করেছিলাম সকালে তিনটি আধ ঘন্টার অনুষ্ঠান করব। তারপর লাঞ্চব্রেক। সন্ধ্যেবেলায় একটা এক ঘন্টার অনুষ্ঠান শুট করব। তখন কর্ণাটকের রাজ্যপাল শ্রী এন ব্যানার্জী এবং ওই এক ঘন্টার অনুষ্ঠানের জন্য শহরের বহু গণ্যমান্য বিশিষ্ট অতিথিবর্গ আমন্ত্রিত ছিলেন। আরেকটা জরুরী তথ্য – এরকম একটা ক্লাসিক্যাল মিউজিকের প্রোগ্রামে এডিটিং ঠিকভাবে করার জন্য আমি আমন্ত্রণ জানিয়েছিলাম Films Division -এর Chief Music Director Vijay Raghav Rao কে। অনুষ্ঠান শুরুর আগে পণ্ডিতজি তবলিয়া অনিন্দ বন্দ্যোপাধ্যায় আর সবাইকে নিয়ে মহড়ায় বসলেন। সাজ সাজ রব। প্রেসে ভর্তি। অনুষ্ঠান শুরু হবে হবে, হঠাৎ লোডশেডিং। Mr Tangail কে জিজ্ঞাসা করলাম, "কি ব্যাপার?" উনি বললেন,"এক্ষুনি এসে যাবে, চিন্তা করবেন না।" কোথায় কারেন্ট। ১০ টার সময় শুরু করার কথা ছিল- ১০, ১১, ১২, ১টা -কোথায় কারেন্ট। বাধ্য হয়ে ১.৩০ টার সময়ে লাঞ্চ ব্রেক দিতে

হলো। সকালে কিছুই রেকর্ডিং হলো না। মাথায় হাত- কি করবো! কিছুই সেইরকম খাওয়া হলো না আমার চিন্তায়। সকালে কোনো কাজই হলো না। আর হাতে মাত্র একটা সন্ধ্যা। ব্যাঙ্গালোরে ওই একদিনের খরচ প্রায় ১,৮৬,০০০/- টাকা। আবার কি ক্ষতির সম্মুখীন ?

সন্ধ্যাবেলা লোকজন আসা শুরু হলো। পণ্ডিতজি এসে গেছেন। আমাকে ডেকে বললেন "প্রবীর, এখন তো আর তোমার আগের Schedule মতো করতে পারবে না। Either you take 3 nos 30 minutes programme or 1 no one hour programme।" আমি বললাম "আমি ৩ টি ৩০ মিনিটের প্রোগ্র্যাম করবো। তাহলে অন্তত একটা সিরিজ হবে।" উনি রাজি হলেন। সব অতিথি এসে গেছেন। রাজ্যপালও এসে গেছেন। আমার রেকর্ডিং শুরু হলো। অনুষ্ঠান চলছে। মিনিট ১০ হওয়ার পর দেখলাম, মনিটরের স্ক্রিন কাঁপছে, লাইন্স পাস করে যাচ্ছে। এই রকম করতে করতে হঠাৎ সব ব্ল্যাক। হঠাৎ দেখি স্ক্রীন কাঁপছে। রুইকে (Chief Camera operator) জিজ্ঞাসা করলাম –"কি ব্যাপার?" শেষে কাঁপতে কাঁপতে স্ক্রীন একেবারে বন্ধ হয়ে গেল।পন্ডিতজী তখন মেজাজে একটা ধূন বাজিয়ে চলেছেন। আমার মাথায় বজ্রাঘাত। কি ব্যাপার! জানা গেল ভোল্টেজ সাংঘাতিকভাবে ড্রপ করেছে। ২২০ ভোল্টেজ লাগবে- ড্রপ করে হয়ে গেছে ১০৩। অনেক কষ্ট করে বুস্টার দিয়ে সেটাকে ১৬০ পর্যন্ত নেওয়া গেছে কিন্তু তাতে ক্যামেরা চলবে না। দুবেজীকে জানালাম। দুবেজী বললেন-"আমি পন্ডিতজীকে বলছি, অনুষ্ঠান বন্ধ করে দেওয়া হোক।" Mr. Tangaiil তীব্র আপত্তি জানালেন- "না না, এতো গেস্ট আছেন, অনুষ্ঠান চলুক।"দুবেজী বিরক্ত হয়ে উত্তর দিয়েছিলেন, "পন্ডিতজী এখানে গেস্টদের জন্যে বাজাতে আসেন নি। উনি এসেছেন 24 Frames-এর জন্যে শুটিং করতে।" শেষে আমিও অনুরোধ করলাম যাতে উনি ওনার প্রোগ্রাম নির্বিঘ্নে শেষ করতে পারেন।

উনি কিন্তু মঞ্চে বসেই বুঝতে পেরেছিলেন যে ক্যামেরা চলছে না। কিন্তু বাজনা থামাননি। ওনাকে সব বললাম। ক্ষিপ্ত রবিশঙ্কর ডেকে পাঠালেন Mr. Tangaiil কে। বললেন- "আপনি বললেন এখানে

জেনেরেটরের প্রয়োজন নেই। তা ছাড়া এখানকার স্টেট ইলেকট্রিসিটি বোর্ডের চেয়ারম্যান না কি আপনার বন্ধু। আমিই আপনার স্টুডিওর কথা বলেছি। আমি দিল্লি থেকে, টেকনিশিয়ানরা বোম্বে থেকে, প্রবীর কলকাতা থেকে এসেছে- আর আপনাদের মধ্যে পেশাদারিত্বের এতো অভাব? আমি তো একটা প্রেস স্টেটমেন্ট দেব ভাবছি।" ভয় পেয়ে গেলেন Mr. Tangaiil। বললেন "আমাকে একটু সময় দিন, আমি ব্যবস্থা করছি।" আর ব্যবস্থা। আমি তো পায়চারি করে যাচ্ছি। লবিতে নীল সোফাতে ঘুমিয়ে পড়েছে। পপাই আর গীতাবৌদি আমাকে সান্ত্বনা দিয়ে যাচ্ছে। আমি একটার পর একটা সিগারেট খেয়ে যাচ্ছি। কি মারাত্মক টেনশন, এক রাতে ১,৮৬,০০০/-। ভাবতে পারছি না কিছু। সেই সময়ে রুই আমার কাছে এসে বললো..."Prabir' you have no luck। আমি নেহেরু কাপের সময় দেখেছি। তুমি এক কাজ করো, পণ্ডিতজির কাছে একটা দিন বা একটা রাত সময় চেয়ে নাও। আমরা বোম্বেতে আমাদের স্টুডিওতে করে দেব।" আমি বললাম, "আবার তো খরচ!" রুই আশ্বাস দিলো, "Western outdoor will not charge a single paisa from you. It's my commitment. তুমি শুধু পণ্ডিতজির ডেট নাও।" কিন্তু পণ্ডিতজি বললেন ,"আমি কাল দিল্লী ফিরবো, তাপস সেন আসবেন, ওনার সঙ্গে মিটিং আছে...পরের দিন লন্ডন via মুম্বাই। আমার একদম সময় নেই।" অবশেষে কারেন্ট এলো, সব phase change করে। তখন প্রায় রাত ১০ টা। শুরু হলো রেকর্ডিং। যখন শেষ হলো, তখন ঘড়ির কাটা রাত দুটো ছুঁই ছুঁই। পণ্ডিতজির আঙ্গুল থেকে রক্ত ঝরছে। উনি জিজ্ঞেস করলেন, "হ্যাপি?" আমি বললাম "হ্যাঁ কিন্তু ওই এক ঘন্টার অনুষ্ঠানটা করতে পারলে ভালো হত।" তখন পণ্ডিতজি যা বলেছিলেন, আমার কানে এখনো সেটা ভাসে..."I hope, you don't want me to collapse at this age।"

অনেক কাঠখড় পুড়িয়ে শুটিং শেষ হল। এবারে স্পনসর খোঁজার পালা। গেলাম বোম্বে। দেখা করলাম নেসলে কোম্পানীর ভাইস প্রেসিডেন্ট (মার্কেটিং) Mr. Sachdeva-র সাথে। সব বললাম। ওঁর প্রতিক্রিয়াটা বেশ মনে আছে। 'Ravi Shankar! It's OK. But we want HUMLOG'। হমলোগ তখন ন্যাশনাল দূরদর্শনে জনপ্রিয়

ধারাবাহিক। নেসলে তার স্পনসর। শেষে কলকাতায় ফিরে খোঁজ করতে করতে গেলাম বিজলী গ্রীলের মালিক দেবু বারিকের কাছে। উনি রাজী হলেন কিন্তু একটা অসুবিধের কথা জানালেন। বললেন, "বিজলী গ্রীলের বিজ্ঞাপনের কোনো ফিল্ম নেই- সেটা শুট করতে হবে।"আমি রাজী। উনি দুটো শর্ত দিলেন- এক, স্ক্রিপ্ট লিখবেন সাহিত্যিক দিব্যেন্দু পালিত। দুই পরিচালনা করবেন গৌতম ঘোষ। আমি তাতেও রাজী। গড়িয়াহাটের মেঘমল্লারে গিয়ে দিব্যেন্দু পালিতের সঙ্গে দেখা করলাম। গৌতমকে আমি আগে থেকেই খুব ভালো করে চিনতাম ও ভালো পরিচয়ও ছিল। সব ব্যবস্থা হল- দিব্যেন্দুদার বাড়িতেই বাচ্চাদের নিয়ে বিজলী গ্রীলের বিজ্ঞাপন শুট করা হল। আবার এডিটিং করতে বোম্বে যেতে হলো। গৌতম তখন 'পার' ছবির প্রিন্ট করাতে ম্যাড্রাস গিয়েছিল। এখান থেকে ও বোম্বে চলে এল।

সব প্রোগ্রাম তৈরি করে দেখা করলাম কলকাতা দুরদর্শনের তৎকালীন স্টেশন ডিরেক্টর নির্মল শিকদারের সঙ্গে। উনি সব দেখে, বুঝে নিলেন। তখনও কলকাতার অনুমোদন দেবার রাইট নেই। অনুমোদনের জন্য পাঠানো হলো দিল্লীতে। ওখানে তখন DDG Mr. Sashikant Kapoor। রোজ কলকাতা থেকে খোঁজ নেওয়া হচ্ছে দিল্লী থেকে কোনো সাড়াশব্দ নেই। তখন কলকাতা দূরদর্শনের স্পন্সরড প্রোগ্র্যাম প্রোডিউসার ছিলেন সলিল দাসগুপ্ত। ডেপুটি ডিরেক্টর শিপ্রা রায়। এই দুজনের কেউই আজ আর নেই। আমি রোজ সকল থেকে সন্ধ্যা পর্যন্ত দূরদর্শনে পড়ে থাকতাম। সলিলদা আমাকে খুব পছন্দ করতেন। ওঁর ঘরে বসে চা খেতাম আর ঘন ঘন টেলেক্স রুমে খবর নেওয়া হতো কোনো টেলেক্স এসেছে কি না। একদিন সন্ধ্যার মুখে উঠবো উঠবো করছি, হঠাৎ একজন স্টাফ এসে সলিলদাকে বললেন, "স্যার মনে হচ্ছে টেলেক্স রুমে একটা টেলেক্স এসে পড়ে আছে।" সঙ্গে সঙ্গে ঘর খুলে ভেতরে গিয়ে দেখা গেলো, আমার অনুষ্ঠানের সবুজ সঙ্কেত এসে গেছে। আমি তো আনন্দে আটখান। স্টেশন ডিরেক্টর নির্মল শিকদার বললেন,"চলুন শিপ্রাদির ঘরে। একসঙ্গে সবাই কফি খাব।"খুব মজা পেয়েছিলাম টেলেক্সের উপর স্টেশন ডিরেক্টরের নোটস দেখে... "Ultimately the battle has won--"। ১৯শে এপ্রিল

১৯৮৫ রাত ৮.০৫- বিজলী গ্রীলের স্পনসরশীপে কলকাতা দূরদর্শনে পন্ডিত রবিশঙ্করকে নিয়ে অনুষ্ঠান "Ravishankar-A legend of Glory, Part-1" সম্প্রচারিত হল। পরবর্তী সম্প্রচার হয় ১৯.০৪.১৯৮৫, ২৬.০৪.১৯৮৫ এবং ০৩.০৫.১৯৮৫, রাত ০৮.০৫ মিনিটে। সলিলদা ইন্টারভিউতে ভুল করে ২টি পর্ব বলেছেন। "Ravishankar- A legend of Glory" অনুষ্ঠানটি ১৯৮৫ সালে আমেরিকার মিয়ামিতে অনুষ্ঠিত 'International TV Network festival'-এ ভারতীয় দূরদর্শনের প্রতিনিধিত্ব করেছিল। এটি ছিল দূরদর্শনের প্রথম নন ফিকশান স্পন্সরড সিরিয়াল। প্রথম ফিক্শন সিরিয়াল গৌতম ঘোষের 'বাংলা গল্প বিচিত্রা' – স্পনসর ছিল দে'জ মেডিক্যাল।

আরেকটা ভেঞ্চার শেষ হলো। এবারে কি করা যায়।

'সিরিয়ালের সময় খালি, বিজ্ঞাপনদা

মাধ্যম হিসেবে দূরদর্শনের আজ যে প্রতিষ্ঠা তার মূল স্তম্ভগুলি অবশ্যই স্পনসর্ড – অনুষ্ঠান। অথচ কলকাতা দূরদর্শনের স্পনসর্ড – অনুষ্ঠান এখনও তেমন জনপ্রিয় হয়ে উঠতে পারেনি। বস্তুত তার ডানা খোলার বহি শেষ হয় নি এখনও। প্রতিবেদক অতনু রায়চৌধুরীর সঙ্গে এক খোলামেলা আলোচনায় কলকাতা দূরদর্শনে স্পনসর্ড – অনুষ্ঠানের সাম্প্রতিক চেহারাটি ব্যাখ্যা করেছেন দূরদর্শনের বাণিজ্যিক বিভাগের ভারপ্রাপ্ত প্রযোজক সলিল দাশগুপ্ত।

দূরদর্শন প্রোডিউসারের প্রেস রিলিজ

পণ্ডিত রবিশঙ্কর বেঙ্গালুরু শুট (1)

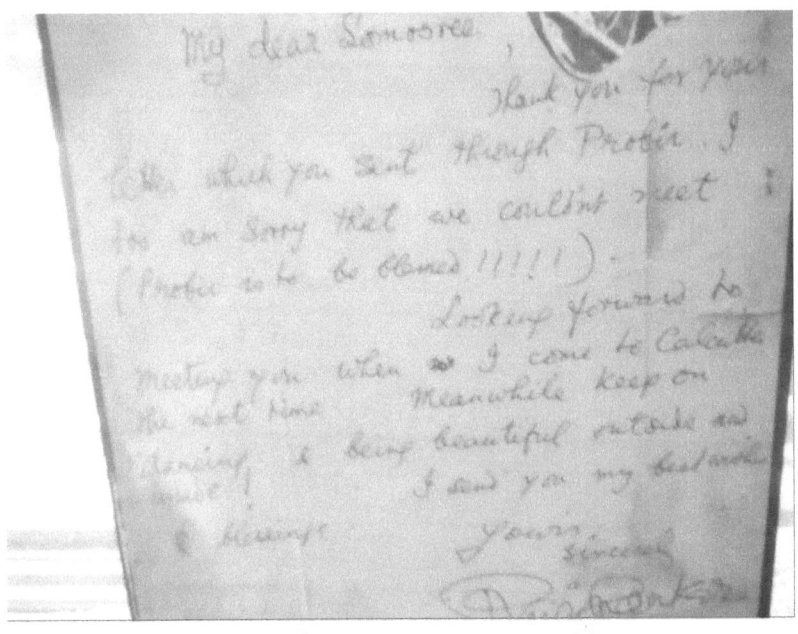

My dear Somosree,

Thank you for your [illegible] which you sent through Probir. I am sorry that we couldn't meet (Probir is to be blamed !!!!!).

Looking forward to meeting you when I come to Calcutta the next time. Meanwhile keep on dancing & being beautiful outside and inside! I send you my best wishes & blessings

Yours,
Sincerely
[illegible]

আমার স্ত্রীকে লেখা পণ্ডিতজির চিঠি

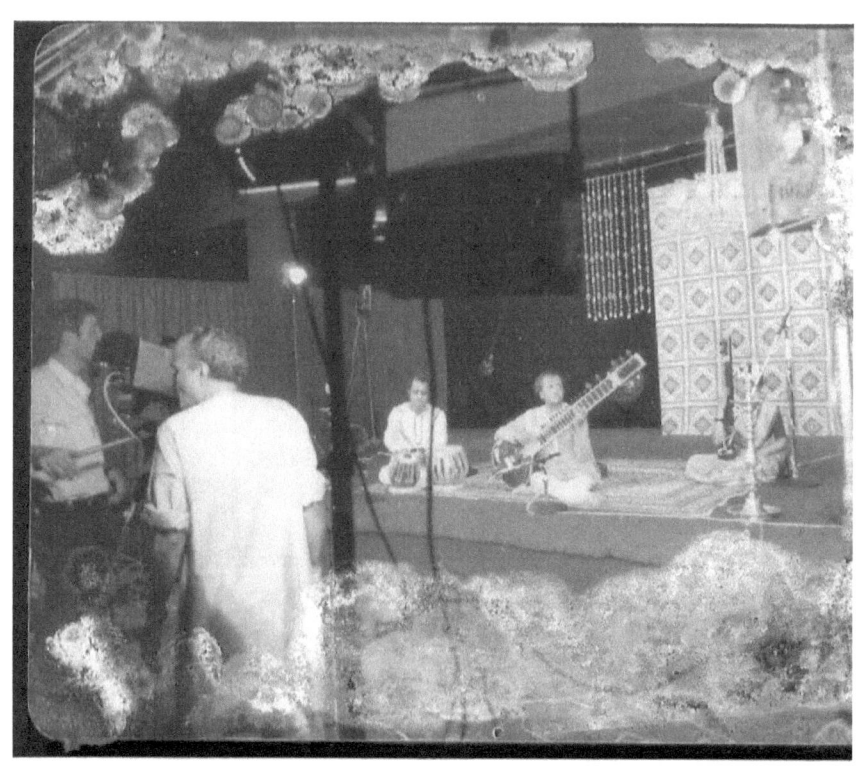

রবিশঙ্কর সঙ্গে বিজয়রাঘব রাও ও রুই জয়সোয়াল

অভিনয় ও প্রযোজনা

অভিনয় ও প্রযোজনা

আমার অভিনয় জীবন

পরবর্তী পর্যায়ে যাওয়ার আগে আরও একটু পিছিয়ে যাই। চিরকালই আমি চাইতাম অভিনেতা হতে। বি. কম ডিগ্রী পাবার পর খবরের কাগজে বিজ্ঞাপন দেখে Progressive Publicity Service-এ Accounts Executive Trainee পদের জন্য আবেদন পত্র দিলাম এবং চাকরিটা পেয়ে গেলাম। কিন্তু আমার মন পড়ে থাকতো স্টুডিও পাড়ায়। অফিস কেটে কেটে চলে যেতাম স্টুডিওতে যদি কোনো সুযোগ পাওয়া যায়। সেই ভাবে একদিন আলাপ হলো বিখ্যাত পরিচালক, ক্যামেরাম্যান দীনেন গুপ্তর সঙ্গে। উনি তখন বিশেষভাবে পরিচিত চিত্রগ্রাহক হিসেবে। পরিচালক হিসেবে তখন তিনটি ছবি করেছেন- নতুন পাতা, প্রথম প্রতিশ্রুতি আর বনজ্যোৎস্না। প্রথম প্রতিশ্রুতি ছবিতে হাঁসু বন্দ্যোপাধ্যায় আর বাবুই-এর (সোনালী গুপ্ত, দীনেন গুপ্ত আর কাজল গুপ্তর মেয়ে) প্রথম আত্মপ্রকাশ। নতুন পাতা ছবির নায়িকা ছিল আরতী গাঙ্গুলী বলে একটি নতুন মেয়ে। ওই একটি ছবিতেই ও অভিনয় করেছিলেন। প্রথম প্রতিশ্রুতির কথা তো আগেই বললাম। বনজ্যোৎস্না ছবির নায়িকা ছিলেন কল্লোল যুগের সাহিত্যিক বুদ্ধদেব বসুর মেয়ে মীনাক্ষী।

সেটা ১৯৭০/৭১ হবে। দীনেনদা তখন আজকের নায়ক ছবি শুরু করার পরিকল্পনা করছেন। যতোদূর মনে পড়ে, দীনেনদা তখন থাকতেন লেক গার্ডেন্সে অথবা সুইস পার্কে- ঠিক খেয়াল হচ্ছে না। লেক গার্ডেন্স তখন নতুন হয়েছে। আমি থাকতাম গোলপার্কে গাঙ্গুরামের পাশেই, গড়িয়াহাট রোডে। দীনেনদার বাড়িতে তখন সকালবেলায় একটা আড্ডা ছিল। শমিত ভঞ্জ তখন থাকতো ইন্দ্রাণী পার্কে নিউ থিয়েটার্স ২-এর কাছে। পরবর্তীকালে নিউ থিয়েটার্স ২ হলো টেকনিসিয়ান্স-২, এখন যেটা 'রাজ্য সঙ্গীত অ্যাকাডেমি'।

রোজ সকালে চলে আসতো রোমান্টিক নায়ক হবে বলে। কাগজে বিজ্ঞাপন দিয়ে একটি নতুন মেয়ে নেওয়া হলো। তার নাম সুমিত্রা মুখার্জী। আমরা ওর ডাকনামেই ডাকতাম 'হাসি' বলে। সত্যিই হাসি, সারাক্ষণ মুখে হাসি লেগে থাকতো। আর আসতো পার্থ মুখার্জী,কল্যাণ চ্যাটার্জী, ভাস্কর চৌধুরী। কল্যাণ চ্যাটার্জী ছিল প্রখ্যাত অভিনেতা অনিল চট্টোপাধ্যায়ের নিজের ভাইপো। কল্যাণ আর ভাস্কর দুজনেই ছিল পুণে ফিল্ম ইন্সটিটিউটের ছাত্র। কল্যাণ চ্যাটার্জী, শত্রুঘ্ন সিনহা আর আসরানি – পুনে ফিল্ম ইন্সটিটিউটের একই ব্যাচ। ভাস্কর চৌধুরী তার পরের ব্যাচ। জয়া ভাদুড়ী (বচ্চন) ভাস্করের পরের ব্যাচ। জয়াও তখন কলকাতায় সুযোগের চেষ্টা করছে। কলকাতায় জয়া থাকতো যাদবপুর সেন্ট্রাল রোডে ভাস্করের বাড়িতে।

ছোটবেলা থেকেই অভিনয় আমার ধ্যান জ্ঞান। একদিন বড় পর্দায় কাজ করার সুযোগ এসে গেলো। দীনেন গুপ্তর 'আজকের নায়ক' ছবিতে একটা ছোট রোলে সুযোগ পেলাম। ছবিটা মুক্তি পেয়েছিল ২৫শে ফেব্রুয়ারী ১৯৭২ এ। ছোট রোল হলেও সব নামকরা শিল্পী সান্নিধ্যে অভিনয়ের অনেক খুঁটিনাটি শেখার সুযোগ পেয়েছিলাম। অভিনয়ে ছিল বুবু (শমিত ভঞ্জ), রবিদা (রবি ঘোষ), কল্যাণ (চ্যাটার্জী), কালী বন্দোপাধ্যায়, ভারতী দেবী, নিরঞ্জন রায়, শেখর চ্যাটার্জী (এ ছবির কাহিনীকার ও চিত্রনাট্যকার), চিনুদা (চিন্ময় রায়), পার্থ মুখার্জী, কাজল গুপ্ত, হাসি (সুমিত্রা মুখার্জী), গীতা দে ও আরও অনেকে। এটি সুমিত্রার প্রথম ছবি এবং আর প্রতিদ্বন্দ্বীর পর জয়শ্রীর দ্বিতীয় ছবি। সুমিত্রা তখন থাকতো প্রিন্স আনোয়ার শাহ রোড আর টালিগঞ্জ ক্রসিং-এ মসজিদের পাশে। সেই বাড়িটা আজ আর নেই। সুমিত্রার স্বামী ছিলেন শশধর রক্ষিত। ওর দুই ছেলে। ছোট ছেলে শৈবাল রক্ষিত তো বিরাট ডাক্তার এখন। আমার সঙ্গে এখনও যোগাযোগ আছে।

ছবিতে আমি, বুবু (শমিত ভঞ্জ), কল্যাণ চ্যাটার্জী আর রবিদা (রবি ঘোষ) চার বন্ধু ছিলাম। ছবির সঙ্গীত পরিচালক ছিলেন অসীমাদি (ভট্টাচার্য), গীতিকার পুলক বন্দোপাধ্যায়, নেপথ্য কন্ঠে মান্না দে, আরতী মুখার্জী। আর্ট ডিরেকশান কার্তিক বসু, সাউন্ড ডিজাইন- জে ডি ইরানী। এক কথায় বলতে গেলে চাঁদের হাট।

এরপর নীতিশ মুখার্জীর পরিচালনায় পর পর তিনটি ছবিতে কাজ করি- একদিন সূর্য (৪ঠা এপ্রিল ১৯৭৪এ এলিটে রিলিজ করেছিল), নয়ন শ্যামা আর রবিবার। একদিন সূর্য ছবির কাহিনী সুনীল দাস, ক্যামেরা- দীপক দাস। অভিনয়ে ছিল সৌমেন ভট্টাচার্য, জয়শ্রী রায়, নন্দন মুখোপাধ্যায়, কুমকুম চট্টোপাধ্যায়, চৈতি চট্টোপাধ্যায়, আশীষ মুখোপাধায় প্রমুখ।

শীর্ষেন্দু মুখোপাধ্যায়ের কাহিনী অবলম্বনে 'নয়ন শ্যামা' ছবিটি রিলিজ করেছিল ১৯৮৩ তে। এই ছবিতে অভিনয়ে আমার বিপরীতে ছিল সুমিত্রা মুখার্জী। এ ছাড়া সন্তু মুখার্জী, জয়িতা মুখার্জী, রঞ্জিত মল্লিক, স্মিতা সিনহা, বিমল দেব, বিপ্লব চ্যাটার্জী, দুলাল লাহিড়ী প্রমুখ কাজ করেছিলেন। এই ছবিতে সন্তু মুখার্জীর বিপরীতে অভিনয় করার কথা ছিল মহুয়া রায়চৌধুরীর। কিন্তু শুটিং শুরু হওয়ার কয়েকদিন আগে পক্স হয়ে যাওয়ার জন্য ওর কাজ করা হয়নি। নয়ন শ্যামা ১৯৮৪তে মুম্বাই ইন্টারন্যাশনাল ফিল্ম ফেস্টিভ্যালে ইন্ডিয়ান প্যানারোমার ফিল্ম ছিল। আমি খুব কম ছবিতেই অভিনয় করেছি। নয়ন শ্যামা আমার দ্বিতীয় ছবি এবং প্রধান ভূমিকায় অভিনয়ের বিচারে প্রথম এবং সম্ভবত শেষ। ধারাবাহিকে প্রধান ভূমিকায় অনেকগুলোতেই অভিনয় করেছি কিন্তু ছবি ওই একটাই। আর যেসব ফিল্মে অভিনয় করেছি, সেগুলোতে হয় সেকেন্ড লিড অথবা কোনো বিশেষ চরিত্রে। সেই কারণে নয়ন শ্যামা ইন্টারন্যাশনাল ফিল্ম ফেস্টিভ্যালে ইন্ডিয়ান প্যানোরোমাতে নির্বাচিত হওয়ায় এবং ডেলিগেট হিসেবে আমি উপস্থিত থাকতে পেরে সম্মানিত হয়েছি। ফেস্টিভ্যালে নয়ন শ্যামার দুটো শো হয়েছিল। প্রথম শোতে আমরা সবাই উপস্থিত ছিলাম। আমাদের স্টেজে তুলে পুষ্পস্তবক দিয়ে সম্মানিত করা হলো আর কিছু বলতে বলা হলো। হল ভর্তি। তার সঙ্গে প্রচুর দেশি ও বিদেশী সাংবাদিক। শো শেষ হয়ে যাওয়ার পর দেশি ও বিদেশী কত কাগজে যে ইন্টারভিউ দিলাম, তার শেষ নেই। এ এক অমূল্য স্মৃতি।

এই ছবিতে প্রধান ভূমিকার অভিনেতা হিসেবে মুম্বাইতে আমার উপস্থিতি অন্য কিছু কারণেও একটা সুন্দর স্মৃতি হিসেবে মনে রয়ে গেছে। কত গুণীজনের সঙ্গে পরিচিতি আমার এই উপস্থিতিকে আরো স্মরণীয় করে রেখেছে। ডেলিগেট হিসেবে আমরা ছিলাম কোলাবাতে 'প্রেসিডেন্ট হোটেলে'। ওখানে পৌঁছোবার সঙ্গে সঙ্গে ফেস্টিভ্যাল কাউন্টার থেকে ডেলিগেট কার্ড এবং ৭ দিনের জন্য প্রতিদিন ৩৭৫/- টাকা করে (২৬২৫/-) হাতখরচ আমাদের হাতে তুলে দেওয়া হলো।

ফিল্ম দেখতে যাওয়ার জন্য রোজ আমাদের নিয়ে যাওয়ার জন্য ডেলিগেট বাস আসতো। সেই সময়ের কিছু মধুর স্মৃতির কথা উল্লেখ করবো। সাত দিন ছিলাম। ফেস্টিভ্যালে অনেক স্বনামধন্য অভিনেতা অভিনেত্রীরা আসতেন ছবি দেখতে। যেমন শশী কাপুর, নাসিরুদ্দিন শাহ, ওম পুরি, স্মিতা পাতিল, শচীন, রেখা এবং আরো অনেকে। একদিন সত্যজিৎ রায় এসেছিলেন। বাইরে লাউঞ্জে তখন কফি বারে অনেকে আড্ডা মারছিলেন। সত্যজিৎ রায় হল থেকে বেরোবার সঙ্গে সঙ্গে সবাই দাঁড়িয়ে উঠলেন সম্মান দেখানোর জন্য। উনি সবাইকে 'হ্যালো' বলে গেটের সামনে এসে দাঁড়ালেন গাড়ির জন্য। ঠিক সেই সময়ে "লন্ডন টাইমস" এর Dereck Malcom এসে বললেন "Mr Ray, I like to have your interview!" সত্যজিৎ রায় গাড়িতে গাড়িতে উঠতে উঠতে বললেন "sorry, I don't have time" বলে বেরিয়ে গেলেন। অথচ অনেক প্রতিষ্ঠিত পরিচালকদের (নাম এখানে উল্লেখ করবো না) দেখলাম এইসব মিডিয়ার পিছনে দৌড়ে বেড়াচ্ছেন ইন্টাভিউ দেওয়ার জন্য, নিজেদের রুমে নিয়ে গিয়ে এন্টারটেন করাচ্ছেন। এইখানেই বোধহয় সত্যজিৎ রায়ের সঙ্গে অন্যদের তফাৎ।

যেদিন সন্ধ্যাবেলা কোনো ফিল্ম দেখার থাকতো না, সবাই হোটেল লাউঞ্জে আড্ডা মারতাম। স্মিতা পাতিল প্রায়ই আসতেন ডেলিগেটদের সঙ্গে মিট করতে এবং এসে আমাদের সঙ্গে আড্ডাতে বসে যেতেন। প্রাণোচ্ছল এক মহিলা। অভিনয় নিয়ে, ফিল্ম নিয়ে আড্ডা হতো। নিজেকে যতটা পেরেছি সমৃদ্ধ করার চেষ্টা করেছি। আমরা ফিল্ম দেখতে যেতাম একটা গ্রুপে। আমি,

নীতিশ মুখার্জী ছাড়া থাকতেন পরিচালক সৈকত ভট্টাচার্য, দেবিকা মুখার্জী, চিত্রগ্রাহক পান্তু নাগ, পরিচালক সুজিত গুপ্ত। আজ নীতীশদা, সৈকতদা, পান্তুদা, সুজিত কেউ নেই। সেবার ফেস্টিভ্যালে বার্গম্যানের 'Fanny and Alexander' ফিল্মটা এসেছিলো। তখন পৃথিবী জুড়ে চারটি একাডেমি অ্যাওয়ার্ড জয়ী এই ফিল্মটা নিয়ে হৈচৈ চলছে। শুধু ডেলিগেটদের জন্য স্পেশাল শোর ব্যবস্থা করা হয়েছিল। হলে গিয়ে দেখি সব সিট ভর্তি, একটাও বসার জায়গা নেই। মনে আছে "আইলে" প্রচুর ডেলিগেটরা বসে গেলেন। তার মধ্যে আমরা ছাড়াও ছিলেন ভূপেন হাজারিকা, দীপ্তি নাভাল, অমল পার্লেকার এবং আরো অনেকে।

আর একদিন ফেস্টিভ্যাল ককটেল পার্টি থেকে ফিরছি ডেলিগেট বাসে। একজন বিখ্যাত পত্রিকার সাংবাদিক প্রচুর মদ্যপান করে সারা রাস্তা আমার পায়ের উপর দাঁড়িয়ে চলে এলেন। আমি যতো বলছি 'পা টা সরান', কে কার কথা শোনে। সেই সাংবাদিকের সঙ্গে এখনো দেখা হয়, উনি এখন মদ্যপান করা ছেড়ে দিয়েছেন। এই রকম ছোট ছোট অনেকে স্মৃতিতে উজ্জ্বল সেই ফিল্ম ফেস্টিভ্যাল।

রবীন্দ্রনাথ ঠাকুরের ছোট গল্প "রবিবার" ছবিটা ১৯৮১র আগস্টে সেন্সর সার্টিফিকেট পেলেও রিলিজ করেছিল ১৯৯৬ তে। অভিনয়ে আমি ছাড়া রঞ্জিত মল্লিক, গৌতম দে, জয়িতা মুখার্জী, স্মিতা সিনহা, আলপনা গোস্বামী, অনুপকুমার, দেবশ্রী রায়, গীতা মুখার্জী, বিমল দেব, দুলাল লাহিড়ী, বিজন চট্টোপাধ্যায় প্রমুখ ছিলেন। আমার বন্ধু গৌতম মিত্র নেপথ্য কন্ঠশিল্পী ছিল।

বিজ্ঞানভিত্তিক গল্প অবলম্বনে পরিচালক দেবব্রত মুখার্জীর ছবি 'ইফ'(যদি) ছবিটা খুব চিত্তাকর্ষক ছিল। ছবিতে আমি একজন অধ্যাপকের ভূমিকায় অভিনয় করি। সঙ্গে ছিলেন সোমা মুখার্জী, আলপনা গোস্বামী, স্মিতা সিনহা, জর্জ বেকার, রাজেশ্বরী রায়চৌধুরী, লিলি চক্রবর্তী প্রমুখ। দুঃখের বিষয়-এই ছবিটার কোনো চিহ্ন কোথাও নেই।

মানিক বন্দ্যোপাধ্যায়ের বিখ্যাত গল্প নবেন্দু চ্যাটার্জীর 'আজ কাল পরশুর গল্প' একটা উল্লেখযোগ্য ফিল্ম হতে পারতো আমার জীবনে। এই ফিল্মটা শুরু থেকে আমি নব্যেন্দুদার সঙ্গে ছিলাম। ১৯৭৮ সালে যে বছর কলকাতায় বন্যা হলো, সেই সময়ে আমি তিন দিন নব্যেন্দুদার বাড়িতে আটকে ছিলাম। অনেক মানুষই তখন আসতেন টালা পার্কের ওই বাড়িতে। নিরঞ্জন রায়, সীতা মুখার্জী, বরুন দাসগুপ্ত। একদিন অজিতেশ বন্দ্যোপাধ্যায়ও এসেছিলেন। এই ছবির নায়ক রামপদ ছাড়া একমাত্র প্রতিবাদী চরিত্রটা ছিল আমার। সারা ছবি জুড়ে ছিল আমার অভিনয়। কিন্তু ছবিটা রিলিজের পর দেখলাম কিছুই নেই আমার ২/৩ টি সিন বাদে। একই জিনিস ঘটে ছিলো আজকে যাত্রার বিখ্যাত অভিনেত্রী রুমা দাশগুপ্তর ক্ষেত্রেও। নব্যেন্দুদার সঙ্গে যে সম্পর্ক আমার ছিল এবং অভিনয়ের মানটা যে জায়গায় নিয়ে গিয়েছিলাম (অজিতেশ বন্দ্যোপাধ্যায়ের কথায়), তাতে এই ব্যবহার আমি আশা করিনি। আজ নব্যেন্দুদা নেই। ওঁর ছেলের সঙ্গে আমার অল্পসল্প যোগাযোগ আছে। কিন্তু ও তখন খুবই ছোট। তবে আজ কাল পরশুর গল্প ছবিতে কাজ করে আমার একমাত্র পাওনা অজিতেশ বন্দ্যোপাধ্যায়ের মতো শিল্পীর সঙ্গে অভিনয় করা এবং শুটের অবসরে আড্ডা, নিরঞ্জন রায়ের মতো একজন ভালো মনের মানুষ ও অভিনেতার সঙ্গে প্রচুর সময় কাটানো। যাইহোক আজ কাল পরশুর গল্পের দুঃখ ভুলতে পেরেছিলাম নয়ন শ্যামা ছবিতে অভিনয় করে। তার জন্য পরিচালক নীতিশ মুখার্জীর কাছে আমি কৃতজ্ঞ।

আমার অভিনীত শেষ চলচিত্র শচীন অধিকারীর 'নতুন সূর্য'। এখানে আর যাঁরা অভিনয় করেছিলেন কুমার স্বপন, পাপিয়া অধিকারী, দীপঙ্কর দে, অনিল চ্যাটার্জী, সুমিত্রা মুখার্জী, সোমা চ্যাটার্জী, উৎপল রায়, লিলি চক্রবর্তী, তরুণকুমার, বঙ্কিম ঘোষ, সংগীতা ব্যানার্জী ও আরো অনেকে। ছবিটা রিলিজ করে ২৪.১১. ১৯৮৯ তে। সংগীত পরিচালনা করেছিলেন দ্বিপেন বন্দ্যোপাধ্যায় আর প্লেব্যাকে ছিলেন সৈকত মিত্র ও অরুন্ধতি হোমচৌধুরী।

ছায়াছবি ছাড়াও অনেক ধারাবাহিক, টেলিফিল্মেও অভিনয় করেছি। তার মধ্যে উল্লেখযোগ্য হচ্ছে ইন্দর সেন পরিচালিত 'জন্মভূমি' ধারাবাহিকে এক পুলিশ অফিসারের চরিত্রে প্রায় ৮২টা পর্বে অভিনয়, ব্রততী চৌধুরীর পরিচালনায় ইটিভির টেলিফিল্ম সুবোধ ঘোষের 'শ্মশান চাঁপা'তে কুমার বাহাদুরের ভূমিকায়, বাপি বন্দ্যোপাধ্যায়ের পরিচালনায় 'নিজের সঙ্গে দেখা' টেলিফিল্মে। মুনমুনের প্রথম ধারাবাহিক বিচিত্র তদন্তে আমি ছিলাম মুনমুনের বিপরীতে এক সর্দারজির ভূমিকায়। শ্রেষ্ঠ অভিনেতার পুরস্কারও পেয়েছি দেবরাজ রায়ের পরিচালনায় শব্দজব্দ ধারাবাহিকে। 'নন্টে ফন্টে' ধারাবাহিকের কথা মনে আছে অন্য একটা কারণে। আজকের বিখ্যাত অভিনেতা কাঞ্চন মল্লিকের এটাই বোধহয় প্রথম ধারাবাহিক। আমার ভুলও হতে পারে। পরিচালকের নাম ভুলে গেছি।

গ্রুপ থিয়েটারেও প্রচুর নাটকে অভিনয় করেছি। নাটকে আমার প্রথম হাতে খড়ি সুনীল দাসের 'সংবর্ত' গ্রুপে দশমী নাটকে। ওখানে আমার সঙ্গে জয়শ্রী ও গৌতম দে অভিনয় করতেন। তারপর আমি বরুন দাশগুপ্তর 'ইন্দ্রসভা' গ্রুপের অনেক নাটকে অংশগ্রহণ করি। ডাউন ট্রেন, রবীন্দ্রনাথের সে, ভুল কোরোনা পথিক, শরৎচন্দ্রের চরিত্রহীন এবং আরো অনেক নাটকে। রেডিও নাটক, টিভি নাটকও করেছি। আবৃত্তি ও শ্রুতিনাটকও প্রচুর করেছি। ছন্দা সেনের সঙ্গে জুটি বেঁধে প্রচুর রবীন্দ্র নৃত্যনাট্যে গ্রন্থনা করেছি। একবার মনে আছে একাডেমিতে শাপমোচন নৃত্যনাট্যে আমি অরুণেশ্বরের আর ছন্দা কমলিকার পাঠ করেছিলাম আর পুরো শাপমোচনের গ্রন্থনায় ছিলেন কাজী সব্যসাচী। অনুষ্ঠান হয়ে যাওয়ার পর আমাকে বলেছিলেন, "বাহ্ বেশ ভালোই বললে তো।" এই সব প্রশংসা কোটি টাকা পুরস্কারের থেকেও বেশি মূল্যবান বলে আমার মনে হয়।

আর একবার রবীন্দ্রসদনে রবীন্দ্র নজরুল সন্ধ্যায় শিল্পী হেমন্ত মুখার্জী, মানবেন্দ্র মুখার্জী আর আবৃত্তিতে প্রবীর রায়। সেই সব সোনাঝরা দিন আমার স্মৃতিতে অক্ষয় হয়ে থাকবে।

কিন্তু স্টুডিওতে ঘুরে ঘুরে "সুযোগ দিন" বলতে সম্মানে লাগতো তাই ভাবলাম নিজেই প্রোডিউসার হয়ে যাই, তাহলে কাউকে আর তেল মারতে হবে না। কিন্তু সেটাও দেখলাম সম্মানের ব্যাপার হয়ে গেলো। তখন তো সবাই বলবে নিজে প্রোডিউসার তো, তাই নিজেই হিরো হচ্ছে। অতএব সেটাও হলো না। সেই ভাবে অভিনয় আর করাই হলো না। অথচ খুব একটা খারাপ অভিনেতা ছিলাম না আমি। 'প্রযোজক, পরিচালক' হয়েই রয়ে গেলাম।

নগরে বন্দরে

বিচিত্র তদন্ত

নতুন সূর্যের প্রেস কনফারেন্স এ পরিচালক জহর বিশ্বাস ও
অভিনেত্রী খেয়া ঘোষের সঙ্গে

হারানো সুর অভিষেক, ইন্দ্রানী দত্ত ও পাপিয়ার সঙ্গে

নগরে বন্দরে মিন্টু চক্রবর্তীর সঙ্গে

রাম শ্যাম যদু নয়না দাসের সাথে

নতুন সূর্য সোমার সঙ্গে

ইফ আলপনার সঙ্গে

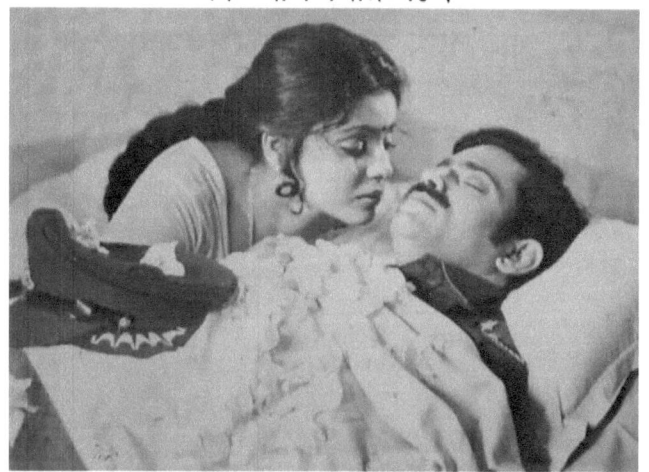

হারানো সুর পাপিয়ার সঙ্গে

আজ কাল পরশুর গল্প

নয়ন শ্যামা রঞ্জিত মল্লিকের সঙ্গে

একের পর এক ধারাবাহিক

যেতে নাহি দিব

পণ্ডিত রবিশঙ্করের অনুষ্ঠান শেষ হলো ১৯৮৫ তে। তার আগে থেকেই মাথায় ঘুরপাক খাচ্ছিলো, কেমন হয় যদি উত্তমকুমারের উপর একটা অনুষ্ঠান করা যায়। উত্তমকুমারের উপর কোনো কাজই তো হয়নি। সেই সময়ে পার্থদার (পরিচালক পার্থপ্রতিম চৌধুরী) বাড়িতে বেশ আড্ডা হতো। প্রত্যেক শনিবার করে আমরা ওখানে বসতাম আর পার্থদা নিজের হাতে রান্না করতেন। পার্থদা ওই আড্ডার নাম দিয়েছিলেন "শনিবাসরীয়"। কে কে থাকতেন সবার নাম মনে পড়ছে না। তবে পরিচালক জহর বিশ্বাস, পার্থদার অ্যাসিস্ট্যান্ট বিমল, রাহুল বর্মন, সমরদা, বাপী ব্যানার্জী, বিজন চ্যাটার্জী- এঁদের কথা মনে পড়ছে। আমাদের ওই আড্ডা নিয়ে আনন্দবাজার পত্রিকার 'কলকাতার কড়চা'তে বেশ কয়েকবার বেরিয়েছে।

এই রকম কোনো একদিন আড্ডায় আমি বললাম, "আচ্ছা পার্থদা, উত্তমদাকে নিয়ে দূরদর্শনে একটা ধারাবাহিক করলে কেমন হয়?" পার্থদা বললেন- "দারুন হয় কিন্তু সেই তো আবার দিল্লী ছুটতে হবে তোকে।" আমি বললাম- "তুমি স্ক্রিপ্ট করো, দূরদর্শন আমি দেখছি।" পার্থদা বললেন- "কাল সকালে একবার চলে আয়, আলোচনা করবো।" ভালো কথা, আমি কিন্তু তখন প্রযোজক। পরিচালক হইনি। পরের দিন সকালে গেলাম, বিস্তারিত আলোচনা হলো। পার্থদা ধারাবাহিকের নাম ঠিক করে ফেললেন 'যেতে নাহি দিবো'। যে নামে আমি উত্তমকুমারের উপরে ডকু-ফিচার তৈরি করলাম সাম্প্রতিককালে। এরপর দিন কয়েক আলোচনা করে পার্থদা বললেন- ৮টা এপিসোডের (এক একটা এপিসোড ২২ মিনিট করে) কমে উত্তমদাকে নিয়ে কিছু করা সম্ভব না। বললাম- তাই করো। উত্তমকুমার অভিনেতা, পরিচালক, প্রযোজক, সংগীত

পরিচালক, গায়ক ইত্যাদি ইত্যাদি। পার্থদা কনসেপ্ট নোট করে দিলো। আবার পাড়ি দিলাম দিল্লী।

দিল্লী পৌঁছে তো দেখা করলাম কন্ট্রোলার অফ প্রোগ্রামস এর সঙ্গে। উনি সব শুনে, কাগজপত্র দেখে বললেন, আপনি DG র সঙ্গে দেখা করুন। তখন ডিরেক্টর জেনারেল কে ছিলেন ঠিক খেয়াল পড়ছে না এখন। মিঃ হরিশ খান্নার পর উনি হয়েছিলেন। যতদূর মনে পড়ছে সর্দারজি ছিলেন। যাইহোক ওনার সঙ্গে দেখা করতে গেলাম। গিয়েই কি আর DGর অ্যাপয়েন্টমেন্ট পাওয়া যায়? ওনার এক সেক্রেটারিকে রাজি করিয়ে তো দেখা করলাম। উনি সব শুনে বললেন, "আমরা কোনো পার্সোনাল পাবলিসিটি করতে দেব না।" আমি বললাম "যে মানুষটা আজ আর নেই, তাঁর আবার পাবলিসিটি কি?" উনি কিছুতেই বুঝবেন না। আমার হঠাৎ কিরকম রাগ হয় গেলো। আমি বললাম, "তাহলে শ্রীমতী গান্ধীকে এতো দেখানো হয় কেন?এটা কি পার্সোনাল পাবলিসিটি নয়?" উনি প্রচন্ড রেগে গেলেন, আমার লজিক শুনে বললেন, "Sorry Mr. Roy, no point arguing on this. We just can't approve this. is it clear to you?" একজন ডিরেক্টর জেনারেল এই কথা বলার পর আর কিছু বলার থাকে না। আমি ওনাকে কোনোরকম সম্ভাষণ না জানিয়ে রেগেমেগে বেরিয়ে চলে এলাম। ফিরে এলাম কলকাতায়। পার্থদাকে সব বললাম। এবার উপায়?

"যেতে নাহি দিব"-র ৮টি এপিসোড ছিল। পার্থদা বলেছিলেন- উত্তমকুমারের এতো বিস্তৃত কর্মজীবন এর থেকে কমে ধরা যায় না। তৎকালীন অনেক শিল্পীদের শ্রদ্ধাঞ্জলি ছিল ওই অনুষ্ঠানে যাঁরা উত্তমকুমারের সঙ্গে কাজ করেছেন। ভূপেন হাজারিকা, তনুজা, অনুপকুমার, সাবিত্রী চ্যাটার্জী, রঞ্জিত মল্লিক, দীপঙ্কর দে, তরুণকুমার, রবি ঘোষ- এরকম আরো অনেকে ছিলেন। শুধু পেশাগত ব্যস্ততার জন্য হেমন্ত মুখোপাধ্যায়কে আমরা পাইনি। যাই হোক, দিল্লী থেকে অনুমতি পেলাম না ১৯৮৪ সালে। এর দু বছর পরে কলকাতা দূরদর্শন কর্তৃপক্ষ মাত্র চারটি এপিসোডের অনুমতি দিয়েছিলেন।

এদিকে কলকাতায় তখন সিরিয়ালের সাজো সাজো রব। কলকাতা দূরদর্শনে বাংলা ধারাবাহিকের কথা বলতে গেলে দুজনের কথা বলতেই হয়ে রবিন ঘোষ (INFOCOM) আর জোছনা দস্তিদার (SONEX)। প্রথম ভিডিও ষ্টুডিও এঁরাই তৈরি করেন। তবে রবিন ঘোষের ইনফোকম থেকে উঠে এসেছেন প্রচুর প্রতিশ্রুতিবান পরিচালক, চলচিত্র সম্পাদক, অভিনেতা, অভিনেত্রী। অঞ্জন দত্ত, রাজা সেন, জগন্নাথ গুহ, অশোক বিশ্বনাথন, সম্পাদক অর্ঘকমল মিত্র, সংগীত পরিচালক চন্দন রায়চৌধুরী আর কত নাম করবো। এই পরিপ্রেক্ষিতে আমি একটা ঘটনার কথা বলতে পারি। কারণ আমি নিজে তার সাক্ষী এবং প্রধান ভূমিকার অভিনেতা।

অঞ্জন দত্ত আজকের বিখ্যাত পরিচালক সংগীত শিল্পী এবং অভিনেতা। ওঁর পরিচালনায় ইনফোকমের প্রযোজনায় ওঁর প্রথম ধারাবাহিক "রুদ্রসেনের ডায়েরি" দূরদর্শনে জমা পড়লো এবং রিজেক্টেড হলো। তখন প্রধান ভূমিকায় অভিনয় করেছিলেন কল্যাণ চ্যাটার্জী। দূরদর্শন লেটার পাঠিয়ে দিলো। সেই সময়ে দূরদর্শনের সলিল দাসগুপ্ত, বিদ্যুৎ সাহা-এঁদের সঙ্গে আমার ভালো সম্পর্ক ছিল। আমাকে রবীনদা বললেন, "প্রবীর,এটা তোকে অনুমোদন করাতে হবে"। অঞ্জনকে নিয়ে আমি গেলাম সলিলদার কাছে। সলিলদা বললেন, "অসম্ভব, এটার অনুমোদন দেওয়া যাবে না। গভর্নমেন্ট লেটার ইসু হয়ে গেছে, কোনো মতেই অ্যাপ্রুভ করা সম্ভব না। আমি বললাম "কিছু একটা করুন প্লিজ।" সলিলদা আবার শুট করে নতুন করে জমা করার পরামর্শ দিলেন। আশ্বাস দিলেন- "দেখি কি করা যায় কিন্তু ওই কোয়ালিটি হলে কিন্তু আবার রিজেক্ট হবে।" আবার নতুন করে "রুদ্রসেনের ডায়েরি" শুট হলো। এবার রুদ্রসেনের ভূমিকায় অভিনয় করলেন সব্যসাচী চক্রবর্তী। তারপর তো সব ইতিহাস। কিন্তু অঞ্জন দত্ত কতবার রবীন ঘোষের নাম নিয়েছেন? শুধু এই ধারাবাহিক নয়।ইন্‌ফোকমের অফিসে অঞ্জনের অ্যাক্টিং-এর ক্লাস করার জন্য পারমিশন দিয়েছিলেন রবীনদা। আমরা তখন প্রাত্যহিকভাবে ইনফোকমের সঙ্গে জড়িত ছিলাম বলে এই সব ঘটনাগুলো জানি।

গৌতম ঘোষের 'বাংলা গল্প বিচিত্রা' শুরু হলো। তারপর রবীন ঘোষের ইনফোকম এর 'সোনার সংসার'। তারপর সোনেক্সের 'তেরো পার্বণ' আর ইন্ফোকমের সম্পর্ক'। তখন ১৩টা করে এপিসোডের অনুমোদন দেওয়া হতো। সাপ্তাহিক টেলিকাস্ট হতো। সারাদিন ইনফোকম গমগম করতো, সারাদিন গল্পের আলোচনা, স্ক্রিপ্ট সিটিং, শুট শিডিউল করা- সব মিলিয়ে একটা বিরাট অফিসের মতো আর দুপুর বেলা গৌরাঙ্গদার তত্ত্বধানে ভরপেট খাওয়াদাওয়া। আক্ষরিক অর্থেই সে এক পরিবার। কিন্তু ব্যবসা থেকে বড় ছিল ভালোবেসে করা। নামকরা সাহিত্যিকদের গল্প ছাড়া গল্প নেওয়া হতো না। 'সম্পর্ক' তো ছোট গল্পের ধারাবাহিকের এক মাইলস্টোন।

জুলাই মহানায়কের মহাপ্রয়ানের দিন। তাই এই দিনটিকেই উপযুক্ত দিন হিসেবে বাছাই করা হয়েছে। গোটা ব্যবস্থাপনায় রয়েছে 'দ্য ভানটেজ পয়েন্ট' নামে এক সংস্থা। ২৪ জুলাই বিকেল ঠিক ৫টায় মোট ৪০ মিনিটের এই তথ্যচিত্র 'যেতে নাহি দিব' দেখান হবে। ছবিটি তিন বছর আগে কলকাতা দূরদর্শনের অনুমতি নিয়ে তৈরি করেছিলেন প্রবীর রায়। পাতাল রেলের প্রতিটি স্টেশনের ভিডিওতে সেদিন একযোগে ভেসে উঠবে তথ্যচিত্রটি। পাশাপাশি সাম্বনী মিত্রর ভাষ্যে ফুটে উঠবে মহানায়কের নিয়ে এ ছবি তৈরির ক্ষেত্রে কলকাতার চলচ্চিত্র জগতের অসহযোগিতার কথা ও তৎসংক্রান্ত ক্ষোভ। এই ক্ষোভটুকুকেও ভাষ্যকার স্মৃতিচিত্রমালার সংলগ্ন একটি বিষয় করে নিতে আবেদন জানান দর্শকদের।

'যেতে নাহি দিব' পাতাল রেলের স্টেশনে দেখান হবে, খবর পেয়ে আমরা ছবিটি দেখি বৃহস্পতিবার সকালে। নির্মাতা প্রবীর রায়ের বাড়িতেই। উপস্থিত ছিলেন 'দ্য ভ্যানটেজ পয়েন্ট' সংস্থার কর্তা সৌম্যেন দত্তও।

যেতে নাহি দিব ধারাবাহিক প্রেস বিজ্ঞপ্তি

‘যেতে নাহি দিব’

বাংলা চলচ্চিত্র জগৎ নিঃসন্দেহে উত্তমকুমারের কাছে ঋণী। তাঁর এ ঋণ চলচ্চিত্র জগতের কেউ, কোন দিনও শোধ করতে পারবেন না। পারবেন শুধু স্মৃতি-তর্পণে মহানায়কের প্রতি শ্রদ্ধা জানাতে। এই উদ্দেশ্যেই পৃথ্বীশ রায়ের প্রযোজনায় ‘ট্‌য়েন্টি ফোর ফ্রেমস’ আগামী দুই বৃহস্পতিবার (৪ ও ১১ সেপ্টেম্বর) রাত আটটা পাঁচ মিনিটে কলকাতা দূরদর্শনে নিবেদন করছেন ‘যেতে নাহি দিব’। এটা ঠিক ডকুমেন্টারি ছবি নয়।

স্মৃতি প্রতিবেদন বা শ্রদ্ধাঞ্জলি গোছের। উত্তমবাবুর ছবির ক্লিপিংস নিয়ে, বিশিষ্ট, ব্যক্তিদের সাক্ষাৎকার নিয়ে এটা করা হয়েছে। সাক্ষাৎকার দিয়েছেন তরুণ মজুমদার, ভূপেন হাজারিকা, রঞ্জিত মল্লিক, দীপঙ্কর দে, তনুজা, সিরিয়ালটির পরিচালক পার্থপ্রতিম চৌধুরী প্রমুখ। উত্তমবাবুকে ঘিরে সিরিয়ালটিতে সেই ধরনেরই সাক্ষাৎকার রয়েছে, যেগুলো আগে কোথাও কখনও শোনা যায় নি। উত্তমকুমারের নির্ভুল লিপ মুভমেন্ট নিয়ে বৈজ্ঞানিক দৃষ্টিকোণ থেকে সুন্দর বিশ্লেষণ করেছেন ডাঃ ভূপেন হাজারিকা। এই প্রসঙ্গে পার্থপ্রতিমবাবু আরও জানালেন, "সিরিয়ালটির জন্য আমরা বিশিষ্ট সকলের কাছেই যোগাযোগ করেছিলাম। কিন্তু দুঃখের বিষয় তাঁদের সকলেই এগিয়ে আসেন নি।" সিরিয়ালটি ৬টি পর্বে হবার কথাই প্রথমে পাকা ছিল। সেই অনুসারে শুটিংও কমপ্লিট করেছিলেন পার্থপ্রতিমবাবু। কিন্তু দূরদর্শনের সময়াভাবের দরুন এটি ছেঁটে কেটে দুটি পর্বে নিয়ে আসতে হয়েছে। ফলে পার্থপ্রতিমবাবু একটু অসুবিধে বোধ করছেন। [illegible]র মতে, "উত্তমকুমারের অভিনীত [illegible]রিত্রগুলোর বৈচিত্র্য সম্পর্কে বোঝাতে গেলে [illegible] দিয়ে বোঝান দরকার। পরিচালক [illegible]হিসেবে, সংগীত পরিচালক হিসেবে [illegible]মবাবুর প্রতিভার মূল্যায়ন করতে গেলেও [illegible]নেকটা সময়ের প্রয়োজন হয়ে পড়ে। [illegible] ৬টা পর্ব ও দরকারই। সেক্ষেত্রে মোট [illegible] মিনিটের (২টি পর্বে) প্রোগ্রামে সময়ের [illegible]ভাব বেশ বড়সড় সমস্যা।" তবুও যথাসাধ্য চেষ্টা করেছেন বলে পরিচালক জানালেন। কীভাবে সাজিয়েছেন সেটা অবশ্য আগাম বলবেন না। কারণ তাতে ছবির ইন্টারেস্টটা নষ্ট হয়ে যাবে। সিরিয়ালটির টেলিপ্লে, সংগীত রচনা ও পরিচালনা [redacted] পার্থপ্রতিম চৌধুরী স্বয়ং। সম্পাদনা করেছেন বলবিন্দার সিং।

সাক্ষাৎকার: শুভাশীষ চট্টোপাধ্যায়

ছবি □ টুলু দাস

যেতে নাহি দিব ধারাবাহিক

ধারাবাহিক শুভরাত্রি

তখন কলকাতায় প্রথম দুটো ভিডিও ষ্টুডিও তৈরি হলো। "Infocom " and "Sonex ".....একটা রবীন ঘোষের আর একটা জোছনা দস্তিদারের। ইনফোকম মিন্টো পার্কে আর সোনেক্স লেক গার্ডেন্সে। Ikegami camera and Linear edit suit। গৌতম ঘোষের ‘বাংলা গল্প বিচিত্রা’ শুরু হলো। তারপর রবীন ঘোষের ইনফোকম-এর ‘সোনার সংসার’। তারপর সোনেক্সের ‘তেরো পার্বণ’ আর ইনফোকমের ‘সম্পর্ক’। তখন ১৩টা করে এপিসোডের অনুমোদন দেওয়া হতো। সাপ্তাহিক টেলিকাস্ট হতো।

ওই সময়ে মানে ১৯৮৬র শুরুতে একদিন পার্থদা (পার্থপ্রতিম চৌধুরী) বললেন,“একটা ডিটেক্টিভ সিরিয়াল কর।” আমি বললাম “গল্প দাও”। পার্থদা একটা আইডিয়া দিলেন, আমার খুব ইন্টারেস্টিং লাগলো। বললাম “লেখা শুরু করো।” রোজ পার্থদার বাড়ি যাওয়া শুরু হলো। তখন প্রথম এপিসোডের স্ক্রিপ্ট আর সবগুলো এপিসোডের কনসেপ্ট নোট সাবমিট করা নিয়ম ছিল। বলা হতো পাইলট এপিসোড। সেটা অনুমোদিত হলে পাইলট এপিসোড shoot করে আর তার সঙ্গে আরো ৩টে এপিসোডের স্ক্রিপ্ট সাবমিট করতে হতো। সেটাও অনুমোদন পেয়ে গেলে টেলিকাস্টের তারিখ ও সময়ের জন্য বাকি ৩টে এপিসোড শুট করে সাবমিট করতে হতো, সঙ্গে বাকি সবকটা এপিসোডের স্ক্রিপ্ট। পার্থদা তো আমাকে প্রথম এপিসোডের স্ক্রিপ্ট আর সব এপিসোডের কনসেপ্ট নোট করে দিলেন। আমি পরের দিন গিয়ে সলিল দাসগুপ্তর কাছে জমা করলাম। তখন দূরদর্শনের অফিস ছিল রাধা ষ্টুডিওতে। ধারাবাহিকের নাম ঠিক হলো "শুভরাত্রি"। প্রধান ভূমিকা মানে "রাত্রির" ভূমিকায় শর্মিলা ঠাকুর। সেই সময়ে শর্মিলা সল্টলেকে একটা বাড়িতে shoot করছিলেন। আমি আর পার্থদা গিয়ে শর্মিলার সঙ্গে কথা বলে ফাইনাল করে এলাম এবং উনি আমাদের টানা দেড় মাস ডেট দিতেও রাজি হয়ে গেলেন। প্রসঙ্গত এখানে উল্লেখ করা প্রয়োজন পার্থপ্রতিম চৌধুরীর

পরিচালিত প্রথম ছবি ছায়াসূর্যর নায়িকা ছিলেন শর্মিলা ঠাকুর। আমার মতে আজ পর্যন্ত শর্মিলার শ্রেষ্ঠ অভিনয় ছায়াসূর্যর ঘেঁটুর চরিত্র। পরবর্তীকালে অনেক ভালো ভালো ছবি আমাদের উপহার দিয়েছেন পার্থদা। শুভা ও দেবতার গ্রাস, দোলনা, হংসমিথুন, যদুবংশ এবং আরো অনেক ছবি। এ হেন প্রতিভাবান পরিচালক পার্থপ্রতিম চৌধুরীকে দিয়ে আমার, অর্থাৎ 24 FRAMES এর প্রযোজনায় প্রথম ফিক্শন ধারাবাহিক শুভরাত্রির কাজ শুরুর দিকে এগোলাম।

গৌতম ঘোষের "বাংলা গল্প বিচিত্রা"র আগে পার্থদা দূরদর্শনের জন্য একটা নাটকের ধারাবাহিক করেছিলেন। তেরো পর্বে। নাম ছিল "চোখের আলোয়"। ইন-হাউস প্রোডাকশন। আমাকে একদিন পার্থদা বললেন, "তোর কাছে কোনো ভালো Singer আছে? হেমন্তদা ডেট দিতে পাচ্ছেন না, সেই গানগুলো গাওয়াবো। আমি গৌতমকে (গৌতম মিত্র) নিয়ে গেলাম। গৌতমের কন্ঠস্বর ছিল একদম হেমন্ত মুখার্জীর মতো। পার্থদার শুনে তো খুব ভালো লেগে গেলো। ওই ধারাবাহিকের ৬টি গান আর টাইটেল সং গৌতম গেয়েছিল। পরবর্তীকালে পার্থদার সরগম ছবিতেও গৌতম প্লে-ব্যাক করেছিল।এই ধারাবাহিকে গৌতম ছাড়াও, মান্না দে আর প্রসূন বন্দ্যোপাধ্যায়ও গেয়েছিলেন। অভিনয়ে ছিলেন শর্মিলা ঠাকুর, বসন্ত চৌধুরী, সোমা দে প্রমুখ। সবচেয়ে মজার ব্যাপার শর্মিলা এই ধারাবাহিকে কত টাকা পেয়েছিলেন জানেন? দূরদর্শনের তখনকার রেট অনুযায়ী শর্মিলা পেয়েছিলেন টোটাল ধারাবাহিকের জন্য ৩৭০০/- টাকা! ভাবতে পারেন?

যাইহোক, শুভ রাত্রির পাইলট স্ক্রিপ্ট জমা দিয়ে স্পনসর খোঁজা শুরু করলাম। এখনকার মতো তখন চ্যানেল পেমেন্ট করতো না। তখন কাজ করা অনেক কঠিন ছিল। প্রথমতঃ দূরদর্শন ছাড়া অন্য কোনো চ্যানেল ছিল না। তারপর সরকারি চ্যানেল, অনেক বাধানিষেধ। প্রোডিউসারকেই স্পনসর জোগাড় করতে হতো। প্রোডাকশন করা, টেলিকাস্ট ফিস দেওয়া, স্পনসর জোগাড় করা, সব প্রোডিউসারকেই করতে হতো। এবারে তখনকার নামকরা বিজ্ঞাপন সংস্থা "Clarion advertising এর সঙ্গে যোগাযোগ

করলাম। ওরা স্টোরিলাইন শুনে এবং শর্মিলা করবে শুনে রাজি হয়ে গেলো। ওরা ক্লায়েন্ট ঠিক করলো দে'জ মেডিক্যাল। এখনকার মতো তখন ২০ সেকেন্ড/৩০ সেকেন্ড কমার্শিয়াল দিতো না। দুই বা তিনটে কোম্পানি মিলে পুরো ধারাবাহিক স্পনসর করতো। একটা ২২ মিনিটের এপিসোডে ১৮০ সেকেন্ড/২৪০ সেকেন্ড কমার্শিয়াল দূরদর্শন অনুমতি দিতো।

মোটামুটি সব যখন ঠিকঠাক, হঠাৎ Clarion এর Walter Mendiz আমাকে একদিন ডেকে পাঠালেন। গিয়ে দেখা করলাম। বললেন পার্থপ্রতিম চৌধুরী আমাদের একটা চিঠি দিয়েছেন। উনি বলছেন, "আপনাকে উনি টিভি স্ক্রিপ্ট দেননি, উনি রেডিও স্ক্রিপ্ট দিয়েছেন। উনি এই সিরিয়ালের প্রোডিউসার, আপনি নন।" আমি বললাম, "রেডিও স্ক্রিপ্টে কি ক্যামেরা অপারেশন লেখা থাকে?" উনি বললেন, "আমরা সব বুঝতে পারছি, কিন্তু উনি No Objection লেটার না দিলে আমরা আপনাকে প্রোডিউসার হিসেবে মানতে পারছি না অন্তত শুভরাত্রির জন্য। আপনি ওনার সঙ্গে সেটল করুন।" আমি তো অবাক !

সন্ধ্যাবেলা পার্থদার বাড়িতে চলে গেলাম। গিয়ে দেখলাম, একজন পরিচালক ওখানে বসে আছেন, তখনো ঠিক পরিচালক হননি, চেষ্টা করছেন। বিষ্ণু পালচৌধুরী। উনি তখন ক্লারিওনে চাকরি করেন। পরবর্তীকালে উনি অনেক ধারাবাহিক করেছেন, মেগা সিরিয়ালও করেছেন। ওনাকে হঠাৎ দেখে আমি অবাক। পার্থদাকে বললাম, "তুমি এটা কেন করলে? তোমার সব প্রয়োজনে আমি থাকি। এই স্ক্রিপ্ট আমি বসে লিখিয়েছি, আর তুমি এটা করতে পারলে?" পার্থদা তখন ওই পরিচালককে দেখিয়ে বললেন, "আমাকে ও বললো প্রোডিউসার হতে, তাহলে আমার প্রফিট বেশি হবে, তুই তো জানিস আমার টাকার খুব দরকার।" আমি বললাম "আমি তোমাকে ১০,০০০/- প্রত্যেক এপিসোডের জন্য দিচ্ছি, এটা কম? আর প্রোডাকশন কে করবে? তার খরচ নেই? তুমি পারবে করতে?" পার্থদা বললেন, "তুই আমাকে স্ক্রিপ্টটা দূরদর্শন থেকে Withdraw করে দে, ক্লারিওন ওটা সাবমিট করবে, ওরাই প্রোডাকশন করবে।" আমি তখন সেই পরিচালককে বললাম, "এটা

তুমি ঠিক করলে না, আমি স্ক্রিপ্ট ফেরত দিয়ে দেব। ওটা কিন্তু আর কোনোদিন অ্যাপ্রুভ হবে না।" বিষ্ণু পালচৌধুরী তখন আমাকে বললো, "প্রবীরদা তুমি Clarion এর ক্ষমতা জানো না।" আমি বললাম, "আর তোমরা আমার ক্ষমতাও জানো না। আমি আগামীকাল স্ক্রিপ্ট ফেরত দিয়ে যাবো কিন্তু আজ এটা বলে গেলাম, শুভরাত্রি কলকাতা দূরদর্শন থেকে কোনোদিন অনুমোদন পাবে না।"

মনটা খুব ভেঙে গেলো। ভারাক্রান্ত মন নিয়ে দূরদর্শনে গিয়ে সলিলদাকে সব বললাম আর স্ক্রিপ্টটা ফেরত চাইলাম। সলিলদা বললেন, "এতে এতো মন খারাপের কি আছে? শুভরাত্রি ছাড়া কি বাংলায় কোনো স্ক্রিপ্ট হয় না?" আমি বললাম "শুভরাত্রি'র ফাইল তো অনেক এগিয়ে গেছে, স্টেশন ডিরেক্টরের সইও হয়ে গেছে। এখন নতুন স্ক্রিপ্ট জমা দিলে আবার সেই প্রথম থেকে প্রসেস করতে হবে।" সলিলদা বললেন, "তোমাকে এত চিন্তা করতে হবে না। আমার কাছে শার্লক হোমসের গল্প নিয়ে ৪টে এপিসোড স্ক্রিপ্ট করা আছে। তুমি কি ইন্টারেস্টেড?" আমি রাজি হওয়াতে সলিলদা আমাকে স্ক্রিপ্টগুলো বার করে দিলেন। স্ক্রিপ্ট করেছিলেন সমীর দাশগুপ্ত বলে এক বাংলার প্রফেসর। নাম ছিল "তদন্ত চলছে"। স্ক্রিপ্টগুলো পড়ার সময়ও পেলাম না। কে পরিচালক হবেন, তাও ঠিক হলো না। ওই স্ক্রিপ্টগুলোই জমা দিয়ে দিলাম। শুধু নামটা পরিবর্তন করে করলাম "বিচিত্র তদন্ত"। covering letter টা একটু পরিবর্তন করে শুভরাত্রির জায়গায় "বিচিত্র তদন্ত" লিখে জমা পড়ে গেলো। শার্লক হোমসের একেকটা গল্প নিয়ে একেকটা এপিসোড।

রাতে পার্থদার বাড়িতে গিয়ে শুভরাত্রির স্ক্রিপ্ট আর Synopsis ফেরত দিয়ে এলাম। সেই সময় সেই পরিচালক মশাই ছিলেন না। পার্থদাকে বললাম, "তুমি কিন্তু খুব ভুল কাজ করলে। পরে পস্তাবে। আমি সাহায্য না করলে তোমার এই শুভরাত্রি কোনোদিনও অনুমোদন পাবে না। ক্লারিওন আর সেই পরিচালক দিনের পর দিন ঘুরেও শুভরাত্রি অনুমোদন করাতে পারে নি। অবশেষে একদিন ক্লারিওনও সরে গেলো। পার্থদার জন্য খুব খারাপ লাগতো। শেষে

আমি জোনাকি গাঙ্গুলীকে নিয়ে গিয়ে পার্থদার সঙ্গে কথা বলিয়ে দিলাম। প্রায় ৩ বছর পর শুভরাত্রি অনুমোদন করালাম। শর্মিলা কাজটা প্রত্যাখ্যান করলেন। প্রচণ্ড রেগে গিয়ে বললেন "পার্থ কি মনে করেছে, আমার সময়ের কোনো দাম নেই? আমি টানা দেড়মাস সময় দিয়েছিলাম, সব নষ্ট করলো। আমার পক্ষে আর করা সম্ভব নয়।" রাত্রির চরিত্রে রুপা গাঙ্গুলীকে নিয়ে 'শুভরাত্রি' শুরু হলো জোনাকির প্রোডাকশানে তিন বছর পর - ততোদিনে আমার ৩টে ধারাবাহিক টেলিকাস্ট হয়ে গেছে।

ধারাবাহিক বিচিত্র তদন্ত

যাক এবার বিচিত্র তদন্ত-র কথায় আসা যাক। জমা দেওয়ার এক মাসের মধ্যে অনুমতি পত্র পেয়ে গেলাম। ইনফোকমের এর রবীনদার সঙ্গে কথা হলো। ওনাদের ক্যামেরা আর টেকনিকাল assistance এর ব্যাপারে সব ফাইনাল হলো। কিন্তু ডিরেক্টর তখন ফাইনাল হয়নি। সেই সময়ে ইন্দর সেন (চাঁদুদা) ইনফোকমের 'সম্পর্ক" ধারাবাহিকের কয়েকটা এপিসোড পরিচালনা করেছিলেন। আমার সঙ্গে খুব ভালো পরিচয় ছিল ওনার পিকনিক ছবির shoot এর সময় থেকে। ইন্দর সেন বেশ কয়েকটা হিট ফিল্মের পরিচালক ছিলেন যেমন প্রথম কদম ফুল, পিকনিক, অর্জুন, অসময় ইত্যাদি। অসময় তো জাতীয় পুরস্কারও পেয়েছিলো। সেই চাঁদুদাকে শেষ পর্যন্ত পরিচালক করা হলো। খুব স্ট্রিক্ট প্রিন্সিপলের লোক, টাইম মেইনটেইন করতেন খুব। যে কোনো প্রোডিউসারের কাছে অ্যাসেট। আদ্যন্ত ভদ্রলোক।

এবার কাস্ট। শার্লক হোমসের (ধারাবাহিকে নাম দেওয়া হয়েছিল "ঘন্যশ্যাম নন্দী") চরিত্রে রবীনদার পরামর্শ মতো ন্যাশনাল স্কুল অফ ড্রামার (NSD) জয়ন্ত দাসকে নেওয়া হলো। জয়ন্ত দিল্লির ছেলে, তখন হিন্দি "Police Files"এর প্রধান চরিত্রে কাজ করছে। এক আদ্যন্ত ভদ্রলোক। ওর অ্যাসিস্ট্যান্ট ডঃ ওয়াটসনের (নাম দেওয়া হয়েছিল অবিনাশ) চরিত্রে নেওয়া হলো রমেন রায়চৌধুরীকে। সংগীত পরিচালক নেওয়া হলো চন্দন রায়চৌধুরীকে। চন্দনের বোধহয় প্রথম সংগীত পরিচালনা। ঠিক খেয়াল নেই, ভুলও হতে পারে আমার। কলকাতা দূরদর্শনের প্রথম ডিটেক্টিভ ধারাবাহিক। ন্যাশনালে তখন চলছে পঙ্কজ কাপুরের "করমচাঁদ"।

আমাদের শুটিং শুরু হলো প্রিন্স আনোয়ার শাহ রোডে নিউ থিয়েটার্স ২নং-এ (পরবর্তীকালে যেটা টেকনিসিয়ান্স ২নং বলে পরিচিত হয়)। পাইলট এপিসোড হয়ে গেলো, অনুমোদনও পেয়ে

গেলো। এবার ২,৩,৪ এর শুটিং শুরু হলো। এই সময় একদিন রমেন একটি মেয়েকে নিয়ে এলো, অভিনয় করতে চায়। টালিগঞ্জ অশোকনগরে থাকে, কলেজে পড়ে তখন। সালটা বোধহয় ১৯৮৬। দুটো এপিসোডের জন্য ওকে সিলেক্ট করা হলো। সেই মেয়েটির নাম রূপা গাঙ্গুলী। ও তখন আরেকটা টেলিফিল্মের শুট করছিলো। পরিচালক ছিলেন বিজয় চ্যাটার্জী। তবে আমাদের "বিচিত্র তদন্ত" প্রথম টেলিকাস্ট হয়। সেই ক্ষেত্রে রূপার প্রথম স্ক্রিন এপিয়ারেন্স আমাদেরটাই বলা যায়।

শার্লক হোমসের একটা বিখ্যাত গল্প ছিল 'Scandal in Bohemia'। সেই গল্পটার জন্য একজন খুব সুন্দরী নায়িকার দরকার ছিল। কাকে নেওয়া যায়? চাঁদুদা বললেন, ideal for this character will be Moon moon Sen। তখন মুনমুনের সঙ্গে পরিচয় নেই। একটা এপিসোড ও কি করতে রাজি হবে? তারপর ওর সম্বন্ধে শুনেছি, ও খুব খামখেয়ালি, যখন তখন ফ্লোর ছেড়ে চলে যায় ইত্যাদি ইত্যাদি। একদিন আমি আর চাঁদুদা মুনমুনের বাড়ি চলে গেলাম Harrington Mansion এ। সব বলার পর ও রাজি হয়ে গেলো প্রধানতঃ ইন্দর সেনের সঙ্গে কাজ করবে বলে। চাঁদুদা বললেন, "দেখুন আপনি কিন্তু যখন তখন ফ্লোর ছেড়ে বেরিয়ে যেতে পারবেন না, আমাদের সময় অনুযায়ী আপনাকে সময় দিতে হবে। যদি এগুলো সম্ভব হয় তবেই রাজি হন, otherwise let us be good friends।" মুনমুন বললো "আমি রাজি।" এবং সত্যিই she was really outstanding। এর পরেও ওর সঙ্গে আরো অনেক কাজ করেছি, ওর কোনো তুলনাই হয় না। আর এই গল্পে মুনমুনের বিপরীতে অভিনয় করলাম আমি। মুনমুনের প্রথম টিভি সিরিয়াল এপিয়ারেন্স। মুনমুন সেন, রূপা গাঙ্গুলী ছাড়াও আরো দুজন নাট্যব্যাক্তিত্ব প্রথম ক্যামেরার সামনে আসেন এই ধারাবাহিকে- মেঘনাদ ভট্টাচার্য্য আর থিয়েটার ওয়ার্কশপের অশোক মুখোপাধ্যায়। মেঘনাদ ভট্টাচার্যর সঙ্গে ওই পর্বে আমিও অভিনয় করেছিলাম। দীঘাতে শুট হয়েছিল। শিলাদিত্য পত্রনবীশ এবং পাপিয়া অধিকারী ছিল ওই পর্বে। শিলাদিত্য তখন বোধহয় সেকেন্ড ইয়ারে পড়ে। শিলা আজ আর নেই।

"বিচিত্র তদন্ত"র আরো ৩টে এপিসোড জমা পড়ে গেলো। টেলিকাস্টের তারিখ আর সময় পেয়ে গেলাম। এই সময়ে কলকাতায় ‘সোভিয়েত সার্কাস এসেছে অনেক বছর পর নেতাজি ইন্ডোর স্টেডিয়ামে। কলকাতায় সবার খুব উৎসাহ রাশিয়ান সার্কাস দেখবে।

শার্লকহোমসের বাঙালী সংস্করণ !

বিচিত্র তদন্ত

বিচিত্র তদন্ত দীঘা আউটডোরে ইন্দর সেন, শিলাদিত্য ও পাপিয়ার সঙ্গে

বিচিত্র তদন্ত মুনমুন সেন, ইন্দর সেন , জয়ন্ত দাস , রমেন রায়চৌধুরীর সঙ্গে

বিচিত্র তদন্ত   শুট শেষে রমেন , আমি সপরিবারে

সোভিয়েত সার্কাস

বিচিত্র তদন্ত টেলিকাস্ট হওয়ার আগে "রেডিয়েন্ট অ্যাডভার্টাইসিং-এর পবন লোহিয়া আমাকে একটা অনুরোধ করলো। পবন আমার খুব ভালো বন্ধু ছিল। নেহেরু গোল্ড কাপ কভার করার সময় ও আমাকে খুব সাহায্য করেছিল। থিয়েটার রোডে ওর "গঙ্গা যমুনা" বিল্ডিঙে ওর অফিসেই তখন আমার "24 FRAMES" অফিস ছিল। পবন বলল- "ICCR (ইন্ডিয়ান কাউন্সিল ফর কালচারাল রিলেসন) সোভিয়েত সার্কাসকে কলকাতায় আনছে, ওঁদের ইচ্ছে এই অনুষ্ঠানটা যদি দূরদর্শনে টেলিকাস্ট করা যায়। তোমার তো দূরদর্শনে খুবই জানাশোনা, একটু যদি চেষ্টা করতে। ওঁরা চাইছেন যদি ধৃতিমান চ্যাটার্জিকে দিয়ে ডাইরেক্ট করানো যায়। তুমি এক্সিকিউটিভ প্রোডিউসার থাকলে।" বললাম, "ঠিক আছে, আমি চেষ্টা করছি।" ধৃতির সঙ্গে আমার খুবই জানাশোনা ছিল, যাওয়া হল ধৃতিমানের লাভলক প্লেসের (বালিগঞ্জ) বাড়িতে। কিন্তু আলোচনা ফলপ্রসু হলো না। তখন কাজটা আমার কাছে এলো। কিন্তু আমি তো ডাইরেক্ট করবো না। পবন বললো "প্রোগ্র্যামটা তুমি শুধু টেলিকাস্ট করে দাও, আমাদের আর কিছু দেখার দরকার নেই, কাকে নেবে, না নেবে সব তোমার মতো করে করো। শুধু এটা প্লিজ টেলিকাস্ট যেন হয়।"

দূরদর্শনের সলিল দাসগুপ্ত তখন মাঝে মাঝে ডাইরেকশন দিতেন। আমি সলিলদাকে বললাম। সলিলদা তখন সরকারের কাছ থেকে 'No objection' লেটার পাননি। রাজি হলেন, নাম দেওয়া হলো 'মোহিত সেন।' ক্যামেরায় নেওয়া হলো দীপকদা (দীপক দাস) আর বাসবকে (বাসব সিনহা)। আর এডিটিংএ বলবিন্দর সিং (বেদি)। কভারেজ তো শেষ। এডিটও শেষ। কিন্তু টেলিকাস্ট ডেট কই ! সলিলদা আর বিদ্যুৎদা (বিদ্যুৎ সাহা, ডেপুটি ডিরেক্টর) দুজনেই বললেন, "আগামী ৪ মাসের আগে কোনো ডেট নেই।" বিচিত্র তদন্ত ধারাবাহিকের টেলিকাস্ট ডেট তখন পেয়ে গেছি। আমি সলিলদা আর বিদ্যুত্দাকে প্রস্তাব দিলাম- "আমি যদি বিচিত্র তদন্ত

চার সপ্তাহ পিছিয়ে দিই, তাহলে কি সোভিয়েত সার্কাস টেলিকাস্ট করা যাবে এখন?" সলিলদা বললেন- "ঠিক আছে একটা চিঠি দাও যে চার সপ্তাহ 'বিচিত্র তদন্ত' পিছোলে তোমার কোনো আপত্তি নেই।" অবশেষে 'সোভিয়েত সার্কাস'-এর ডেট পাওয়া গেলো।

কিন্তু এবার স্পনসর? সেটাও তো আমাকেই করতে হবে। চলে গেলাম সুমিত রায়ের (ব্রাঞ্চ ম্যানেজার OBM- Ogilvy Benson & Mather, এখন অবশ্য O&M) কাছে। হাতে বেশি সময়ও নেই। শুক্রবার রাত ৮.০৫ এ টেলিকাস্ট শুরু। সুমিত সব শুনে বললেন, "সময়ও তো নেই। ঠিক আছে দেখছি।" দুদিনের মধ্যে উনি স্পনসর ঠিক করে দিলেন 'Calcutta Chemicals'। তখনকার বিজ্ঞাপনের লোকেদের ক্লায়েন্টদের বোঝাবার একটা আলাদা ক্ষমতা ছিল। 'সোভিয়েত সার্কাস' টেলিকাস্ট শুরু হয়ে গেলো। এক সপ্তাহ হয়ে যাওয়ার পর আমি সলিলদাকে বললাম, "আচ্ছা আমরা যে সব আইটেম গুলো include করিনি, সেগুলো নিয়ে আরো দুটো এপিসোড করা যায় না?" সলিলদা বললেন, "দুটো এপিসোড করার মতো মেটেরিয়াল আমাদের হাতে নেই।" আমি বললাম- "তাহলে এক কাজ করি, স্পেশাল এফেক্টস, স্লো মোশন- এই সব দিয়ে দুটো এপিসোড করে দেওয়া যাবে। কিন্তু সেই মেশিন কলকাতায় নেই।"

অতএব আমি আর সলিলদা দিল্লী পাড়ি দিলাম সোনি'তে। দিল্লী যাওয়ার দিন আবার আর এক বিপত্তি। ফ্লাইট প্রায় ৪ ঘন্টার উপর লেট। আমাদের এয়ারপোর্ট হোটেলে রাখার ব্যবস্থা করলো ইন্ডিয়ান এয়ারলাইন্স থেকে। এই দেরী হবার জন্য আমাদের সেদিন সারারাত এডিট করতে হলো। পরের দিন সকালেই ফিরে এলাম। ওখানে বসে স্পেশাল এফেক্টস দিয়ে আরো দুটো পর্ব শেষ করে আনলাম। আবার আমি চিঠি দিয়ে দুটো পর্ব এক্সটেন্ড করলাম। মোট ৬টা পর্বে 'সোভিয়েত সার্কাস' শেষ হলো। তার কিছু অংশ এখনও ইউ টিউবে পাওয়া যায়।

এবার শুরু হলো 'বিচিত্র তদন্ত' কলকাতা দূরদর্শন থেকে প্রচারিত প্রথম গোয়েন্দা ধারাবাহিক। ইন্দর সেন একটা অসাধারণ টাইটেল

করেছিলেন। তখন কিন্তু গ্রাফিক্সের কোনো কাজ হতো না। কিন্তু আমাদের এর টাইটেল দেখে সবাই ভাবতো কি করে এই টাইটেল করা সম্ভব। তার সঙ্গে চন্দনের দারুন মিউজিক ধারাবাহিকটাকে এক অন্য লেভেলে নিয়ে গিয়েছিল। তখন ন্যাশনাল চ্যানেলে 'করমচাদ' হিট ধারাবাহিক ছিল কিন্তু পশ্চিমবঙ্গে বিচিত্র তদন্ত-র টি আর পি করমচাঁদকে ছাড়িয়ে গিয়েছিলো।

সোভিয়েত সার্কাস

সোভিয়েত সার্কাস

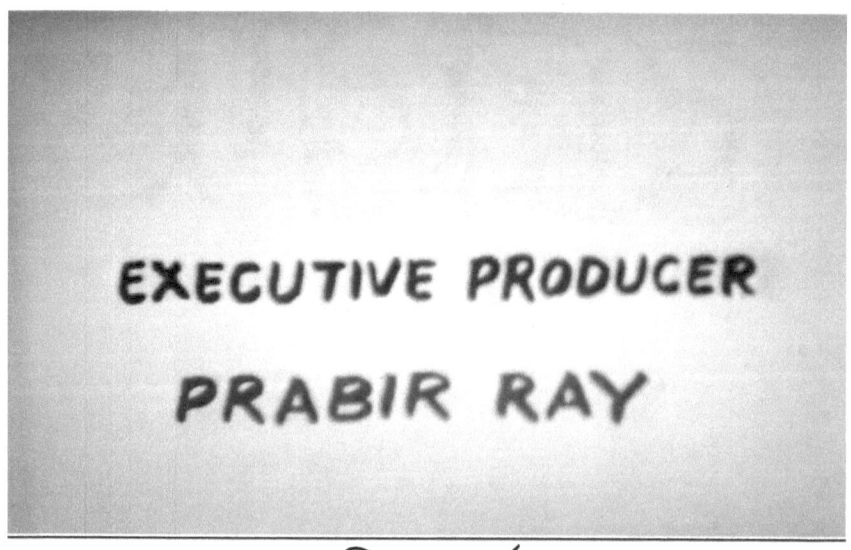

সোভিয়েত সার্কাস

ধারাবাহিক গৃহদাহ

বিচিত্র তদন্ত" শেষ হওয়ার আগেই আমি শরৎচন্দ্র চট্টোপাধ্যায়ের গৃহদাহর স্ক্রিপ্ট জমা দিয়েছিলাম। কলকাতা দূরদর্শনে প্রথমবার শরৎচন্দ্রর উপন্যাস। তখন কিন্তু রাইট কিনতে হত। পূর্ণদাস রোডে শরৎচন্দ্র চট্টোপাধ্যায়ের বংশধর মনিকা দেবীর কাছ থেকে ৩০,০০০/- টাকায় রাইট কিনেছিলাম। ডিরেক্টর হিসেবে নিয়েছিলাম সুজিত গুপ্তকে। সুজিত তখন 'সম্পর্ক'র বেশ কয়েকটা গল্প পরিচালনা করেছে। কলকাতা দূরদর্শনে প্রথম গোয়েন্দা ধারাবাহিক শেষ হলো অসম্ভব ভালো TRP (টেলিভিশন রেটিং পয়েন্ট) নিয়ে। 24 Frames এর বেশ নাম হয়ে গেলো। Ravishankar — A Legend of Glory, Soviet Circus আর বিচিত্র তদন্ত শেষ হলো। শরৎচন্দ্র চট্টোপাধ্যায়ের গৃহদাহ অনুমোদনের পথে। কিন্তু আমার তো কোনো কিছুই সহজে হয় না। তাই আবার বাধা, লোকের ভালো করতে গিয়ে নিজে বাঁশ নেওয়া।

সুজিত গুপ্তকে পরিচালক ঠিক করেছিলাম। চিত্রনাট্য অরূপরতন বসুর, যিনি পরবর্তীকালে ই-টিভির script approval (টেলি ফিল্মস) বিভাগের সর্বময় কর্তা হয়ে কাজ করেন। আজ আর অরূপদা নেই। সুজিতও নেই। যে কথা বলছিলাম। দূরদর্শনে পেপার সাবমিট করার সময় পরিচালকের নাম দিতে হয় এবং অনুমোদন হয়ে যাওয়ার পর আর পরিচালক পরিবর্তন করা সম্ভব হয় না, যদি না পরিচালক নিজে No Objection Certificate (NOC) দিয়ে দেন যে ওঁর পক্ষে কাজ করা সম্ভব না, অন্য যে কেউ পরিচালনা করতে পারবেন, ওঁর কোনো আপত্তি নেই। গৃহদাহ অনুমোদন পাবার পর সুজিত বলা শুরু করলো অচলার চরিত্রে সায়নী মিত্র অভিনয় করবে।' আমি বললাম, "অসম্ভব, মৃনালের চরিত্রে সায়নীকে ভাবা যেতে পারে কিন্তু অচলা যে ধরনের সুন্দরী, তাতে এই মুহূর্তে মুনমুন ছাড়া আর কাউকে ভাবা যায় না। তারপর অচলা তখনকার সময়ের ব্রাহ্ম বিদুষী মহিলা, যেটা মুনমুনের মধ্যে ভীষণ ভাবে বর্তমান। ওই চরিত্রে আমি মুনমুন ছাড়া কাউকে ভাবতে পারছি না।

একজন অসম্ভব ব্রাহ্মবিদ্বেষী সুরেশ অচলার সৌন্দর্যে ব্রাহ্মবিদ্বেষ ভুলে গিয়ে তার প্রেমে পড়ে গেলো। আমি কিছুতেই মুনমুন ছাড়া কাউকে ওই চরিত্রে ভাবতে পারছি না।" কিন্তু সুজিত কিছুতেই মানবে না। গৃহদাহ তখন বন্ধ হয়ে যাওয়ার মুখে। কারণ পরিচালক বদলানো যাবে না। বাধ্য হয়ে আমি ফেডারেশনে অভিযোগ করলাম। তখন ফেডারেশনের প্রেসিডেন্ট ছিলেন অজিত লাহিড়ী আর সেক্রেটারি ছিলেন প্রণব চৌধুরী (বাবলু)। বুবুও (শমিত ভঞ্জ) তখন ফেডারেশনে বেশ সক্রিয়। যাইহোক ওখানে আমার কেস উঠলো এবং সবাই আমার পক্ষে। শেষে ফেডারেশনের সিদ্ধান্ত অনুযায়ী সুজিতকে বোধহয় ১৫,০০০/- দিয়ে ওর কাছ থেকে NOC নিলাম। আমি স্বস্তির নিশ্বাস ফেললাম।

আবার গেলাম ইন্দর সেনের কাছে। ভদ্রলোক এবং যোগ্য পরিচালক। চাঁদুদাকে (ইন্দর সেন) নেওয়ার সুবিধে ছিল, ওঁকে সবাই খুব শ্রদ্ধা করতো আর ভয়ও পেত। আগেই বলেছি ভীষণ নিয়মনিষ্ঠ মানুষ। চাঁদুদার বাড়িতে বসে কাস্ট ঠিক করলাম। মহিম ভাবলাম রঞ্জিত মল্লিককে, অচলা মুনমুনকে, মৃনাল পাপিয়া অধিকারীকে। সুরেশ আমরা ভাবলাম বেনুকে (সব্যসাচী)। বেনুর ব্যাপারে তখন ফাইনাল ডিসিশন দিতেন জোছনদা (জোছন দস্তিদার)। চাঁদুদার বাড়ি থেকেই ফোন করলাম জোছনদাকে। জোছনদা রাজি হলেন না। দুদিন পরে অবশ্য বেনু নিজে ফোন করে আগ্রহ দেখিয়েছিলো কিন্তু তখন আমরা বুবুকে (শমিত ভঞ্জ) ফাইনাল করে ফেলেছি।

এবার আমাদের সমস্যা শুরু হলো মুনমুনকে নিয়ে। ও কিছুতেই অচলা করবে না কারণ যে চরিত্র মা করেছেন, সেই চরিত্র করার সাহস ওর নেই। তখন মুনমুনের সঙ্গে আমাদের খুব বন্ধুত্ব। সে বন্ধুত্ব এখনো একই রকম আছে। মুনমুন এর husband ভরত দেববর্মনও ওকে ক্রমাগত বলে চলেছেন এই চরিত্রটা করার জন্য কিন্তু মুনমুন কিছুতেই করবে না। অসম্ভব ভয় পাচ্ছে করতে। আমি ওকে বললাম, "তুমি করো, তুমি ভালো করবে। তুমি যে ভাবে কথা বলো, সেটাই অচলার দরকার আর তোমার সৌন্দর্য। কিন্তু কে শোনে আমার কথা। আমি আর ওর husband ক্রমাগত বলে

যাওয়াতে শেষে বলল, "ঠিক আছে, আগে আমাকে গৃহদাহ দেখাও। দেখে যদি মনে করি তাহলে করবো।" এবার কোথায় গৃহদাহ পাই। সেই সময় সৌভাগ্যক্রমে উত্তম কুমারের কিছু ফিল্ম নিয়ে একটা ফেস্টিভ্যাল হচ্ছিলো বেকবাগানের আইস স্কেটিং রিংক-এ ৭ দিন ধরে আর সেই লিস্টে একদিন গৃহদাহ ছিল। আমি মুনমুনকে সে কথা বললাম। এবারে সমস্যা হলো, সেই দিনই মুনমুনের একটা ছবি রিলিজ (ছবির নাম সরগম,পরিচালক দীনেন গুপ্ত আর সংগীত পরিচালনা পার্থপ্রতিম চৌধুরী) আর তার প্রিমিয়ার 'পূর্ণ'তে। মুনমুন, বললো," ঠিক আছে, প্রিমিয়ারে জাস্ট অ্যাটেন্ড করে আমি আর তুমি গৃহদাহ দেখতে চলে যাব।" যথারীতি আমি আর মুনমুন পূর্ণ থেকে চলে গেলাম আইস স্কেটিং রিঙ্কে। পুরো ছবিটা দেখলাম। আমি আগেও দেখেছি অবশ্য। বেরিয়ে সোজা মুনমুনের বাড়ি। তখন হরদম মুনমুনের বাড়ি যেতাম, দারুন আড্ডা আর দারুন খাওয়া দাওয়া। উত্তমদা আর মুনমুনের বাড়িতে গেলে ডিনার করেই ফিরতে হবে। সুব্রতদা (সুব্রত মুখোপাধ্যায়), আলপনা, সোমা (সুপ্রিয়াদির মেয়ে) হিন্দুস্থান পিলকিংটন এর পার্থ তালুকদার ,ওর স্ত্রী নীনা তালুকদার, গলফে এশিয়ান গেমসে সোনাজয়ী লক্ষণ সিং ওঁর স্ত্রী চিত্রা সবাই মিলে একটা দারুন আড্ডা হতো। আর তার মধ্যে আমার একটা কাজ মুনমুনকে রাজি করানো।

যাহোক ওর বাড়িতে পৌঁছে জিজ্ঞাসা করলাম, "এবারে বলো তুমি কি অচলা?" মুনমুন হেসে বললো, "হ্যাঁ, আমি অচলা"। জিজ্ঞাসা করলাম, গৃহদাহ দেখার পর তোমার এই সিদ্ধান্তের কারণ?" ও বললো, "মার তখন জন্ডিস হয়েছিল, চেহারা খারাপ হয়েছিল, দেখতে ভালো লাগেনি। সব দেখে মনে হলো, আমি একটা চান্স নিতে পারি।" আমি ওখান থেকেই চাঁদুদাকে ফোন করে জানালাম মুনমুন রাজি হয়েছে। আমাদের ফুল কাস্ট হলো মহিম : রঞ্জিত মল্লিক, সুরেশ : শমিত ভঞ্জ, অচলা : মুনমুন সেন , মৃণাল : পাপিয়া অধিকারী, কেদার বাবু : শৈলেন মুখার্জী, স্মিতা সিনহা, কল্যাণী মণ্ডল। কলকাতা দূরদর্শনে প্রথম মাল্টি-স্টারার ধারাবাহিক। গৃহদাহ আমার প্রযোজক জীবনে এক সুখস্মৃতি। এতগুলো ভদ্রলোক এক জায়গায়- কি অসাধারণ পরিবেশ।

এক জনের কথা এখানে বলতেই হবে। আমাদের সবার প্রিয় শৈলেনদার (শৈলেন মুখার্জী) সঙ্গে কাজ করার অভিজ্ঞতা কোনোদিন ভুলবো না। এক বিরাট অভিনেতা, নিপাট ভদ্রলোক। অভিনয় করা ছাড়াও উনি একটি স্কুলের হেডমাস্টার ছিলেন। শৈলেন মুখার্জীকে নিশ্চয়ই সবার মনে আছে। 'চারুলতা"র ভূপতিকে ভোলা সম্ভব নয়। কি স্নেহপ্রবণ মানুষ- লিখতে লিখতে আমার চোখে জল এসে যাচ্ছে। আমার সেই সময়ে পা ভেঙে গিয়েছিলো। রোজ বিকেলের দিকে আমাকে দেখতে আসতেন। আধ ঘন্টা, এক ঘন্টা বসতেন, চা সিঙ্গারা খাওয়া হতো, আর কত গল্প। গৃহদাহর শুটিং শুরু হলো, যেন একটা পরিবার। মুনমুন নিজের কস্টিউম ডিজাইন করার দায়িত্ব নিয়ে নিলো। অনেকে হয়তো জানেন না মুনমুন খুব ভালো আর্টিস্টও। গৃহদাহতে ওর প্রত্যেকটা পোশাকের ডিজাইন ওর নিজের করা। বিরাট স্কেচ খাতাতে ডিজাইন করে নিয়ে আসতো আর চাঁদুদাকে দেখিয়ে অনুমোদন করাতো। আমাদের অফিসিয়াল কস্টিউম ডিজাইনার ছিল ইন্দ্রানী রায়চৌধুরী। পরবর্তীকালে যে NGO "সংলাপ" শুরু করে আর প্রচুর নামও করে। ইন্দ্রানীও আজ আর নেই আমাদের মধ্যে। ইন্দ্রানীর কথাও খুব মনে পড়ছে আজ। কস্টিউম কিনতে বেরিয়ে আমার আর ইন্দ্রানীর প্রায়ই পার্ক স্ট্রিটের পিটার ক্যাটে লাঞ্চ করা, ২টো করে জিনের সঙ্গে- সব কিছুই খুব নস্টালজিক।

যাক আবার ফিরে আসি শুটিংয়ের কথায়। গৃহদাহর বেশি ইনডোর শুট হয়েছে টেকনিসিয়ান্স ষ্টুডিওতে (১ ও ২ তে)। ঝড় বৃষ্টির রাতে সুরেশের অচলাকে ট্রেন থেকে নামিয়ে নিয়ে যাওয়ার সেই সেট পড়েছিল এন টি ওয়ান স্টুডিওতে। আউটডোর ফলতা গঙ্গার ধারে, নেপালগঞ্জে আর ঘোড়ার গাড়িতে মাঝেরহাট ব্রিজের নিচে। লাঞ্চে আমাদের খাওয়া দাওয়া যেন পিকনিক। আমার বাড়ি থেকে রোজ খাবার আসতো। পপাইর হাতের রান্না কিছু স্পেশাল ডিশ। আমাদের মিল সাপ্লাই করতো সন্তোষ। নরমাল মিলের বাইরে ও রেগুলার এক্সট্রা কিছু ছোট মাছের ঝাল করে আনতো যেটা মুনমুনের খুব প্রিয় ছিল। তার জন্য এক্সট্রা চার্জ করতো না। আর শনিবার হলে তো hubby (ভরত), ভরতের এক বন্ধু কিষান আসতো

শুটিংয়ে। আর মাঝে মাঝে আমাদের গেস্ট হতেন সুব্রতদা (সুব্রত মুখার্জী), হৈহৈ করে শুটিং হতো। আর রোজ প্রেসে ভর্তি ষ্টুডিও ফ্লোর। তার মধ্যে বুবুর (শেমিত ভঞ্জ) বদমাইশি। মুনমুন আর শৈলেনদার শট এর সময় বুবু, মুনমুনকে হাসিয়ে দিতো আর বেচারি মুনমুন চাঁদুদার কাছে বকুনি খেত। এখানে একটা গোপন কথা বলে রাখি। মুনমুন একটু খামখেয়ালি ছিল। হঠাৎ ফ্লোর থেকে বেরিয়ে যেত আর চাঁদুদা বকাবকি করতেন। আমাকে চাঁদুদা একদিন বললেন, "শোন মুনমুন গন্ডগোল করলে আমি কিন্তু বকাবকি করবো আর তুই আবার ওকে নরমাল মুড়ে রাখবি।" মুনমুন কিন্তু চাঁদুদাকে অসম্ভব শ্রদ্ধা করতো, চাঁদুদার কাজের অসম্ভব ভক্ত ছিল। প্রায়ই চাঁদুদার জন্য গিফট নিয়ে আসতো। আর আমার সঙ্গে ছিল অসম্ভব বন্ধুত্ব। আমরা ফ্যামিলি ফ্রেন্ড হয়ে গিয়েছিলাম। আর গৃহদাহ নিয়ে মুনমুনের এক অসম্ভব involvement হয়ে গিয়েছিলো।

রঞ্জিত চিরকালই খুব ভদ্র কিন্তু টুকটাক মজার মজার কমেন্ট করতো। বুবু আর মুনমুন রঞ্জিতের সঙ্গে খুব খুনসুটি করতো। এক বিরাট পরিবারের মতো ছিল গৃহদাহ ইউনিট। রঞ্জিত, বুবু এদের সঙ্গে আমার বহু বছরের বন্ধুত্ব ছিল। বুবু আর রঞ্জিতের সঙ্গে আমি অভিনয়ও করেছি আজকের নায়ক আর নয়নশ্যামা" ছবিতে। আর এক মজার মানুষ ছিলেন ক্যামেরাম্যান দীপকদা (দীপক দাস)। সাউন্ডে ছিলেন রঞ্জন পান্ডে, শিল্প নির্দেশনায় ছিলেন বিখ্যাত সুরেশচন্দ চন্দ্র আর মেক আপে ভীম নস্কর।

এখানে চাঁদুদা সম্বন্ধে একটা কথা বলা প্রয়োজন। যদি সকাল ৯ টায় কল টাইম থাকতো, চাঁদুদা সকাল ৮.৩০ টা থেকে একটা কফি নিয়ে ফ্লোর এর সামনে বসে থাকতেন, টেকনিসিয়ান্সরা কে কখন আসছেন দেখার জন্য। সবাই যেমন চাঁদুদাকে শ্রদ্ধা করতো, তেমনি ভালোবাসতো। টেকনিসিয়ান্সদের পেমেন্ট ঠিক মতো হচ্ছে কি না, সেটাও উনি দেখতেন। এখানে একটা ইন্টারেষ্টিং কথা বলে রাখি- আগে বলতে ভুলে গিয়েছি, যখন চাঁদুদার সঙ্গে পেমেন্ট নিয়ে কথা হলো, তখন আমাকে উনি জিজ্ঞেস করলেন, "তোর এখানে সবচেয়ে বেশি পেমেন্ট কে পাচ্ছে?" আমি বললাম "রঞ্জিত

মল্লিক।" কত পাচ্ছে সেটাও বললাম। তখন আমাকে চাঁদুদা বললেন, "উত্তমকুমার ছাড়া আর যেই থাকুক, সবচেয়ে বেশি পেমেন্ট আমি নেবো। টোটাল ধারাবাহিকে রঞ্জিতের থেকে আমাকে ৫০০০/- টাকা বেশি দিবি, উত্তমকুমার না থাকলে সেই ইউনিটে আমি উত্তমকুমার।" আমি দিয়েছিলাম, কিন্তু সব শেষ হয়ে যাওয়ার পর সেই ৫০০০/- চাঁদুদা ফেরত দিয়ে দিয়েছিলেন আর একটা কথা আমাকে চাঁদুদা শিখিয়েছিলেন, 'কারো rate জিজ্ঞাসা করবি না...তুই বলবি আমি এটা দিতে পারবো, পারলে করুন।

গৃহদাহর শুটিং চলাকালীন আমি আর মুনমুন ঠিক করলাম, আমরা একটা কোম্পানি তৈরি করবো, নিয়মিত ধারাবাহিক প্রোডিউস করার জন্য ন্যাশনাল আর কলকাতায়। মুনমুন, ভরতের সঙ্গে কয়েকটা মিটিং করে আমরা কোম্পানির নাম ঠিক করলাম "Moon Vision Private Limited"। আমি, মুনমুন, ভরত আর আমার স্ত্রী পপাই (সোমশ্রী) চারজন ডিরেক্টর। কোম্পানি রেজিস্ট্রেশন অ্যাক্টে "Moon Vision Private Limited" রেজিস্টার্ড হয়ে গেলো। এরপর একদিন আমি আর মুনমুন দূরদর্শনে গেলাম। সলিলদা, বিদ্যুৎদা (ডেপুটি ডিরেক্টর) আর নির্মল শিকদার (স্টেশন ডিরেক্টর) এর সঙ্গে আমার আর মুনমুনের কথাবার্তা হলো। বলা হলো প্রজেক্ট জমা দেওয়ার জন্য। কিন্তু ডিরেক্টর কাকে নেওয়া যায়। ইন্দর সেন তখন "গৃহদাহ" নিয়ে ব্যস্ত। আমরা ঠিক করলাম, commercially হিট কোনো ডিরেক্টরকে দূরদর্শনে নিয়ে আসব। সেই সময়ে প্রভাত রায় বেশ হিট ডিরেক্টর। আমি আর মুনমুন প্রভাতদার সঙ্গে কথা বলে ফাইনাল করলাম। প্রভাতদাকে বললাম প্রজেক্ট রেডি করতে। তখন বোধহয় প্রভাতদার 'প্রতীক' শেষের দিকে। প্রতীক ছবির শুটিং এন টি ওয়ান স্টুডিওতে হতো আর তখন গৃহদাহর সেটও এন টি ওয়ানে পড়েছে। রাখি গুলজার তখন প্রতীক ছবির শুটিং করছেন। একদিন প্রভাতদা আমার সঙ্গে আর আমার স্ত্রীর সঙ্গে রাখির আলাপ করিয়ে দিলেন। অনেকক্ষণ আড্ডা মারলাম রাখির সঙ্গে। রাখি তার আগে ইন্দর সেনের চামেলী মেমসাহেব -এ কাজ করেছেন। ওনার সঙ্গে আড্ডা মারার

সময়ে অনেকটা জুড়ে ছিল ইন্দর সেনের গল্প। খুব প্রশংসা করলেন ইন্দর সেনের কাজের।

যাইহোক আবার গৃহদাহর কথায় ফিরে আসি। গৃহদাহকেও দর্শকরা খুব ভালো ভাবে নিলো। আসলে তখন আমরা সাহিত্য নিয়ে বেশি ধারাবাহিক করার চেষ্টা করতাম। এখনকার প্রযোজক, পরিচালকদের মতো আমাদের এত প্রতিভা ছিল না। নিজেরা গল্প লিখবো, চিত্রনাট্য লিখবো, গান লিখবো- এতো ক্ষমতা আমাদের ছিল না। তাই সাহিত্যধর্মী উপন্যাস বা গল্প নির্বাচন করতাম। আর সেটা দর্শকদের ভালো লাগতো। আর একটা কথা বলতে ভুলে গিয়েছিলাম। গৃহদাহর আবহ সংগীত করেছিলেন ভি .বালসারা। আর একজন নিপাট ভদ্রলোক। মনে আছে আমরা গৃহদাহর sync আবহ সংগীত take করেছিলাম ভবানীপুরে প্রসাদ স্টুডিওতে। রেকর্ডিস্ট্ ছিলেন সুরেন প্রসাদ।

এর মধ্যে আমার আবার একটা ঘটনা ঘটলো। টেকনসিয়ান্স স্টুডিওতে শেষ দিনের আগের দিন শুটিং হয়ে গেলো। পরের দিন শেষ শুটিং ফলতা গঙ্গার ধারে। সুরেশের শেষকৃত্য, ভোর ৬টায় কল টাইম টেকনিসিয়ান্সে। ওখান থেকে আমাদের গাড়ি, স্টুডিও ভ্যান বেরোবে ৬.৩০টায়। মুনমুন বোম্বে থেকে আসবে সকালে। প্ল্যান হলো আমি গাড়ি নিয়ে এয়ারপোর্ট যাবো। সেই মতো হাবি বললো, আমিও একটা গাড়ি পাঠাবো এয়ারপোর্টে, তাতে মুনমুনের লাগেজ নিয়ে গাড়ি চলে যাবে ওর বাড়ি আর আমি মুনমুনকে নিয়ে সোজা স্পটে। এই সব প্ল্যান করে বাড়ি ফিরছি খুব বৃষ্টি হচ্ছিলো তখন। আমি দৌড়ে বাড়িতে ঢুকতে গিয়ে, গেটে পা ঢুকে একদম উল্টে পড়লাম। হাতে একটা হুইস্কির বোতল ছিল। সেটা বাঁচালাম কিন্তু পা বাঁচাতে পারলাম না। অসহ্য যন্ত্রনা। সঙ্গে সঙ্গে সব কন্টাক্ট করে সব প্রোগ্র্যাম চেঞ্জ হলো। আমি যেতে পারলাম না পরের দিন। পরের দিন সকালে আমার এক্স-রে হলো। ডান পায়ের টিবিয়া দু টুকরো। তার পরের দিন অপারেশন। পরের দিন সবাই শুটিং থেকে সোজা আমার বাড়ি আর আমি ৫ মাস শয্যাবন্দী।

হাতে তখন অনেক কাজ আসছে। দূরদর্শনে তখন ছায়াছবির গান নিয়ে একটা অনুষ্ঠান হতো, বোধহয় প্রত্যেক বৃহস্পতিবার। অনুষ্ঠানটির নাম ছিল 'চিত্রমালা'। ফিল্ম ডিস্ট্রিবিউটরদের সঙ্গে পেমেন্ট নিয়ে গন্ডগোলে 'চিত্রমালা' বন্ধ হয়ে গেলো। তখন আমি একটা প্রস্তাব দিলাম চিত্রমালার পরিবর্তে ৫০ আর ৬০ এর দশকের নন-ফিল্ম (বেসিক) হিট গানগুলি নিয়ে সেই সময়ের নামকরা অভিনেতা অভিনেত্রীদের দিয়ে শুটিং করা হোক। একেকটা এপিসোড একেকটা আলাদা স্টোরি হবে, কোনো সংলাপ থাকবে না। আমাকে বিদ্যুৎদা (Deputy Director B.K. Saha) বললেন, তুমি এটা কমিশনড প্রোগ্রাম হিসেবে জমা দাও। আমি অনুমোদনের জন্য দিল্লী পাঠিয়ে দিচ্ছি। মানে দূরদর্শন প্রোডিউস করবে। এদিকে আমি তো বিছানায় পড়ে সব লন্ডভন্ড! কি করি !

অসম্ভব জনপ্রিয়তা নিয়ে গৃহদাহ টেলিকাস্ট শেষ হলো। গৃহদাহ মোট ৩ বার দেখানো হয়েছে। পরবর্তীকালে এক বার কলকাতা দূরদর্শনে আর একবার দিল্লী মেট্রো চ্যানেলে দেখানো হয়। গৃহদাহ "বেস্ট টিভি সিরিয়াল অফ ইস্টার্ন ইন্ডিয়া" পুরস্কারও পেয়েছিলো। বলতে ভুলে গিয়েছিলাম বিচিত্র তদন্ত-ও এই পুরস্কার পেয়েছিলো। পর পর দু বছর এই পুরস্কার আমরা পাই।

চলতি ধারাবাহিকগুলো শেষ হলে দেখা মিলবে এক ঝাঁক নতুন ধারাবাহিকের। তারই অন্যতম 'গৃহদাহ'।

কথাটা আচমকা কানে এসেছিল। টি ভি ধারাবাহিক তৈরি হচ্ছে শরৎচন্দ্র চট্টোপাধ্যায়ের 'গৃহদাহ' নিয়ে। উত্তমকুমার, প্রদীপকুমার ও সুচিত্রা সেনের স্মৃতি উসকে দেওয়া খবর। আগ্রহ জাগিয়েছিল। সে খবর জানা হ'ল এই বিভাগেই। তবু টানাপোড়েন [illegible] না। এরপর শুরু হ'ল শুটিং। সত্যতা [illegible]। ইন্দর সেনের পরিচালনায় টোয়েন্টি [illegible] ফ্রেমস-এর 'গৃহদাহ'-র শুটিং চললো টেকনিসিয়ান্স 'টু' (আগের নম টি-টু) স্টুডিওয়।

এমনই একটি দিন। শুটিং তখন [illegible]। ফ্লোর জুড়ে ব্যস্ততা। মনিটরে [illegible] ডুবিয়েছিলেন পরিচালক ইন্দর সেন। হঠাৎই বলে উঠলেন: সিরিয়াস হও মুনমুন। মুডটা আনার চেষ্টা করো।

[illegible] পরিচালক কণ্ঠের ঘোষণা: ক্যামেরা... রোলিং... অ্যাকসন...।

সুরেশের বাড়িতে মহিমের ঘর। স্টোভে দুধ গরম হচ্ছে। বিছানায় শুয়ে মহিম, একমুখ দাড়ি। [illegible] বসে অচলা। শুরু হ'ল কথাবার্তা।

মহিম: অচলা, ক'টা বাজে?

অচলা: দশটা। এবার মহিম আস্তে আস্তে উঠে বসে।

মহিম: সুরেশ তো আজকাল আর আসে না?

অচলা: রোজই তো লোক পাঠায়।

মহিম: ওঃ!

অচলা: সারাদিনই হয়ত ব্যস্ত থাকে।

গৃহদাহ

অচলা উঠে গিয়ে গ্লাসে দুধ ঢালে। আর একটা গ্লাস নিয়ে দুধ ঢালাঢালি করতে করতে বিছানার কাছে এগিয়ে যায়।

অচলা: দুধটুকু খেয়ে নাও।

মহিম: এখন মনে হচ্ছে তুমি ছাড়া বোধহয় একদিনও বাঁচতে পারব না। হাতপাখা দিয়ে অচলা বাতাস করতে থাকে।

মহিম: ঘরটা পুড়ে গেল। তারপর এই অসুখ! এতো কষ্ট পেলাম বলেই বোধহয় তোমাকে ফিরে পেলাম।

অচলা: ওষুধটা খেয়ে নাও।

মহিম: সত্যি বড় দুঃখ ছাড়া কখনই অমূল্য জিনিস পাওয়া যায় না।

এমন দৃশ্য সেদিন অনেক ছিল। সংলাপও ছিল অঢেল।

'গৃহদাহ' পর্ব পরে অবশ্য আরও গড়িয়েছে। প্রথম চারটে পর্যায়ের শুটিং শেষ। তা জমা পর্যন্ত পড়েছে দূরদর্শন কেন্দ্রে। শিগগির শুরু হয়েছে পরের পর্যায়ের শুটিং। আপাতত প্রযোজক সংস্থার পক্ষে প্রবীর রায় জানিয়েছে, এমাসেরই ১৭ থেকে শুরু হচ্ছে চারদিনের টানা শুটিং।

নতুন পর্যায়ের শুটিংয়ে যাওয়ার আগে পরিচালক ইন্দর সেনের সঙ্গে যোগাযোগ করায় জানা গেছে বহু নতুন তথ্য।

□ আপনার পরিচালিত 'গৃহদাহ'-কে রিমেক বলা যাবে?

● কখনই নয়। গৃহদাহ নিয়ে যে ছবি হয়েছিল তা তেমন বাণিজ্যিক সাফল্য পায়নি। সেই ছবি নিয়ে রিমেক করার কথাই ওঠে না। আর আমি ওই 'গৃহদাহ' দেখিনি পর্যন্ত।

□ 'গৃহদাহ' নিয়ে ধারাবাহিক তৈরিতে আগ্রহী হলেন কেন?

● টি ভি মিডিয়ামে এসেছিলাম আপন ভাবনাকে রূপ দেবো বলে। দর্শকের [illegible] থাকতে হয় না এখানে। বর্তমানে, তার পরিবর্তন ঘটেছে। স্পনস[illegible] অতিরিক্ত ভিউয়ারশিপ চায়। এরই [illegible] ভালো কাহিনী নিয়ে ধারাবাহিক তৈরির [illegible] পেলে রাজি হয়ে যাই। এবারেও তাই হয়ে[illegible]

□ টি ভি ধারাবাহিকের জগতে প্রথ[illegible] 'সম্পর্ক'-র পাঁচটা পর্যায় পরিচা[illegible] করেছিলেন। পরে 'বিচিত্র তদন্ত'-র তে[illegible] পর্যায় শেষ করেই তো শুরু করে[illegible] 'গৃহদাহ', এই ধারায় আপনি কোনও স্বা[illegible] অনুভব করেন?

● ছবির জগতে যে ধরনের গল্প বেছে নি[illegible] তেমনই ছিল সম্পর্ক-র কাহিনীগুলো। [illegible] বিচিত্র তদন্তর সমস্ত পর্যায়ের কাহিনী [illegible] অ্যাডাপটেশন। বিদেশি গল্পের ছায়াবলম্ব[illegible] তাছাড়াও বিচিত্র তদন্ত-এ ছিল থ্রিলারের [illegible] কমেডি মেশানোর ঝামেলা। 'গৃহদা[illegible] ক্ষেত্রে অবশ্য সেসব নেই। নিটোল [illegible] মানবিক আবেদন আছে যথেষ্ট পরিমা[illegible] ধারাবাহিক তৈরি করছি মূল গল্প অনুসরণে[illegible]

□ গৃহদাহ-র অচলা চরিত্রে অভি[illegible] করছেন মুনমুন সেন। মহিম—রঞ্জিত ম[illegible] সুরেশ—সমিত ভঞ্জ, সুরেশের পিসিমা [illegible] সিংহ এবং কেদারবাবু শৈলেন মুখা[illegible] আপনার কি মনে হয় চরিত্র নির্বাচন স[illegible] হয়েছে?

● চরিত্র নির্বাচনটা আমার করা [illegible] প্রযোজক করেছিলেন।

□ অভিনেতা-অভিনেত্রীরা কেমন অভি[illegible] করেছে, আপনি কি সন্তুষ্ট?

● প্রত্যেক শিল্পীর মধ্যেই নিষ্ঠা থা[illegible] আমরা, পরিচালকেরা তাকে কাজে লাগ[illegible] গৃহদাহতেও মুনমুন বেশ ভালো কাজ করে[illegible] ওর কোন ফিল্মে অভিনয় দেখিনি। [illegible] বিচিত্র তদন্ত-এর একটা পর্যায়ে ওর [illegible] ভালো লেগেছিল। এখানেও তা পেয়ে[illegible] এছাড়া রঞ্জিত, সমিত বেশ ভালো [illegible] করেছে।

এ আলোচনার মাঝেই 'চরিত্র নির্[illegible] সংক্রান্ত জিজ্ঞাসার উত্তর মিললো প্রযো[illegible] প্রবীর রায়ের কাছ থেকে। বললেন, সু[illegible] আকৃষ্ট হবে অচলার প্রতি। সুতরাং সুন্দরী [illegible] হতেই হবে অচলাকে। তাই নেওয়া হ[illegible] মুনমুনকে। এছাড়া রঞ্জিত, সমিত, [illegible] সিংহ, শৈলেন মুখার্জি প্রমুখ এসে[illegible] অভিজ্ঞতার জোরে।

'গৃহদাহ' নিয়ে এই মুহূর্তের প্রতীক্ষা [illegible] দু'রকমের। পরের পর্যায়ের শুটিং শুরু [illegible] শিগগির। ছোট পর্দায় দেখা যাবে মার্চ মা[illegible] সুতরাং উভয় দিক থেকে কাউন্ট ডাউন [illegible] জোর কদমে।

পার্থ [illegible]

ছবি: সুব্রত নন্দ

গৃহদাহ মুনমুন ও রঞ্জিত মল্লিক

গৃহদাহ মুনমুন সেন ও শমিত ভঞ্জ

গৃহদাহ মুনমুন সেন ও শৈলেন মুখার্জী

প্রবীর রায়, ভি বালসারা, সমিত ভঞ্জ ও রঞ্জিৎ মল্লিক   ছবি ঃ

ইন্দর সেন রঞ্জিত মল্লিক শমিত ভঞ্জ ভি. বালসারাজীর সঙ্গে

গৃহদাহ   মুনমুন সেন

ধারাবাহিক হারানো সুর

স্বপ্নের জীবন থেকে আবার ফিরে আসি প্রযোজকের বাস্তব জীবনে। যেদিন শচীনদার নতুন সূর্যর আউটডোরে যাবো বক্রেশ্বরে, সেইদিনই টেলিগ্রাম এলো দূরদর্শন থেকে 'হারানো সুর' অনুমোদিত। আমি বাজেট দিয়েছিলাম প্রতি এপিসোড ৮১,০০০/- আর দিল্লী অনুমোদন করেছিল ৫২,০০০/- করে। আমাকে তৎক্ষণাৎ যোগাযোগ করতে বলা হলো সংশ্লিষ্ট ব্যক্তির সঙ্গে। তখন ডিডি-২ র ওই ডিপার্টমেন্ট দেখতেন বোধহয় প্রণবেশ (প্রণবেশ ঘোষ) অথবা অজিতদা (অজিত মুখোপাধ্যায়)। আমার ভুলও হতে পারে- এতদিনের কথা তো! আমি ফোন করে বললাম, "কলকাতার বাইরে যাচ্ছি, দিন পাঁচেক পর ফিরে এসে দেখা করছি।

সালটা ১৯৮৯র জানুয়ারির শেষ। বক্রেশ্বর গিয়েছিলাম গাড়িতে। আমার গাড়িতে শুধু আমি, পাপিয়া (পাপিয়া অধিকারী) আর পাপিয়ার অ্যাটেন্ডেন্ট একটি মেয়ে। তার কদিন পরেই পাপিয়ার বিয়ে। মনে আছে ও কার্ডও নিয়ে গিয়েছিল ইউনিট মেম্বারদের নিমন্ত্রণ করবে বলে। ওর বিয়ের তারিখ ছিল বোধহয় ২৭শে ফেব্রুয়ারী ১৯৮৯। যাই হোক গাড়িতে পাপিয়া সব শুনলো "হারানো সুর" এর প্ল্যান-কি ভাবে আমি করতে চাই। পাপিয়া আমার সব সিরিয়ালেই তখন অভিনয় করতো। নতুন সূর্যতে আমি পাপিয়ার কথা বলেছিলাম শচীনদাকে। সব শুনে পাপিয়া বললো, "শুধু অভিনয় নয়, আমি তোমার সঙ্গে Directorial ডিপার্টমেন্টে involve থাকতে চাই। আমার ভবিষতে ডিরেক্টর হওয়ার প্ল্যান আছে।" বললাম, "ঠিক আছে কলকাতায় ফিরে সব ফাইনাল করবো।"

বক্রেশ্বরে আমাদের নতুন সুর্যর শুটিং ছিল ৫ দিন। ছিলাম বক্রেশ্বর টুরিস্ট লজে। খুব হইচই করে পাঁচ দিন শুটিং করলাম। শচীনদা ছাড়াও স্বপন, উৎপলদা (যাত্রার বিখ্যাত নাট্যকার ও পরিচালক), বুড়ো মামু (তরুণ কুমার), পাপিয়া এবং আরো

অনেকে। শুটিংয়ের পর রাতে দারুন আড্ডা হতো। একদিন আমি আর পাপিয়া তারাপীঠও ঘুরে এলাম। একটা গানের প্রথম অন্তরা পর্যন্ত ওখানে টেক হলো। খুব মিষ্টি রোমান্টিক গানটা "এই তো সেদিন ফাগুন বেলায়, তুমি এলে আমার কাছে"। গানটা গেয়েছিলেন সৈকত মিত্র আর অরুন্ধতী হোমচৌধুরী। সুর দিয়েছিলেন দ্বিপেন বন্দ্যোপাধ্যায়। দ্বিপেনদা আজ আর নেই।

শুটিং শেষে ফিরে এলাম কলকাতায়। এসেই পড়লাম হারানো সুর নিয়ে। দূরদর্শনের সঙ্গে এগ্রিমেন্ট হয়ে গেলো। তখনকার নিয়ম অনুযায়ী ৪০% অ্যাডভান্সও পেমেন্ট করে দিলো। এখানে একটা কথা বলে রাখি দূরদর্শন খুব মুষ্টিমেয় কিছু প্রোডাকশন হাউসকে Commissioned Programme approve করেছিল। হারানো সুর ছিল ডিডি২ র অনুষ্ঠান। এর সঙ্গে ডিডি২ তে স্পন্সরড প্রোগ্র্যাম এর জন্য আর একটা স্ক্রিপ্ট জমা দিয়েছিলাম। নাম ছিল শব্দজব্দ, একটা বিদেশী গল্প অবলম্বনে ক্রাইম থ্রিলার। পরিচালক ছিলেন দেবরাজ রায়। সেটাও তখন অনুমোদনের পথে। "শব্দজব্দ"র কথায় পরে আসছি।

হারানো সুর সাজালাম এই ভাবে। প্রত্যেক পর্বে ৫/৬ টা করে গান দিয়ে একটা গল্প তৈরি হবে। কোনো সংলাপ থাকবে না। গানগুলো নিয়েছিলাম ৫০ আর ৬০এর দশকের বিখ্যাত সব বেসিক গানের সম্ভার থেকে। ছায়াছবির গান নয়। HMV থেকে অনুমোদন নিতে হয়েছিল প্রতিটি গান ১০০০/- টাকা দিয়ে। প্রথমে ১০টা গানের টাকা পেমেন্ট করার পর কপিরাইট Act থেকে জানানো হলো, HMV র কোনো টাকা নেওয়ার বা পারমিশন দেওয়ার রাইট নেই। রাইট ওদের কাছ থেকেই নিতে হবে। প্রতিটি এপিসোড মাত্র ২৫০ টাকা। আর ওই গান গুলো লেন্সবন্দী করলাম তখনকার সব শিল্পীদের দিয়ে। টাইটেল সং ছিল হেমন্ত মুখোপাধ্যায়ের "আমার গানের স্বরলিপি লেখা রবে"।

প্রথম পর্বের গান গুলো ছিল- তোমার মাঝে পেলাম খুঁজে, প্রেম একবারই এসেছিলো নীরবে, আর কত রহিব শুধু পথ চেয়ে, ওগো মোর গীতিময়, পৃথিবী আমারে চায়, রেখো না বেঁধে আমায় আর

স্মৃতি তুমি বেদনার। এই পর্বে অভিনয় করেছিলাম আমি আর পাপিয়া অধিকারী। এই পর্বের শুটিং হয়েছিল দীঘা আর জোকার ওমর রিসোর্টে। একজন আর্মি অফিসার যুদ্ধে নিহত হন। যুদ্ধে যাওয়ার আগে দুজনের কিছু রোমান্টিক মুহূর্ত আর নিহত হওয়ার পর বার বার তাকে দেখা আগের মতো করে। মোটামুটি এই ভাবে প্রথম পর্বকে সাজানো হয়েছিল। এখানে আমার লিপে ছিল দুটো গান- "আর কত রহিব শুধু পথ চেয়ে এবং পৃথিবী আমারে চায়।

হারানো সুর-এর চিত্রগ্রাহক ছিলেন শঙ্কর ব্যানার্জী (শঙ্করদা আজ আর নেই)। হারানো সুর এডিট হতো মহান্তি আর সুমিতাভর Videographics, লেক গার্ডেনসে। সম্পাদনা করেছিলো তাপস চক্রবর্তী। গান খুব ভালো কাটতো তাপস। ওর মধ্যে একটা গানের সেন্স ছিল। রিদম্ সেন্স ছিল। তাপসও আজ আমাদের মধ্যে নেই। পূজা পরিক্রমা কভার করতে গিয়ে অল্প বয়েসে গাড়ি দূর্ঘটনায় চলে যায়। সেই সময় মুনমুনের স্বামী ভরতের পা ভেঙেছিল। ঠিক আমার মতো, টিবিয়া দু টুকরো। মুনমুন তখন খুব সেবা করতো ভরতকে। কারণ ভরত তখন একেবারে শয্যাশায়ী। হারানো সুর হচ্ছে শুনে আমাকে বললো, "প্রবীর. আমি করবো না এতে?" আমি বললাম, “তুমি তো এখন সেবাতে ব্যস্ত।” ও বললো, “না আমি অন্তত .একটা গানে লিপ দেব।” বললাম, “ ঠিক আছে কিন্তু আমার Next lot night shoot হবে নরেন্দ্রপুর রিজেন্সী গার্ডেন্সে (যেটা এখন নরেন্দ্রপুর শেরউড রেসিডেনশিয়াল কমপ্লেক্স)। পারবে রাতে শুট করতে?” মুনমুন বললো “পারবো”।

হারানো সুরের পরের এপিসোড ছিল শুধু রোমান্টিক এপিসোড। সোমা মানে বেনুদির (সুপ্রিয়া দেবী) মেয়ে তখন কয়েকটা কাজ করছে। আমার খুব পুরোনো বন্ধু। প্রায়ই দেখা হতো, বিশেষ করে মুনমুনদের বাড়ির আড্ডায়। আজও আমাদের সেই বন্ধুত্ব অটুট আছে। সেই সোমা আর জয় সেনগুপ্তকে (এখন ও নেই) নিয়ে একটা জুটি করলাম। আরো অনেকে ছিলো ওই এপিসোডে মুনমুন, কুমার স্বপন, দেবিকা, অশোক সেনগুপ্ত (আজ আর নেই), ইন্দ্রানী দত্ত, মিঠু (অভিষেক চ্যাটার্জী), খেয়া ঘোষ।আমি আর পাপিয়াও ছিলাম। সোমার শুটিং হবে দীঘাতে। বেনুদির কাছে গেলাম,

সোমাকে নিয়ে যাওয়ার অনুমতি নিতে। সোমা খুব আদরের একমাত্র মেয়ে। একা বাইরে যেতে দেবেন কি না কে জানে! তখনও বেণুদি ময়রা স্ট্রিটে থাকতেন। বেনুদিকে সব বললাম। বেণুদি বললেন, "ঠিক আছে প্রবীর কিন্তু সব দায়িত্ব তোমার।" সোমা যাওয়ার দিন সোমার হাতে আমাকে একটা চিঠি দিয়েছিলেন, সেটা এখানে দিলাম। ওটা পড়লে সবাই বুঝতে পারবেন কতটা চিন্তায় থাকতেন বেণুদি সোমাকে নিয়ে। গাড়িটাও বেণুদি দিয়ে দিলেন। বললেন "গাড়িটা তোর সঙ্গে রাখ, শুটিংয়ের সময় ব্যবহার করিস, এতেই সোমা ফিরে আসবে, শুধু পেট্রলটা ভরে দিস।

দ্বিতীয় আর তৃতীয় এপিসোডের সব গান মনে নেই এখন। যে কটা মনে আছে- 'পিয়াল শাখার ফাঁকে ওঠে' (অখিলবন্ধু ঘোষ), 'তুমি সুন্দর যদি নাহি হও' (তালাত মাহমুদ), 'এই ফুলের দেশে, কোন ভ্রমর এসে' (সুপ্রীতি ঘোষ), 'মায়াবতী মেঘে এলো তন্দ্রা' (সন্ধ্যা মুখার্জী), 'মোর মালঞ্চে বসন্ত নাই গো নাই' (তরুণ ব্যানার্জী), 'আকাশ প্রদীপ জ্বলে' (লতা মঙ্গেশকর), 'তুমি আর আমি শুধু জীবনের খেলাঘর' (শ্যামল মিত্র), 'নয় থাকলে আরো কিছু ক্ষণ, নয় রাখলে হাতে দুটি হাত' (সুবীর সেন) , 'আমি এতো যে তোমায় ভালোবেসেছি' (মানবেন্দ্র মুখার্জী)','ওই সুর ভরা দূর নীলিমায়' (গীতা দত্ত), 'ময়ূরপঙ্খী ভেসে যায়' (উৎপলা সেন), 'জীবনে যদি দীপ জ্বালাতে নাহি পারো' (সতীনাথ মুখার্জী) ইত্যাদি। মুনমুন লিপ দিয়েছিলো লতার প্রথম বাংলা আধুনিক গান সতীনাথ মুখার্জীর সুরে 'আকাশ প্রদীপ জ্বলে'। অসাধারণ দেখতে লেগেছিলো মুনমুনকে আর খুব সুন্দর লিপ দিয়েছিলো। সোমা আর জয়ের দুটো গান ছিলো কিন্তু দুটোই ছিলো জয় সেনগুপ্তর লিপে। গান দুটো ছিলো অখিলবন্ধুর 'পিয়াল শাখার ফাঁকে ওঠে' আর তালাত মাহমুদের 'তুমি সুন্দর যদি নাহি হও'। 'পিয়াল শাখার ফাঁকে গানটি দিঘার ঝাউবনে সারারাত শুটিং হয়েছিল। কি অসাধারণ লাইট করেছিল ক্যামেরাম্যান শঙ্কর ব্যানার্জী। অতটা zone নিয়ে লাইট করা নিঃসন্দেহে কৃতিত্বের। তখন কিন্তু ক্যামেরা আজকের মতো ডিজিটাল না। এখন অনেক কম লাইটে কাজ করা যায়। আজ শঙ্করদা নেই কিন্তু আজ ভাবি, কি dedicated সব লোকজন ছিলো,

অথচ শঙ্করদাকে কত মেজাজ করেছি। 'তুমি সুন্দর যদি নাহি হও' গানটি দিঘায় বোটে হয়েছিল।

এখানে আর একজনের কথা না বললে অন্যায় হবে। আর্ট ডিরেক্টর প্রসাদদার (স্বর্গত প্রসাদ মিত্র) কথা। আমাকে এতো ভালোবাসতেন যে নিজের খরচে পুরো ফ্যামিলি নিয়ে দিঘা গিয়েছিলেন কিন্তু আমার কাজে। আজ এই সব লোকজনকে খুব মিস করি। ইন্দ্রানী দত্ত লিপ দিয়েছিলো 'মায়াবতী মেঘে এলো তন্দ্রা'- খুব কঠিন গান আর তার সঙ্গে ছিলো নাচ। ইন্দ্রানী অবশ্য চিরকালই খুব ভালো নৃত্যশিল্পী। সেই জন্য খুব একটা অসুবিধা হয়নি। ওর সঙ্গে ছিলো মিঠু (অভিষেক চ্যাটার্জী)। এখানে একটা মজার গল্প মনে পড়ে গেলো। অভিষেকেরও একটা গানে লিপ ছিলো, গানটা এখন মনে পড়ছে না। গানটা হওয়ার আগে আমি মিঠুকে বললাম, "গানটা শুনবি তো?" ও বললো, "না লাগবে না , shot এ হয়ে যাবে।" পাশে সোমা ছিলো। সোমা বললো "আচ্ছা প্রবীরদা, বাবি (উত্তমকুমার) তো একটা গান কতদিন ধরে প্রাকটিস করতো, টেপ রেকর্ডার নিয়ে ঘুরতো। মিঠু কি করে বলছে, শটে হয়ে যাবে?" আমি বললাম, "ওই জন্যই উনি "উত্তমকুমার"!

সোমা মাঝে মাঝে এই রকম প্রশ্ন করতো। আর একটা গল্প বলি সোমার। তখন শচীন অধিকারীর "চোখের আলোয়" রিলিজ হবে। প্রিমিয়ার মেনকা হলে। প্রসেনজিৎ আর তাপস দুজনেই ওই ছবিতে ছিলো। সোমা প্রিমিয়ারে এসে আমার পাশে বসলো। বসেই প্রথম প্রশ্ন- "আচ্ছা প্রবীরদা, এখন তো বুম্বা আর তাপস টপ স্টার।।" আমি বললাম "হ্যাঁ, কেন হঠাৎ?" সোমা বললো," 'আজ প্রিমিয়ার অথচ বাইরে কোনো লাঠি চার্জ নেই। কি রকম ঠান্ডা সব। বাবির (উত্তমকুমার) ফিল্ম যখন রিলিজ করতো তখন তো লাঠি চার্জ, পুলিশে পুলিশে ভর্তি থাকতো, প্রচুর ভিড় হতো বাইরে, এখন তো কিছুই সেরকম দেখলাম না।" আমি বললাম "ওনার নাম ছিল "উত্তমকুমার"! মেনকাতে উত্তমকুমারের ফিল্ম রিলিজ করলে দেশপ্রিয় পার্কে ট্রাফিক জ্যাম হয়ে যেত। যেটা এখন অমিতাভ আর শাহরুখের হয়।" যাঁরা দেখেননি, তাঁরা জানেন না, উত্তমকুমারের ক্যারিশ্মা কোন লেভেলে ছিল। কাউকে ছোট না

করেও বলছি বাংলার কোনো নায়ক মহানায়ক "উত্তমকুমার'-এর ১ লক্ষ মাইলের মধ্যে আসবে না।

যাক আবার 'হারানো সুর'-এ ফিরে আসি মানে বাস্তবে ফিরে আসি। চতুর্থ পর্বটা করেছিলাম বাচ্চাদের ওপর। গানগুলো যতদূর মনে পড়ছে 'চুপ চুপ লক্ষীটি,শুনবে যদি গল্পটি' (অমল মুখার্জী), 'হাট্টি মা টিম টিম' (আলপনা বন্দ্যোপাধ্যায়), 'স্বর্ণঝরা সূর্য রঙে, আকাশ যে ওই রাঙলো রে' (সুবীর সেন), 'ও তোতা পাখি রে' (নির্মলা মিশ্র) ইত্যাদি। এর মধ্যে উল্লেখযোগ্য হচ্ছে 'স্বর্ণঝরা সূর্য রঙে, আকাশ যে ওই রাঙলো রে' এই গানটা চন্দননগর স্টেডিয়ামে শুট করেছিলাম প্রায় ৪৫ জন বাচ্চাকে নিয়ে। সেই শুটিংয়ের কথা ভুলবো না। প্রচন্ড গরমে, এতোগুলি বাচ্চা নিয়ে শুটিং করা একটা অভিজ্ঞতা। তার মধ্যে দুটি বাচ্চার সান স্ট্রোক হয়ে গেলো।

'হারানো সুর'-এর শুটিং শেষ হলো। চিত্রমালার পরিবর্তে শুরু হলো "হারানো সুর"। অসম্ভব জনপ্রিয় হলো গানে গানে গল্পের এই ধারাবাহিক। তার সঙ্গে জনপ্রিয় হলো ডিডি২ চ্যানেল। এটাই বোধহয় বাংলায় প্রথম মিউজিক ভিডিও।

হারানো সুর প্রবীর রায়

হারানো সুর দেবিকা মুখার্জী ও পাপিয়ার সঙ্গে

হারানো সুর   জয় সেনগুপ্ত   সোমা চ্যাটার্জী

হারানো সুর ইন্দ্রানী দত্ত

হারানো সুর   আর্ট ডিরেক্টর প্রসাদ মিত্র পাপিয়া সংগীতা
ব্যানার্জীর সঙ্গে

ধারাবাহিক শব্দজব্দ

এ তো গেলো কমিশনড প্রোগ্র্যামের কথা। কিন্তু দূরদর্শনকে তো স্পনসর্ড প্রোগ্র্যাম করতে হবে। তা না হলে রেভিনিউ আসবে কোথা থেকে? সেই সময় দেবরাজের (দেবরাজ রায়) ভবানীপুরের বাড়িতে মাঝে মাঝে বেশ আড্ডা হতো। নিচে ছিল "থিয়েটার সেন্টার"। আর উপরে থাকতো দেবরাজরা। তখন মাসিমা (দীপান্বিতা রায়) ছিলেন। একদিন এরকম আড্ডার আসরে আমি, দেবরাজ, রব (উত্তীয় রাহুত), অশোক সেনগুপ্ত, পপাই, অনুরাধা, তপন। তখন দেবরাজ বললো, "আমার মাথায় একটা থ্রিলারের আইডিয়া এসেছে, একটা বিদেশী গল্প অবলম্বনে। করবে?" আমার গল্পটা শুনে খুব ইন্টারেষ্টিং লাগলো। আমার গিন্নি পপাই ওখানেই বসে ধারাবাহিকটার নাম দিলো "শব্দজব্দ"। কারণ গল্পটার মধ্যে "Crossword puzzle" এর একটা ব্যাপার ছিল।

আমি থ্রিলারধর্মী 'শব্দজব্দ'র প্রস্তাব জমা করলাম ডিডি-২র স্পন্সরড প্রোগ্র্যাম এর নামে। দেবরাজ রায় ডিরেক্টর ছিলেন। প্রধান ভূমিকায় অভিনয় করেছিলাম আমি আর পাপিয়া। আমার ডাবল রোল ছিল। অনুমোদন তো পেলাম। পাইলট এপিসোডও জমা দিয়ে দিলাম কিন্তু স্পনসর? আমার সিরিয়ালের মার্কেটিং আমি নিজেই করতাম। ২৪০ সেকেন্ডস বোধহয় তখন কমার্শিয়াল টাইম দিতো একেকটা পর্বর জন্য। একেকটা পর্বে যদি কেউ পুরো ২৪০ সেকেন্ডস ব্যবহার করতে না পারে, পরের পর্বে প্রোডিউসার, বেঁচে যাওয়া টাইম ব্যবহার করতে পারতো। কিন্তু যেখানে ২৪০ সেকেন্ডসই পাওয়া যাচ্ছে না, সেখানে বেঁচে যাওয়া টাইম Marketing করা অসম্ভব হয়ে পড়তো। একটা কথা জানিয়ে রাখি, আজকাল সিরিয়ালে প্রোডিউসারকে কিন্তু স্পনসর জোগাড় করতে হয় না। চ্যানেল সেটা নিজেরাই করে। আমাদের সময় কিন্তু সেটা প্রোডিউসারদের করতে হতো। দূরদর্শনে সেই নিয়ম অবশ্য এখনো আছে। কমিশানড প্রোগ্রাম ছাড়া অবশ্য।

‘শব্দজব্দ’ অনুমোদন পেয়ে গেলো। কলকাতা দূরদর্শনের ডিডি-২ র প্রথম স্পন্সরড প্রোগ্র্যাম। দূরদর্শনের ডিডি-১ র প্রথম স্পন্সরড প্রোগ্র্যামও আমার প্রোডাকশন ছিল "রবিশঙ্কর - এ লিজেন্ড অফ গ্লোরি"। স্পনসর ছিল "বিজলি গ্রিল"। শব্দজব্দ ধারাবাহিকের জন্য শ্রেষ্ঠ অভিনেতা মনোনীত হয়ে "চিত্রাচার্য প্রমথেশ পারিতোষিক ১৯৯৫" পুরস্কার পেয়েছিলাম। পুরস্কার প্রদান অনুষ্ঠানটা হয়েছিল রবীন্দ্রসদন প্রেক্ষাগৃহে। এই অনুষ্ঠান নিয়ে আমার একটি অসাধারণ অভিজ্ঞতা হয়েছিল, যা নিয়ে পরে লিখব।

শব্দজব্দ বেশ ভালো TRP নিয়ে শেষ হলো, পুরস্কারও এলো। শ্রেষ্ঠ পরিচালক দেবরাজ রায়, শ্রেষ্ঠ অভিনেতা আমি। কিন্তু ডিডি২ তে স্পনসর পাওয়া নিয়ে সমস্যা হলো। যেহেতু Cable ছাড়া ডিডি২ দেখা যায়না, সেহেতু অনেক বাড়িতেই ডিডি২ ছিল না, বিশেষত মফস্বলের দিকে। তাই ঠিক করলাম ডিডি২ তে “স্পন্সরড প্রোগ্রাম” ফিকশান করা যাবে না, কমিশনড প্রোগ্রাম ছাড়া। কমিশনড প্রোগ্রামে দূরদর্শন নিজেই টাকা দিতো। আগেই লিখেছি হারানো সুর আর সন্দীপন চট্টোপাধ্যায়ের ৪টি গল্প নিয়ে ‘অন্য গল্প’, এই দুটো কমিশনড প্রোগ্রাম আমি করেছিলাম। স্পন্সরড প্রোগ্রামের জন্য এবার নজর দিলাম নন ফিকশনের দিকে। দুটো প্রজেক্ট সাবমিট করলাম। ‘পাঁচ দশকের রোমান্টিক জুটি’ ও ‘নির্জন দুপুরে প্রেমের গান’। দুটো ধারাবাহিকেরই পরিচালক ছিলেন বিজন চ্যাটার্জী। এইখানে বলে নেওয়া ভালো দুটো ধারাবাহিকের কনসেপ্ট ছিল আমার।

শব্দজব্দ

যমজ না হলে হুবহু একইরকম কখনও দেখতে হয় দু'জন? আবার যমজ হলেও তো চেহারায় উনিশ-বিশ ফারাক থাকে। তাছাড়া কই কখনও তো প্রবীরের কাছ থেকে ওর কোনো যমজ ভাইয়ের কথা শোনেনি পাপিয়া, তাহলে? এমনসব প্রশ্ন ভিড় করে আসছিল পাপিয়ার মাথায়। সেই সঙ্গে কিছুটা আতঙ্কিতও হয়ে পড়ছিল ও। নিউমার্কেটে অঞ্জনার সঙ্গে শপিং করতে গিয়েছিল পাপিয়া। রেস্টুরেন্টে খেতে গিয়েই হুবহু প্রবীরের মতো চেহারার স্যুট-বুট পরা ওই লোকটাকে বসে থাকতে দেখে প্রবীর বলেই ভুল করেছিল ও। আর কেনই বা করবে না। প্রবীরই তো রেস্টুরেন্টে ওদের পেট পুরে চিলি-চিকেন আর ফ্রায়েড রাইস খাওয়াবে বলে কথা দিয়েছিল। পাপিয়া প্রবীর বলে ডাকতেই তড়াক করে উঠে পড়লো লোকটা। তারপর জুলজুল চোখে পাপিয়া ও অঞ্জনাকে দেখে শুনে 'এক্সকিউজ মি' বলে হাঁ করে রেস্টুরেন্ট থেকে চলে গেল সে। এবং তার একটু পরেই আসল প্রবীর রেস্টুরেন্টে এসে ওদের ডাকতেই থান আড়ালে পাপিয়া, অঞ্জনার। দু'জনের জেরার মুখে বারবারই বলতে লাগলো প্রবীর, সে তো এক্ষুণিই এখানে এলো। তাহলে প্রবীরের মতো চেহারার আগের লোকটা কে?

বছর কয়েক হলো বিয়ে হয়েছে পাপিয়া-প্রবীরের। এখনও কোনো ছেলে-মেয়ে হয়নি। সুখের সংসার। প্রবীর ব্যবসা করে। পাপিয়া করে মহিলা সমিতি। কাকার কাছে প্রচুর টাকা দেনা করে ব্যবসায় লাগিয়েছে প্রবীর। ব্যাচেলার কাকার অবস্থা বেশ ভালো। ভবিষ্যতে তার পুরো সম্পত্তিটাই পাবে বলে আশা করে আছে সে। তবে কি ওই লোকটারও নজর কাকার সম্পত্তির ওপর? অশান্তি ও ভয়মিশ্রিত ছমছমে একটা ব্যাপার প্রতি মুহূর্তেই ওদের দু'জনকে ভাবিয়ে তুলছে। পাপিয়া পুলিস স্টেশনে গিয়ে ও সি-কেও সব কিছু জানিয়ে এলো।

এসব ঘটনা নিয়েই টেলি-সিরিয়াল 'শব্দজব্দ'-র পাইলট পর্ব। সম্প্রতি এই পাইলট পর্বটি সাংবাদিকদের দেখানো হলো। কিছু কিছু জায়গায় একটু 'স্লো' লাগলেও সব মিলিয়ে বেশ জমজমাট পর্ব। আশা করা যাচ্ছে ছয় পর্বের এই ক্রাইম থ্রিলারের শুরু থেকেই আলাদা স্বাদের একটা সাসপেন্স চাখতে পারবেন ছোট পর্দার দর্শকরা। অভিনয়াংশে পাপিয়া অধিকারীর নাম অবশ্যই আলাদাভাবে উল্লেখ করতে হয়। তাঁর অভিনয়ে উজ্জ্বলতা, শঙ্কা সবটাই বেরিয়ে এসেছে যতটুকু প্রয়োজন ঠিক ততটুকুই। প্রবীর রায়, অঞ্জনা বসু, দীপান্বিতা রায়কেও ভালো লাগে। এই সিরিয়ালের বিশেষ একটি ভূমিকায় আছেন অনিল চ্যাটার্জি।

শব্দজব্দের পরিচালক অভিনেতা দেবরাজ রায়। ইতিপূর্বে কলকাতা দূরদর্শনের জন্য কয়েকটি টেলি-ফ্লো পরিচালনা করলেও এটিই তাঁর প্রথম সিরিয়াল পরিচালনা। চিত্রনাট্য ও কাহিনীও তাঁর। ক্যামেরায় আছেন শঙ্কর ব্যানার্জি। সিরিয়ালের বাকি পর্বগুলির শুটিং দিন কয়েকের মধ্যেই শুরু হচ্ছে। গৌতম মিত্র নিবেদিত কলকাতা দূরদর্শনের দ্বিতীয় চ্যানেলের আগামী এই ক্রাইম থ্রিলারের প্রযোজক 'টোয়েন্টি ফোর ফ্রেমস'।

সুমন গুপ্ত

66 শব্দ জব্দ পাপিয়া অধিকারী ও দেবরাজ রায়

দেবরাজ রায় পরিচালিত 'শব্দ জব্দ' টেলি সিরিয়ালে উত্তীয় রাউত ও প্রবীর রায়।

শব্দ জব্দ উত্তীয় রাহুতের সঙ্গে

পাঁচ দশকের রোমান্টিক জুটি

'পাঁচ দশকের রোমান্টিক জুটি'র সারসংক্ষেপ হলো বাংলা চলচিত্রের গত পঞ্চাশ বছরের বিখ্যাত রোমান্টিক জুটিদের উপর আলোচনা এবং সম্ভব হলে ফিল্ম ক্লিপিং দেখানো। অভিনেতা অরুন বন্দ্যোপাধ্যায় সঞ্চালকের ভূমিকায় ছিলেন। এক দিকে দুর্গাদাস বন্দ্যোপাধ্যায়, জহর গাঙ্গুলী, কে এল সায়গল, প্রমথেশ বড়ুয়া, অসিতবরণ থেকে উত্তমকুমার, সৌমিত্র চট্টোপাধ্যায়, বিশ্বজিৎ পর্যন্ত আর এক দিকে চন্দ্রাবতী দেবী, উমাশশী, কানন দেবী, ভারতী দেবী, অরুন্ধতী দেবী, সুমিত্রা দেবী, সুচিত্রা সেন, সাবিত্রী চ্যাটার্জী, সুপ্রিয়া দেবী, সন্ধ্যা রায় পর্যন্ত। এই ধারাবাহিকটা করতে খুবই পরিশ্রম হয়েছিল। একটা বিশ্লেষণধর্মী ধারাবাহিক। পুরনো ছবির বিশেষ ক্লিপিং পাইনি আর পেলেও তার অবস্থা খুব খারাপ ছিল। অরুনের সঞ্চালনা এবং বিজনের পরিচালনা অবশ্য সবার প্রশংসা অর্জন করেছিল।

নির্জন দুপুরে প্রেমের গান

নির্জন দুপুরে প্রেমের গান একটা বেশ চিত্তাকর্ষক ধারাবাহিক ছিল। দুপুরে টেলিকাস্ট হতো ডিডি২ থেকে। হারানো সুরও আমি করেছিলাম গানের উপর কিন্তু ওখানে নানারকম গান ছিল , রোমান্টিক, দেশাত্ববোধক থেকে ছড়ার গান পর্যন্ত। 'নির্জন দুপুরে প্রেমের গান' শুধু রোমান্টিক গান। আর এখানে সংলাপও ছিল মাঝে মাঝে। প্রায় ১৫০ র উপর গান পিকচারাইজ করেছিলাম বিভিন্ন শিল্পীদের নিয়ে। নতুন আর পুরোনো অনেক শিল্পী ছিলেন। এই ধারাবাহিকটি ৫/৬ টা পর্ব দেখানোর পর বিখ্যাত গীতিকার ও সুরকার অভিজিৎ বন্দ্যোপাধ্যায় আমাদের একটা চিঠি দিয়েছিলেন। লিখেছিলেন "অসম্ভব ভালো অনুষ্ঠান। সবচেয়ে ভালো অনুষ্ঠানটির নাম, 'নির্জন দুপুরে প্রেমের গান'। সত্যিকারের প্রেম দুপুরেই হয়। আমার শুভেচ্ছা ও অভিনন্দন রইলো" এই চিঠিটা আমরা একটা পর্বে পড়েছিলাম আর পেছনে গায়ত্রী বসুর এই গানটা দিয়েছিলাম "তুমি আমার নিত্যকালের, নিত্যদিনের সাথী, কল্পলোকের বন্ধু আমার জ্বেলো আশার বাতি-!" আহা কি গান, কি সুর। এই ধারাবাহিকে আমি আর বাপি বন্দ্যোপাধ্যায় একটা গানে লিপ দিয়েছিলাম সনৎ সিংহের "অহল্যা কন্যার ঘুম ঘুম কি ভাঙবে না গো ভাঙবে না!" অসম্ভব জনপ্রিয় হয়েছিল এই ধারাবাহিকটি। গানের উপর কত অনুষ্ঠান করেছি। আজ ভাবি এতো সব ভিডিও অ্যালবাম বেরোচ্ছে, আর কত আগে আমরা এই সব কাজ করেছি।

নির্জন দুপুরে প্রেমের গান

নির্জন দুপুরে প্রেমের গান পরিচালক বিজন চ্যাটার্জী ও মন্মথ মুখার্জী

নির্জন দুপুরে প্রেমের গান

নির্জন দুপুরে   প্রেমের গান   ঋষি মুখার্জী

নির্জন দুপুরে প্রেমের গান চিত্রগ্রাহক শঙ্কর ব্যানার্জী ও সংগীত ব্যানার্জীর সঙ্গে

ডিডি-৭ এ প্রথম নিউজ ম্যাগাজিন

"আনন্দবাহার"

ডিডি বাংলা দূরদর্শনের একমাত্র ২৪ ঘণ্টার বাংলা উপগ্রহ চ্যানেল। আগে এটা ডিডি-৭ নামে পরিচিত ছিল। এটি terrestrial telecast নয়। প্রথমদিকে এটি cable–র মাধ্যমে সম্প্রচারিত হতো। পরবর্তীতে DTH-র মাধ্যমেও সম্প্রচারিত হয়। ডিডি বাংলা চ্যানেলের প্রথম স্পনসর্ড প্রোগ্রাম "আনন্দ বাহার"। ৯০-এর দশকের গোড়ায় এটি আমার প্রযোজনায় 24 Frames এর ব্যানারে তৈরি একটি নিউজ ম্যাগাজিন। আমি এই কাজটা প্রথমে করতে চাইনি। কারণ স্পনসরের জন্য বিজ্ঞাপন পাচ্ছিলাম না। ডিডি৭ Cable চ্যানেল বলে গ্রামবাংলায় দর্শক ছিল না। এই জন্যই বিজ্ঞাপন পাওয়া নিয়ে সমস্যা হচ্ছিল। প্রতিটি এপিসোডে ১৮০ সেকেন্ড বিজ্ঞাপনের জন্য বরাদ্দ ছিল। স্টেশন ডিরেক্টার মিঃ শ্রীধর আশ্বাস দিলেন- "আপনি কাজটা শুরু করুন। আপনি যত সেকেন্ডের জন্য বিজ্ঞাপন পাবেন না, সেগুলো আমি আপনাকে পরের এপিসোডে দিয়ে দেব।" আমার সন্দেহ যায় না, বললাম- "যেখানে ১৮০ সেকেন্ডের বিজ্ঞাপন পাচ্ছি না, সেখানে আরও উদ্বৃত্ত সময়ের বিজ্ঞাপন কিভাবে আসবে?" উনি বললেন- "প্রথমে আসবে না, সেটা ঠিক। কিন্তু প্রোগ্রামটা জনপ্রিয়তা পেলে বিজ্ঞাপন আসবেই, আমি নিশ্চিত।" একটু দ্বিধাগ্রস্ত হলেও কাজটা শুরু করি।

এই সুবাদে মনে পড়লো স্পনসর জোগাড়ের পর্ব। নিয়মিত ধারাবাহিক করার জন্য স্পনসরদের সঙ্গে মানে এজেন্সিদের সঙ্গে আমার ভালো সম্পর্ক ছিল। আনন্দবাহার স্পনসর করার জন্য আমি গিয়েছিলাম তখনকার লিডিং এজেন্সী দুর্লভ রায়ের "Sweet Sound" এর কাছে। তখন ওদের অফিস ছিল ঢাকুরিয়াতে পূর্ণদাস বাউলের বাড়ির একতলায়। সব শুনে দুর্লভ বললো, "না প্রবীরদা, ডিডি-৭ এ আমরা চান্স নিতে পারবো না। কোনো কোম্পানি রাজি

175

হবে না। 'আনন্দবাহার' নিউজ ম্যাগাজিনে নানা রকম অনুষ্ঠান থাকতো। একটা সেগমেন্ট ছিলো, এর প্রত্যেক এপিসোডে একজন তরুণ প্রতিভাকে নিয়ে আসতাম প্রোমোট করার জন্য। একবার এই সেগমেন্টে আমি বিখ্যাত সঙ্গীতশিল্পী মাধুরী চট্টোপাধ্যায়ের মেয়ে রূপাকে নির্বাচন করেছিলাম দুটো গান গাওয়ার জন্য নতুন শিল্পী হিসেবে। তাতে একটা গান আমি সিলেক্ট করেছিলাম সলিল চৌধুরীর কথা আর সুরে মাধুরীদির গাওয়া বিখ্যাত গান 'ওই যে সবুজ বনবীথিকা'। আমার সিলেকশন শুনে মাধুরীদি বললেন, "তুমি কি পাগল প্রবীর, আমার মেয়ে এই গান গাইতেই পারবে না। সলিলদার সুরে গাওয়া এতো সহজ না।" প্রত্যেকটা লাইনে স্কেল চেঞ্জ হচ্ছে বলে উনি খালি গলায় গেয়ে শোনালেন। কি অসাধারণ সুর আর তার গায়কী। এখনকার গান শুনি আর ভাবি, আমরা কত ভাগ্যবান।

তখন আমার একটা সুবিধে ছিল- আমাদের একটা অডিও স্টুডিও ছিল। মেনকা সিনেমা আর মেডিনোভার মাঝে ছিল পুজা স্টুডিও। বিশ্বজিত সেনগুপ্ত ছিল রেকর্ডিস্ট। দেবজ্যোতি মিশ্র ওখানেই রেকর্ডিং করতো। তখনও দেবু এতো পরিচিতি পায় নি। ওখানে সলিল চৌধুরীও আসতেন। একদিন অন্তরা, সবিতাদির রেকর্ডিং ছিল। সলিল বাবুও এলেন। কি সব শ্রদ্ধেয় মানুষ ছিলেন সব। সলিল বাবু কিছুতেই উপযাচক হয়ে রেকর্ডিং রুমে ঢুকলেন না- এতোটাই ডিসিপ্লিন্ড ছিলেন ওঁরা।

এই অনুষ্ঠানে আমার ক্যামেরাম্যান ছিল রাজা বোস। পরে ও কার অ্যাক্সিডেন্টে মারা যায়। আমরা বিভিন্ন স্টুডিওতে গিয়ে বিভিন্ন শুটিং কভার করতাম। হরনাথ চক্রবর্তী তখন উঠতি পরিচালক, অঞ্জন চৌধুরীর মেয়ে চুমকি, এঁদের বিভিন্ন কাজ কভার করেছি। উত্তমকুমারকে নিয়ে ধারাবাহিক "যেতে নাহি দিব" এখানে আবার সম্প্রচারিত হয়। এরকম অনেক কাজ হয়েছিল। "আনন্দাবাহার" টেলিকাস্ট হতো দুপুরে। প্রথম পর্ব টেলিকাস্ট হওয়ার ১০ মিনিটের মধ্যে দুর্লভের ফোন। বললো "প্রবীরদা, একবার কথা বলেই তুমি চলে গেলে? আমরা এটা স্পন্সরের দায়িত্ব নিচ্ছি। তুমি একবার প্লিজ অফিসে এসো। ফর্মালিটিজগুলো ফাইনাল করে ফেলি।"

প্রথম পর্বতেই বাজিমাত করেছিলাম। অনুষ্ঠানটি ২৬ সপ্তাহ ধরে চলেছিল। তখনও বাংলায় মেগা সিরিয়াল ব্যাপারটা আসে নি।

আনন্দবাহার দেবরাজ রায় ও বাপি ব্যানার্জী

আনন্দবাহার   শক্তি ঠাকুর ও মৌমিতা মুখার্জী

ছুটি ছুটি

নব্বইয়ের দশকে গরমের ছুটি আর পুজোর ছুটিতে স্কুলের ছাত্র ছাত্রীদের জন্য দূরদর্শনে একটা অনুষ্ঠান হতো "ছুটি ছুটি"। যতদূর মনে আছে শনিবার আর রবিবার সকল ৯ টায় সম্প্রচারিত হতো। অনুষ্ঠানটি অসম্ভব জনপ্রিয় ছিল। এই অনুষ্ঠানটা ছিল "ইন হাউস প্রোডাকশন"। অর্থাৎ দূরদর্শনের নিজস্ব অনুষ্ঠান। নাচ, গান, নাটক থেকে ম্যাজিক শো ইত্যাদি বিভিন্ন মনোগ্রাহী অনুষ্ঠান হতো এই সময়ে।

শুধু দু বছর (সালটা মনে নেই) এই অনুষ্ঠান, প্রাইভেট প্রোডিউসারকে দিয়ে স্পনসর প্রোগ্রাম হিসেবে করানো হয়েছিল। সেই দুবছর এই অনুঠানের দায়িত্ব পেয়েছিলাম আমরা অর্থাৎ "২৪ ফ্রেমস"। সেই সময় দূরদর্শনের অন্যতম ডেপুটি ডিরেক্টর ছিলেন সলিল দাসগুপ্ত। আমাদের অনুষ্ঠান উপস্থাপনা করতেন দেবরাজ রায়, সুজাতা দেবনাথ, মৌমিতা মুখার্জী ও শক্তি ঠাকুর। বাচ্চাদের নিয়ে কাজ করার এ এক অনন্য অভিজ্ঞতা।

ছুটি ছুটি   সঞ্চালক দেবরাজ ও সুজাতা দেবনাথ

ছুটি ছুটি   স্বর্ণালী ও শিশু নীল

ছুটি ছুটি

ছুটি ছুটি

ধারাবাহিক নৃত্যের তালে তালে

১৯৯৮-৯৯ নাগাদ একটি স্পন্সর্ড প্রোগ্রাম করি ব্রততী চৌধুরীর পরিচালনায়, অনুষ্ঠানটির নাম ছিল "নৃত্যের তালে তালে।" ধারাবাহিকটির থীম ছিল- একজন নৃত্যশিল্পী এবং তার স্বামীর মধ্যে সম্পর্কের টানাপোড়েন আর ব্যক্তিত্বের সংঘাত। গল্পটি মূলতঃ নাচ গানের উপর নির্মিত। গল্পের লেখক দুলেন্দ্র ভৌমিক। প্রধান দুটি চরিত্রে ছিলাম আমি আর ব্রততী। প্রসঙ্গত ব্রততী নিজে একজন ভালো নৃত্যশিল্পী। বিজন চ্যাটার্জী ছিল সহকারী পরিচালক। ক্যামেরাম্যান ছিলেন শক্তি বন্দোপাধ্যায়।

এই ধারাবাহিকের টাইটেল তৈরি হয়েছিল একটি নাচের দৃশ্য দিয়ে। টাইটেল শুট হয়েছিল গোটা একদিন ধরে ক্রোমাতে। ২ মিনিটের টাইটেল কার্ডে গান গেয়েছিলেন হৈমন্তী শুক্লা। পুরো ধারাবাহিকের শুটিং হয়েছিল ইন্দ্রপুরী স্টুডিওতে। এ ছাড়া ইন্দ্রানী সেন, শক্তি ঠাকুর, গৌতম ঘোষ, মাধুরী চট্টোপাধ্যায়, বনশ্রী সেনগুপ্ত - অনেকেই গেয়েছিলেন। অভিনয়ে আমি ছাড়া ছিল অর্জুন চক্রবর্তী, বিপ্লব দাসগুপ্ত, সুজিত ব্যানার্জী, ইন্দ্রজিত দেব, অমিতাভ চ্যাটার্জী, সঙঘমিত্রা ব্যানার্জী। আরও অনেকেই ছিল। ধারাবাহিকটি যথেষ্ট জনপ্রিয়তা পেয়েছিল। যার জন্য ৫৩ সপ্তাহ ধরে এটি চলেছিল। সপ্তাহে একদিন সন্ধ্যে ৮-০৫ এর স্লটে এই প্রচারিত হতো।

নৃত্যের তালে তালে অর্জুন চক্রবর্তী ও রমা গুহ

নৃত্যের তালে তালে   সংঘমিত্রা ব্যানার্জী ও ইন্দ্রজিৎ দেব

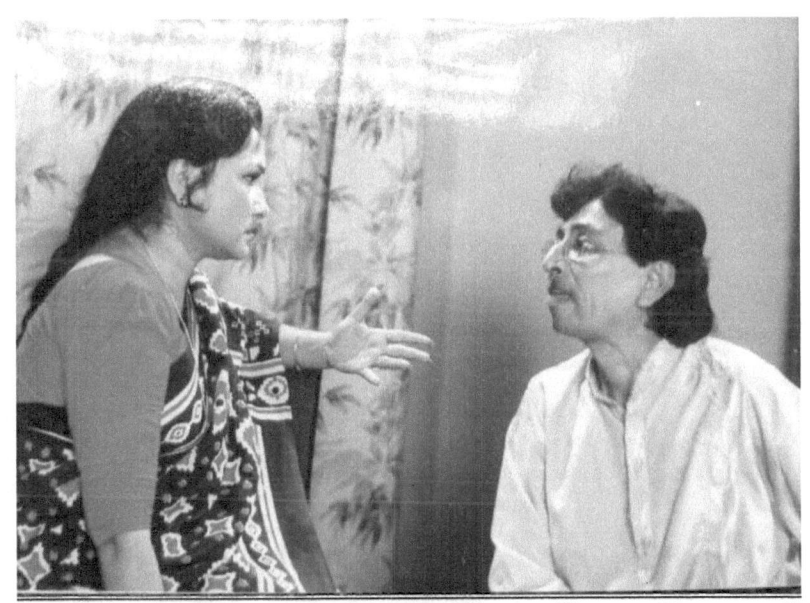

নৃত্যের তালে তালে   পরিচালক ব্রততী চৌধুরী ও আমিতাভ বাবি

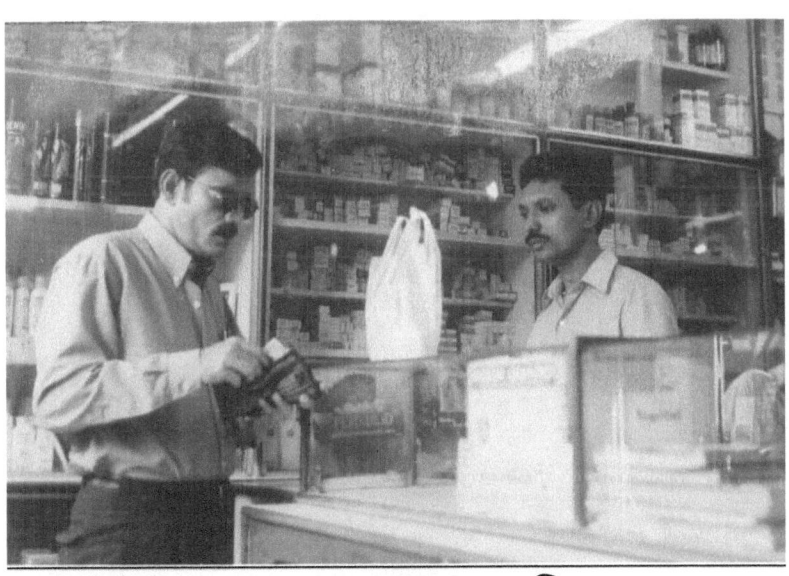

নৃত্যের তালে তালে   আমি

শরৎচন্দ্র চট্টোপাধ্যায়ের বিজয়া

রমেশ গান্ধীর রেইনবো প্রোডাকশন-এর অফিসে প্রায়ই যেতাম সোমার কাছে- সোমা মুখার্জী, রেইনবোর একজন ডিরেকটার। তখন 'তারা টিভির' প্রায় ৫ ঘন্টা মতো স্লট রেইনবো নিয়ে নিয়েছিল। আমি সোমাকে একটা প্রস্তাব দিলাম তারা টিভির জন্য, শরৎচন্দ্রের 'বিজয়া'। বেশ কিছুদিন আলোচনার পর রেইনবো রাজি হলো। বিজন চ্যাটার্জিকে পরিচালক হিসেবে নিলাম। তার আগে বিজন আমার বেশ কয়েকটা কাজ করেছে। সেই সময় রেইনবো-র একটা গানের প্রোগ্রামের পরিচালনার ভার ছিল বিজনের কাছে। 'চিরদিনের গান' ধারাবাহিকটার নাম। আমিও ওতে একটা গানে লিপ দিয়েছিলাম "আমায় প্রশ্ন করে নীল ধ্রুবতারা"। 'চিরদিনের গান'-এর আউটডোর হয়েছিল শঙ্করপুরে। রাতে আমি আর বিজন আলোচনা করছি বিজয়ার চরিত্রে কাকে নেওয়া যায়। কিন্তু কারোর কথা মাথায় আসছে না।

পরেরদিন সকাল থেকে শঙ্করপুরে 'চিরদিনের গান'- এর শুট শুরু হলো। প্রথম যে গানটা শুট হবে সেটা হচ্ছে "ও মোর ময়না গো"। একটা নতুন মেয়ে রঞ্জিনী চ্যাটার্জিকে ওই গানটা লিপ দেওয়ার জন্য নির্বাচিত করা হয়েছিল। ক্যামেরা স্টার্ট হলো। প্রিলুড এর পর মুখড়াটা প্রথমে টেক হবে। অ্যাকশন বলার সঙ্গে সঙ্গে ও যে ভাবে ক্যামেরা ইন করে গানটা ধরলো- আমি আর বিজন অবাক। একটা নতুন মেয়ের কাছে এই স্বতঃস্ফূর্ততা আশা করিনি। বিজন আর আমি দুজন দুজনের দিকে তাকালাম। তখনি মনে মনে ভেবে নিলাম এই হবে আমাদের বিজয়া।

কলকাতায় ফিরে এসে কয়েকটা অডিশন, লুক টেস্ট ইত্যাদি করে রঞ্জিনীকে ফাইনাল করা হলো বিজয়ার জন্য। ও তো তখন সপ্তম স্বর্গে। নরেনের চরিত্রে ঠিক করা হলো একটা নতুন ছেলেকে অভি ভট্টাচার্য (অভিনেত্রী রোমি চৌধুরীর ছেলে)। আজ আর সে নেই। খুব অল্প বয়েসে গাড়ি দুর্ঘটনায় সে আমাদের ছেড়ে চলে যায়।

বিলাসের চরিত্রে দেবদূত ঘোষ। দুটি বিশেষ চরিত্রে পুলকিতা ঘোষ ও রুদ্রনীল ঘোষ (বোধহয় প্রথম বা দ্বিতীয় অভিনয়)। এঁরা ছাড়াও অভিনয়ে ছিলেন চন্দন দাস, ব্রততী চৌধুরী। রঞ্জিনী খুব ভালো অভিনয় করেছিল। এই ধারাবাহিকের পর ও অনেক ভালো ভালো চরিত্রে অভিনয় করেছে। 'সুবর্ণলতা' অন্যতম।

বিজয়ার পুরো শুট হয়েছিল বারুইপুর রাজবাড়িতে। আমরা রোজ যাতায়াত করতাম। এখানে রুদ্রনীলকে নিয়ে একটা ছোট গল্প বলবো। রুদ্র বোধহয় বাড়ির চাকর বা ওই ধরণের কোনো চরিত্রে অভিনয় করেছিল। রুদ্রকে তখন কেউই চিনতো না। ব্রততীর সঙ্গে শটটা ছিল- রুদ্র ক্যামেরা ইন করে ডায়ালগ বলে বেরিয়ে যাবে। ওর ঢোকা থেকে ডায়ালগ বলা থেকে সবটাই অসাধারণ। একটা নতুন ছেলের এই অভিনয় আমি ভাবতেও পারিনি। সেদিন শুট থেকে ফেরার সময় আমি ওকে টালিগঞ্জ ওভারব্রিজ পর্যন্ত লিফ্ট দিয়েছিলাম। ওখানেই তখন ও থাকতো। আমি অনেককে ওই গল্পটা করেছিলাম। আজ তো প্রমাণিত যে রুদ্রনীল কত বড় অভিনেতা।

বিজয়া বেশ ভালোই চলেছিল। কত সপ্তাহ আজ ঠিক মনে নেই!

শরৎকাহিনী দত্তা অবলম্বনে ৫২ পর্বে

বিজয়া

তিনবন্ধুর এই আখ্যান শরৎকাহিনী দত্তার প্রেক্ষাপটে। দত্তাকে ছোট পর্দায় আনতে চলেছেন পরিচালক বিজন চট্টোপাধ্যায়। সম্প্রতি বিজনবাবু কলকাতা ছাড়াও বারুইপুরের রায়চৌধুরি বাড়িতে একপ্রস্থ শুটিং সেরে নিলেন। পরিচালক সম্পর্কে একটু তথ্য দিই। তিনি এর আগে গান নিয়ে নির্জন দুপুরে ধারাবাহিকটি করেছিলেন দূরদর্শনের জন্যে।

হুগলি ব্রাঞ্চ স্কুলে হেডমাস্টারমশাই বিদ্যালয়ের রত্ন বলে যে তিনটি ছেলেকে নির্দেশ করতেন তারা হল জগদীশ, বনমালী ও রাসবিহারী। জগদীশ ছিল সবচেয়ে মেধাবী। তবে সাংসারিক অবস্থা ভাল ছিল না। বনমালীরা জমিদার। রাসবিহারীদের অবস্থাও বেশ স্বচ্ছল। জমিজমা চাষবাস পুকুর বাগান—পাড়াগাঁয়ে যা থাকলে সংসার চলে যায় সবই তাদের ছিল। শৈশবের আবেগে এরা প্রতিজ্ঞা করে এই বন্ধুত্বপূর্ণ সম্পর্ক চিরকাল টিকিয়ে রাখবে।

এরপর তাদের বয়েস বাড়ার সঙ্গে সঙ্গে বদলে যায় অনেক কিছু। এমনকি তাদের সম্পর্কের বিন্যাসও। বনমালী ও রাসবিহারী হিন্দু ধর্ম ছেড়ে ব্রাহ্মধর্ম গ্রহণ

বিজয়া

বিজয়া   রঞ্জিনী চট্টোপাধ্যায়ে

বিজয়া   রঞ্জিনী ও চন্দন দাসের সঙ্গে

ধারাবাহিক দুর্গেশ নন্দিনী / মানিক

এক সময় কলকাতা দূরদর্শন ঠিক করলো এবার থেকে অকশান করে স্লট দেওয়া হবে, যে সর্বোচ্চ দর দেবে, সেই স্লট পাবে। তারপর বাকি ফর্মালিটিজ, মানে পাইলট এপিসোড, বাকি ৪ টা এপিসোড ইত্যাদি। আমি মানে "২৪ ফ্রেমস" বিড করে স্লট পেলাম। ঠিক করলাম বঙ্কিমচন্দ্র চট্টোপাধ্যায়ের "দুর্গেশনন্দিনী" করবো। প্রধান চরিত্রে অরিন্দম গাঙ্গুলী, অমৃতা চ্যাটার্জী ও ব্রততী চৌধুরীকে ফাইনাল করে বারুইপুর রাজবাড়িতে পাইলট শুট করলাম। পাইলট অনুমোদনও পেয়ে গেলো।

হঠাৎ খবর পেলাম বিশেষ কোনো অজানা কারণে স্লটটা অন্য এক প্রোডিউসারকে দিয়ে দেওয়া হয়েছে। আমাকে বলা হলো, "আপনার থেকে ওদের রেট বেশি ছিল, আমাদের টেন্ডার খোলার দিন একটা ভুল হয়ে গিয়েছিলো।" এইবার শুরু হলো আসল খেলা। রমেশ গান্ধীর "রেইনবো প্রোডাকশন হাউস" কোনো স্লট না পাওয়ায় একদিন গান্ধী আমাকে ডাকলেন। ওনার পার্টনার ছিল অভিনেত্রী সোমা মুখার্জী। সোমার সঙ্গে আমি স্টেজ ও স্ক্রিনে অভিনয় করেছি। ভালো পরিচিতি থাকার দারুন সোমাই একদিন আমাকে ফোন করে বললো, 'গান্ধী একটু কথা বলতে চান।' গেলাম দেখা করতে, ওঁদের অফিস ছিল নবীনা সিনেমার উপরে। রমেশ গান্ধী আমাকে বললেন, "আপনি আমাদের সঙ্গে যৌথভাবে করুন। আমরা কেস করে স্লট বার করে আনবো।" আমি রাজি হয়ে গেলাম। হাইকোর্টে কেস উঠলো। কেস চলছে। আমি এক সময় খবর পেলাম, কেস এমনভাবে চলছে যে আমি স্লট তো পাবোই না, উল্টে আমি ফেঁসে যেতে পারি। পুরো স্লটই রেইনবোর কাছে চলে যাওয়ার চান্স আছে। মিঃ গান্ধী আমার একটা চিঠির তারিখও পাল্টে দিয়েছিলেন। আমি তো শুনেই কোর্টে নিজে হাজির হয়ে গেলাম।

এখনও মনে আছে মাননীয় বিচারপতি আনসারীর বেঞ্চে কেসটা ছিল। আমি কোর্টে গিয়ে আমার কাউন্সিলকে বলেছিলাম যে আমি কেস উইথড্র করতে চাই কিন্তু উনি আমার কথায় কোনো পাত্তাই দিচ্ছিলেন না। মানে all are purchased। আমি বাধ্য হয়ে সরাসরি বিচারপতিকে বললাম "Your honour, I want to withdraw this case"। মাননীয় বিচারপতি বললেন "where is your counsel"? তারপর উনি আমার কাউন্সেলকে জিজ্ঞেস করলেন, "Why you are not co-operating your client?" তারপর আমাকে বললেন "বলুন আপনি কি বলতে চান।" আমি বললাম যে আমি কেস উইথড্র করতে চাই, উনি নিজে পুরো শুনলেন, ওনার স্টেনো সব লিপিবদ্ধ করলেন। ব্যস, আমি বেরোবার সঙ্গে সঙ্গে শুরু হয়ে গেলো আমাকে থ্রেট করা। বাড়িতে লোক চলে এলো। আমার স্ত্রী আর ছেলেকে বলে গেলো 'প্রবীর রায়কে বলুন অবিলম্বে সেই প্রোডিউসারের সঙ্গে দেখা করতে, নয়তো এটা খুব খারাপ দিকে টার্ন নেবে, আমার গাড়ি রাস্তায় উড়িয়ে দেবে ইত্যাদি ইত্যাদি।' আমি আমার স্ত্রীকে বললাম, "চিন্তা করো না, আমি আসছি বাড়িতে।" আমি 'খোঁজখবর'কে জানালাম। ওঁরা ওঁদের পুরো টিম বাড়িতে পাঠিয়ে দিলেন। তারপর আমাকে বললেন- "আপনি ওনাকে ফোন করুন।" আমি রমেশ গান্ধীকে ফোন করলাম। 'খোঁজখবর' টিম পুরো ওনার কন্ঠস্বর, আমার কথা বলা সব ভিডিও রেকর্ড করে, সেইদিন রাতেই টেলিকাস্ট করলো। হৈচৈ পড়ে গেলো চারিদিকে। সে এক রোমহর্ষক ঘটনা। সে যা গেছে তখন, শুধু আমি জানি। ওই প্রোডিউসারের বিরুদ্ধে তখন কথা বলার সাহস কারো ছিল না। আমি তখন মোটামুটি হিরো হয়ে গেলাম। "খোঁজখবর" এর সেই DVD এখনো আমার কাছে আছে। ওই মামলার সময় "ট্রন ভিডিওটেক্স" (শৈবাল, বিশ্বজিৎ) আমাকে খুব সাহায্য করেছিল। শৈবাল ব্যানার্জীর এখনকার কোম্পানি "ম্যাজিক মোমেন্ট"। 'দুর্গেশনন্দিনী' আর করা হলো না, ট্রনের সঙ্গে যুগ্মভাবে 'মানিক' মেগা ধারাবাহিক করলাম। কলকাতা দূরদর্শন থেকে দুপুরে টেলিকাস্ট হতো। এই ধারাবাহিকেই রাহুল অরুণোদয় ব্যানার্জীর প্রথম অভিনয়। স্ক্রিন টেস্ট করে ওকে সিলেক্ট করা হয়েছিল।

'মানিক' প্রায় ৫৮৬ পর্ব টেলিকাস্ট হয়েছিল। এটাই আমার শেষ ধারাবাহিক প্রযোজনা।

দুর্গেশনন্দিনী   অরিন্দম গাঙ্গুলী ও অমৃতা চ্যাটার্জী

দুর্গেশনন্দিনী অরিন্দম গাঙ্গুলী ও ব্রততী চৌধুরী

দুর্গেশনন্দিনী

ইন্ডিয়ান কয়্যার গ্রুপ

সালটা ১৯৭৪/৭৫ হবে। জয়শ্রীর সঙ্গে আমার তখন ডিভোর্স হয়ে গেছে। মেয়ে মৌ তখন চন্দননগর St Joseph Convent এর হোস্টেলে। আমি থাকি গোলপার্কে। খুবই একা। তখন আমার বন্ধুবান্ধব বলতে আমাদের অরিজিনাল পাড়া ফার্ন প্লেসের খোকনদা (নবেন্দু রায়), গোরাদা, তোতন এই রকম কিছু পুরানো বন্ধু। আমাদের বাড়ির নম্বর ছিল ৮, ফার্ন প্লেস আর খোকনদার ১২, ফার্ন প্লেস। খোকনদা, গোরাদা আজ আর নেই। জন্ম থেকেই আমরা একসঙ্গে। খোকনদার বাড়িতেও খুব যেতাম। খোকনদার বৌ ঝুপুও (বন্দনা) আমাদের পাশের পাড়ার মেয়ে। ওদের সঙ্গে খুব হৃদ্যতা ছিল। ঝুপুর সঙ্গে এখনো সেই সম্পর্কই আছে , যদিও দেখা সাক্ষাৎ বেশি হয় না।

আমাদের আড্ডা ছিল গড়িয়াহাটে "করুণা" রেস্টুরেন্টে। আমাদের একজন কমন বন্ধু ছিলেন 'চুকাই'- সেও আর নেই আজ। ভালো নামটা ভুলে গেছি। ও কলিকাতা ইলেকট্রিক সাপ্লাইতে চাকরি করতো আর রুমা গুহঠাকুরতার ইয়ুথ কয়্যারের সঙ্গে যুক্ত ছিল। রুমা গুহঠাকুরতার কোনো সম্পর্কের ভাইও হতো। চুকাই একদিন এসে বললো "চল আমরা একটা 'কয়্যার' করি। আমরা তো আকাশ থেকে পড়লাম। ও তো নাছোড়বান্দা। জানতে চাইলো- "তোরা কি আছিস আমার সঙ্গে ? রেজিস্ট্রেশনের যা কাজ সব দায়িত্ব আমার। প্রোগ্র্যাম হয়ে যাবে।" রুমা গুহঠাকুরতার গ্রুপের একজন প্রধান সংগীত শিল্পী ছিলেন কল্যাণ মুখার্জী (বিখ্যাত গায়ক মলয় মুখার্জীর ছোট ভাই)। কল্যানকেও চুকাই নিয়ে এলো, কল্যাণের বৌ রিনাও যোগ দিলো। খোকনদার বৌ ঝুপু (বন্দনা) ভালো গান করতো। সেও যোগ দিলো। এখনকার বিখ্যাত তবলা বাদক বাবুয়া লোধ, স্তালিন, গনেশ এবং আরো অনেকে যোগ দিলো আমাদের সঙ্গে। মোটামুটি বেশ ভালো দল তৈরি হলো। অনেক বছর হয়ে গেছে- সব মনে নেই। আমি তখন আবৃত্তি করতাম বিভিন্ন অনুষ্ঠানে। আমি রয়ে গেলাম গ্রন্থনার জন্য। জন্ম হলো "Indian Choir Group" এর।

চুকাই বেশ করিৎকর্মা ছেলে ছিল আর রুমাদির গ্রুপে ছিল বলে বেশ কিছু অর্গানাইজারদের সঙ্গে আলাপ ছিল। ও প্রথমেই বেশ কয়েকটা প্রোগ্রাম ধরলো দিল্লিতে। সেই সময়ে সারা দেশে ইন্দিরা গান্ধীর "প্রগতির দশক" (Dynamic Decade) এর বিভিন্ন অনুষ্ঠান হচ্ছে। দিল্লিতে অনেকগুলো অনুষ্ঠানের মধ্যে আমরা একটা সুযোগ পেলাম "প্রগতির দশক" উপলক্ষে রামলীলা ময়দানে বিরাট সংস্কৃতিক অনুষ্ঠানে। সারা ভারতের সমস্ত বড় বড় শিল্পী, অভিনেতা, অভিনেত্রীরা উপস্থিত ছিলেন সেই অনুষ্ঠানে। লতা মঙ্গেশকর, আশা ভোসলে, মুকেশ, মহম্মদ রফি, দিলীপকুমার, মনোজকুমার, মহেন্দ্র কাপুর, বাণী জয়রাম এবং আরো অনেকে। সঞ্জয় গান্ধীও উপস্থিত ছিলেন ওই অনুষ্ঠানে। সে এক অভিজ্ঞতা। যেদিকে তাকেই, শুধু মাথা আর মাথা। সেই অনুষ্ঠানে আমার গ্রন্থনা আজকে ভাবলে শিউরে উঠি। শীতকাল ছিল আর যেখান থেকে গ্রন্থনা করার কথা- সেই জায়গার মাথার উপরটা ছিল খোলা। ঠান্ডায় কাঁপতে কাঁপতে গ্রন্থনা করেছি।

এই অনুষ্ঠানে আমার দুটো অভিজ্ঞতার গল্প করবো। একটা সময় সবাই স্টেজে কোরাস গাইছে, "ও আলোর পথ যাত্রী, এ যে রাত্রি, এখানে থেমো না ....." । আমার ওই গানটার আগের গ্রন্থনা পড়ার পর খোকনদা স্টেজে ডাকলো, গলার ওজন বাড়াবার জন্য। আমিও গলা দিতে শুরু করলাম। পাশে দাঁড়িয়ে লতা মঙ্গেশকর গলা মেলাচ্ছেন। লিখতে লিখতে এখনও আমার গায়ে কাঁটা দিয়ে উঠছে।

আর একটা অভিজ্ঞতার গল্প। লতাজির গাওয়ার একটা টাইম দেওয়া হয়েছিল। সেখানে লতাজির পর বাণী জয়রামের গাওয়ার কথা। লতাজিকে অনুরোধ করা হলো, উনি যদি পরে গাইতে রাজি থাকেন, বাণী জয়রামকে আগে সুযোগ দেওয়া যেতে পারে। অন্য একটা অনুষ্ঠান আছে বলে লতাজি রাজি হলেন না। এবার লতাজির গান হয়ে যাওয়ার পর দর্শকাসন খালি হতে শুরু করলো। সেই সময় স্টেজে উঠলেন মনোজকুমার। উঠেই বললেন, "মেহমান যো হামারা হোতা হ্যায়... আজ যাঁরা এখানে অংশগ্রহন করেছেন, তাঁরা সবাই আমাদের অতিথি। আপনারা যদি এখন চলে যান,

তাহলে বাণীজীকে অসম্মান করা হবে। আর অতিথিকে অসম্মান করা কখনোই উচিত নয়।" মনোজকুমারের এই বক্তব্যর পর আবার সবাই বসতে শুরু করলেন। বাণী জয়রাম এসেই প্রথম গান ধরলেন "মেরে সাজনা, সঙ্গ সঙ্গ মুঝে তুম রাখনা..."। হাততালিতে মুখরিত হলো ময়দান।

সেইবার দিল্লিতে আরো দুটো অনুষ্ঠান করেছিলাম। কিন্তু "প্রগতির দশক" এই অনুষ্ঠানটির স্মৃতি মনের ভিতর অক্ষয় হয়ে থাকবে। এই দলের অনেকেই আজ আর নেই। খোকনদা, কল্যাণ, চুকাই কেউ আর নেই। সেই সব সোনাঝরা দিনগুলি সত্যি খুব খুব মিস করি। আর কাদের পাশে দাঁড়িয়ে ওই অনুষ্ঠান করেছি- ভাবতেই গর্ব অনুভব করি।

ইন্ডিয়ান কোয়ার গ্রুপ পুরস্কার প্রগতির দশকের

197

ইন্ডিয়ান কোয়ার গ্রুপ সংগীত শিল্পী কল্যাণ মুখার্জী ও চিন্ময়
ব্যানার্জীর সঙ্গে

এবারে ক্যামেরার পিছনে

প্রথম ছায়াছবি কাল মধুমাস

দূরদর্শন, মঞ্চ, বড় পর্দায় অভিনয়, প্রযোজনা তো অনেক হলো। বয়স বাড়ছে, বাড়ছে অভিজ্ঞতা। এতোদিনে এই জগতের সঙ্গে আত্মিক যোগাযোগ গড়ে উঠেছে। অনেকদিন ধরেই ইচ্ছে, এবারে পূর্ণ দৈর্ঘ্যের ছবি পরিচালনা করব। পরিচালক তো সৃজনশীল পেশাদার যিনি চলচ্চিত্রের বিভিন্ন বিভাগের মধ্যে সামঞ্জস্য বিধান করেন।

ইচ্ছে অনেক দিনের কিন্তু উপায় খুঁজে পাচ্ছিলাম না কারণ ঠিকঠাক প্রযোজক পাচ্ছিলাম না। শেষ পর্যন্ত পেলাম - Adwick Entertainments এর ব্যানারে "কাল মধুমাস" ছবিটা করব বলে মনস্থির করি। ছবির কাহিনীকার সুনীল দাস। বহু বছর আগে থেকেই সুনীলদার সাথে পরিচয়। ওঁর একটি নাটকের গ্রুপ ছিল 'সংবর্ত'। ওখানেই আমার মঞ্চ অভিনয়ের হাতে খড়ি। ১৯৭০ সাল নাগাদ ওঁর গ্রুপে 'দশমী' নামের একটি নাটকে আমি অভিনয় করি। আমার সহ-অভিনেতা ছিলেন গৌতম দে, একজন আদ্যন্ত হাসিখুশী মানুষ। ২০১৮ তে ওকে আমরা অসময়ে হারিয়ে ফেলি। গল্প, উপন্যাস, নাটক, অভিনয়, নির্দেশনা এবং সর্বোপরি অধ্যাপনা –সব মিলিয়ে সুনীলদা এক আপাদমস্তক ভদ্রলোক। বছর কয়েক আগে একবার দেখা হলো সুনীলদার সাথে। ওঁর উপর একটি ডকুমেন্টারি "আদি গঙ্গা" তৈরি করেছিলেন চিত্রগ্রাহক সঞ্জয় ভট্টাচার্য, যিনি পারিবারিক পরিচয়ে অভিনেত্রী দেবশ্রী রায়ের জামাইবাবু। দেবশ্রীর দিদি জামাইবাবু তনুশ্রী- সঞ্জয় আমার দীর্ঘদিনের বন্ধু। এই ডকুমেন্টারি ছবির ডিভিডি প্রকাশ অনুষ্ঠানে আবার অনেক পুরনো মানুষের সঙ্গে দেখা আর আড্ডা হলো।

যাই হোক, যা বলছিলাম। নাটকে অভিনয়ের অনেক বছর পরে এলিটে "Brief Season" ছবিটা দেখে খুব ভালো লেগেছিল। সেই গল্পটার কথা সুনীলদাকে বলেছিলাম। উনি সেই গল্পের আদলে "কাল মধুমাস" গল্পটি লেখেন। গল্পটি এক কথায় একটি আদ্যন্ত

পরিচ্ছন্ন নিটোল ভালোবাসার গল্প। গল্পটি আমার খুব পছন্দ হওয়াতে এটি নিয়েই প্রথম ফিচার ফিল্ম পরিচালনা করব ঠিক করি। কলকাতা ছাড়া এ ছবির লোকেশান ছিল লাভা, রিষভ, কালিম্পং। ২০১২ তে লোকেশান দেখতে কালিম্পং এ গেলাম। বলতেই হবে, ছবিটার কাজ খুব দ্রুত হয়েছিল। মনে আছে, ১লা জানুয়ারী ২০১৩ কে গান রেকর্ডিং হয়। বিপ্লব চক্রবর্তীর সঙ্গীত পরিচালনায় এ ছবির গানগুলির সুরে পুরনো দিনের ফ্লেভার ছিল। প্লে-ব্যাক করেছিলেন শ্রীরাধা বন্দোপাধ্যায়, প্রবাল মল্লিক, রেশমি চক্রবর্তী। প্রখ্যাত সিনেমাটোগ্রাফার শক্তি বন্দোপাধ্যায়ের ক্যামেরায় উত্তরবঙ্গের নিসর্গ মন ভরিয়ে দিয়েছিল। এ ছবির চিত্রনাট্য লিখেছিলেন অশোক রায়। অভিনেতা অভিনেত্রীদের মধ্যে ছিল সুদীপ সরকার, এখন ছোট পর্দার পরিচিত মুখ। সুদীপ আমার পরের ছবিতেও কাজ করেছে। নায়িকার চরিত্রে ছিল রিমঝিম গুপ্ত, এখনকার নামকরা অভিনেত্রী মৌমিতা চ্যাটার্জীর মেয়ে। রিমঝিমও ছোট পর্দার পরিচিত মুখ। এছাড়া ছিলেন দেবরাজ রায়, সপ্তর্ষি রায়, রঞ্জিনী চ্যাটার্জী আর নায়িকার ভাই-এর ভূমিকায় আমার ছেলে নীল।

১৫ই জানুয়ারী ২০১৩ থেকে শুটিং শুরু হয়। খুব হইচই আনন্দের মাঝে শুটিং শেষ করেছিলাম। বিশেষ করে উত্তরবঙ্গের শুটিং-এর কথা ভোলা যাবে না। ছবিটা রিলিজ করে ১৩ই সেপ্টেম্বর ২০১৩। কিন্তু প্রযোজক এবং পরিবেশকের উদাসীনতায় ছবিটি ততোটা প্রচার পায় নি। ছবিটির আরো অনেক বেশি বানিজ্যিক প্রচার হওয়া উচিৎ ছিল। কোন ছায়াছবি, কেন, কিভাবে বানিজ্যিক সাফল্য পায় বা পায় না সেটা অবশ্য আমার বোধের বাইরে। === ০ঃ০ঃ ===

মহানায়ক উত্তমকুমারের উপর ডকু-ফিচার "যেতে নাহি দিব"

বিগত শতকের ২৪শে মার্চ ১৯১৭ তে ময়দান তাবুতে প্রথম পূর্ণ দৈর্ঘের বাংলা বাংলা নির্বাক কাহিনিচিত্র দেখানো হয়। এটিই কলকাতায় তৈরি প্রথম কাহিনি চিত্র। ৩৫ মিমিতে তোলা ১২০ মিনিটের ছবিটির নাম ছিল "সত্যবাদী রাজা হরিশচন্দ্র"। পরিচালক ছিলেন রুস্তমজী ধোতিওয়ালা। ছবিটির প্রযোজক এলফিন্সটন বায়োস্কোপ এবং পরিবেশক ম্যাডান থিয়েটার। আদতে এই দুটোই ছিল জে এফ ম্যাডানের কোম্পানি। এই প্রেক্ষাপটে বলা যায় ২০১৭ বাংলা চলচ্চিত্রের শতবর্ষ। এ হেন ঐতিহাসিক ঘটনার সন্ধিক্ষণে কি করা যায়, দীর্ঘ সময় ধরে এটা নিয়ে ভাবনাচিন্তা করছিলাম। অনেক ভেবে ঠিক করলাম বাংলা সিনেমার এক এবং একমাত্র মহানায়ক উত্তমকুমারকে নিয়ে একটা পূর্ণ দৈর্ঘের ছবি তৈরি করব। আমি তো সুদূর অতীত থেকে উত্তমকুমারের অন্ধ ভক্ত। তাঁর সঙ্গে আমার প্রণয় ও প্রণতি। কাজেই এই বিশাল যজ্ঞ কোথা থেকে, কিভাবে শুরু হবে, ছবির নাম কি হবে- এ সব নিয়ে ভাবনায় ডুবে ছিলাম। ধীরে ধীরে আমার মাথায় ছবিটার একটা রূপরেখা তৈরি হল। আর আমাকে সবরকম ভাবে সহযোগিতা করলেন উত্তমকুমারের দুই অন্ধভক্ত শর্বরী চক্রবর্তী ও পৌলমী শীল। ওদের উৎসাহ ও উদ্দীপনায় আমিও নেমে পড়লাম এই ছবির নির্মাণে।

শুরু হলো আমার নতুন অভিযান। প্রথমেই EIMPAতে ছবির নাম রেজিস্ট্রি করানোর সময় 'যেতে নাহি দিব' নামটাই মনে পড়লো সহজবোধ্য কারণে। একই নামে একটি ধারাবাহিক করার জন্য কতো কাঠখড় পোড়াতে হয়েছিল। ছবিটা কি ফর্মাটে করব - ভাবতে ভাবতে মনে হলো একটি ডকুমেন্টারি ফিচার ফিল্ম করি। আসলে বাংলা সিনেমার কথা বলতে গেলে মহানায়ক উত্তমকুমারের কথা আসবেই। মৃত্যুর এতো বছর পরেও এখনও তিনি রীতিমতো আলোচ্য বিষয়। দুঃখের বিষয় মহানায়ক বেঁচে রইলেন মানুষের স্মৃতিতে। তাঁর পরিবারের এবং সরকারের এক অদ্ভুত ঔদাসীন্যে আজ পর্যন্ত যথার্থ ডকুমেন্টেশন হয়নি।

১৯৭২ থেকে ১৯৮০। ৮ বছর এই প্রবাদ-প্রতিম মানুষটির সান্নিধ্য-ধন্য আমি। ময়রা স্ট্রীটের বাড়িতে উত্তমদা, বেণুদি, সোমার সঙ্গে কাটানো এই আট বছরের স্মৃতি আমার জীবনের শ্রেষ্ঠ অধ্যায়। আজও সোমার সঙ্গে আমার নিয়মিত যোগাযোগ আছে। আমার এই ছবির প্রিমিয়ার শোতে ও এসেছিল। কম বয়স থেকেই অভিনয় ছিল আমার ধ্যান জ্ঞান। সুযোগ হয়েছিল মহানায়কের সাথে পরিচিত হবার। মনে আছে, ৩ নং, ময়রা স্ট্রীটের বাড়িতে প্রথম যাবার সুযোগ যেদিন ঘটলো, সেই দিনটা ছিল গনেশ পুজো। প্রথম পরিচয়েই আপ্লুত হয়েছিলাম। সেই সময় মানুষ হিসেবে, শিল্পী হিসেবে তাঁকে খুব কাছ থেকে দেখার বিরল অভিজ্ঞতা হয়েছে আমার। সেই প্রথম পরিচয় ক্রমে ক্রমে ঘনিষ্টতায় বদলে যেতে লাগলো। মহানায়ক উত্তমকুমার এবং সুপ্রিয়া দেবীর আন্তরিকতা, মানবিকতা এবং আদ্যন্ত ঘরোয়া ব্যবহারে ময়রা স্ট্রীটের বাড়িতে যাতায়াতের সংখ্যা ক্রমশই বাড়তে লাগলো। প্রায় শনি, রবিবার যেতাম। গল্পগুজব, গানবাজনা, হাসি আনন্দে সময় স্রোতের মতো বয়ে যেতো। কতো বিখ্যাত মানুষজন আসতেন। তাঁদের সঙ্গে সময় কাটিয়ে মনটা আনন্দে ভরে যেত। মনে পড়ে পীযুষ বসু, শ্যামল মিত্র, পার্থপ্রতীম চৌধুরী, গৌরীপ্রসন্ন মজুমদার, শুভেন্দু চট্টোপাধ্যায়, রঞ্জনা বন্দ্যোপাধ্যায়, সাংবাদিক রবি বসু, দেবেশ ঘোষ, অসীম সরকার – আরো অসংখ্য কৃতি মানুষের কথা। আসতেন তরুন কুমার, আমার বুড়ো মামু। এর বাইরে আরও অসংখ্য মানুষ, ইন্ডাস্ট্রির, পারিবারিক বন্ধুবান্ধব আর মনে পড়ে পেশাগত গাম্ভীর্যের বাইরে এক অকৃত্রিম আমুদে অথচ কর্তব্যপরায়ন উত্তমকুমারের কথা। সেই সঙ্গে সুপ্রিয়া দেবী, আমাদের প্রিয় বেণুদি। অতিথি আপ্যায়নে যাঁর জুড়ি মেলা ভার।

শুধু কি আড্ডা? কতো রকম গঠনমূলক আলোচনা, ছবি নিয়ে কাঁটাছেড়া... সব্যসাচী, সেই চোখ, নিধিরাম সর্দার, দুই পৃথিবী, অসাধারণ, কলঙ্কিনী কঙ্কাবতী, আমি সে ও সখা- এরকম নানা ছবির শুটিং নিয়ে আলোচনা হতো। এই সব আলোচনা থেকে নিজেও সমৃদ্ধ হতাম। তাঁকে ঘিরে অসংখ্য স্মৃতি এখনও আমাকে উদ্বেলিত করে। মনে আছে "রাজদ্রোহী" ছবিটা আমি ছ'বার দেখেছি শুনে উনি ভীষণই অবাক হয়ে জিজ্ঞেস করেছিলেন- "এই ছবি তুই ছ'বার দেখেছিস?"

আরেকটা গল্প শেয়ার করি। তখন আমি ময়রা স্ট্রীটে নিয়মিত যাই। উত্তমদা তখন ধীরে ধীরে ছবি পরিচালনার কাজে মন দিয়েছেন। একদিন সাহস করে উত্তমদাকে বলেই ফেললাম, "দাদা, আমি তোমার ছবিতে কাজ করতে চাই।" মনে পড়ে- উত্তমকুমার সমরেশ বসুর বিবর উপন্যাস নিয়ে ছবি করতে চেয়েছিলেন। উত্তমদার কথায় শ্যামল মিত্র সমরেশ বসুর সঙ্গে দেখা করে কথাবার্তা পাকা করেন। এই ছবিতে একটি চরিত্রে উত্তমদা আমার কথা ভেবেছিলেন। 'রক্ততিলক' ছবির ককটেল পার্টি ছিল পার্ক হোটেলে। আমিও আমন্ত্রিত ছিলাম। মনে আছে, পার্টি শেষ হবার পর পার্কিং-এ উত্তমদাকে বলেছিলাম-"বিবর ছবিতে আমাকে নিচ্ছো তো?" আমার গাল টিপে উত্তর দিয়েছিলেন- "উত্তমকুমার কথা দিলে কথা রাখে।" শেষ পর্যন্ত অবশ্য ছবিটা হয় নি। তারপর তো উনি চলেই গেলেন। এরকম অসংখ্য টুকরো টুকরো স্মৃতি এখনো আমার মনে আছে। এ সব নিয়েই ডকু-ফিচার তৈরি করতে প্রয়াসী হই।

কিছু তথ্য পেয়েছি সুপ্রিয়া দেবীর কাছ থেকে। ছবিটি মূলতঃ উত্তমকুমার-সুপ্রিয়া দেবী অধ্যায়, উত্তমকুমারের শিল্পী জীবন এবং বাংলা চলচ্চিত্র জগতে তাঁর অবদানকে স্মরণ করে আমার শ্রদ্ধার্ঘ।

ছবির কাজ শুরু করে অবশ্য প্রথম থেকে নানা রকম বাধার সম্মুখীন হয়েছিলাম। মহানায়কের নামভূমিকায় অভিনয় করার জন্য আমি এই সময়ের বেশ কয়েকজন অভিনেতার সঙ্গে যোগাযোগ করেছিলাম। আবীর চ্যাটার্জী, ভাস্কর ব্যানার্জী – এরা কেউ মহানায়কের চরিত্র রূপায়নে সাহস পান নি। উত্তমদার কম বয়সের ভূমিকায় অভিনয় করার জন্য আমি প্রথমে গৌরব চ্যাটার্জীর সাথে যোগাযোগ করলাম। সেটা ২০১৬-র কথা। একটি চ্যানেলের সাথে চুক্তিবদ্ধ থাকায় গৌরব চ্যাটার্জী কাজ করতে রাজি হলেন না। একদিন প্রখ্যাত নাট্য ব্যক্তিত্ব অরুণ মুখোপাধ্যায়ের (চেতনা নাট্যদল) ছেলে সুজনের সানগ্লাস পরা একটা ছবি দেখলাম। খুব ভালো লাগলো। কোথাও যেন উত্তমদার মুখের আদল পেয়েছিলাম। যোগাযোগ করলাম। সুজনের (নীল নামেই ও সমধিক পরিচিত) অভিনয় প্রতিভা নিয়ে কিছু বলতে যাওয়া

বাতুলতা। যোগাযোগ করলাম নীলের সঙ্গে। অনেক দ্বিধাদ্বন্দ কাটিয়ে ও চরিত্রটা করতে রাজি হল।

নীল ছাড়া এ ছবিতে আরও কয়েকজন নামকরা শিল্পী কাজ করেছেন- শকুন্তলা বড়ুয়া, দেবরাজ রায়, রাহুল বর্মন, দুলাল লাহিড়ী, শ্যামল মিত্রের ছেলে সৈকত মিত্র, স্বস্তিকা দত্ত ও সুদীপ সরকার। সৈকত এ ছবিতে ওর বাবা শ্যামল মিত্রর ভূমিকায় অভিনয় করেছে। ছবির কাজ শুরু হলো। চিত্রনাট্য লেখার দায়িত্বে অশোক রায়। উত্তমদার উপর সব প্রামাণ্য বই, পত্র পত্রিকা যোগাড় হলো। অ্যাঞ্জেল ভিডিও, ধর্মতলায় আর ডি বনশল, রঞ্জিতমল কাংকারিয়ার অফিসে ঘুরে উত্তমদার বিভিন্ন ছবির ভিডিও রাইটস কেনা হল- যাকে বলে thorough research work - ছবির গান রেকর্ডিং হয়ে গেল।

ছবির প্রথম শুটিং ছিল ২৭শে জুন ২০১৬। ঠিক সেই সময়েই স্টার জলসায় "মহানায়ক" ধারাবাহিক শুরু হয়েছে। তথ্যবিকৃতি আর মেলোড্রামা- দুই-এ মিলে অচিরেই জনমানসে ক্ষোভের সৃষ্টি হল। আমি এ ব্যাপারে অতিরিক্ত সচেতন ছিলাম। সে সময় উত্তমকুমারের পরিবারে তাঁর স্ত্রী, মা, পুত্র, ভাই এবং ভ্রাতৃবধু কেউ বেঁচে ছিলেন না। ওই পরিবারের বর্তমান সদস্যদের মধ্যে কেউই মহানায়ককে দেখেন নি। একমাত্র দেখেছিলেন গৌরব চট্টোপাধ্যায়ের মা শ্রীমতী সুমনা চট্টোপাধ্যায়। অশোককে নিয়ে ৩০শে জুন ২০১৬ তে ভবানীপুরের ৪৬এ, গিরিশ মুখার্জী রোডে মহানায়কের পৈত্রিক বাড়ীতে আলোচনা করতে গেলাম কারণ ওঁরা চেয়েছিলেন। কিন্তু সেই আলোচনা ফলপ্রসূ হলো না।

আমারও জেদ চেপে গেল। এ ছবি আমি শেষ করবই। শেষ ৮ বছর মহানায়ককে খুব কাছ থেকে দেখেছি আমি। শিল্প প্রতিভা বাদ দিয়ে ব্যক্তি উত্তমকুমারের চারিত্রিক বৈশিষ্ট্য, তাঁর ক্যারিশ্মা, ইন্ডাস্ট্রির জন্য তাঁর ভাবনা-চিন্তা, তাঁর বন্ধুবৎসল স্বভাব- সবটাই পর্দায় রাখতে চেয়েছিলাম। এক কথায় জন্ম থেকে মৃত্যু পর্যন্ত এক প্রবাদপ্রতিম শিল্পীর পথ পরিক্রমা হবে এ ছবি- এটাই ছিল আমার একমাত্র উদ্দেশ্য। আমরা বালিগঞ্জে বেনুদির বাসায় গিয়ে স্ক্রিপ্ট

শুনিয়ে তাঁর অনুমতি আদায় করলাম। ছবির শিল্পীরাও বেনুদির আতিথ্য গ্রহণ করে অনেক অভিজ্ঞতা সঞ্চয় করল। ছবির কাজ চলতে লাগলো। শুধু লক্ষ্য ছিল- ছবি করতে গিয়ে যেন তথ্য বিকৃতি না হয়। ছবির কাজে অনেক মানুষের কাছ থেকে নানাভাবে সাহায্য পেয়েছি। তাঁদের কাছে আমি ঋণী।

অনেক ঝড় ঝাপটা সামলে ছবির কাজ একদিন শেষ হল। সেন্সর বোর্ড থেকে Uncut "U" Certificate পেলাম। ছবিতে তেমন কোনো স্টার কাস্ট ছিল না। স্টার বিহীন এই নির্মাণের একমাত্র স্টার ওই ভদ্রলোক যার অভিনয়ে রয়েছে সেই ক্লাস যা আপামর মানুষকে ভাসিয়ে নিয়ে চলে এক স্বর্গীয় বিচরণ ক্ষেত্রে, যিনি বারবার দেখিয়ে দিয়েছেন "ক্লাস" টাই আসল, সংখ্যাটা পরে। ৭ই নভেম্বর ২০১৯ –এ ছবির মিউজিক এবং পোস্টার রিলিজ হল। কলকাতা এবং জেলা জুড়ে ৩৪টা হল বুকিং হয়ে গেল। ২২শে নভেম্বর ২০১৯ ছবিটি মুক্তি পাবে- কলকাতার রাজপথে এ রকম পোস্টার পড়ল অনেক।

মুক্তির তারিখ ঠিক হয় ২২শে নভেম্বর, ২০১৯ শে নন্দন, মিনার, বিজলি, ছবিঘর এবং অন্যান্য আরো ৩০ টি সিনেমা হলে। সেই অনুযায়ী পোস্টার, হোর্ডিং সব পড়ে যায়। ২০শে নভেম্বর, ২০১৯ এ ছবিটার উপর injunction জারি করেন মহামান্য আদালত। আলিপুর কোর্টে Interim Injunction চেয়ে কেস দায়ের করা হল ভবানীপুরের বাড়ির তরফ থেকে। তিন মাসের জন্য Interim Injunction দেওয়া হলো, রিলিজের দু দিন আগে। যে বা যারা এ ছবির একটাও ফ্রেম দেখেন নি, চিত্রনাট্য পড়েননি, তাদের গলায় হঠাৎ "গেল... গেল" চিৎকার।

তিন মাস?? তারপর দাঁতে দাঁত চেপে চার বছরের এক অসম লড়াই। বার বার শুনানীর তারিখ পড়ে। প্রথম দিকে বার কয়েক এলেও পরে বাদী পক্ষের আইনজীবীরা আদালতে হাজির হতেন না। অভিযোগ একটাই। এ ছবিতে না কি উত্তমকুমারকে অবমাননা করা হয়েছে। কি ভাবে জানলেন বাদী পক্ষ? ওরা তো ছবির একটা দৃশ্যও দেখেন নি। দেখার কথাও নয়। অথচ মহানায়ক সিরিয়াল এবং সাম্প্রতিক গোটা দুয়েক বাংলা সিনেমায় উত্তমকুমার এবং

অন্য কিংবদন্তী শিল্পীদের যে ন্যক্কারজনকভাবে উপস্থাপিত করা হয়েছিল- সে বিষয়ে কিন্তু একটাও প্রতিবাদ শোনা যায় নি ওঁদের মুখে। বুঝলাম সব। রাগ আর বিরক্তি চেপে লড়াই চললো- সিনেমা হলের পরিবর্তে আদালত চত্বরে। ২০১৯ এর নভেম্বর থেকে ২০২১ এর এপ্রিল পর্যন্ত প্রায় প্রতি মাসে (২/১ মাস ছাড়া) শুনানী হয়েছে। শুনানি শেষ হয়েছিল ২০২১র এপ্রিলে। কিন্তু রায় ঘোষনা কিছুতেই হয় না। সবই বুঝতে পারছি কিন্তু কিচ্ছু করার নেই।

এরই মধ্যে এল মারণ রোগ কোভিড। আমি নিজেও ভয়ানক অসুস্থ হয়ে হাসপাতালের আই সি ইউতে শয্যা নিলাম। কোর্ট বন্ধ। দুটো বছর পেরিয়ে গেল। পথ পরিক্রমা চলতেই থাকলো। আরো দুবছর চলে যাওয়ার পর অর্থাৎ ২০২৩ সালের সেপ্টেম্বরে মহামান্য হাইকোর্টের হস্তক্ষেপে আলিপুর কোর্ট এই কেস ডিসমিস করে দেন এবং আমি "যেতে নাহি দিব" রিলিজ করি ৬ই অক্টোবর, ২০২৩।

যাই হোক, যতদিন ধরে কেস চলছিল, তার মধ্যেই আমি অন্য একটা ছবির কাজ শুরু করেছি। ছবির নাম "অগ্নিমন্থন"। সে কথায় পরে আসছি......

কাল মধুমাস   নীল রায় ও রিমঝিম গুপ্ত

208

কাল মধুমাস রিমঝিম গুপ্ত ও সুদীপ সরকার
কাল মধুমাস রিমঝিম , দেবশ্রী ও অশোক

Royz
FFACE PRESENTS
ROYZ MEDIA & ENTERTAINMENT & SHRI BALAJI MARKETING
PRODUCTION
মহানায়ক
মানে পর্দায়
অমোঘ
রোম্যান্টিসিজমের
অব্যর্থ প্রতিচ্ছবি
যেতে নাহি দিব
A FILM BY PRABIR ROY
SCREENPLAY ASHOK ROY | MUSIC DIRECTION DIPTESH-PRADIPTO | LYRICS SANTINATH KUNDU
CINEMATOGRAPHY ARINDAM BHATTACHARJEE | EDITING JOYDEEP MUKHOPADHHAYA | ART DIRECTION UMMAT DHALI
SOUND DESIGNING ANUP MUKHERJEE | PRODUCTION CONTROLLER PURNENDU MULLICK
VISUAL EFFECTS ANUPAM GUPTA ROY | PRODUCED BY PRABIR ROY & KAMAL BANSAL
GOUTAM BARAT

যেতে নাহি দিব পোস্টার

যেতে নাহি দিব ফিল্মে সুজন মুখার্জী ও মল্লিকা সিনহা রায়

শ্বদন্ত সময়ের অরাজনৈতিক কথা

- "অগ্নিমন্থন"

২০১৩-র সেপ্টেম্বরে 'কাল মধুমাস' ছবিটা রিলিজ করার পর থেকেই আমার মাথায় একটা নতুন ভাবনা এল। কেমন হয় যদি এবারে একটা রাজনৈতিক ছবি করা যায়। আমার কাছে অবশ্য রাজনৈতিক ছবির মানে আলাদা। রাজনৈতিক ছবি মানে কোনো রাজনৈতিক দলের ইস্তাহার নয়। বরং আমি একটু অন্য রকম ভাবে ভাবি। ছোটবেলা থেকেই আমি convention আর individuality- দুই এর দ্বন্দ, মারামারি দেখেছি। আমি দেখেছি, অনেক সময় আমরা কনভেশন ছাড়া শব্দই খুঁজে পাই না। মানে এক কথায় কম্প্রোমাইজ করা। চিরকালই অ্যান্টি -

এসটাবলিশমেন্ট চিন্তাভাবনা, কথাবার্তা বললেই অপ্রিয় হতে হয়। ভাবখানা এমন যেন স্রোতের বিপরীতে গেলে নাগরিক অস্তিত্বই প্রশ্ন চিহ্নের মুখে পড়ে। আর বর্তমানের ব্যক্তিসর্বস্ব রাজনীতির দোসর হলো বশ্যতা। আমি বিশ্বাস করি, সৃজনশীল মানুষ কোনো রকম রাজনৈতিক বশ্যতা স্বীকার করতে পারে না। Compromisation আর creativity- দুটো বিপ্রতীপ শব্দ।

এ হেন আমি চলমান রাজনীতির প্রেক্ষাপটে একটা গল্পের রূপরেখা তৈরি করলাম। সেটাকে চিত্রনাট্যে রূপান্তরিত করলো অশোক রায়। গল্পের কেন্দ্রীয় চরিত্র 'দিব্যজ্যোতি' ভাবনা চিন্তায় আমার অল্টার ইগো। গল্পের কাঠামো তৈরি হলো। নাম দিলাম 'অগ্নিমন্থন'। স্ক্রিপ্ট লেখার কাজ শুরু হলো। এইসব ভাবনার মাঝেই ততোদিনে আমার মন এবং মস্তিষ্ক জুড়ে বসেছে মহানায়ক উত্তমকুমারকে নিয়ে ডকু-ফিচার 'যেতে নাহি দিব'। আপাতত অগ্নিমন্থন ছবির কাজ মুলতুবি থাকলো।

'যেতে নাহি দিব' ছবির শুটিং শেষ হলে আবার আমি অগ্নিমন্থন নিয়ে ব্যস্ত হয়ে পড়লাম। প্রথমে আমি কেন্দ্রীয় চরিত্রের জন্য সৌমিত্র চট্টোপাধ্যায়ের কথা ভাবলাম। অশোককে নিয়ে একদিন গেলাম সৌমিত্রদার বাড়িতে। ঘন্টা তিনেক ধরে আলাপ আলোচনা হল। সৌমিত্রদা জানালেন তিনি দিনে চার ঘন্টার বেশী কাজ করতে পারবেন না, আউটডোরে বেশী দূর যেতে পারবেন না। তাতেই মোটামুটি আমরা রাজী হয়ে গেলাম।

দিব্যজ্যোতির স্ত্রী মালিনীর ভূমিকায় আলপনা বোসকে (গোস্বামী) ভাবলাম। নিউইয়র্কে আলপনাকে গল্পটা পাঠালাম। আলপনার কথা নিশ্চয়ই সবার মনে আছে। গোটা আশির দশক জুড়ে আলপনা ছিল বাংলা ছবির সবচেয়ে জনপ্রিয় নায়িকাদের একজন। নব্বই দশকে শেষ অভিনয় করতে দেখা যায় ওকে। ওর সবচেয়ে উল্লেখযোগ্য ছবিগুলির মধ্যে রয়েছে 'বিদ্রোহী', 'অশ্লীলতার দায়ে', 'রাশিফল' ও তপন সিনহার ছবি 'বৈদূর্য রহস্য'। আলপনার সঙ্গে আমার পরিচয় নীতিশ মুখোপাধ্যায়ের 'রবিবার' ছবির শুটিংয়ে। ওটাই ওর প্রথম ছবি ছিল যেটা অনেক বছর পড়ে থাকার পর সেই

নব্বই দশকে মুক্তি পায়। তার আগে ও 'বিশ্বরূপা'-য় নাটক করেছে অনেকদিন। ওই প্রথম ছবি থেকেই ওর সঙ্গে আমার বন্ধুত্ব। আমরা নায়ক-নায়িকা হিসেবে কাজ করেছিলাম 'ইফ' ছবিতে। ২০১৯ এ বেণুদির বাৎসরিকে কলকাতায় এসেছিল। ওর সঙ্গে যোগাযোগ কোনওদিন ছিন্ন হয়নি। ওকে স্ক্রিপ্ট পাঠালাম। ওর পছন্দ হয়ে গেলো আর এই ছবিতে কাজ করতে রাজী হল। ছবির কাজ শুরু করার মুখেই কোভিড মহামারীর আক্রমন। সবকিছুই বন্ধ হয়ে গেল। সৌমিত্রদা অসুস্থ হয়ে পড়লেন। তারপর তো আমাদের ছেড়ে চলেই গেলেন। সৌমিত্রদাকে না পেয়ে 'দিব্যজ্যোতি'র চরিত্রে বিপ্লবকে ভাবলাম। বিপ্লব চট্টোপাধ্যায় আমার দীর্ঘদিনের বন্ধু। শেষ পর্যন্ত সেটাও ফলপ্রসু হল না। এদিকে কোভিডের জন্য আলপনাও আসতে পারলো না। ইন্টারন্যাশনাল ফ্লাইট তো সব বন্ধ।

যেতে নাহি দিব ছবিটা যখন আইনের নাগপাশে আবদ্ধ, দিনের পর দিন, মাসের পর মাস আদালতের দরজায় ঘুরছি ...এমন সময়ে অনেক ঝুঁকি নিয়ে এই ছবিটার কাজ আবার শুরু করলাম। ডকুফিচার ছবিটার জন্য অনেক টাকা আটকে, তার উপর কোর্ট কেস। তবু চ্যালেঞ্জ নিয়ে কাজ শুরু করলাম। দিব্যজ্যোতির চরিত্রে প্রখ্যাত নাট্য ব্যক্তিত্ব মেঘনাদ ভট্টাচার্য এবং ওঁর স্ত্রীর ভূমিকায় অভিনেত্রী মৌমিতা চ্যাটার্জি (গুপ্ত)কে নিলাম। এছাড়াও এ ছবিতে অভিনয় করেছে অনিন্দ সরকার, বৈশালী মজুমদার, ওশনী দাস, সোনালী ঘোষ, ঋক দে প্রমুখ। এ ছবির সঙ্গীত পরিচালক বুদ্ধদেব গাঙ্গুলি। ছবিতে প্লেব্যাকের জন্য আগরতলার দুটি মেয়েকে সুযোগ দিয়েছি। দুজনেরই চমৎকার গলা, দুজনেরই ছবিতে প্রথম কাজ। তনুশ্রী দেব ও মঞ্জশ্রী দাস। এনারা ছাড়া এই ফিল্মে প্লেব্যাক করেছেন সুরঞ্জনা মিত্র, বিশ্বজিৎ দাসগুপ্ত এবং অমিত গাঙ্গুলী।

অগ্নিমন্থন ছবিটা একটা পরিবারকে কেন্দ্র করে আবর্তিত যেখানে উচ্চাকাঙ্খী স্ত্রী ও পুত্রের সঙ্গে পরিবারের কর্তার সম্পর্কের অহরহ টানাপোড়েন। দিনের পর দিন আদর্শ বিচ্যুতি সহ্য করতে না পেরে নায়ক চরিত্রটি কিভাবে নিজের মধ্যে গুটিয়ে যায়, বাড়িতে একমাত্র নাতনী ছাড়া বাকি সকলের মানসিক সাহচর্য বঞ্চিত

নায়কের প্রতিবাদী জামাই খুন হয়ে যাবার পরেই কিভাবে তিনি প্রতিবাদে সোচ্চার হয়ে ওঠেন, কিভাবে তাঁর স্ত্রী, পুত্র সব হারিয়ে নিজেদের ভুল বুঝতে পেরে অনুশোচনায় ভেঙে পড়ে ...একালের আদর্শহীন এবং নীতিহীন সমাজ ব্যবস্থার একটি জ্বলন্ত চিত্ররূপ এই ছবি।

'যেতে নাহি দিব' ছবিটা নিয়ে অকারণ উদ্বেগ, আদালতে ছোটাছুটি, কোভিড আক্রান্ত হয়ে হাসপাতালে ভর্তি হওয়া, আবার হৃদরোগে আক্রান্ত হয়ে শয্যাগ্রহণ নানা বাধা বিপত্তি সরিয়ে শেষে ১৩ই জানুয়ারী ২০২৩ এ রিলিজ করলো একটি ভিন্ন স্বাদের ছবি- অগ্নিমন্থন... যে ছবি প্রচারের ট্যাগ লাইন ছিল... "শ্বদন্ত সময়ের অরাজনৈতিক কথা... একটি অসমাপ্ত ছবি"। প্রিমিয়ার শো হলো ভবানীপুরের বিজলীতে, সঙ্গে আরও গোটা তিরিশ হল। এখন ঘরে, বাইরে প্রতিটি ক্ষেত্রে রাজনীতির বজ্রনির্ঘোষ। রাজনীতির সঙ্গে সহবাস করেই আমাদের 'অরাজনৈতিক' অস্তিত্ব। প্রতিবাদীর কন্ঠরোধ করা এখন প্রায় political compulsion. তবু স্বপ্নবিলাসী কিছু মানুষ প্রতিবাদ করার সাহস দেখায়। তাঁদের উদ্দেশ্য হয়তো একবারে সফল হয় না... কিন্তু এই 'অসমাপ্ত' কর্মধারা চলতেই থাকে।

সীমিত সামর্থ্য নিয়ে আমিও প্রতিবাদ করার চেষ্টা করেছি- এটুকুই আমার তৃপ্তি... জাতীয় ও আন্তর্জাতিক স্তরে বেশ কিছু উল্লেখযোগ্য ফিল্ম ফেস্টিভ্যাল থেকে এই ছবি সম্মান ও পুরস্কার পাওয়া আমার স্বপ্নের, ভাবনার, চিন্তা জগতের স্বীকৃতি। প্রায় ৫০ বছর হতে চললো, অভিনয়, প্রযোজনা, পরিচালনার জগতে আছি। কতো কিংবদন্তী, গুণীজন সান্নিধ্যে এসেছি, তাঁদের কাছ থেকে কতো কিছু শিখেছি। সব থেকে বড় কথা – মানুষ হিসেবে, শিল্পী হিসেবে তাঁরা এক একটি রত্নভান্ডার। জীবনের শেষ প্রান্তে পৌঁছে এ কথা স্বীকার করতে কোনো দ্বিধা নেই- দেখনদারীর উচ্চকিত ঘোষনায় আমাদের সাংস্কৃতিক অঙ্গন এখন নিঃস্ব। সঙ্গীত, সাহিত্য, চলচ্চিত্র, দূরদর্শন - সর্বত্র অগভীর শিল্পবোধের সগৌরব প্রদর্শনী। এক গতে বাঁধা, এক ছাঁচে ঢালা সব "সৃষ্টি"। এক সর্বগ্রাসী অগভীরতা আর প্রিন্ট মিডিয়া, ইলেকট্রনিক মিডিয়া, সোস্যাল

মিডিয়ার ব্রহ্মস্পর্শে নতুন নতুন ছেলেমেয়েরা একটা দুটো কাজ করার পরেই তারা একেক জন 'অনায়াস সেলেব্রিটি'।

সাম্প্রতিককালে বেশ কিছু ছবির উদাহরণ হাতের সামনে আছে - যে ছবিগুলোকে মিডিয়া পাত্তাই দেয় নি। পরবর্তীতে জাতীয়/আন্তর্জাতিক স্তরে পুরস্কার লাভের পরেও অন্তত কলকাতার মিডিয়ায় কোনো আলোড়ন হয়নি, তেমন কভারেজ পায় নি। যে সব বাঙালি শিল্পী, পরিচালক কষ্ট করে, শিল্পকে ভালোবেসে একটা ভালো ছবি তৈরি করায় ব্রতী হয়েছেন - অন্তঃসারশূন্য মিডিয়া তাঁদের দিকে ফিরেও তাকায়নি। নবাগত, তরুণ ছেলেমেয়েদের নিয়ে নির্মিত প্রতিষ্ঠান-বিরোধী ছবি অগ্নিমন্থন একাধিক আন্তর্জাতিক ও জাতীয় স্তরে ফিল্ম ফেস্টিভ্যালে মনোনীত/ পুরস্কৃত হলেও সেটা অবশ্য এ শহরে সেটাও কোনো খবর হয় না। সত্যজিৎ রায় ফিল্ম ও টেলিভিশান ইন্সটিটিউটে সেখানে ফিল্ম স্টাডিজের ছাত্রছাত্রীদের জন্য এই ছবিটা একটা স্পেশাল স্ক্রিনিং-এর আয়োজন করে, এই স্বীকৃতিতে নিজের আত্মবিশ্বাস আরও বাড়ে।

FFACE PRESENTS
A ROYZ MEDIA & ENTERTAINMENT PRODUCTION

অগ্নিমন্থন

CONCEPT & DIRECTION **PRABIR ROY**

STORY & SCREENPLAY **ASHOK ROY** | MUSIC DIRECTION **BUDDHADEB GANGULY** | LYRICS **SANTINATH KUNDU**
CINEMATOGRAPHY **SANTANU BANERJEE** | EDITING **RITAM BHATTACHARJEE** | ART DIRECTION **GAUTAM BASU**
SOUND DESIGNING **ANUP MUKHERJEE** | PRODUCTION CONTROLLER **DIBYENDU MAITY**

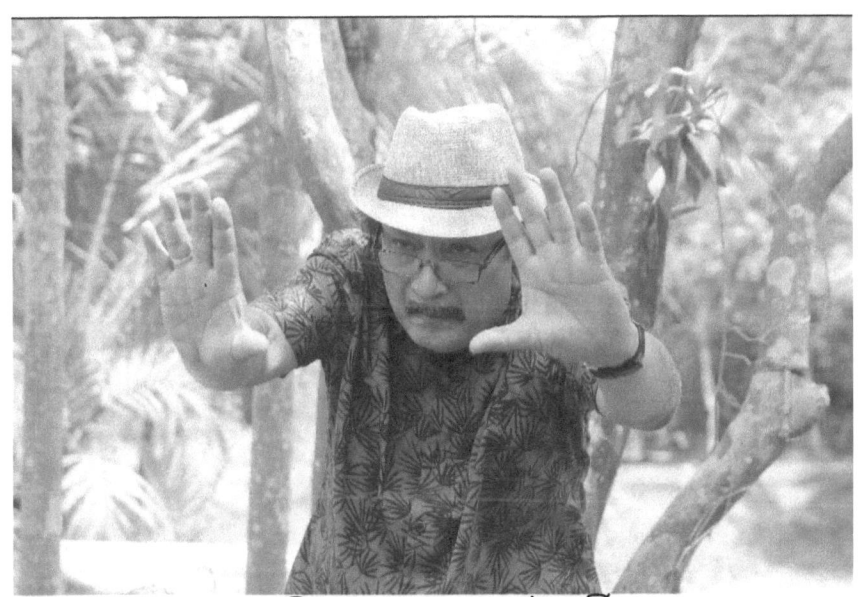

অগ্নিমন্থন মেঘনাদ ভট্টাচার্যী

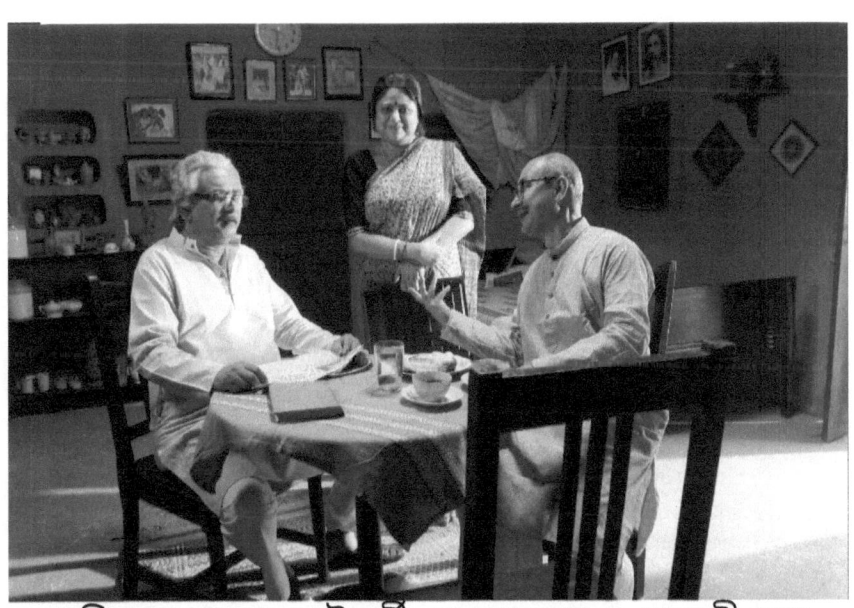

অগ্নিমন্থন মেঘনাদ ভট্টাচার্যী, অশোক রায় ও সোনালী ঘোষ

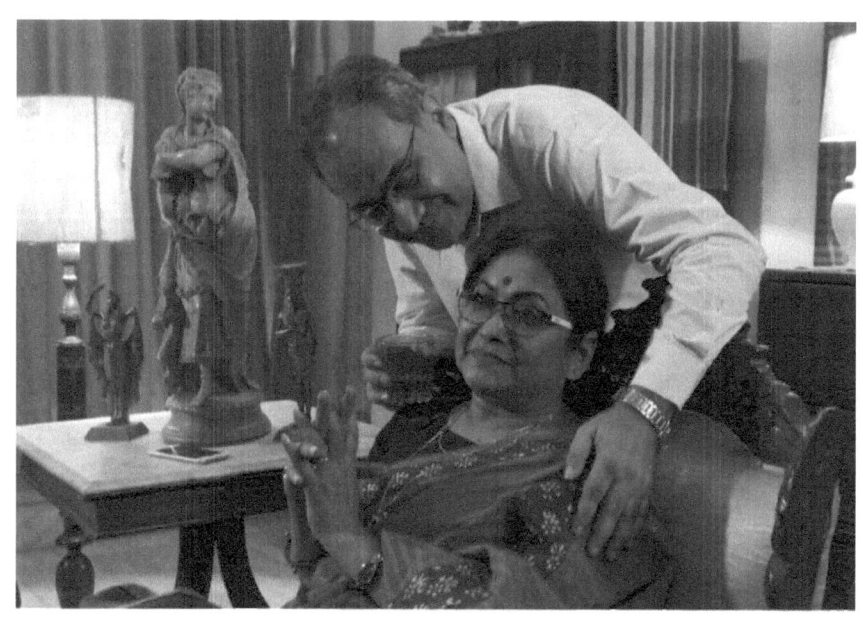

অগ্নিমন্থন সুবীর ভট্টাচার্যী ও মৌমিতা গুপ্ত

সরলরেখা - আমার প্রথম স্বল্পদৈর্ঘ্যের ছবি

নিজের কর্মজীবনে নানা রকম কাজকর্মে জড়িয়েছি, প্রচুর অভিজ্ঞতা সঞ্চয় হয়েছে। দূরদর্শনের জন্য ধারাবাহিক পরিচালনা এবং প্রযোজনা করেছি। এক সময় ই টিভির জন্য অনেকগুলো টেলিফিল্ম প্রযোজনা করেছিলাম। পাঠকদের নিশ্চয়ই মনে আছে - ৯০ দশকের শেষ ভাগে টেলিফিল্ম খুব জনপ্রিয় হয়েছিল। সব কটি টেলিফিল্ম বাংলাদেশের "বঙ্গ টিভি" কিনে নিয়েছিল।

২০১৩ তে আমার প্রথম ফিচার ফিল্ম "কাল মধুমাস" রিলিজ করলো। তারপর সম্প্রতি আরও দুটি পূর্ণ দৈর্ঘ্যের ছবি তৈরি করি- "যেতে নাহি দিব" (উত্তমকুমারকে নিয়ে বায়োপিক) এবং "অগ্নি মন্থন"। যেতে নাহি দিব ছবিটির রিলিজ নিয়ে প্রচুর বাধাবিঘ্নের সম্মুখীন হই - সে প্রসঙ্গে বিস্তারিত লিখেছি। এরপর কয়েক মাসের বিরতি। বিরতির কারণ আমার বয়স জনিত কারণে অসুস্থতা, খানিকটা ক্লান্তি বোধ ইত্যাদি। কিন্তু শরীর অনুমতি না দিলেও মগজে নানা ভাবনা চিন্তার আনাগোনা অব্যাহত। অগত্যা ভাবলাম - এবারে একটা শর্ট ফিল্ম করা যাক।

স্বল্পদৈর্ঘ্যের ছবির বৈশিষ্ট্য হলো - খুব কম সময়ের মধ্যে একটা জোরালো মেসেজ দিতে হবে। আমার নিজের ভাবনায় এরকম একটা অনু গল্প ছিলো। সেটাই রূপদান করব স্থির করি। গল্পের শেষে এক কৃতি, প্রতিষ্ঠিত দম্পতি একমাত্র সন্তানকে মৃত্যুমুখ থেকে ফিরে পেয়ে উপলব্ধি করেন যে জীবনের পথ চলা কখনোই সরল রেখা নয়। চলার পথে অনেক চড়াই উৎরাই এবং বাঁক পেরিয়ে যেতে হয়। জীবনের চলার পথটি সদা মসৃণ হবে এমন তো কথা নেই। সদা মসৃণ পথটিও একটা পর্যায়ে এসে বেঁকে যায়। একদম অন্যধারার স্বল্পদৈর্ঘ্যের ফিল্ম "সরলরেখা"। নতুন কিছু

শিল্পীকে নিয়ে ফরচুন ইনফ্রাস্ট্রাকচার প্রযোজিত এ ছবির শুট হলো। মুম্বাইতে অনুষ্ঠিত Indian Panorama International Film Festival 2025 -এ ছবিটি পাঠানো হলো। ছবিটি IPIFF -এ Best Short Film on "Truth of Life" হিসেবে পুরস্কৃত হলো। আমি নিজে ওই অনুষ্ঠানে উপস্থিত থাকতে পেরে সম্মানিত হয়েছি।

প্রসঙ্গত বলি - গত বছর IPIFF-এ "অগ্নিমন্থন" পুরস্কৃত হয়েছিল। পর পর দুই বছর দুটি ছবি পুরস্কৃত হওয়াতে এ বছর আমাকে The Best Film maker with the "Most Impactful Narratives" সম্মানে সম্মানিত করা হয়।
জীবনের প্রান্তসীমায় পৌছে মনে হয় এ সবই ঈশ্বরের আশীর্বাদ।

সরলরেখা

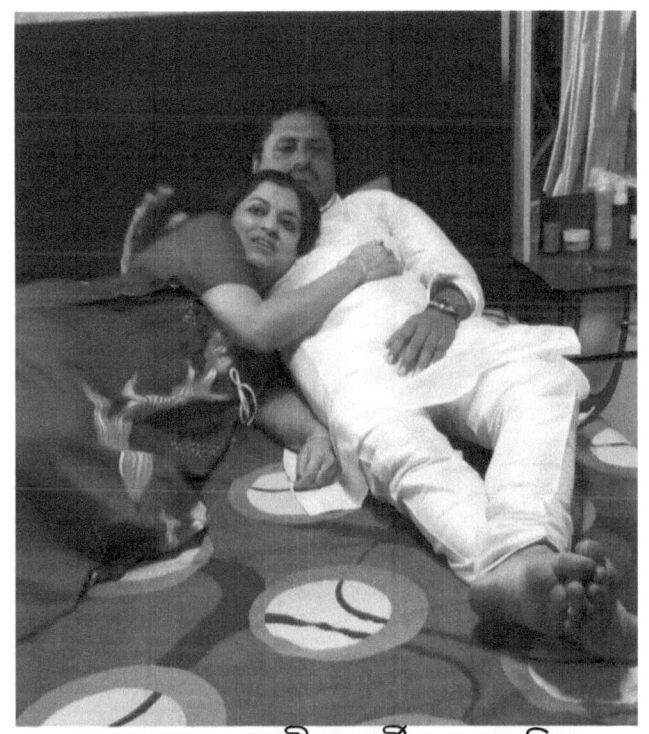

সরলরেখা   স্বাতী মুখার্জী ও সুমন মিত্র

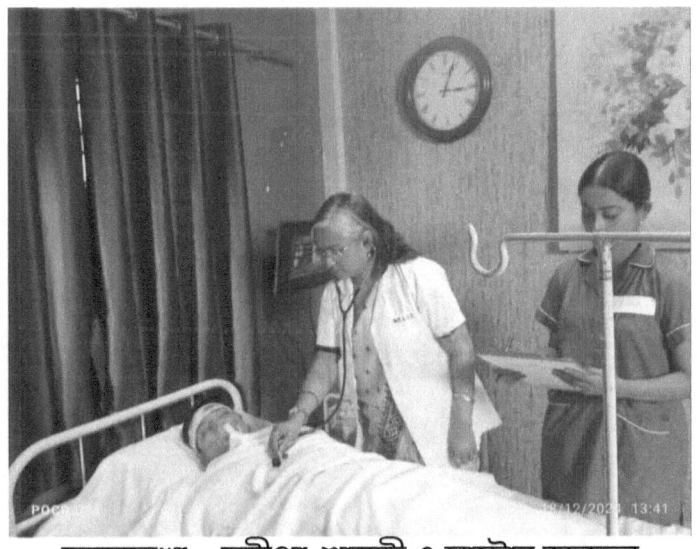

সরলরেখা   সুদীপ্তা, শাস্বতী ও মাস্টার অনুভব

গুনীজন সান্নিধ্যে

সত্যজিৎ রায়ের সান্নিধ্যে

মানিকদার সঙ্গে আমার পরিচয় 'প্রতিদ্বন্দ্বী'র সময়। যদিও ব্রাহ্ম হওয়ার সুবাদে সাধারণ ব্রাহ্মসমাজে ওঁকে দু এক বার দেখেছি কিন্তু পরের দিকে উনি আর সমাজে যেতেন না। ঠাকুরদা ঠাকুরমার কাছে গল্প শুনেছি সুকুমার রায় আমাদের তৎকালীন গড়পাড়ের বাড়িতে খুব আসতেন। আমার ঠাকুরদা, ঠাকুরমা ওনাকে "তাতা"দা বলে ডাকতেন।

'প্রতিদ্বন্দ্বী'র সময় মানিকদা থাকতেন লেক টেম্পলে রোডে মেনকা সিনেমার পাশে। মানিকদা ওই ফ্ল্যাট ছেড়ে বিশপ লেফ্রয় রোডে চলে যাওয়ার পর সৌমিত্র চ্যাটার্জী ওই ফ্ল্যাটে আসেন। জয়শ্রী নির্বাচিত হবার পর আমরা প্রায়ই লেক টেম্পলে রোডের বাড়িতে যেতাম। ফিল্মের কাজ ছাড়াও অনেকে আসতেন। ধৃতিমান, কৃষ্ণা বসু, দেবরাজ রায় ছাড়াও সৌমিত্রদা, রবিদা, কামুদা (কামু মুখার্জী) প্রায়ই আসতেন এবং বেশ ভালো আড্ডা হতো। মংকুদিও (বিজয়া রায়) থাকতেন মাঝে মাঝে। বাবু (সন্দীপ রায়) তখন বেশ ছোট, কিন্তু শুটের সময় সবসময়ে থাকতেন। তখন বংশী চন্দ্রগুপ্ত মানিকদার আর্ট ডিরেক্টর, অনিলদা (অনিল চৌধুরী) আর ভানুদা তখন প্রোডাকশানে। সৌমেন্দু রায় তখন ক্যামেরাম্যান। এখনকার বলিউডের বিখ্যাত চরিত্রাভিনেতা তিনু আনন্দ তখন মানিকদার থার্ড অ্যাসিস্ট্যান্ট ডিরেক্টর।

আমার তখন বয়েস খুবই কম, সেইজন্য সেই ভাবে অংশগ্রহণ করতে না পারলেও খুব উপভোগ করতাম ওনাদের সঙ্গ। মানিকদার ওই কণ্ঠস্বর আর হাসি কখনো ভোলার নয়। আর কেউ বাড়িতে এলে মানিকদা নিজে গিয়ে দরজা খুলতেন। ফোন এলেও নিজেই ধরতেন। ৩/৪ জন সেক্রেটারি কোনোদিন দেখিনি। মানিকদার বাড়ির আড্ডা মানে, সেটা অন্য লেভেলের। চা বিস্কুটের আড্ডা। উনি আমার ঠাকুরদাকে (ফিলিপস & রায়) খুব ভালো করে চিনতেন। আমাকে জিজ্ঞাসাও করতেন ঠাকুরদার কথা।

'প্রতিদ্বন্দ্বী'র শুট চলছে ইন্দ্রপুরী স্টুডিওতে। সেদিন শেফালী, ভাস্কর চৌধুরী আর কল্যাণ চ্যাটার্জীর দৃশ্য। শেফালী ওই দৃশ্য শুটের সময় মংকুদি (বিজয়া রায়) ছাড়া আর কোনো মহিলাকে সেটে থাকতে দিতে রাজি নন। জয়শ্রীর খুব একটা বেরিয়ে যাওয়ার ইচ্ছে ছিল না। আমার মনে আছে- মানিকদা জয়শ্রীকে বললেন "See the better part of life, you will get enough time to see the bad part"! আজ বুঝি কত বড় সত্যি কথা বলেছিলেন। শুটের সময় কত অভিনেতা অভিনেত্রীরা আসতেন শুধু মানিকদার শুট দেখতে। এই ছবির শুটিং হইয়েছিল দীঘাতে। তখন দীঘাতে এতো হোটেল ছিলো না। দুটোই ছিল - ট্যুরিষ্ট লজ আর সৈকতাবাস। সৈকতাবাস মোটামুটি আর ট্যুরিস্ট লজটা বেশ ভালো। মানিকদা, সৌমেন্দুদা (ফটোগ্রাফার সৌমেন্দু রায়) জয়শ্রী, আমি- আমরা সবাই ট্যুরিস্ট লজে উঠেছি।

তখন মানিকদার ছবির শুটিং দেখতে অনেক বিদেশী সাহেব আসতেন। সে রকমই এক বিদেশী সাহেব (নাম ভুলে গেছি) ম্যাঞ্চেস্টারে থাকেন, ভালো ভায়োলিন বাজান, মানিকদার সঙ্গে এসেছেন। একদিন দুপুরে শুটিং নেই- আমরা কয়েকজন সাহেবের ঘরে বসে বিয়ার খাচ্ছি। লাঞ্চ টাইম। হঠাৎ দরজা ঠেলে মানিকদা ঢুকলেন। ওঁর সেই বিখ্যাত গলায় জিজ্ঞেস করলেন, "Do you all want to have lunch or not?" মানিকদাকে দেখে সবাই বিয়ারের বোতল লুকোতে ব্যস্ত হয়ে পড়লো। পরমুহূর্তে মানিকদা- "Ok, no problem, carry on.." বলে বেরিয়ে গেলেন। অগত্যা আমরাও লাঞ্চে গেলাম। এমন কপাল, মানিকদা আর সেই সাহেবের সঙ্গে এক টেবিলে খাওয়ার স্থান হলো আমার। খেতে বসলাম। মানিকদা মিউজিক নিয়ে আলোচনা শুরু করলেন সাহেবের সাথে। আমার তখন কতোই বা বয়স। চুপ করে ওঁদের আলোচনা শুনছি। Different Musical Instrument, World Music, এই সব নিয়ে আলোচনা গড়াতে গড়াতে শেষ হলো মানিকদা বললেন, "ম্যাঞ্চেস্টারে অমুক দোকানে সব থেকে ভালো ভায়োলিন সারায়।" এই হলেন সত্যজিৎ রায়। ম্যাঞ্চেস্টারের কোন দোকানে ভালো বেহালা সারানো হয়, সেটাও ওঁর নখদর্পণে।

এইখানে আর একটা ঘটনা না বললেই নয়। আমার ভগ্নিপতি কিশোর চৌধুরী ওয়াইল্ড লাইফ ফোটোগ্রাফি করতো। সেই কারণে ও বিদেশে কোথা থেকে ওয়াইল্ড লাইফ ফটোগ্রাফির জন্য ২০০০০ ASA ফিল্ম নিয়ে এসেছিলো। কিন্তু সেটার জন্য কত এক্সপোজার দেবে জানতো না। আমি বললাম মানিকদাকে ফোন করো। আমাকে দিয়ে ফোনটা করালো। আমি মানিকদাকে কিশোরের পরিচয় দিয়ে কিশোরকে ফোন দিলাম। মানিকদা সব শুনে বললেন, "এটা আমি ঠিক বলতে পারছি না, তোমরা সুব্রতকে (সুব্রত মিত্র) ফোন করো।" উনিও বলতে পারলেন না। আবার মানিকদাকে ফোন করা হলো, উনি তখন "ORWO" কোম্পানির ইন্ডিয়ার হেড যিনি মুম্বাইতে বসেন, ওনার নম্বর দিয়ে ফোন করতে বললেন। আরো বললেন, "যদি উনি বলতে না পারেন, তাহলে ইন্ডিয়াতে কেউ বলতে পারবে না।"

এই ঘটনাটা এখানে বলার উদ্দেশ্য একটাই। এটাই বোঝাবার জন্য যে সত্যজিৎ রায়ের মতো মানুষ, আমাদের মতো সাধারণ ছেলের জন্য এতো খানি সময় দিলেন বা নষ্ট করলেন। "Sometimes you worry with such a big name but he was a down-to-earth man with no airs."

227

সত্যজিৎ রায়

প্রতিদ্বন্দ্বী জয়শ্রী ও ধৃতিমান

মেঘে ঢাকা ঋত্বিক

এখন যে মানুষটার কথা লিখব, তিনি ভারত তথা পৃথিবীর অন্যতম শ্রেষ্ঠ চলচ্চিত্র পরিচালক- ঋত্বিক ঘটক। এই মহান পরিচালকের সঙ্গে আমার মাত্র একদিনের পরিচয়। সালটা ১৯৭১/৭২। আমার তখন বয়স ২৩/২৪ হবে। জয়শ্রী অভিনীত 'প্রতিদ্বন্দ্বী' সবে রিলিজ করেছে। ঋত্বিক ঘটক একদিন জয়শ্রীকে ডেকে পাঠালেন, একটা ছবির ব্যাপারে কথা বলার জন্য। জয়শ্রীকে নিয়ে ওঁর বাড়ি গেলাম। উনি তখন থাকতেন ভবানীপুরে, রাস্তার নামটা ঠিক মনে নেই তবে যদুবাবুর বাজারের আশেপাশে। আলাপ হওয়ার পর দুজনেই পায়ে হাত দিয়ে প্রণাম করলাম। খুবই সাধারণ একটা ঘর। একদিকে একটা তক্তপোষ মতো আর একদিকে দু তিনটে চেয়ার একটা টেবিল। একজন এসে দুকাপ চা দিয়ে গেলেন। জিজ্ঞাসা করলাম আপনি খাবেন না? ঘাড় নেড়ে বললেন না। খানিকক্ষণ জয়শ্রীর কাজ নিয়ে কথাবার্তা হলো। জিজ্ঞাসা করলেন, "আর কি কি কাজ করছো।" জানতে চাইলেন আমি কি করি। আমি তখন একটা বিজ্ঞাপন সংস্থাতে সবে ঢুকেছি। সে কথাই বললাম। বিজ্ঞাপন সংস্থার কাজকর্ম নিয়ে একটু কথাবার্তা হলো।

তারপর বললেন "এবার একটু কাজের কথায় আসি। আমার পরের ছবিতে তোমার কথা ভেবেছি। ইন্দু (ইন্দিরা গান্ধী) বলেছে ফিল্ম করার সব টাকা দেবে কিন্তু আমার হাতে দেবে না। যাইহোক আমি স্ক্রিপ্টটা পড়ি, শুনবে তো?" জয়শ্রী বলল "নিশ্চয়ই শুনবো"। এর পর উনি স্ক্রীপ্ট পরা শুরু করলেন। প্রায় দু ঘন্টা একনাগাড়ে পড়ে গেলেন। এর পর যেটা হলো সেটা ভাবতেও পারিনি। জিজ্ঞাসা করলেন "কেমন লাগলো"? জয়শ্রী বলল "ভীষণ ভালো।" বলতেই উনি বলে উঠলেন "মারব এক চড়, তুমি স্ক্রিপ্টের কি বোঝো? লম্বুর (সত্যজিৎ রায়) ছবিতে অভিনয় করে ভেবেছ, সব বুঝে গেছ"? আমরা তো চুপ। উনি কিন্তু রাগেননি। ওটাই ওনার কথা বলার ধরণ। আমরা ঘাবড়ে গিয়েছিলাম। কি হলো বুঝলাম না। উনি কিন্তু স্বাভাবিক। তারপর আমরা যখন উঠছি, উনি বললেন "আমাকে যদুবাবুর বাজারের কাছে নামিয়ে দিয়ে যাবে"? আমি রাজি হলাম।

নামার সময় বললেন "১০টা টাকা দাও তো"। টাকাটা নিয়ে চলে গেলেন।

তখন অতো কম বয়েসে ওঁর মূল্য বুঝতাম না। আজ বুঝি ভারতীয় তথা পৃথিবীর চলচিত্রে ওঁর জায়গা কোথায়। পরে আমার সঙ্গে খুব ভালো পরিচিতি হয় বিখ্যাত রবীন্দ্রসংগীত শিল্পী গীতা ঘটকের। আমি ওঁর রবীন্দ্রসংগীতের খুব ভক্ত ছিলাম। গীতা ঘটক ব্যক্তিগত জীবনে ছিলেন মহাশ্বেতা দেবীর ভাই, ঋত্বিক ঘটকের ভ্রাতুষ্পুত্র এবং বিখ্যাত সাহিত্যিক মনীশ ঘটকের পুত্র অনীশ ঘটকের স্ত্রী। ওনার কাছেও ঋত্বিক ঘটকের অনেক গল্প শুনেছি। কল্যাণীতে একটা গানের অনুষ্ঠানে গীতা ঘটককে আমি নিয়েও গিয়েছিলাম। মহাশ্বেতা দেবীর স্বামী ছিলেন আবার বিখ্যাত নাট্যকার ও অভিনেতা বিজন ভট্টাচার্য।

ঋত্বিক ঘটকের পরিবারটাই ছিল একগুচ্ছ প্রতিভার সমাবেশ। আমি ভাগ্যবান যে এই মানুষটার সঙ্গে একদিনের জন্য হলেও পরিচিত হয়েছিলাম, কথা বলেছিলাম।

ঋত্বিক ঘটক

ঋত্বিক ঘটকের ভবানীপুরের বাড়ি

উত্তমদা , বেনুদি ও ৩ নম্বর ময়রা স্ট্রিট

উত্তমদা, বেনুদির সঙ্গে প্রথম আলাপ বোধহয় ১৯৭২/৭৩ এ। Manju Perr-এর প্রযোজনায় আর সুশীল মুখার্জীর পরিচালনায় "রোদন ভরা বসন্ত" ছবির শুটের সময়। তখন বাসবীদি (বাসবী নন্দী) আর Manju Perr দুজনেই আমাদের খুব বন্ধু ছিলেন। ওঁরা তখন থাকতেন পার্ক সার্কাস-বেকবাগানে 'মিঠাইয়ের' রাস্তায়। ওঁদের বাড়িতে প্রায়ই যেতাম আমরা। সেই সময় manju Perr জয়শ্রীকে একটা ছোট্ট চরিত্রে (একটাই দৃশ্য) অভিনয় করতে অনুরোধ করলেন। দৃশ্যটা ছিল উত্তমকুমারের সঙ্গে। জয়শ্রী তো শুনেই উত্তেজিত, রাজি হয়ে গেলো।

'রোদনভরা বসন্ত' ছবির সেটে প্রথম আলাপ উত্তমদার সঙ্গে। বেনুদিও সেদিন সেটে ছিলেন। সেই শুরু আলাপের। সেই সময় বেনুদি একদিন আমাদের ময়রা স্ট্রিটের ফ্ল্যাটে ডিনারে নেমন্তন্ন করলেন। সেই দিনটা ভুলবো না। উত্তমকুমারের বাড়ি যাবো- শরীরে রক্তচাপ বেড়ে গেলো। এক অদ্ভুত উন্মাদনা। উত্তমদার বাড়ি যেদিন গেলাম, সেদিনটা স্বর্ণাক্ষরে লেখা থাকবে। ৩ নম্বর ময়রা স্ট্রিটে পৌঁছে দোতলায় উঠলাম। বিরাট বিরাট কাঠের সিঁড়ি, দুদিকের দেওয়ালে উত্তমদার বিভিন্ন বিরাট সাইজের ফটো। দোতলায় উঠে বেল দিলাম। বোধহয় বংশী এসে দরজা খুললো। বেনুদি বাইরের ঘরেই বসে ছিলেন। ঘর মানে বিরাট একটা হলঘর। এক পাশে একটা বিরাট পিয়ানো, যাকে বলা হয় "গ্রান্ড পিয়ানো"। বেণুদি এক মহিলার সঙ্গে গল্প করছিলেন, আলাপ হলো। উনি হলেন মন্টুদি। উত্তমদার এক দিদি ছিলেন পুতুলদি। উনি খুবই কম বয়েসে চলে যান। মন্টুদিকে পুতুলদির মতো দেখতে ছিল বলে উত্তমদার থেকে বয়েসে অনেক ছোট হওয়া সত্ত্বেও উত্তমদা ওনাকে দিদি বলে ডাকতেন। পরে আমাদের সঙ্গেও খুব ভালো পরিচয় হয়ে গিয়েছিলো, ওনার স্বামীর নাম ছিল সুশীল। আমরা সুশীলদা বলতাম। যাক সেই গল্পে পরে আসবো।

বেনুদিকে জিজ্ঞাসা করলাম দাদা নেই ? বেণুদি বললেন, হ্যাঁ এক্ষুনি আসবেন, ভবানীপুরের বাড়িতে গেছেন। আজ আমাদের নিরামিষ, কিন্তু যেহেতু জামাই (আমি) আজ প্রথম আসছে বাড়িতে, তাই আমিষ করেছি। এই ছিল বেনুদির স্নেহপ্রবণতা ও ভালোবাসা।

কিছুক্ষণ পরেই দাদা মানে উত্তমদা এলেন, পরনে সাদা পাজামা পাঞ্জাবি। উত্তমদার বাড়িতে একটা সাদা স্পিৎজ ছিল, দাদা ঘরে ঢোকার সঙ্গে সঙ্গে সে দৌড়ে দাদার কোলে উঠে পড়লো। উত্তমদা ওকে আদর করতে করতে আমাদের দিকে তাকিয়ে প্রথম কথা বললেন "কি খবরম"? আজও কানে ভাসে সেই "কি খবরম"!! তারপর বেডরুমে ঢুকতে ঢুকতে বললেন, "একটু ফ্রেশ হয়ে নিই, তারপর আড্ডা মারা যাবে।" জিজ্ঞাসা করলেন "You like chaser before dinner?" বললাম 'আপত্তি নেই।' উত্তমদার ওখানে নিজেদের কাছের লোকেদের সঙ্গে ঘরোয়া আড্ডায় বসা হতো উত্তমদা, বেনুদির বেডরুমে। ঘরে একটা বিরাট ডাবল বেড খাট, কার্পেট পাতা ফ্লোর আর মাঝখানে একটা বিরাট রাউন্ড গ্লাস টেবিল। আর ছিল AC। ওই টেবিলের পাশে গোল হয়ে বসে গানবাজনা, আড্ডা সব হতো। দিনের পর দিন ওই ঘরে আড্ডা মেরেছি বিশেষত শনিবার আর রবিবার। রবিবার দুপুর ১২ /১২ ৩০ থেকে শুরু হতো "বিয়ার সেশন"। সেই সব গল্পে আসছি পরে। কিন্তু প্রফেশনাল লোকজনেদের সঙ্গে আলোচনা, স্ক্রিপ্ট শোনা ইত্যাদি সব বাইরের ঘরেই হতো।

উত্তমদাকে নিয়ে আরো এগোবার আগে একটা অনুষ্ঠানের কথা এখানে উল্লেখ করছি। উত্তমদার বাড়ি যাওয়ার আগে অসীমাদির (অসীমা ভট্টাচার্য) আমন্ত্রণে আমি আর জয়শ্রী একটা দারুন অনুষ্ঠানে গিয়েছিলাম কলামন্দিরে। সে এক দারুন অভিজ্ঞতা। পুরো অনুষ্ঠানটাই অসীমাদি আয়োজিত ও পরিচালিত। সেদিন বাংলা চলচিত্রের সব শিল্পীরাই উপস্থিত ছিলেন ওই অনুষ্ঠানে। যেহেতু অসীমাদির "পম্পি ফিল্মস" তখন বেশ বড় প্রযোজনা সংস্থা আর অসীমাদি নিজে একজন প্রতিষ্ঠিত সংগীত পরিচালক, সেই কারণে অসীমাদির আমন্ত্রনের একটা অন্য মাত্রা ছিল।

সেই সময় মান্না দে উত্তমকুমারের ছবিতে ধারাবাহিকভাবে প্লে-ব্যাক করছেন। ওই অনুষ্ঠানে শিল্পী তালিকায় ছিলেন গানে- হেমন্ত মুখোপাধ্যায়, মান্না দে, শ্যামল মিত্র এবং উত্তমকুমার। কৌতুক নকশায়- রবি ঘোষ ও ভোলা দত্ত। অনুষ্ঠান পরিচালনায়-পার্থ মুখোপাধ্যায়। সেদিন হেমন্ত মুখোপাধ্যায় ওঁর সুপারহিট গানগুলো গেয়েছিলেন। দর্শকেরা উত্তাল হয়ে উঠেছিল। যখন উত্তমকুমার মঞ্চে উঠবেন, তখন পার্থ ঘোষনা শুরু করলেন- "এবার আপনাদের সামনে আসছেন বাংলা তথা ভারতের...." এটুকু বলা শেষ না হতেই দর্শকদের প্রবল চীৎকার- 'আরে, ছাড়... ছাড়... পড়া বন্ধ করো... আমরা এসব কিছু শুনতে চাইনা...। গুরুকে ডাকো...গুরুকে ডাকো......।" উত্তমকুমার মঞ্চে এলেন, সূচীভেদ্য নীরবতা- নমস্কার করে হারমোনিয়াম টেনে নিয়ে প্রথম গান ধরলেন- "ছিন্ন পাতার সাজাই তরণী, একা একা করি খেলা..."। এরপর আরেকটা রবীন্দ্রসঙ্গীত গেয়ে উনি মঞ্চ ছেড়ে চলে গেলেন। দর্শকদের চিৎকারে তখন কান পাতা দায়। সমস্ত দর্শকরা একযোগে দাঁড়িয়ে উঠে হাততালি দিচ্ছেন। যাকে বলে 'Standing Ovation'। এইসব এখন ভাবাই যায় না।

উত্তমকুমারকে দেওয়া এই রকম আর একটা 'Standing Ovation' আমি দেখেছিলাম কলকাতার রবীন্দ্র সদনে BFJA পুরস্কার বিতরনী সভায়। তখনকার BFJA র সঙ্গে এখনকার WBFJA কে মিলিয়ে ফেলবেন না কেউ প্লিজ। তখন বোধহয় BFJAর প্রেসিডেন্ট ছিলেন সেবাব্রত গুপ্ত। আর সুব্রত মুখার্জী ছিলেন তথ্য ও সংস্কৃতি দপ্তরের মন্ত্রী। সে বছর মুম্বাই থেকে পুরস্কৃত হয়েছিলেন রাজেশ খান্না। আমরা যখন রবীন্দ্র সদনে পৌছলাম, বোধহয় ৬ষ্ঠ/৭ম রোতে বসেছিলাম। তখন রাজেশ খান্না এসে গেছেন, একদম সামনের রোতে কারো সঙ্গে কথা বলছেন কিন্তু উত্তমকুমার তখনও আসেননি। কিছুক্ষণ পরেই হলে একটা গুঞ্জন - পিছন ফিরে দেখলাম উত্তমকুমার ঢুকছেন, সঙ্গে ৫/৬ জন। আস্তে আস্তে গুঞ্জন বাড়তে লাগলো। রাজেশ খান্না উত্তমদাকে দেখেই ছুটে এসে উত্তমদার হাঁটু ধরে বসে পড়লেন আর সমস্ত হল দাঁড়িয়ে উঠে Standing Ovation দিচ্ছে। এখন লিখতে লিখতে আমার গায়ের লোমকূপ খাঁড়া হয়ে যাচ্ছে। সারা ভারতের সব অভিনেতা

অভিনেত্রীরা কি সম্মান করতেন উত্তমদাকে। আমি ধর্মেন্দরকেও দেখেছি উত্তমদার হাঁটু ছুঁয়ে প্রণাম করতে।

সেই উত্তমদার সঙ্গে প্রায় ৮ বছর একটা দারুন সময়ে কাটিয়েছি। আর সেই সঙ্গে বেনুদির আতিথেয়তা। উত্তমদার বাড়িতে শনিবার আর রবিবারের আড্ডায় সাধারণত থাকতেন শ্যামল মিত্র, শুভেন্দু চ্যাটার্জী, সলিল মন্ডল (Excise commissioner), রঞ্জিত সিনহা (সৌমিত্র চ্যাটার্জীর ভগ্নীপতি), তরুণকুমার আর সুব্রতা চ্যাটার্জী (মাঝে মাঝে থাকতেন), দেবেশ ঘোষ, রঞ্জনা ব্যানার্জী, অভিনেতা ও প্রযোজক মন্টু ব্যানার্জী, সলিল দত্ত, গীতালি দত্ত, পীযুষ বসু, অসীম সরকার (উত্তমদার সেক্রেটারি), মন্টুদি আর রত্না চ্যাটার্জী। রত্না চ্যাটার্জী অসম্ভব সুন্দরী এক মহিলা। ফর্সা ঝকঝকে গায়ের রং, মুখশ্রী দুর্গাপ্রতিমার মতো। বেণুদি, সোমা তো আছেই। সোমা বোধহয় তখন লেডি ব্রাবোর্ন কলেজের ফার্স্ট ইয়ারের ছাত্রী।

মন্টুদির পরিচয় তো আগেই দিয়েছি। ওঁর স্বামী সুশীলদা অসম্ভব ভদ্র, হুজুগে এক ভদ্রলোক। আর মেয়ে ছিল স্বপ্না। অনেক বছর ওর সঙ্গে দেখা নেই। লরেটো এডুকেটেড, ভীষণ ভালো ওয়েস্টার্ন ডান্স করতে পারতো। রত্নাদিকে নিয়ে একটা মজার গল্প মনে পড়ে গেলো। দুপুরে উত্তমদার বাড়ির আড্ডায় সাধারণত গানই বেশি হতো। কোনো পরনিন্দা পরচর্চা হতে শুনিনি। কখনো উত্তমদা গাইতেন, শ্যামলদা তবলা বাজাতেন আবার কখনো উল্টো। এইরকম একদিন একটা রবীন্দ্রসংগীত হচ্ছে (গানটা ভুলে গেছি), হঠাৎ রত্নাদি বললেন "চলো প্রবীর নাচি"। আমি আর রত্নাদি নাচতে শুরু করলাম। রত্নাদির বিরাট চেহারার কাছে আমি একটা রোগা পাতলা ছেলে, প্রায় হারিয়ে গেছি। হঠাৎ উত্তমদা বলে উঠলেন “রত্না, এই বাচ্চা ছেলেটার মাথাটা কি না খেলেই নয়?” আমি তো লজ্জায় পড়ে নাচ বন্ধ করে দিলাম আর সবাই হো হো করে হেসে উঠলেন। রত্নাদি বললেন “তোমার মুখের কোনো আগল নেই, একটা বাচ্চা ছেলে !” সবার হাসি আরো বেড়ে গেলো।

নাচের ব্যাপার যখন বললাম, তখন এই নিয়ে আর একটা মজার ঘটনা বলি। তখন সবে রাজকাপুরের ববি রিলিজ করেছে। 'ম্যায়

শায়র তো নহী' খুব হিট একটা waltz নম্বর। উত্তমদা খুব ভালো ওয়েস্টার্ন ডান্স করতেন। বব দাসের কাছে নাচ শিখতেন। উত্তমদা বললেন আমি আর স্বপ্না (মন্টুদির মেয়ে) নাচবো। আর কে নামবে ফ্লোরে? আমার তখন একটু আধটু Waltz-এ নাম ছিল। কিন্তু সেদিন একটা সমস্যা হয়েছিল, আমি নাচবো কি করে? সেদিন আমি ধুতি আর খদ্দরের পাঞ্জাবি পরে গিয়েছিলাম। বেনুদি বললেন- 'নো প্রব্লেম'। বলে, উত্তমদার একটা প্যান্ট আর বেল্ট দিয়ে বললেন, 'যা চেঞ্জ করে আয়'। আরে উত্তমদার প্যান্ট কি আমার হয়? আমি কোনোরকমে বেল্ট দিয়ে কষে প্যান্টটা বেঁধে আর পাঞ্জাবিটা পরেই নেমে গেলাম ফ্লোরে। আমি আর সোমা নামলাম। সোমাও ভালো ওয়েস্টার্ন ডান্স করতো ! 'নতুন সূর্য' ছবিতে আমাদের দুজনের ওয়েস্টার্ন ডান্সের একটা ছোট দৃশ্য ছিল। সারা ফ্লোরে শুধু আমরা দুটো couple। নাচ হয়ে যাওয়ার পর উত্তমদা বললেন "বাহ্ ছোকরার তো বেশ এলেম আছে!" আমি তখন বললাম, 'এবার আমি নাচবো স্বপ্নার সঙ্গে "ঝুট বোলে কৌয়া কাটে'। তুমি আর সোমা নাচো। উত্তমদা তখন হাসতে হাসতে বললেন, 'না এটা বাড়াবাড়ি হয়ে যাবে এই বয়েসে।' কি সব দিন কেটেছে তখন। সোমার নিশ্চয়ই সব মনে আছে।

সোমার কথা যখন উঠলো, তখন সোমার আমাকে করা একটা মজার প্রশ্নের কথা বলি। শচীনদার (শচীন অধিকারী) পরিচালনায় "চোখের আলোয়" ছবির প্রিমিয়ার মেনকা সিনেমা হলে। ফিল্মে দুজন নায়ক প্রসেনজিৎ আর তাপস পাল। দুজনেই তখন টপ। ছবি শুরু হওয়ার আগে সোমা এসে আমার পাশে বসলো। পপাইও ছিল সেদিন আমার সঙ্গে। সোমা এসেই আমাকে জিজ্ঞাসা করলো "আচ্ছা প্রবীরদা, আজ তো ফিল্মের প্রিমিয়ার। আর এখন তো বুম্বা আর তাপস টপ?" আমি বললাম, "হ্যাঁ তাতে কি হলো?" সোমা বললো- "কিন্তু রাস্তায় তো কোনো ভিড় বা লাঠি চার্জ দেখলাম না। বাবির (উত্তমকুমার) ফিল্ম রিলিজ করার সময় তো হুলুস্থুল হতো।" আমি বললাম "সোমা, ওঁর নাম উত্তমকুমার। ওঁর ফিল্ম এই মেনকাতে রিলিজ করলে দেশপ্রিয় পার্কে ট্রাফিক জ্যাম হয়ে যেত।"

কি ভালো গান করতেন উত্তমদা। অভিনয় না করলে, শুধু সংগীত শিল্পী হিসেবেই উত্তমদা খ্যাতির চূড়ায় যেতে পারতেন। গীতবিতান খুলে একটার পর একটা গান গেয়ে যেতেন, শ্যামলদা (শ্যামল মিত্র) তবলা বাজাতেন। যখন অমানুষ রিলিজ হলো, উত্তমদার একদম দৃঢ় বিশ্বাস যে এই ছবি ফ্লপ করবে। এক রবিবার আমি বললাম "দাদা, কাল উজ্জলাতে নাইট শোর টিকিট পাইনি।" সেই সময়টা ছিল ডিসেম্বর মাস আর নাইট শো হতো ৯টা - ১২টা। উত্তমদা বিশ্বাস করতে চাইলেন না, তারপর দু এক জায়গায় ফোন করে খবর নিলেন অমানুষ সুপার হিট। সেদিন শ্যামলদা গাইলেন "বিপিন বাবুর কারণ সুধা...." আর উত্তমদা হাতে গ্লাস নিয়ে একদম অরিজিনাল দৃশ্যের মতো নাচলেন।

উত্তমদার বাড়িতে অমানুষের পর একটা বিরাট পার্টি হয়েছিল। সেখানে শক্তি সামন্ত এবং ওঁর ভাই গিরিজা সামন্তও ছিলেন। ১৯৭৫ সালে উত্তমদার জন্মদিন হলো বিরাট করে ৩, ময়রা স্ট্রিটের নিচে পিছন দিকে বাগানে। আমি ঠিক তার আগেই বাংলাদেশ গিয়েছিলাম এবং সেখানে রাজ্জাক আর ববিতার সঙ্গে দেখা করেছিলাম। দাদা জিজ্ঞাসা করলেন, "ঢাকা কেমন লাগলো?" আমি বললাম "খুব ভালো। রাজ্জাককে মিট করলাম। উনি তো তোমার প্রশংসায় পঞ্চমুখ।" উত্তমদা বললেন, "ছেলেটা ভালো। এখানে খুব স্ট্রাগল করেছে। আমি খুব খুশি ওর জন্য।" ওই জন্মদিনে পুরো অনুষ্ঠানটা 8mm ক্যামেরাতে কভার করেছিলেন বিখ্যাত পরিচালক অজয় কর। ওঁর মেয়ে কৃষ্ণাকে বলেছিলাম, একটু খুঁজে দেখতে যদি পাওয়া যায়।

উত্তমদার যেমন টেকনিসিয়ান্সদের প্রতি এক অদ্ভুত ভালোবাসা ছিল, তেমনি সহঅভিনেতা, অভিনেত্রীদের প্রতিও সবসময়ে বাড়ানো থাকতো সাহায্যের হাত। প্রত্যেক স্পট বয়দের (প্রোডাকশন বয়) জন্য ১ 1/2 কাঠা করে জমি দিয়ে গিয়েছিলেন। জগদীশ, বাচ্চুদের, সাধারণ স্পট বয় থেকে লাইট সাপ্লায়ার আর ক্যামেরা সাপ্লায়ার হওয়ার পিছনে উত্তমদার হাত ছিল। ওঁরা তো উত্তমদাকে ভগবানের মতো শ্রদ্ধা করতেন। সুনীল বসুমল্লিকের (মুখার্জী পরিবার, জয়জয়ন্তী) পরিচালক প্রযোজক হওয়ার

পিছনেও সেই একজনই-উত্তম কুমার। রত্নাদিও হয়ে গেলেন প্রোডিউসার, প্রতিশোধ ছবিটি ওঁর প্রযোজনায় তৈরি। কি ভাবে? ওই যে উত্তমকুমার। কেউ ১ টাকা দিয়েই হোক বা ১ লক্ষদিয়েই হোক শুধু উত্তমদার একটা কনসেন্ট আনলেই ব্যস, বাকি টাকা দেওয়ার দায়িত্ব ডিস্ট্রিবিউটরের। আছে না কি কোনো নায়ক এখন? যার নামে এক কথায় ডিস্ট্রিবিউটর টাকা দেবেন। এখন আবার ডিস্ট্রিবিউটরই বা কোথায়। এঁরা তো সব কমিশনড এজেন্ট। হয় Remuneration বা Commission এ কাজ করেন।

আর সহঅভিনেতা অভিনেত্রীদের সাহায্য করা? জয়শ্রী যখন পীযুষ বসুর সব্যসাচীতে অভিনয় করছে, সেই সময় একদিন NT1 স্টুডিওর পুকুর পাড়ে বসে আড্ডা মারতে মারতে জয়শ্রী কেঁদে ফেললো। দাদা জিজ্ঞাসা করলেন, "কি হয়েছে?" জয়শ্রী বললো "পীযুষদা একদম cooperate করছেন না। কিছু জিজ্ঞাসা করলে ঠিক হয়েছে না ভুল হয়েছে কিছুই বলছেন না।" উত্তমদা বললেন, "তুই আমাকে জিজ্ঞাসা করবি।" তারপর পীযুষদাকে ডেকে বললেন, "একটা বাচ্চা মেয়ের সঙ্গে কেন এরকম করছো?" তারপর থেকেই সব ঠিক। পরে পীযুষদা ও ওঁর এংলো ইন্ডিয়ান স্ত্রী শার্লির সঙ্গে আমাদের খুব ভাব হয়ে গিয়েছিলো।

তরুণ প্রজন্মের শিল্পীদের প্রতি ওনার স্নেহ ভালোবাসা কতটা ছিল, একটা ছোট ঘটনা বললেই সবাই বুঝতে পারবেন। এক শনিবার উত্তমদার বাড়িতে আড্ডা হচ্ছে, হঠাৎ বেনুদি বললেন আজ রঞ্জিত (রঞ্জিত মল্লিক) তোমাকে দেখতে পেয়ে এসে প্রণাম করলো আর আমাকে চিনতেই পারলো না। উত্তমদা বললেন, "আরে, তুমি তো আমার সঙ্গে ছিলে না, কার সঙ্গে যেন কথা বলছিলে। রঞ্জিত তোমাকে নিশ্চয়ই দেখতে পায়নি। ও ওই ধরণের ছেলে না, একটা বাচ্চা ছেলের সমন্ধে কেন বলছ?" বেনুদি বললেন, "তাই হবে হয়তো, আমার খুব খারাপ লেগেছিলো, তাই বললাম।" এই হচ্ছেন উত্তমকুমার। রঞ্জিত যদি এটা পড়ে, তাহলে খুশি হবে। তবে রঞ্জিতও উত্তমদাকে খুব শ্রদ্ধা করতো।

এবার উত্তমদার ক্যারিশমা নিয়ে একটা গল্প বলি। উত্তমদার বাড়িতে শনিবার, রবিবারের আড্ডা দুপুর থেকে শুরু হয়ে প্রায়ই রাত দেড়টা দুটো হয়ে যেত। আমার নিজের চোখে দেখা ওই দুপুর ১২/১ থেকে রাত অবধি প্রতি আধ ঘন্টা অন্তর উত্তমদা পাঞ্জাবি বদলাতেন। বেনুদি বলতেন 'একটু বেশি ঘামে ও।' কিন্তু তাই বলে আধ ঘন্টা অন্তর বদলানো! আর একটা ঘটনা, এক রবিবার এই রকম আড্ডা চলছে, হঠাৎ লোডশেডিং। তখন সিদ্ধার্থশঙ্কর রায় মুখ্যমন্ত্রী। ওই সময়ে ভীষণ লোডশেডিং হতো। উত্তমদা অসীমকে ডাকলেন। অসীমদা সঙ্গে সঙ্গে বুঝে গেলেন - ফোন। উত্তমদা ফোন ধরে বললেন "হ্যালো মানুদা, সপ্তাহে একদিন একটু রেস্ট নেবো, সেখানেও লোডশেডিং?" কেউ বিশ্বাস করবেন কি না জানি না ঠিক ১০ মিনিটের মধ্যে কারেন্ট এসে গেলো। ওই সময়ে সরকার থেকে একটা সার্কুলার পাঠানো হয়েছিল CESCতে, উত্তমকুমার যেদিন যে ষ্টুডিওতে থাকবেন, সেইদিন মেজর কোনো ফল্ট না হলে ওখানে লোডশেডিং করা যাবে না কারণ উত্তমকুমারের একটা ডেট মিস হওয়া মানে আগামী ৬/৯ মাস কোনো ডেট নেই। এই ব্যাপারে পার্থপ্রতিম চৌধুরীর যদুবংশ-র একটা ঘটনা বলছি।

বিমল করের উপন্যাস আর পার্থপ্রতিম চৌধুরীর পরিচালনার ছায়াছবি যদুবংশ অনেকেই দেখেছেন। উত্তমকুমার, শর্মিলা ঠাকুর, অপর্ণা সেন, ধৃতিমান চ্যাটার্জী, বাপী বন্দ্যোপাধ্যায় অভিনীত এক অসাধারণ ছবি।'গনাদা' চরিত্রে উত্তমকুমারের অসাধারণ অভিনয় ভোলা যায় না। যা হোক, এবার আসল গল্পে আসি। পার্থদা নিজে এই গল্পটা করেছিলেন। যদুবংশর শুট হতো টালিগঞ্জে কলকাতা মুভিটোন স্টুডিওতে। সকাল ৯টায় কল টাইম। উত্তমকুমার এসে গেছেন, মেকআপ শেষ, সবে ফ্লোরে যাবেন বলে উঠেছেন, এমন সময় লোডশেডিং। ষ্টুডিও থেকে ফোন করা হলো CESCতে। ওঁরা জানালেন -লোডশেডিং নয়, মেজর ট্রান্সফরমার ব্রেকডাউন। আমরা চেষ্টা করছি যত শীঘ্র সম্ভব পাওয়ার রেস্টোর করতে। কিছু করার নেই, সবাই অপেক্ষা করছেন। দেখতে দেখতে ১০টা, ১১টা, ১২টা, ১টা বেজে গেলো কিন্তু পাওয়ারের পাত্তা নেই। এদিকে বেনুদি ফোন করে যাচ্ছেন স্টুডিওতে। উত্তমদা বললেন 'ফোন

তুলে রাখো।' উত্তমদা কিছু খাচ্ছেন না, শুধু গরম জল খেয়ে যাচ্ছেন। সেদিন ওই চারজন ছেলের কাছে মার খাওয়ার দৃশ্যটা আছে। ওদিকে অসীমদা (উত্তমদার সেক্রেটারি) চলে এসেছেন। সেই সময় উত্তমদা আস্তে আস্তে মেকআপ রুম থেকে বেরিয়ে গাড়ির সামনে এসে পার্থদাকে বললেন, 'আমি চলেই যাই, আর কত অপেক্ষা করবো?' পার্থদাও বললেন, "হ্যাঁ দাদা, ঠিক আছে কারণ পাওয়ার আসার কোনো টাইম CESC দিতে পারছেন না।"

উত্তমদা গাড়িতে উঠতে উঠতে পার্থদাকে জিজ্ঞাসা করলেন, 'এই সেটটা তো আজকেই শেষ?' পার্থদা বললেন, "হ্যাঁ"। উত্তমদা বললেন 'তাহলে আজকেই সেট ভেঙে দেওয়া হবে, আজ শুট না হলে, তোকে তো আবার সেট তৈরি করতে হবে। সে তো আবার ডাবল খরচ! না, আমি বরং আরো একটু অপেক্ষা করেই যাই"- বলে আবার মেকআপ রুমে ঢুকে গেলেন। সেদিন পাওয়ার এলো রাত ৯. ৩০ টা নাগাদ। ভাবা যায়, উত্তমকুমার তখনও অপেক্ষা করছেন! এবার সবাই সেটে গেলেন। উত্তমদা দেখলেন পার্থদা বসে স্ক্রিপ্ট নিয়ে কি যেন করছেন। পার্থদাকে ডেকে উত্তমদা জিজ্ঞাসা করলেন "কি করছিস?" পার্থদা বললেন- "এই কিছু শট কাটছি, এতো রাত হয়ে গেছে।" উত্তমদা জিজ্ঞাসা করলেন, "কটা শট আছে?' পার্থদা বললেন "৬২ টা।' উত্তমদা বললেন "তুই যদি একটা শটও কাটিস, তাহলে আমি এক্ষুনি ফ্লোর ছেড়ে বেরিয়ে যাবো। তোকে ৬২ টা শটই নিতে হবে, যত রাতই হোক।" লাস্ট শট শেষ হলো রাত তখন প্রায় ২.৩০ টা। পার্থদা বললেন- "ওকে শট।" উত্তমদা বললেন "এই শটটা আর একটা নে, আমার একটু গন্ডগোল আছে।" পার্থদা আমাকে গল্প করেছিলেন- উত্তমদা এটা বলার পর আমি উত্তমদাকে জড়িয়ে ধরে হাউ হাউ করে কেঁদে ফেলেছিলাম। আজকের নায়ক, মহানায়কেরা বুঝবেন না যে 'উত্তমকুমার' এমনি এমনি হওয়া যায় না।

আমি একদিন উত্তমদাকে জিজ্ঞাসা করেছিলাম "দাদা, তোমার সঙ্গে সুচিত্রা সেনের কোনো প্রেমের সম্পর্ক ছিল?" দাদা বলেছিলেন "না। কিন্তু আমরা ভীষণ কাছের বন্ধু। আজও যখন আমাদের কোনো ফিল্ম টিভিতে দেখায়, সেদিন ফোন করে যেতে

বলে। এই কদিন আগেই আলো আমার আলো দেখালো। আমাকে রমা ফোন করলো, আমি চলে গেলাম। দুজনে একসঙ্গে দেখলাম।" উত্তমদাকে সুচিত্রা সেন "উতু" বলে ডাকতেন আর উত্তমদা ডাকতেন "রমা" বলে। উত্তমদার এই রকম অনেক ঘটনা আছে। শুধু উত্তমদাকে নিয়ে স্মৃতিচারণ করলেই একটা বই হয়ে যায়।

খালি উত্তমদার গল্পই করে গেলাম। এবার একটু বেনুদির কথা বলি। বেনুদির হাতের রান্না তো অসাধারণ, সেটা সবাই জানেন। আর সেই রকম আতিথেয়তা। একদিন রাতে আড্ডা মারছি। উত্তমদার বাড়িতে আড্ডার সময় কারো আর ঘড়ি দেখার মন থাকতো না। এই রকম একদিন রাত প্রায় একটার সময় বেনুদি জিজ্ঞাসা করলেন, তোমরা খাবে না? রাত একটা বাজে। উত্তমদা বললেন "বেনু এখন একটা জিনিষ খুব খেতে ইচ্ছে করছে। জাফরান দেওয়া পোলাও।" আপনারা বিশ্বাস করবেন? বেনুদি অত রাতে পোলাও করলেন এবং নিজের হাতে। এই রকম ছোট খাটো অত্যাচার উত্তমদা করতেন বেনুদির উপর আর বেনুদি আনন্দের সঙ্গে সেই অত্যাচার মেনে নিতেন।

একবার এক লক্ষ্মীপুজোর দিন, উত্তমদা বেনুদিকে বললেন "আজ একটু বিয়ার হবে না, এত সব গেস্ট আছেন?' বেনুদি বললেন- "আজ বাড়িতে পুজো, নো ড্রিঙ্কস।" উত্তমদা বললেন "আরে আমার জন্য বলছি না, আমি অতিথিদের জন্য বলছি।" বলেই আমার দিকে তাকিয়ে চোখ টিপলেন। সেই চোখ টেপাটা আমার চোখের সামনে এখনও ভাসছে। বেনুদি কিছুতেই রাজি না আর উত্তমদা খালি একটা কথাই বলে যাচ্ছেন দুষ্টু দুষ্টু হাসি নিয়ে 'আরে আমি অতিথিদের জন্য বলছি বেনু।' সুশীলদা (মন্টুদির স্বামী) বললেন- "উত্তম, আজ পুজোর দিন এইসব খেয়ো না, মা লক্ষ্মী রাগ করবেন।" উত্তমদা হাসতে হাসতে বলে উঠলেন"উনি আমাকে ছেড়ে কোথায় যাবেন?" বেনুদিকে শেষে হার স্বীকার করতে হয়েছিল।

সেদিন পুজোর খাওয়াদাওয়ার পর উত্তমদা বললেন- "অসীম, আমার আজ খুব ছবিদার (ছবি বিশ্বাস) ফিল্ম দেখতে ইচ্ছে করছে।" অসীমদা ফোন করে ব্যবস্থা করলেন - ১৬ mm প্রজেক্টর, ফিল্ম এসে গেলো। ছবিটা যতদূর মনে পড়ছে 'শুন বরনারী'। বাইরের ঘরে মাটিতে বসার ব্যবস্থা হলো, বড় বড় তাকিয়া নিয়ে আমরা সব বসে গেলাম। ছবি শুরু হলো। এখনো মনে আছে, ছবি বিশ্বাসের প্রথম অ্যাপিয়ারেন্স স্ক্রিনে উত্তমদা কাঁদতে শুরু করলেন। বললেন- "কি অভিনেতা! এইরকম অভিনেতা আর জন্মাবে না।"একজন সিনিয়র শিল্পীর প্রতি এই সম্মান শ্রদ্ধা ভালোবাসা আজকাল আর দেখা যায় না।

যেদিন উত্তমদা চলে গেলেন, সেই দিনটা কোনোদিন ভুলবো না। ২৪ সে জুলাই, ১৯৮০। আমি আর রঞ্জিত মল্লিক সেদিন চক্রবেড়িয়া থেকে লরিতে উঠেছিলাম। আমি অবশ্য দেশপ্রিয় পার্কে নেমে গেলাম ভূপেনদাকে (ভূপেন হাজারিকা) দেখে। লরি তো এগোচ্ছেই না। ভূপেনদার গাড়ি করে NT1 স্টুডিওতে চলে গেলাম। বাচ্চা বাচ্চা মেয়ে, বৌ, ছেলেরা হাউ হাউ করে কাঁদছে। কি দৃশ্য সেদিন কলকাতার। ল্যান্সডাউনে একটা ডবল ডেকার বাস আটকে গেছে, মনে হচ্ছে বাসটা নৌকার মতো দুলছে। বিবাহিতা মহিলারা হাতের পলা, শাখা ভেঙে ফেলছেন। অবিশ্বাস্য দৃশ্য। মাঝখানে হঠাৎ একটু বৃষ্টি নামলো। দু একজন ছাতা খুলেছেন। পাবলিক থেকে চিৎকার উঠলো 'গুরু ভিজছেন, সবাই ছাতা বন্ধ করুন।' সঙ্গে সঙ্গে সব ছাতা বন্ধ হয় গেলো। আজও লিখতে লিখতে আমার চোখে জল এসে যাচ্ছে। প্রযোজক দেবেশ ঘোষকে সেদিন পাবলিক টালিগঞ্জে তাড়া করেছিল। আগের দিন রাতে দেবেশ ঘোষের বাড়ি থেকে ফিরে উত্তমদা অসুস্থ হয়ে পড়েছিলেন। পাবলিকের ধারণা ওঁর জন্যই গুরু মারা গেছেন। সেদিন মন্টুদা (মন্টু ব্যানার্জী) না থাকলে দেবেশ ঘোষের যে কি হতো কে জানে। মন্টুদা ওঁকে তাড়াতাড়ি নিয়ে একটা ফ্লোরে ঢুকে বাঁচালেন।

উত্তমদা চলে যাওয়ার পরেও আমি আর পপাই ময়রা স্ট্রিটের ফ্ল্যাটে গিয়েছি বেশ কয়েকবার। পপাইর খুব দুঃখ ছিল উত্তমদার সঙ্গে আলাপ হলো না। মনে আছে বেনুদি একদিন আমাকে আর

পপাইকে ডিনারে ডাকলেন। পপাই তো ওই কাঠের সিঁড়ি দিয়ে উঠতে উঠতে অবাক হয়ে সিঁড়ির দু পাশের উত্তমদার বড় বড় পোর্ট্রেট দেখছে আর বলছে "আমি বিশ্বাস করতে পারছি না যে উত্তমকুমারের ফ্ল্যাটে যাচ্ছি"। সেদিন ফ্ল্যাটে ঢোকার পর বেনুদি ঘুরিয়ে ঘুরিয়ে পপাইকে দেখাচ্ছেন, কোথায় আমরা আড্ডা মারতাম, কোনটা লাইব্রেরি ঘর ছিল, বাইরের ঘরে বিশাল পিয়ানো। তারপর 'ছোটিসি মুলাকাত-এর VHS ক্যাসেট দিয়ে সোমাকে বললেন একটু চালাতে। শুধুই স্মৃতি রোমন্থন।

বেনুদি আর সোমা ময়রা স্ট্রিট থেকে মারুতি বিল্ডিঙে চলে যাওয়ার পরে ওখানেও গিয়েছি পপাইকে নিয়ে সোমার জন্মদিনে- ৩১শে ডিসেম্বরের রাতে। কোনো পার্টি নয়, শুধু বেনুদিকে সঙ্গ দেওয়ার জন্য যেতাম। মনে আছে একদিন বেণুদি এমন চমৎকার চিকেন তড়কা করে খাইয়েছিলেন যা যে কোনো পাঞ্জাবি ধাবাকে হার মানাবে। শেষের কবছর বেণুদি থাকতেন (সোমা এখনো থাকে) মুখ্যমন্ত্রী মমতা বন্দ্যোপাধ্যায়ের দেওয়া বালিগঞ্জ সার্কুলার রোডের উচ্চপদস্থ সরকারি কর্মচারীদের আবাসনে। সেখানেও গিয়েছি অনেকবার। মাঝে মাঝে সকালের দিকে চলে যেতাম, বাইরের ডাইনিং টেবিলে বেনুদি এসে বসতেন, পায়ের কাছে বেনুদির ভীষণ প্রিয় 'কোকো'। অনেক পুরোনো গল্প আড্ডাতে কখন যে সময় কেটে যেত। অনেকেই বলতেন বেনুদির সঙ্গে আলাপ করিয়ে দিতে, তাঁদের নিয়েও গিয়েছি আলাপ করিয়ে দিতে। একটা কথা আজ বেনুদি সমন্ধে বলতে খুব ইচ্ছে করছে- কোনোদিন কারো বিরুদ্ধে কোনো অভিযোগ শুনিনি, কোনো প্রসঙ্গ তুললে চুপ করে যেতেন। বলতেন "ও সব কথা থাক না"। সারা জীবন শুধু স্যাক্রিফাইস করে গেলেন একজন মানুষকে ভালোবেসে। বেনুদির সঙ্গে আমার শেষ দেখা হইয়াছিল ১৯শে জানুয়ারী ২০১৮ তে। বেনুদির চলে যাওয়ার ঠিক এক সপ্তাহ আগে। ২৬শে জানুয়ারী ২০১৮ তে বেণুদি চলে যান সকল ৬টায়। সোমা আমাকে ফোন করেছিল সকল ৬.৩০ টায়। আমি সঙ্গে সঙ্গে চলে যাই।

আজ মাঝে মাঝে ভাবি- ৪৫ বছর পেরিয়ে গেছে উত্তমদা চলে গেছেন। কিন্তু আজও ওঁর জনপ্রিয়তার, অভিনয়ের ধারে কাছে

কোনো শিল্পী যেতে পারলেন না। পৃথিবীর ইতিহাসে এই ঘটনা বিরল। সত্যজিৎ রায় ঠিকই বলেছিলেন, "আগামী শতকেও আর একটা উত্তমকুমার জন্মাবেন কি না সন্দেহ"। আজ মনে হয়ে এর চেয়ে বড় সত্যি আর বোধহয় কিছু হয় না।

উত্তমদা বেণুদি

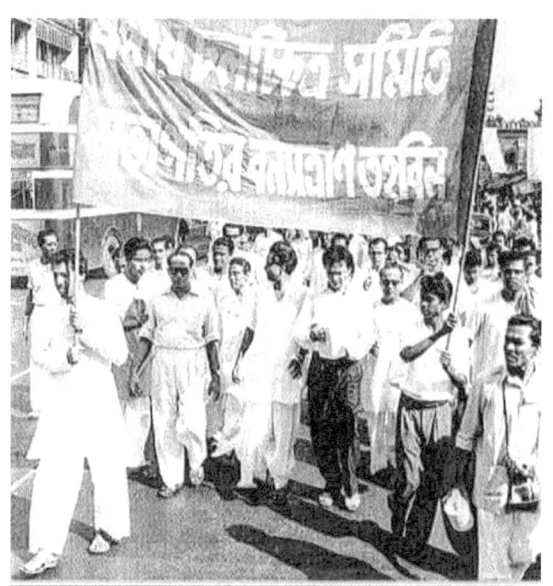

বন্যাত্রানে উত্তমকুমার

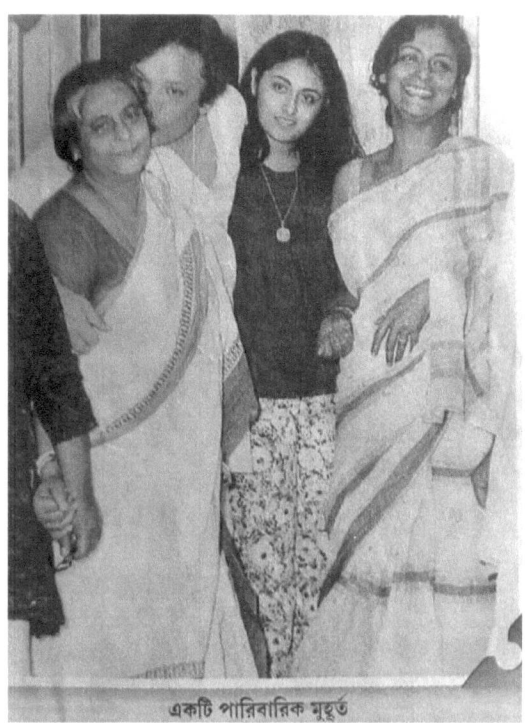

একটি পারিবারিক মুহূর্ত

উত্তমদা , বাচ্চুদি (বেনুদির দিদি) , সোমা ও বেণুদি

মইরা স্ট্রিটের ফ্ল্যাটের বেডরুমে ঘরোয়া আড্ডায়

এফ ফেস (FFACE) এর সম্বর্ধনা অনুষ্ঠানে

বেনুদির বাড়িতে

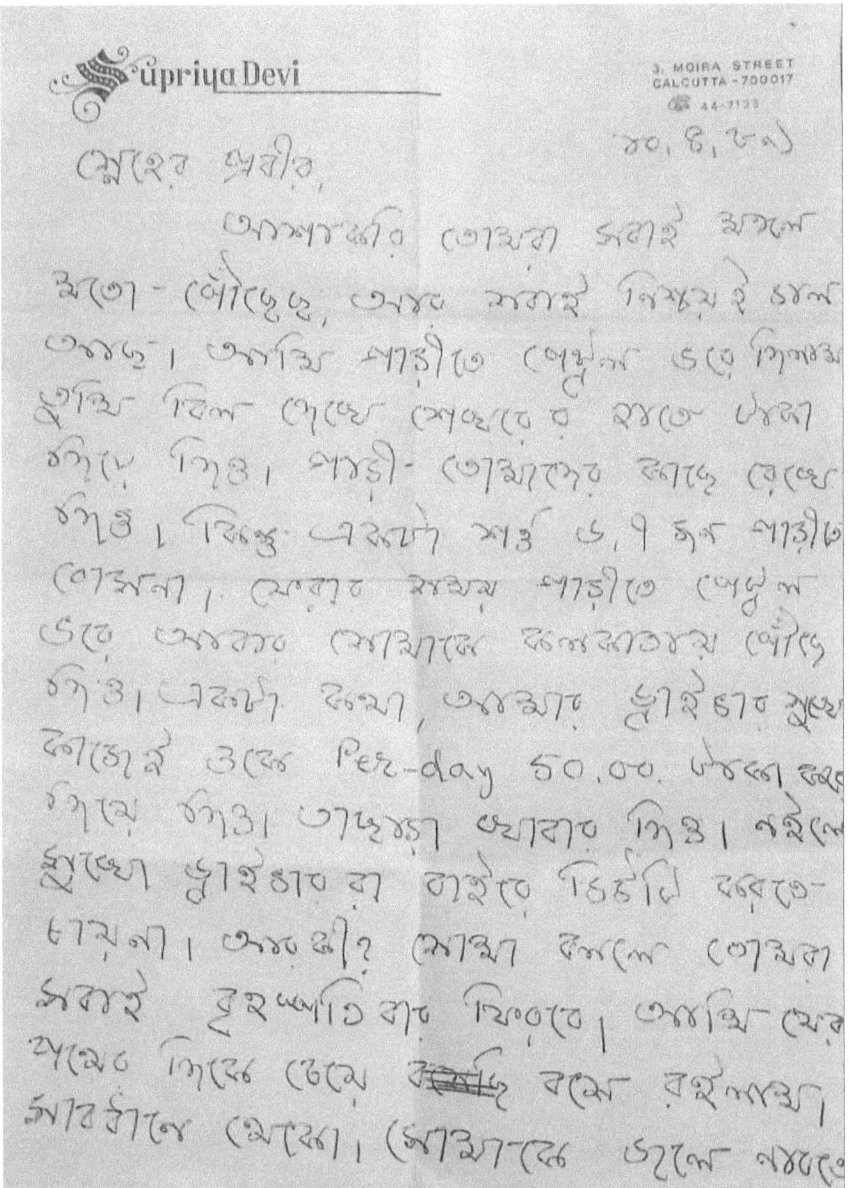

Supriya Devi

3, MOIRA STREET
CALCUTTA-700017
☎ 44-7135

১০.৪.৮৯

স্নেহের প্রবীর,

আশীর্বাদ নিও। তোমরা সবাই ভালো মতো পৌঁছেছ, এবং সবাই নিশ্চয়ই ভাল আছ। আমি গাড়ীতে পেট্রল ভরে দিলাম তুমি বিল দেখে দোকানের হাতে টাকা দিয়ে দিও। গাড়ী তোমাদের কাছে রেখে দিও। কিন্তু একটা শর্ত ও.পি. কোন গাড়ীতে চেপোনা। ফেরার সময় গাড়ীতে পেট্রল ভরে আবার সোমাকে কলকাতায় পৌঁছে দিও। একটা কথা, আমার ড্রাইভার সুখেন কাজেই ওকে Per-day 50.00 টাকা হিসেবে দিয়ে দিও। আর খাবার দিও। নইলে সুখেন ড্রাইভার বা বাইরে ডিউটি করতে চায়না। আর কী? সোমা বললে তোমরা সবাই বৃহস্পতিবার ফিরবে। আমি যে সময়ে ফিরে তেমে ~~[illegible]~~ বসে রইলাম। সাবধানে থেকো। সোমাকে ভালো রাখতে

সোমার শ্যুটের অনুমতি পত্র

স্মৃতিচারণায় সৌমিত্রদা

সৌমিত্রদাকে প্রথম দেখি বোধহয় ১৯৬৩/১৯৬৪ সালে। সৌমিত্রদা থাকতেন বালিগঞ্জ পূর্ণদাস রোডে। সৌমিত্রদা যে বাড়িতে ভাড়া থাকতেন, তার ঠিক উল্টোদিকের বাড়িতে আমি প্রাইভেট টিউটরের কাছে পড়তে যেতাম। তখন আমি ক্লাস X বা XI এ পড়তাম। অনেক সকালে পড়তে যেতাম। রোজই দেখতে পেতাম সৌমিত্রদাকে। তখন "নষ্টনীড়" (চারুলতা) ছবির শুট চলছে। সৌমিত্রদাকে দেখতাম বড় জুলফি ছিল। পরে বুঝেছিলাম চরিত্রের জন্য। টান টান চেহারা, খুব ফর্সা।

এর পর সৌমিত্রদার সঙ্গে প্রথম আলাপ হয় সত্যজিৎ রায়ের "প্রতিদ্বন্দ্বী" ছবির সেটে ইন্দ্রপুরী স্টুডিওতে। ওই ছবিতে সৌমিত্রদা ছিলেন না। কিন্তু ওনার নিজের কোনো শুট না থাকলেই চলে আসতেন। শুধু সৌমিত্রদা নন। রবিদা (রবি ঘোষ), সুবুদা (শুভেন্দু চ্যাটার্জী) সবাই আসতেন। ওখানেই আলাপ প্রথম। তারপর বিভিন্ন জায়গায় দেখা হয়েছে, কথা হয়েছে। সৌমিত্রদার নিজের ভগ্নিপতি ছিলেন রঞ্জিত সিনহা। রঞ্জিতদা আবার উত্তম কুমারের ভীষণ বন্ধু ছিলেন। উত্তমদার বাড়িতে যাতায়াতের সূত্রে রঞ্জিতদার সঙ্গে ভালো আলাপ ছিল আমার। রঞ্জিতদার জন্যও সৌমিত্রদার সঙ্গে দেখা হতো।

একটা মজার ঘটনা মনে পড়ছে। দীনেন গুপ্তর পরিচালনায় "বসন্ত বিলাপ" ছবির শুট চলছে ইন্দ্রপুরী স্টুডিওতে। দীনেন গুপ্তর অফিস ছিল ইন্দ্রপুরী স্টুডিওতে ঢুকেই ডান দিকে সিঁড়ি দিয়ে উঠে দোতলায়। নিচে সিঁড়ির পাশে একটা সাইকেল নিয়ে শটটা টেক হচ্ছে। শিল্পী ছিলেন সৌমিত্রদা, তরুণ কুমার, অনুপকুমার। হঠাৎ তরুণকুমার বললেন দেখ "পুলু, যত ভালো শিল্পী, সবাই কিন্তু চ্যাটার্জী। তুই, দাদা, সবাই চ্যাটার্জী।" সঙ্গে সঙ্গে সৌমিত্রদা বললেন "কেন, অনুপ কি খারাপ শিল্পী?" তরুণ কুমার সঙ্গে সঙ্গে

বললেন "সে তো আমাদের সঙ্গে অভিনয় করতে করতে ভালো শিল্পী হয়ে গেছে।" খুব হাসাহাসি হলো এই নিয়ে।

সৌমিত্রদা "Calcutta Rowing Club" এর মেম্বার ছিলেন। প্রায়ই যেতেন। ওখানেও আড্ডা হতো। সৌমিত্রদার সঙ্গে আড্ডা মারার একটা মজা ছিল। সিনেমা ছাড়াও আরো অনেক কিছু জানা যেত। যেটা উত্তমদার মধ্যেও ছিল। সৌমিত্রদা ব্র্যান্ডি খেতেন, তারপর কিছু খাবার প্যাক করে চলে যেতেন। কোনোদিন খুব রাত করতে দেখিনি। সৌমিত্রদার সঙ্গে শেষ দেখা ওনার গল্ফগ্রীনের বাংলোতে। বছর কয়েক আগে। আমি তখন "অগ্নিমন্থন" ছবি করার প্ল্যান করেছি। দাদু, নাতনির গল্প। সৌমিত্রদাকে ভেবেছি দাদুর চরিত্রে। আমি আর অশোক রায় (স্ক্রিপ্ট রাইটার) ফোন করে গেলাম ওঁর কাছে। সৌমিত্রদার বাংলোর কমপ্লেক্সের মধ্যে একটা সুন্দর Outhouse আছে। ঢোকার মুখে দেখলাম ইজেলে ওনার আঁকা অসমাপ্ত একটা ছবি। একটু এগোতে দেখলাম নানান বইয়ের সম্ভার। উনি বসলেন বললেন স্ক্রিপ্ট শুনতে।

অশোক চিত্রনাট্য পড়ছে, উনি ইজেলে তুলি টানছেন দেখে অশোক থেমে গেলো। উনি সঙ্গে সঙ্গে বলে উঠলেন - "থামলে কেন অশোক? পড়ে যাও।" আবার তুলির টান। অশোক ইতস্ততঃ করছে দেখে বললেন- "চোখ আর হাত দিয়ে তো শুনছিনা। তুমি পড়ে যাও, তুলির টান আমার মনঃসংযোগে সাহায্য করছে।" অশোক আবার পড়তে শুরু করলো। তারপর চিত্রনাট্য শুনলেন, কিছু অসাধারণ ফিডব্যাক দিলেন, কিছু সিনের জন্য দারুন কিছু টিপস্‌ও দিলেন। আমি বললাম "সৌমিত্রদা, একটা ছবি নেব?" বললেন- 'পরে নিও। আরে গেন্জী শর্টপ্যান্ট পরে আছি না!" স্ক্রিপ্ট শোনার পর সৌমিত্রদা রাজি হয়ে গেলেন। স্ক্রিপ্টও দিয়ে দিলাম। টাকা পয়সার কথাও ফাইনাল হয় গেল, রোজ ৪ ঘন্টার বেশি শুট করতে পারবেন না বললেন। আবার বললেন আমাকে বেশি হাঁটিও না। তারপর অনেক আড্ডা হলো।

কিন্তু আজ সবই ইতিহাস। "কিং লীয়ার" বিদায় নিয়েছেন। বিদায় নিয়েছেন "রাজকুমার"। কোনও "প্রাণতপস্যা"য় আর ফিরে

পাবোনা তাঁকে। "অগ্নিমন্থন" ছবির প্রোটাগনিস্ট "দিব্যজ্যোতি" চরিত্রের দীপ্তি দর্শকদের দেখাবার সুযোগ আর রইলো না আমাদের হাতে। ঘরে-বাইরে এক অপরাজিত অভিযান যেন থমকে দাঁড়ালো মূহুর্তে। প্রণাম কিংবদন্তী শিল্পীকে।

সেই শেষ দেখা। তখন ছবিটা করতে পারিনি। পরে করেছি। রিলিজও হয়ে গেছে। সৌমিত্রদার চরিত্রটা করলেন নাট্যজগতের মেঘনাদ ভট্টাচার্য।

সৌমিত্র চ্যাটার্জী

পাহাড়ি সান্যালের সঙ্গে কিছুক্ষণ

পুরোনো গান শুনছিলাম এখন। "হার মানা হার" ছবির মান্না দের গাওয়া সেই গানটা "তোমার দেহের ভঙ্গিমাটি" (উত্তমকুমার ও পাহাড়ি সান্যাল) শুনতে শুনতে একটা পুরোনো ঘটনা মনে পড়ে গেলো।

সালটা বোধহয় ১৯৭২/৭৩ হবে। বালিগঞ্জ গোলপার্কে আশীষদা, চৈতীদির (বিখ্যাত সংগীত শিল্পী সুপ্রীতি ঘোষের মেয়ে) বাড়িতে তখন আমাদের একটা আড্ডা ছিল। আমিও তখন থাকতাম গোলপার্কে গাঙ্গুরামের পাশের রাস্তায়। ওই আড্ডাতে ফিল্ম ওয়ার্ল্ডের ইয়ং জেনারেশনের মোটামুটি সবাই আসতো। শমিত ভঞ্জ, কল্যাণ চ্যাটার্জী, ভাস্কর চৌধুরী, মৃনাল মুখার্জী, চিন্ময় রায়, জয়শ্রী রায়, রাজশ্রী বসু, জুঁই বন্দ্যোপাধ্যায় ও আরো অনেকে। গান বাজনা হৈচৈ চলতো অনেক রাত অবধি। এই রকম একটি রাতে আমি আর আশীষদা বেরিয়েছিলাম ড্রিঙ্কস বা স্নাক্স কিছু কিনতে। হঠাৎ দেখলাম পাহাড়ি সান্যাল পূর্ণদাস রোড, গোলপার্কের ক্রসিংয়ে একটা পাম্প থেকে ফুয়েল নিচ্ছেন। পাহাড়ি সান্যাল থাকতেন হিন্দুস্থান পার্কে, জ্যোতি বসুর বাড়ির পাশে। পাহাড়ি সান্যাল আশীষদার দূর সম্পর্কের আত্মীয় হতেন বোধহয়- ঠিক মনে নেই, তবে ভালো পরিচয় ছিল। কাছে গিয়ে আশীষদা পাহাড়িমামা বা ঐরকম কিছু বলে সম্বোধন করলেন। পাহাড়ি সান্যালের গাড়িটা ছিল বোধহয় Morris Minor, গাড়ি থেকে নেমে উনি "আরে খোকন (আশিস দার ডাক নাম), কি খবর" বলে জড়িয়ে ধরলেন। পাহাড়ি সান্যালের ড্রেস ছিল একটা বাটিক প্রিন্টের হাফ স্লিভ বুশ শার্ট আর সাদা ট্রাউজার। He was looking so colourful at the age of 66/67। আমার সঙ্গে আশিসদা আলাপ করিয়ে দিলেন, আমি পায়ে হাত দিয়ে প্রণাম করলাম। আমাকেও জড়িয়ে ধরলেন।

পাহাড়ি সান্যালকে আমরা জোর করে আশিসদার বাড়ি নিয়ে গেলাম গোলপার্কে সপ্তর্ষি হোটেলের পাশে। চার তলায় হেটে উঠলেন। তখনকার বাড়ির চার তলা মানে এখনকার ছ'তলা। তারপর শুরু হলো আড্ডা। কি অসম্ভব Educated and Aristocrate Person। নানা রকম গল্প, তার সঙ্গে একটু গানও হলো। আশিসদা, চৈতীদির বাড়িতে আড্ডা মানে গান বাজনা হবেই। দুজনেই খুব ভালো গাইতেন। সেদিন তার সঙ্গে পাহাড়ি সান্যাল। অসম্ভব ক্লাসিকাল বেস ভয়েস ছিল ওনার। লখনৌতে মানুষ। ফিল্ম ইন্ডাস্ট্রির গল্প তো হবেই, আর ফিল্ম ইন্ডাস্ট্রি মানে উত্তমকুমার তো আসবেনই। কত প্রশংসা করলেন উত্তমকুমারের। খুব স্নেহ করতেন উত্তমদাকে।

প্রায় ঘন্টা দুয়েক ছিলেন। ওনার ব্যবহারে একবারও মনে হয়নি, উনি একজন বিখ্যাত অভিনেতা। একদম মাটির মানুষ। এত বড় চরিত্রাভিনেতা আর জন্মাবে কি না জানিনা না কিন্তু হাবেভাবে উনি কেন, ওনার চেয়েও বড় অভিনেতা এখন জন্মে গেছেন। রাত হয়ে যাওয়ায় পাহাড়িদা উঠলেন, আমি আর আশীষদা নিচে গাড়ি অবধি পৌঁছে দিয়ে এলাম। এর পর আর দেখা হয়নি মানুষটার সঙ্গে। তখন উত্তমদার বাড়িতে আমার যাতায়াত ছিল। মন্‌টুদির কথা আগেই বলেছি। মন্‌টুদি তখন খুব আসতেন উত্তমদার বাড়ি। প্রায় পরিবারের একজন হয়ে গিয়েছিলেন। মন্‌টুদি ছিলেন পাহাড়ি সান্যালের ভাগ্নি।

একদিন সকালে মন্‌টুদির ফোন এলো আমার বাড়িতে পাহাড়িদা আর নেই। সেটা ছিল ১৯৭৪ সাল। সঙ্গে সঙ্গে চলে গেলাম পাহাড়িদার বাড়ি হিন্দুস্থান পার্কে। আমার বাড়ি গোলপার্ক থেকে হাঁটা পথ। উত্তমদা তখন "অমানুষ" ছবির শুট করছেন সুন্দরবনে। উনি আসতে পারলেন না। পরে খুব দুঃখ করেছিলেন। একজন অভিজাত, সুশিক্ষিত, সদালাপী অভিনেতা বড়ই দুর্লভ আজকের দিনে। এই সব মানুষদের কাছ থেকে দেখেছি, অনেকটা সময় কাটাতে পেরেছি বলে নিজেকে খুব ভাগ্যবান মনে হয়। পাহাড়ীদাকে আমার প্রণাম। আজ দুঃখ হয়, তখন যদি মোবাইল থাকতো , তাহলে কত স্মৃতি ফ্রেম বন্দি করে রাখা যেত!

পাহাড়ি সান্যাল

অজিতেশদার সান্নিধ্যে

অজিতেশদার সঙ্গে প্রথম আলাপ নব্যেন্দুদার (নব্যেন্দু চ্যাটার্জী) টালা পার্কের বাড়িতে। সেখানে বিশেষ কথাবার্তা হয়নি, আরো অনেকেই ছিলেন। "আজ কাল পরশুর গল্প" নিয়েই বেশি আলোচনা হয়। তার আগে অবশ্য আমি অজিতেশদার "শের আফগান" আর "মঞ্জরী আমের মঞ্জরী" দেখেছি। ভালো করে পরিচয় হয় বোলপুরে "আজ কাল পরশুর গল্পের" শুটের সময়। অসম্ভব শিক্ষিত, বিদেশী নাটক নিয়ে প্রচুর চর্চা করা এক মানুষ। অসম্ভব ভালো গল্প করতে পারতেন আর বাজখাই গলায় সেই হাসি। শুটের সময় ছোট খাটো জিনিস অনেক কিছু শিখেছি ওনার কাছে।

একটা ছোট্ট ঘটনা বলি আমার একটা শট ছিল ভোর বেলা গ্রামের একটা কালভার্টের উপর বসে নিমডাল মুখে দিয়ে বসে আছি। দুটো পা ঝুলিয়ে বসেছিলাম। অজিতেশদা বললেন, "প্রবীর, একটা সাজেশন দেব, যদি কিছু মনে না করো?" আমি বললাম, "আরে এই রকম বলছেন কেন? প্লিজ বলুন।" বললেন "তুমি তো একদম গ্রামের ছেলে, সকালে নিমডাল মুখে দিয়ে বসে আছো, মানে দাঁত মাজছো। যদি পা দুটো না ঝুলিয়ে বসে, কালভার্টের উপর উঠে উবু হয়ে বসো, তাহলে বোধহয় চরিত্রটা অনেক বেশি বিশ্বাসযোগ্য হয়, তাই না ?" Pose and Posture অভিনয়ের একটা বিশেষ অংশ।

এই রকম অনেক ছোটোখাটো পরামর্শ দিতেন। সেই সময় উনি যাত্রাতে গেছেন। বোলপুর থেকে সোজা শো করতে যাওয়ার কথা। যেদিন উনি চলে যাচ্ছেন, আমাকে বললেন "প্রবীর চলো আমাকে স্টেশনে ছেড়ে আসবে !" আমরা যখন পৌছলাম স্টেশনে, তখনও ট্রেন আসেনি। প্লাটফর্মে দাঁড়িয়ে অনেক গল্প করলেন, কেন উনি যাত্রাতে গেছেন ইত্যাদি। বললেন, "আমার যাওয়ার একদম ইচ্ছে ছিলোনা , কিন্তু বাধ্য হয়ে যেতে হলো, টাকার জন্য। টাকার খুব দরকার।" আজ ভাবি এখনকার অভিনেতা, অভিনেত্রীদের কথা

আর এঁদের কথা। এত বড় অভিনেতা, নাট্য পরিচালক, প্রযোজক বাধ্য হয় যাত্রাতে গেলেন। অজিতেশদা চলে যাওয়ার পর খুব বিষন্ন মনে টুরিস্ট লজে ফিরে এলাম।

এর পর অজিতেশদার সঙ্গে দেখা "আজ কাল পরশুর গল্পের" ডাবিংএ ইন্ডিয়া ফিল্ম ল্যাবরেটারিতে। সেদিন উনি আমার অভিনয়ের খুব প্রশংসা করলেন। নব্যেন্দুদাকেও বললেন। বেশ চলছিল ডাবিং। হঠাৎ খবর এলো বড়বাবু (উত্তমকুমার) আসছেন, ওনার একটা ফিল্মের প্রজেক্‌শনের জন্য। মেহতাজী (ইন্ডিয়া ফিল্ম ল্যাবরোটারির একজন ডিরেক্টর) নব্যেন্দুদাকে বললেন একটু তাড়াতাড়ি ছেড়ে দিতে সেদিন। সেদিন দীপঙ্করও (দীপঙ্কর দে) ছিল ডাবিংয়ে। উত্তমদা আসছেন শুনে, “আমি চললাম” বলে ও চলে গেলো। আসলে সেই সময় "বাঞ্ছারামের বাগান" নিয়ে একটা সমস্যা চলছিল।যাই হোক, ডাবিং হয়ে যাওয়ার পর অজিতেশদা আমাকে আর নব্যেন্দুদাকে ওনার বাড়িতে গিয়ে আড্ডা মারার আমন্ত্রণ জানালেন। উনি থাকতেন বেলেঘাটাতে। আমরা অজিতেশদার সঙ্গে ওনার বাড়িতে গেলাম। ওনার বেডরুমে মাটিতে বসে আড্ডা শুরু হলো। ঘরের চারিদিকে কাবার্ডে বার্নার্ড শ, শেক্সপীয়ার, ব্রেখট, ইবসেন থেকে শুরু করে বিখ্যাত সব নাট্যকারের বই। ওঁর বাড়ির ঠিক নিচেই একটা মিষ্টির দোকান ছিল, ওখান থেকে মিষ্টি অর্ডার দিলেন সঙ্গে সিঙ্গারা। বৌদি চা দিয়ে গেলেন। অজিতেশদা ভীষণ মিষ্টি খেতে ভালোবাসতেন, কিন্তু খাওয়া বারণ। হাই সুগার। কিন্তু কে শোনে কার কথা। বৌদি বকাবকি করে যাচ্ছেন আর অজিতেশদা খেয়েই যাচ্ছেন। সেই অজিতেশদার সঙ্গে শেষ দেখা। হাই সুগারের কারণেই, মাত্র ৫০ বছর বয়েসে চলে যান না ফেরার দেশে।ওই সব টুকরো টুকরো স্মৃতি আমার এই বয়সের সম্বল।

অজিতেশ বন্দ্যোপাধ্যায়

অজিতেশ বন্দ্যোপাধ্যায় ও বরুন দাশগুপ্ত আজ কাল পরশুর গল্প

অনন্য অনিলদা

সৌম্যদর্শন, হাসি খুশি, শিক্ষিত মানুষটার নাম অনিল চ্যাটার্জী। দিল্লী থেকে সিনিয়র কেমব্রিজে প্রথম স্থান অধিকারী, কলকাতার সেন্ট জেভিয়ার্সের স্নাতক মানুষটাই অনিল চ্যাটার্জ। সারাক্ষণ পান চিবোচ্ছেন আর কথা বলতে বলতে দরাজ গলায় হাসছেন, সেই মানুষটাই অনিল চ্যাটার্জী। আমার সঙ্গে অনিলদার প্রথম আলাপ শচীন অধিকারী পরিচালিত "নতুন সূর্য" ফিল্মের শুটে ১৯৮৮ সালে। আমার সঙ্গে অবশ্য একটাই সিন ছিল। আমি নিয়মিত শুটে থাকতাম বলে পরিচয়টা বেশ ভালোই হয়েছিল। অনিলদা আর বুড়োমামুর (তরুণ কুমার) একসঙ্গে শুট থাকলে গল্প-গুজবে দারুন কাটতো সময়টা। আর সঙ্গে যদি হাসি (সুমিত্রা মুখার্জী) থাকতো তাহলে তো সোনায় সোহাগা।

অনিলদার গল্ফ ক্লাব রোডের বাড়িতে অনেকবার গিয়েছি। বৌদির সঙ্গেও ভালো পরিচয় ছিল। অনিলদার ছেলে অর্ণব একজন গুণী Musician এবং Sound Recordist। এক সময় 'পূজা স্টুডিও' নামে আমার একটা সাউন্ড ষ্টুডিও ছিল। ওখানেও অর্ণব রেকর্ডিং করেছে আর প্রায়ই আসতো আড্ডা মারতে। অনিলদার শুট না থাকলে আড্ডা মারতেন বসুশ্রী কফি হাউসে। বসুশ্রী সিনেমার দোতালায় ছিল কফি হাউসটা। এখনো আছে কিনা জানি না। বসুশ্রীর মালিক মন্টু বসুর সঙ্গেও অনিলদার খুব হৃদ্যতা ছিল। মন্টু বসুর সঙ্গে অবশ্য ফিল্ম ইন্ডাস্ট্রির সবারই বেশ ভালো পরিচয় ছিল। পয়লা বৈশাখে ওখানে বিরাট করে অনুষ্ঠান হতো। সেই কফি হাউসে ঢুকে সামনের দিকে একদম ডানদিকের টেবিলে অনিলদা সাঙ্গপাঙ্গ নিয়ে বসতেন। মাঝে মাঝে আমিও যেতাম।

একদিন আমার একটা বোকামির গল্প বলি। আড্ডা মারতে মারতে অনিলদা একদিন জিজ্ঞাসা করলেন, "কি খাবে?" আমি মেনু কার্ড দেখে একটা আইটেম সিলেক্ট করলাম। ওটা কি জিনিস সেটা অবশ্য বুঝতে পারছিলাম না। তাই কৌতুহলটা একটু বেশি

হচ্ছিলো। মেনু কার্ডে নাম লেখা ছিল 'Plain Paratthha'। অনিলদা কিছুক্ষণ দেখে হো হো করে হাসতে শুরু করলেন। আমি তো অপ্রস্তুত, কি জানি কি বলে ফেলেছি। অনিলদা বললেন "আরে এটা তো 'প্লেন পরোটা', কি দিয়ে খাবে?" আমি বললাম" দেখুন পরোটা শব্দটা কি ভাবে লিখেছে!" অনিলদা আবার হাসতে হাসতে ম্যানেজারকে ডেকে বললেন, "এটা পরোটার স্পেলিং? লোককে বোকা বানাচ্ছ?"

আর একটা ঘটনার কথা এখানে বলবো। যদিও এটা নিয়ে সোশ্যাল মিডিয়াতে অনেকে অনেক ভাবে পোস্ট করেছেন। আমি যেটা লিখবো, সেটা অনিলদার নিজের মুখে শোনা। অভিনয় জগতে আসার আগে অনিলদা পিনাকী মুখোপাধ্যায় এবং অর্ধেন্দু মুখোপাধ্যায়ের সঙ্গে সহকারী পরিচালক হিসেবে কাজ করতেন। সেই সময় একদিন শুটের লাঞ্চ ব্রেকে উত্তমদার মেকআপ রুমে দুজনে গল্প করছেন, সেই সময় প্রোডাকশন বয় উত্তমদার লাঞ্চ নিয়ে এলেন। উত্তমদা বললেন, "অনিলের খাবারটাও এখানে দিয়ে যাও, আমরা একসঙ্গে লাঞ্চ করবো।" অনিলদা আপত্তি জানিয়ে বললেন "না না আমি ক্যান্টিনের ঘরে (যেখানে টেকনিসিয়ান্সরা খান) গিয়ে খাচ্ছি। কিন্তু উত্তমদা রাজি না হওয়ায় প্রোডাকশন বয় অনিলদার খাবারও নিয়ে এলেন। অনিলদার খাবার দেখে উত্তমদা জিজ্ঞেস করলেন, "দু রকম খাবার কেন?" প্রোডাকশন কন্ট্রোলার ও প্রযোজককে ডেকে পাঠিয়ে এই ভেদাভেদের কৈফিয়ত চাইলেন। প্রোডাকশন কন্ট্রোলের বললেন 'এটাই নিয়ম।' উত্তমদা অসম্ভব রেগে উঠে বললেন "আজ থেকে এই নিয়ম বন্ধ। সবার খাবার সমান হবে। হয় আমার খাবার সবাইকে দিন আর তা না হলে অনিলের খাবার সবাইকে দিন। যদি অন্য কেউ আলাদা কিছু খেতে চায়, তাহলে নিজের টাকায় আনতে হবে!" সেইদিন থেকে চালু হয়ে গেলো সবার সমান খাওয়া। অনিলদা যখন আমাকে এই গল্পটা বলছেন, আমি দেখেছিলাম অনিলদার চোখটা ছল ছল করছে।

অনিলদার ভাইপো অভিনেতা কল্যাণ চ্যাটার্জী আমার খুব বন্ধু ছিল। তখন আমাদের একটা গ্রুপ ছিল আমি, কল্যাণ, শমিত ভঞ্জ, ভাস্কর চৌধুরী, জয়া ভাদুড়ী এবং আরো কয়েকজন। একদিন

অনিলদা কল্যাণকে জিজ্ঞাসা করলেন, "তুই এতো দেরি করে ঘুম থেকে উঠিস কেন?" কল্যাণ বললো "না আসলে রাতে পার্টি থাকলে দেরি হয়ে যায়।" অনিলদা আমার দিকে তাকিয়ে হাসতে হাসতে বললেন "আমি এতো বছর অভিনয় করছি কিন্তু ফিল্মে অভিনয় করলেই পার্টি করতেই হয়, মদ্যপান করতে হয় জানতাম না তো! তাহলে আমি কি এতো বছর ভুল করলাম?" বলেই আবার সেই বিখ্যাত হাসি শুরু করলেন। অনিলদা মদ্যপান, ধূমপান কিছুই করতেন না। শুধু পান খেতেন।

আমার সঙ্গে অনিলদার "নতুন সূর্য"র দৃশ্যটার শুট হয়েছিল সল্টলেকে 'রূপায়ণ ফিল্ম ল্যাবরেটরিতে'। মনে আছে ওখানে শুট দুপুরের মধ্যে প্যাকআপ হয়ে গিয়েছিলো। তারপর আমরা সবাই একসঙ্গে ট্যাংরাতে লাঞ্চ করতে গিয়েছিলাম। আমি, শচীনদা, পাপিয়া অধিকারী, দীপঙ্কর দে, সোমা চ্যাটার্জী, কুমার স্বপন। অনিলদা বোধহয় যাননি। ঠিক মনে নেই।
এঁদের মতো মানুষের আজ বড়ই অভাব। সেই সব দিনগুলি সত্যিই ছিল "সোনাঝরা"।

অনিল চ্যাটার্জীর সঙ্গে

আমার বুড়োমামু (তরুণকুমার)

বুড়োমামু মানে তরুণকুমারের সঙ্গে পরিচয় সেই কোন যুগে। আমার বোধহয় তখন ৭/৮ বছর বয়স, কারণ তখনও আমার বাবা বেঁচে আছেন। আমার যখন ১০ বছর বয়সে ১৯৫৮ তে বাবা চলে যান। তারও আগে বুড়োমামুর সঙ্গে আলাপ। আমার বাবাকে 'বাচ্চুদা। আর মাকে 'খুকুদি' বলে ডাকতেন বুড়োমামু। এতো আগে থেকে আমার চেনা, জানার কারণ অবশ্য আমার মাসি। আমার মাসি, বুড়োমামু এবং সুব্রতাদি একসঙ্গে নাটক করতেন। আমার মাসিরও সেই সময় নাটকে খুব নাম ছিল। "পাশের বাড়ি" ছবিতে মাসি অফার পেয়েছিলেন কিন্তু পারিবারিক কারণে করতে পারেননি। তারপর সাবিত্রী চ্যাটার্জী করেন। নায়িকা হিসেবে ওটাই সাবিত্রী চ্যাটার্জীর প্রথম ছায়াছবি। আমার মাসির নাম নন্দিতা হলেও নাটকের জগতে উনি "শিখা রায়" নামে পরিচিতা ছিলেন। জোছন দস্তিদারের "চার্বাক" গ্রুপেও উনি অভিনয় করেছেন বহু বছর।

তখন বুড়োমামু আমাদের বাড়ি মানে মাসির বাড়িতে খুব আসতেন। তখনও বুড়োমামুর বিয়ে হয়নি। আমার দিদিমাও তখন বেঁচে। মাসিরা তখন থাকতেন গড়িয়াহাটে গিনি ম্যানশনের পেট্রল পাম্পের পিছনের বিল্ডিংএ। রাসবিহারী এভিনিউ ঠিকানা ছিল। আমার মনে আছে আমাদের বাড়িতে 'সুকুমারদা' বলে একজন দিন রাত থাকতেন। আমরা কাজের লোক বলতাম না। বাড়ির আর পাঁচজন সদস্যের মতোই ছিলেন। এই সুকুমারদা যেদিন মারা যান, বুড়োমামু সেদিন কাঁধও দিয়েছিলেন। এই রকম সম্পর্ক ছিল ওঁর সঙ্গে। সেই যোগাযোগ শেষ দিন পর্যন্ত ছিল আমার সঙ্গে। একসংগে ছবিতে অভিনয়ও করেছি। "নতুন সূর্য" ফিল্মে বুড়োমামু ছিলেন। আমরা একসঙ্গে বক্রেশ্বরে আউটডোরে গিয়েছিলাম, খুব হৈ চৈ করে শুট হয়েছিল। খুব জমাটি মানুষ ছিলেন। আড্ডা জমিয়ে রাখতে পারতেন। অভিনেতা হিসেবে তো বিরাট অভিনেতা ছিলেন, ওই টাইমিং ভাবা যায় না। উত্তমদাও বলতেন "আমি

দুজনের সঙ্গে অভিনয় করার সময় খুব সাবধানে থাকি। এক সাবিত্রী চ্যাটার্জী আর একজন আমার ভাই বুড়ো"।

আমার বাবা খুব হ্যান্ডসাম ছিলেন, বুড়ো মামু আমার সঙ্গে দেখা হলেই বাবার কথা বলতেন "তুই বাচ্চুদার ধারে কাছেও গেলি না।" উত্তমদার বাড়িতেও দেখা হতো। উত্তমদাকেও বলতেন, "প্রবীরের বাবা কি হ্যান্ডসাম ছিলেন"। এই নিয়ে একটা মজার ঘটনা বলি। তখন 'নহবত' নাটক চলছে তপন থিয়েটারে'। একদিন মহুয়া রায়চৌধুরী আমাকে বললো "প্রবীর, তুমি কাল একবার তপনে এসো, দরকার আছে।" গেলাম পরের দিন। সেদিন ডাবল শো ছিল। আমি যখন গেলাম তখন ফার্স্ট শো হয়ে গেছে। সবাই স্টেজে বসে আড্ডা মারছে। আমি ঢুকতেই বুড়োমামু বললেন "কি রে তুই, হঠাৎ কোথা থেকে"? আমি বললাম মৌ (মহুয়া) দেখা করতে বলেছে- তাই এলাম।

বুড়োমামু তখন হঠাৎ মৌয়ের দিকে তাকিয়ে বললো "কি রে তোরা কি প্রেম করছিস না কি? আরে প্রবীর তো ওর বাপের ধারে কাছে গেলো না, ওর বাপের সামনে তো ও চাকর বাকর! তুই ওর সঙ্গে প্রেম করছিস?" মৌ তো অপ্রস্তুতে পড়ে গেছে। সত্য বন্দ্যোপাধ্যায়, প্রদীপ মুখার্জী সব সামনে বসে। আমি বললাম "দূর কি যে বলো বুড়োমামু, কারো সঙ্গে দেখা করতে এলেই কি প্রেম করা হয়? আমরা একসঙ্গে নাটক (বর্বর বাঁশি) করছি, হয়তো সেইজন্য ওর কোনো দরকার আছে।" "ও বুঝেছি" - বুড়োমামুর উত্তর। এই রকম ছিলেন বুড়োমামু মানে তরুণ কুমার।

আমি মাঝে মাঝে উত্তম মঞ্চে চলে যেতাম ওঁর সঙ্গে আড্ডা মারতে। গিরিশ মুখার্জী রোডের বাড়িতে বুড়োমামুর কাছে দুদিন গিয়েছিলাম। মনে আছে ভিতরে ঢুকে মাঝখানে একটা বেশ বড় উঠোন ছিল। তার উল্টোদিকে কিছু ঘর ছিল, ওর দোতলায় বোধহয় বুড়োমামু -সুব্রতাদি থাকতেন। অনেকদিনের কথা, ঠিক মনে নেই।

শেষ উত্তম মঞ্চে যেদিন গিয়েছিলাম, সেদিন বুড়োমামাকে একটা প্রশ্ন করেছিলাম। জিজ্ঞাসা করেছিলাম "আচ্ছা বুড়োমামু, উত্তমদা

চলে যাওয়ার পর তুমি ওই ভাবে কেন উত্তমদাকে অ্যাম্বাসাডারের পিছনের সিটে শুইয়ে নিয়ে এলে? তুমি তো ময়রা স্ট্রিটে যেতে, তোমার সঙ্গে তো ওই বাড়ির সম্পর্ক খুবই ভালো ছিল, তাহলে কেন ওখানে প্রথম বডিটা নিলে না?" বুড়োমামু কিছুক্ষণ চুপ করে থেকে বলেছিলেন "সে অনেক পারিবারিক ব্যাপার ছিল। তুই বুঝবি না আর আমার বলা উচিতও হবে না।"

অসাধারণ অভিনেতা, অসাধারণ মানুষ আর আমার অসাধারণ বুড়োমামু যিনি সবার প্রিয় "তরুণকুমার"।

তরুণকুমার

269

রবিদা মানে গল্প হলেও সত্যি

১৯৬৮/৬৯ সালের কথা। সবে গ্রাজুয়েট হয়েছি। পরিচিত কারো দেওয়া টিকিটে বিজলি সিনেমা হলে গিয়েছিলাম "বাঘিনী" ফিল্মের প্রিমিয়ার শোতে। নিচে বসেছিলাম। ইন্টারভ্যালে বেরিয়ে বন্ধুর সঙ্গে গল্প করছি, হঠাৎ দেখলাম উপর থেকে রবি ঘোষ নেমে এসে সাংবাদিক এবং অন্যান্য অনেকের সঙ্গে আড্ডা মারছেন সিগারেট টানতে টানতে। আর খুব গম্ভীর হয়ে কথা বলছেন। ওনার এই রকম গম্ভীর মুখ দেখে আর সিরিয়াস আলোচনা করতে দেখে আমার ভীষণ হাসি পেলো। হাসির রাজা একজন মানুষ এত সিরিয়াসলি কথা বলতে পারেন ভাবতেই পারছিনা। আমি বোকার মতো হেসেই যাচ্ছি। উনি বিখ্যাত অভিনেতা রবি ঘোষ। সেই ওনাকে প্রথম দেখা। পরে ঘনিষ্ঠ হওয়ার পর দেখেছিলাম উনি কিন্তু খুবই সিরিয়াস একজন মানুষ। বিশ্বচলচ্চিত্র ও নাটক নিয়ে অগাধ জ্ঞান। সেদিন আলাপ হয়নি। আমি তো তখন ২০/২১ বছরের একটা ছেলে। উনি পাত্তাই বা দেবেন কেন।

রবিদার সঙ্গে আলাপ প্রায় তার প্রায় দু বছর পর। ১৯৭১ সালে দীনেন গুপ্ত পরিচালিত "আজকের নায়ক" ফিল্মে অভিনেতা হিসেবে। শমিত ভঞ্জ নায়ক, সুমিত্রা মুখার্জীর প্রথম ফিল্ম। আমরা চার বন্ধু। শমিত, রবিদা, কল্যাণ চ্যাটার্জী আর আমি। পার্থ মুখার্জীও ছিল এই ফিল্মে আমাদের অপোনেন্ট গ্রুপে। জয়শ্রী রায়, শেখর চ্যাটার্জী, নিরঞ্জন রায়, কালী ব্যানার্জী, ভারতী দেবীও ছিলেন। সেই প্রথম আলাপ রবিদার সঙ্গে। এক দারুন মানুষ, অসাধারণ অভিনেতা। রবিদা তখন থাকতেন মহিম হালদার স্ট্রিটে। বসুশ্রীর পাশের রাস্তায়। তখন ওনার স্ত্রী ছিলেন আর এক ডাকসাইটে অভিনেত্রী অনুভা গুপ্ত। মহিম হালদার স্ট্রিটের বাড়িতেও যেতাম মাঝে মাঝে। জয়শ্রীর সুবাদে যোগাযোগটা খুবই বেশি ছিল। সেই সময়ে রবিদা সমরেশ বসুর "বিবর" নাটক মঞ্চস্থ করবেন, তার রিহার্সাল শুরু হলো ওঁর মহিম হালদার স্ট্রিটের বাড়িতে। প্রথমে প্রধান চরিত্রে ছিলেন জয়শ্রী রায় ও দীপঙ্কর দে। পরে যে কোনো

কারণেই দীপঙ্করের বদলে শুভেন্দু চ্যাটার্জিকে নেওয়া হলো। সেই সময়ে দীপঙ্কর প্রায় নতুন, শুভেন্দুদার নাম বা বক্স বেশি। সেটাও কারণ হতে পারে। রিহার্সালে মাঝে মাঝে আমিও যেতাম। রবিদা আর সুবুদা (শুভেন্দু চ্যাটার্জী) দুজনেই খুব ভালোবাসতেন আমাকে। "বিবর" বোধহয় মঞ্চস্থ হলো কাশি বিশ্বনাথ মঞ্চে, যতদূর মনে পড়ে। বেশ নামও করেছিল নাটকটা।

রবিদার সঙ্গে আমার বেশ ভালো যোগাযোগ ছিল। "আজকের নায়ক"এর পরিচালক ছিলেন দীনেন গুপ্ত। দীনেনদার বাড়িতে বেশ দারুন একটা আড্ডা ছিল। তখন দীনেনদা থাকতেন লেক গার্ডেনসে, পরে গল্ফগ্রিনের ডুপ্লে ফ্ল্যাটে চলে যান। ওনার ঠিক পাশের ডুপ্লে ফ্ল্যাটটা কিনেছিলেন রবিদা। দীনেনদা, কাজলদি, বাবুই (সোনালী গুপ্ত), সবার সঙ্গেই একটা পারিবারিক সম্পর্ক হয়ে গিয়েছিলো। ওনারা ছাড়াও আড্ডাতে শমিত, কল্যাণ, পার্থ মুখার্জী এনারাও সব আসতেন।

"আজকের নায়ক" শুটের সময়ে মনে আছে অভিনয় নিয়ে অনেক কিছু বলতেন, ওনার প্রিয় অভিনেতা ছিলেন স্যার চার্লস চাপলিন। "আজকের নায়ক" ফিল্মে অভিনয়ের সময় অনেক কিছু শিখেছি রবিদার কাছে। একটা ঘটনা মনে পড়ছে। দীনেনদা শট নেবেন, আমরা চারজন ছাড়াও আরো কয়েকজন আছে শটে। আমি তখন নতুন, বেশ গাল কাঁপিয়ে, চোখ নাচিয়ে অভিনয় করার চেষ্টা করছি। রবিদা বললেন"প্রবীর,এটা লং শট। লেন্স কত তাও বলেছিলেন (১৮ মিমি)। এই শটে তোর গাল কাঁপানো আর চোখের খেলা কেউ দেখতে পাবে না। রেজিস্টার্ড হবে না। লং শটে ফিজিক্যাল অ্যাকটিং করার চেষ্টা করবি। সেটা দর্শকের চোখে পড়ে।" পরে অবশ্য "নয়ন শ্যামা" শুটের সময় ক্যামেরাম্যান দীপকদা আরও ডিটেইলস বুঝিয়েছিলেন। রবিদার সঙ্গে আমি একটা টিভি সিরিয়ালেও অভিনয় করেছিলাম। ইনফোকম প্রোডাকশন আর সুজিত গুপ্ত পরিচালিত "সম্পর্ক" সিরিজের একটা গল্প "চোর ও একটি বঁটি" তে। চারটি চরিত্র। আমি, রবিদা, বিমল দেব আর পাপিয়া অধিকারী। মনে আছে শুটটা হয়েছিল মানিকতলায় "অরোরা" স্টুডিওতে। খুব মজার গল্প। আর আমি

তো রবিদা আর বিমলদার মাঝে পড়ে শেষ। আমি থানার ওসি। রবিদা আর বিমলদা দুই চোরকে গ্রেফতার করে আনা হয়েছে। আমি শট দেবো কি, দুজনের কার্যকলাপ দেখে হেসেই যাচ্ছি। সুজিত তখন ধমক দিয়ে আমাকে বললো "প্রবীর, কি হচ্ছে? শটটা দিবি না কি?"

এই রকম অনেক অনেক ছোট ঘটনা মনে পড়ে যাচ্ছে। আজকের নায়কের পর রবিদার সঙ্গে খুব ভাব হয্যে গেলো। খুব ভালবাসতেন আমাকে। প্রায়ই রাতে বেরোতাম। রবিদার আরও দুজন খুব বন্ধু ছিলেন। একজন ছিলেন ডায়াদা আর একজনের নামও রবিদা।রবি ব্যানার্জী। ডায়াদা সাউথ ক্লাবের মেম্বার ছিলেন। আমরা প্রায়ই সাউথ ক্লাবে যেতাম, ওখানে কিছুক্ষণ থেকে উটরাম ক্লাব, তারপর ওখান থেকে শেষ হতো হোটেল হিন্দুস্থানে। মাঝে মাঝে শুভেন্দুদাও (শুভেন্দু চ্যাটার্জী) থাকতেন। সেই সময়ে টেনিস প্লেয়ার জয়দীপ মুখার্জী খুব যেতেন সাউথ ক্লাবে। কতরকম আড্ডা, আলোচনা অভিনয় নিয়ে, ডাক্তারি নিয়ে। আজ মনে হয় কত সমৃদ্ধ হয়েছি ওই আলোচনায়। এই রুটিনটা সপ্তাহে ২/৩ বার হতো। ডায়াদা, রবিদাও খুব মজার মানুষ ছিলেন। সেইসব দিনগুলো খুব মিস করি। তখন জয়শ্রী আর সুবুদা রবিদার পরিচালনায় "বিবর" করছেন।

রবিদা আর শুভেন্দুদা খুব বন্ধু ছিলেন। আর একজন বিরাট অভিনেতা, শিক্ষিত এবং একজন আপাদমস্তক ভদ্রলোক। সুবুদা তখন থাকতেন রাজা বসন্ত রায় রোডে পল্‌টুদার বাড়ির ভাড়াটে। এই বাড়িতে অনেকবার গিয়েছি। তারপর ওখান থেকে ফ্ল্যাট কিনে সুবুদা চলে যান "গল্ফ গ্রিনে"। সেই বাড়িতেও অনেকবার গিয়েছি। শেষ বোধহয় গিয়েছি আমার "জাতক কন্যা" সিরিয়ালে শাশ্বতকে ফাইনাল করতে।

জয়া ভাদুড়ির (বচ্চন) বাবা তরুণ ভাদড়ির বন্ধু হওয়ার সুবাদে জয়ার কলকাতার লোকাল গার্ডিয়ান ছিলেন রবিদা। মুম্বাইতে যখন ঋষিদার (ঋষিকেশ মুখার্জী) বাড়িতে যেতাম, তখন ঋষিদার কাছেও রবিদার প্রশংসা শুনতাম। ঋষিদা বলতেন "ভারতবর্ষের অন্যতম

শ্রেষ্ঠ অভিনেতা রবি ঘোষ। ওই অভিনয়ের টাইমিং খুব কম অভিনেতার মধ্যেই আছে।" ওঁর কাছেই শুনেছি ধর্মেন্দ্র, রাজেশ খান্না, অমিতাভ বচ্চন কি অসম্ভব শ্রদ্ধা করতেন রবিদাকে। ঋষিকেশ মুখার্জীর "সত্যকাম" ফিল্মে ধর্মেন্দ্র, শর্মিলা ও সঞ্জীবকুমারের সঙ্গে রবিদা ছিলেন। আমি গর্বিত যে এই মানুষটার সঙ্গে ক্যামেরার এক ফ্রেমে দাঁড়াতে পেরেছি।

রবিদার সঙ্গে শেষ দেখা সাদার্ন এভিনিউতে "জৈন ষ্টুডিও"র সামনে। আমি আর এডিটর নারায়ণ বিশ্বাস সারারাত এডিট করে বেরোচ্ছি, দেখি রবিদা গাড়িতে বসে আছেন কারো জন্য অপেক্ষা করছেন। ওখান থেকে গল্ফ খেলতে যাবেন R.C.G.C (Royal Calcutta Golf Club) তে। আমাদের দেখে গাড়ি থেকে নেমে এলেন। কিছুক্ষণ কথা বলে, রবিদা বেরিয়ে গেলেন। সেই শেষ দেখা।

রবি ঘোষ

রবি ঘোষ, শমিত ভঞ্জ ও কল্যাণ চ্যাটার্জীর সঙ্গে

আজকের নায়ক রবি ঘোষ, শমিত ভঞ্জ ও কল্যাণ চ্যাটার্জীর সঙ্গে

রবিন ঘোষ পরিচালিত অভিনন্দন ভগীরথ শুটের মাঝে

প্রেমিক পরিচালক পার্থপ্রতিম চৌধুরী

পার্থপ্রতিম চৌধুরীর পরিচয় আমাকে নতুন করে দিতে হবে না। ছায়াসূর্য, দোলনা, যদুবংশ এবং আরো অনেক ছায়াছবির পরিচালক এবং "সুন্দরমের" প্রতিষ্ঠাতা পার্থপ্রতিম চৌধুরী। আমার মতে আজ অবধি শর্মিলা ঠাকুরের শ্রেষ্ঠ অভিনয় ছায়াসূর্যর "ঘেঁটু" চরিত্র।

পার্থদার সঙ্গে আমার প্রথম আলাপ কোথায় এবং কে করিয়ে দিয়েছিলো আজ মনে নেই। সাতের দশকের শেষের দিকে সম্ভবতঃ মোম (দেবিকা মুখার্জী) আলাপ করিয়ে দিয়েছিলো। পার্থদার বাড়িতে তখন নিয়মিত যাতায়াত করতাম। পার্থদার বাড়িতে প্রতি শনিবার করে আমাদের একটা বৈঠক হতো, নাম ছিল "শনিবাসরীয়"। আনন্দবাজারে শনিবারের কড়চাতে মাঝে মাঝে এই আড্ডার খবর বেরোতো। আড্ডা, গান, পানভোজনে জমজমাট হয়ে থাকতো সেসব বৈঠক। পার্থদা সেদিন নিজের হাতে রান্না করতেন। পরিচালক জহর বিশ্বাস, অভিনেতা রাহুল বর্মন, আরো অনেকে আসতেন। জহর বিশ্বাস সেই সময়ে হিট পরিচালক। তাঁর পরিচালিত লালগোলাপ, অনুরাগের ছোঁয়া হিট ছবি। অঞ্জন চৌধুরীর শত্রু ছবিতে উনি সহকারী ছিলেন। জহর বিশ্বাসের ফিল্মের স্ক্রিপ্ট করতেন পার্থপ্রতিম চৌধুরী। 'যাত্রিক'এর স্ক্রিপ্টও পার্থদা করতেন। মহানায়কের সুপারহিট ছবি 'নগর দর্পনে'-র স্ক্রিপ্ট পার্থদার লেখা। এক অসামান্য প্রতিভাবান পরিচালক, চিত্রনাট্যকার এবং সংগীত পরিচালক পার্থদা অভিনয়ও করেছেন বহু ফিল্মে এবং নাটকে। সুন্দরম নাট্যগোষ্ঠীর প্রতিষ্ঠাতা পার্থদা বহু নাটকের নাট্যকার ছিলেন। থিয়েটার সেন্টারের তরুণ রায় ও দেবরাজ রায় পরিচালিত অনেক হিট নাটকের নাট্যকার পার্থপ্রতিম চৌধুরী। সুপারহিট নাটক "ফিঙ্গার প্রিন্ট" ওঁর অন্যতম কাজ। এতো স্বল্প পরিসরে পার্থপ্রতিম চৌধুরীর সমন্ধে কিছু লেখা বাতুলতা মাত্র। ২৩ বছর বয়েসে যে মানুষটা "ছায়াসূর্য" র মতো

ছায়াছবি করতে পারেন, তাঁর প্রতিভা সমন্ধে কোনো সন্দেহ কারোর থাকা উচিত নয়।

তার চেয়ে আমার সঙ্গে পার্থদার সম্পর্ক নিয়ে কিছু লিখি। প্রথম পরিচয়ের কথা আগেই লিখেছি। পার্থদার স্ত্রী বুলবুল চৌধুরীও অসম্ভব ভালো অভিনেত্রী ছিলেন। "শৌভনিক" এর একজন প্রধান অভিনেত্রী ছিলেন। আমি খুব ভাগ্যবান যে পার্থদার স্নেহধন্য হয়ে উঠতে পেরেছিলাম। নানা রকম আড্ডার মধ্যে পার্থদাকে একদিন আমার দিদিমা, দাদুকে লেখা রবীন্দ্রনাথের চিঠিপত্র নিয়ে গল্প করি। শুনে বললেন "আমি দেখতে চাই।" আমি বললাম, "তাহলে তোমাকে আমার বাড়িতে আসতে হবে, মা বাইরে ছাড়বেন না এই চিঠিগুলো।"পার্থদা আর বুলবুল একদিন এলেন আমার যাদবপুরের ফ্ল্যাটে। বাইরের ঘরে বসে পার্থদা সব চিঠি দেখতে দেখতে আমার স্ত্রী পপাই-এর কাছে কাগজ, পেন চাইলেন। ঐখানে বসে আমাকে আর পপাইকে উদ্দেশ্য করে একটা প্রায় দুপাতার কবিতা লিখে দিলেন। তারপরে মার কাছে আমার দিদিমা, দাদুর গল্প শুনলেন। সেদিন রাতে আমাদের বাড়িতে ডিনার সেরে বাড়ি ফিরেছিলেন। এতোবার বাড়ি শিফট করার দারুন হারিয়ে ফেলেছি পার্থদার লেখা সেই কবিতা।

পার্থদার সঙ্গে আমার তর্কাতর্কিও প্রচুর হয়েছে "শুভরাত্রি"র সময়। পার্থদার বাড়িতে সেই সময় দোতলায় একটা ঘরে ওই সময় পার্থদাকে দিয়ে আমি শুভরাত্রির স্ক্রিপ্ট লিখিয়েছি দিনের পর দিন। তারপরেও যদি পার্থদা সেটা "ক্লারিওন"কে দিতে চায়, তাহলে তো রাগ হওয়া স্বাভাবিক। কিন্তু পার্থদার অসহায় অবস্থা দেখে রাগ করে থাকতে পারতাম না। চারিপাশে এতো অযোগ্যের ভিড়ে পার্থদা নিজের আইডেন্টিটিও হারিয়ে ফেলছিলেন আর একটা কমপ্লেক্সে ভুগছিলেন। একদিন আমাদের শনিবারের আড্ডায় খেপে গিয়ে জহরদাকে যা মুখে আসে বলে দিলেন। খুব যে ভুল বলেছিলেন, সেটা বলবো না। কিন্তু এই রকম মাঝে মাঝে নিরাপত্তাহীনতাতে ভুগতেন। তাঁর জন্য পার্থদা নিজেও কিছুটা দায়ী ছিলেন। সত্যি কথা পার্থদার মতো পরিচালকের হাতে কাজ নেই, অথচ এখানে কারো নাম আর নিলাম না। পার্থদার পরিচালনায়

"নরক গুলজার" নাটকে আমি অভিনয়ও করেছি "মানিকচাঁদের" ভূমিকায়। "ফুল্লরা"র ভূমিকায় ছিলেন বুলবুল চৌধুরী। সে আর এক অভিজ্ঞতা।

পার্থদাকে নিয়ে একটা মজার গল্প বলে, আমার এই লেখা শেষ করবো। উত্তমকুমারের উপর ধারাবাহিক "যেতে নাহি দিব"র জন্য শর্মিলা ঠাকুর আর তনুজাকে ফাইনাল করতে আমরা মুম্বাই যাচ্ছি। ওখানে যাওয়া, তনুজার সঙ্গে কথাবার্তা সবই লিখেছি "যেতে নাহি দিব" ধারাবাহিকের পাতায়। মজার ব্যাপার হলো ফেরার সময়। আমাদের ফেরার ফ্লাইট ছিল সন্ধ্যাবেলা। দুপুর থেকে পার্থদা বলে যাচ্ছে "প্রবীর, আজ আবহাওয়া ভালো না, আমার মন বলছে আজ যাওয়া ঠিক হবে না। “তুই আজকের ফ্লাইটটা ক্যানসেল কর।” আমি ওঁর দুশ্চিন্তাকে পাত্তা না দিয়ে বললাম, “ধুর, ছাড়ো তো।” এবার ফ্লাইট টেক অফ করার পর হঠাৎ ভীষণ lightning শুরু হলো। ফ্লাইটের মধ্যে দিয়ে মনে হচ্ছে বিদ্যুৎ চলে যাচ্ছে। আর অসম্ভব বাম্পিং। পার্থদা তখন প্রায় কাঁদো কাঁদো- "প্রবীর, তোকে বলেছিলাম, আজ ক্যানসেল কর। আজ আমাদের আর ফেরা হলো না প্রবীর।” আমি কিছুতেই পার্থদাকে থামাতে পারি না। শেষে বললাম "পার্থদা, সবাইকে একদিন যেতে হবে, আগে আর পরে। তুমি শান্ত হও, কিছু হবে না।” যদিও আমারও বেশ টেনশন হচ্ছিলো। যাইহোক আমরা নিরাপদেই কলকাতায় পৌঁছেছিলাম।

আমি দেখেছি শিল্পীরা ওঁকে কিরকম শ্রদ্ধা করতেন। আমরা যখন ‘জুহু ভিলে পারলে’তে তনুজার শুটে গেলাম, আগেই লিখেছি ওখানে রতি অগ্নিহোত্রী ছিলেন। তনুজা আলাপ করিয়ে দেওয়ার পর রতির চোখে দেখেছিলাম এক শ্রদ্ধার চাহনি। আমাকে তনুজা নিজে বলেছেন- “যদিও আমি ‘দেয়া নেয়া’ তে বাংলা বলেছি কিন্তু ভালো বাংলা বলেছি ‘দোলনা’তে। পার্থই আমাকে বাংলা বলা শিখিয়েছে।

শুভরাত্রি যখন আমার করার কথা ছিল, তখন শর্মিলা ঠাকুর শুধু পার্থদার জন্য একটানা দেড় মাস তারিখ দিয়েছিলেন। সেই তারিখগুলো রাখতে না পারার দরুন খুব রেগেও গিয়েছিলেন।

রাগটা অবশ্য আমাকে ফেস করতে হয়েছিল। কিন্তু একটানা দেড়মাস তারিখ শর্মিলার, ভাবা যায়?" আজকের ৮০ বছরের শর্মিলা নয়, তখন রীতিমতো কাজ করে যাচ্ছেন কলকাতা আর মুম্বাইতে। পার্থদার ১০০০ কিলোমিটারের মধ্যে আসার মতো কোনো পরিচালক আজকের বাংলায় নেই। পার্থদা টুপি পরে সাহেব হয়ে ঘুরতেন না, অন্য কোনো ছবি কপি করে নিজের ছবি করেন নি। ভূপেনদা (ভূপেন হাজারিকা), তরুণ মজুমদারকেও দেখেছি 'যেতে নাহি দিব"র শুটের সময় কি অসম্ভব শ্রদ্ধা ও ভক্তি পার্থদার উপর। আমার মতে সত্যজিৎ রায়, ঋত্বিক ঘটকের পর যে নামটা আসা উচিত সেই নামটা হচ্ছে 'পার্থপ্রতিম চৌধুরী'।

পার্থপ্রতিম চৌধুরী

পার্থপ্রতিম চৌধুরী সঙ্গে আমরা

তরুণ মজুমদারকে যেমন দেখেছি

১৯৮৪ সালে আমি পার্থপ্রতিম চৌধুরির নির্দেশনায় দূরদর্শনের জন্য উত্তমকুমারকে নিয়ে একটি ধারাবাহিক টেলিকাস্ট করি, "যেতে নাহি দিব"।আমি ছিলাম প্রযোজক।উত্তমকুমারকে নিয়ে অনেক বিখ্যাত মানুষ তাঁদের মতামত জানিয়েছিলেন। একদিন পার্থদা আমাকে ডেকে বললেন,"তনুদার একটা ইন্টারভিউ নেব।" আমি অবাক হয়ে বলেছিলাম, "কিন্তু তনুদা তো উত্তমদাকে নিয়ে একটাই ছবি করেছেন চাওয়া পাওয়া"। পার্থদা বলেছিলেন – "না, পরিচালক হিসেবে নয়, পাব্লিসিটি অফিসার হিসেবে উনি উত্তমকুমারকে কেমন ভাবে দেখেছেন, সেটাই জানতে চাই।"

প্রথম জীবনে তরুণ মজুমদার ধর্মতলা পাড়ায় "অনুশীলন এজেন্সী"তে পাব্লিসিটি বিভাগে কাজ করেছিলেন। পরে নিউ থিয়েটার্সে ওঁর নিজস্ব অফিস হয়। তখন নিউ থিয়েটার্স ছিল সবার সেরা। সারা দেশের সেরা অভিনেতা-অভিনেত্রী, কলা কুশলীরা এখানে কাজ করে গেছেন। এর পেছনের ছিল ইন্ডিয়া ফিল্ম ল্যাবরেটরী। দোতলায় সারি সারি এডিটিং রুম। সে যাই হোক- আমরা দুজনে তনুদার সাক্ষাতকার নিতে গিয়েছিলাম। অনুরোধ করেছিলাম- পাব্লিসিটির দৃষ্টিকোণ থেকে উত্তমকুমার সম্পর্কে কিছু বলুন। তরুণ মজুমদার তাঁর এক মনোহর অভিজ্ঞতার কথা বলেছিলেন।

উনি বলেছিলেন, "একদিন গাড়িতে বৌবাজার হয়ে যাচ্ছি। সিগন্যালে গাড়ি দাঁড়িয়ে। হঠাৎ চোখ গেল- রাস্তার পাশে উত্তমকুমারের একটি ছবির খুব বড় একটা বিজ্ঞাপন। বিজ্ঞাপন জোড়া উত্তমের মুখ- কি ছিল সেই বিজ্ঞাপনে, বলতে পারব না। ছবিটি যেন চুম্বকের মতো আমায় আকৃষ্ট করল। আমি নির্নিমেষে ছবিটা দেখতেই থাকলাম। কখন যে সিগন্যাল সবুজ হয়ে গেছে, খেয়ালই করিনি। পেছনের গাড়িগুলোর তীব্র হর্ণে নিজের সম্বিত

ফিরে পেলাম। উত্তমের মুখমন্ডল যে কতোখানি আকর্ষণীয় ছিল, ভাষায় বোঝানো যায় না।"

অন্তরঙ্গ বন্ধু গৌতম

গৌতমের সঙ্গে আমার পরিচয় বোধহয় ১৯৭৪/৭৫ সালে। তখন ও ওর বিখ্যাত ডকুমেন্টারী "Hungry Autumn" শেষ করেছে। অপর্ণা সেন এবং জগন্নাথ গুহর গ্রন্থনাতে তৈরী এক অসাধারণ ডকুমেন্টারী। মনে আছে খুব হৈচৈ ফেলে দিয়েছিলো এই ডকুমেন্টারীটা। কে আলাপ করিয়ে দিয়েছিলো আজ আর মনে নেই। কমন ফ্রেন্ড অনেকে ছিল যেমন বিজন চ্যাটার্জী, মুন্না (সনৎ দাসগুপ্ত), কল্যাণ দাসগুপ্ত এবং আরো অনেকে। এঁরা সবাই তখন নবীন। সদ্য শিল্পের জগতে আনাগোনা শুরু করেছেন। আমিও তাই- বিজ্ঞাপন জগৎ থেকে ফিল্মের জগতে আসার চেষ্টা করছি। পণ্ডিত রবিশঙ্করের শুট শেষ করার পর বোধহয় ১৯৮৩ / ৮৪ সালে গৌতমের সঙ্গে ভালো করে পরিচিত হই। গৌতম তখন সদ্য 'পাড়' ফিল্মের শুট শেষ করেছে। সেই সময়ে গৌতম থাকতো গড়চাতে।

রবিশঙ্করের অনুষ্ঠানের টেলিকাস্ট তারিখ ঠিক হয়ে গেছে কিন্তু স্পনসর ঠিক হয়নি। এখানে ওখানে দৌড়ে বেড়াচ্ছি কিন্তু কেউই রাজি না কারণ তখন টিভি স্পনসর ব্যাপারটা ঠিক শুরু হয়নি। সেই সময়ে ঘুরতে ঘুরতে গেলাম বিজলি গ্রিলের দেবু বারিকের কাছে। উনি সব শুনে রাজি হলেন কিন্তু বললেন ওনার কোনো ফিল্ম নেই টিভিতে চালানোর মতো। তখন বেশিরভাগ কোম্পানি প্রেস রিলিজ করতো, দূরদর্শন পাবলিসিটি সেইরকম ভাবে শুরু হয়নি। সেই ধারনাটাই তখনো এখানে আসেনি।

যা হোক, আমি দেবু বারিককে বললাম আমি ফিল্ম তৈরি করে দেব। উনি দুটো শর্ত দিলেন- এক, সাহিত্যিক দিব্যেন্দু পালিত স্ক্রিপ্ট করবেন আর দুই, গৌতম ঘোষ ডাইরেকশন দেবেন। গৌতমের সঙ্গে তো আমার পরিচয় ছিল, কিন্তু দিব্যেন্দু পালিতের সঙ্গে আলাপ ছিল না। সুমন্ত্র বলে আমার এক বন্ধু "Sista Advertising"-এ কাজ করতো। ওর সঙ্গে দিব্যেন্দু পালিতের

আলাপ ছিল। দিব্যেন্দুদা তখন থাকতেন গড়িয়াহাটে "মেঘমল্লার" বিল্ডিঙে। সুমন্ত্রর মাধ্যমে দিব্যেন্দুদার সঙ্গে কথাবার্তা হয়ে গেল। তখন গৌতমের সঙ্গে নিয়মিত দেখা হতো, ওর সঙ্গে বসতাম গড়চার বাড়িতে। দিব্যেন্দুদা তো এক লাইনে স্ক্রিপ্ট করে দিলেন, গৌতম সেটাকে ডেভেলপ করলো।

সেই সময় দূরদর্শনে বিজ্ঞাপনের ফিল্ম চালানোর জন্য দূরদর্শন থেকে অনুমোদন নিতে হতো। তার জন্য স্টোরিবোর্ড জমা দিতে হতো। গৌতম স্টোরিবোর্ড করে দিলো। আমরা প্রায় ৫০ জনের উপর বাচ্চা নিয়ে বিজলি গ্রিল আইসক্রিম নাইসক্রিম শুট করলাম দিব্যেন্দুদার ফ্ল্যাটে। গৌতম খুব সুন্দরভাবে বাচ্চাদের দিয়ে কাজটা করলো কিন্তু যেটা করতে পারলো না, সেটা হলো দিব্যেন্দুদার ফ্ল্যাটের দেয়ালগুলো বাচ্চাদের হাত থেকে অক্ষত রাখতে পারলো না। দিব্যেন্দুদা পরে হাসতে হাসতে বলেছিলেন, "স্ক্রিপ্টের জন্য যা টাকা দিলে, সবটাই চলে যাবে দেয়াল রং করতে।" জানিনা গৌতমের এই সব কথা এখন মনে আছে কি না।

শুট তো হলো কিন্তু এডিট কোথায় করবো। কলকাতায় তখন কোনো ভিডিও ষ্টুডিও হয়নি। আমি জানালাম আমাকে মুম্বাই যেতে হবে "ওয়েস্টার্ন আউটডোরে"। গৌতম বললো আমাকে তো মাদ্রাজ চলে যেতে হবে 'পাড়' ছবির প্রিন্ট বেরোবে- সামনে রিলিজ। কি করা যায়? আমি আর গৌতম দুজনে মিলে প্ল্যান করে ফোন করে "ওয়েস্টার্ন আউটডোরে" ডেট বুক করলাম। নির্দিষ্ট দিনে গৌতম এলো মাদ্রাজ থেকে, আমি গেলাম কলকাতা থেকে। এক রাতের জন্য মুম্বাইতে ছিলাম তারদেওতে আমার পরিচিত "হোটেল হীরামনি"তে। রাতে দুজনে অনেক আড্ডা মারলাম, পানাহার হলো। সকালে চলে গেলাম "ওয়েস্টার্ন আউটডোরে"! এডিটর সেই রমজান শেখ (কেমাস আগে আমাদের ছেড়ে চলে গেছেন)। ওখানে গিয়ে গৌতম তো সব কিছু দেখে অবাক। রমজানকে জিজ্ঞাসা করলো "এখানে সব কিছু এফেক্টস পাওয়া যায়?" রমজান তখন জেমিনি মেশিনে সব স্পেশাল এফেক্টস দেখালো। গৌতম আফশোষ করল- আমাদের ফিল্মে এই সব করতে কত ঝামেলা। যাইহোক আমরা বিকেলের মধ্যে কাজ শেষ

করে সোজা এয়ারপোর্টে। ও চলে গেলো মাদ্রাজ আর আমি ফিরে এলাম কলকাতায়।

এরপর গৌতম শিফট করে গেলো গোলপার্কে। বিরাট ফ্ল্যাট। ওখানেও গিয়েছি কয়েকবার। গৌতমের নিচের ফ্ল্যাটে থাকতেন আয়ান রশিদ খান- একাধারে কলকাতা পুলিশের আইপিএস, অন্য দিকে কবি এবং সংগীত পরিচালক। এতগুলো বিশেষণে সবার অবাক হওয়াই স্বাভাবিক। কিন্তু সবগুলোই সত্যি। বুদ্ধদেব দাশগুপ্তর জাতীয় পুরস্কার প্রাপ্ত ফিল্ম "দূরত্ব"র সংগীত পরিচালক ছিলেন এই আয়ান রশিদ খান। ওঁকে নিয়ে অনেক গল্প আছে। এই আয়ান রশিদ খানের ফ্ল্যাটেও আমাদের অনেক আড্ডা হয়েছে। একবার মনে আছে ভারতীয় বিখ্যাত ক্রিকেট প্লেয়ার সেলিম দুরানি বেশ কিছুদিন রশিদ খানের ফ্ল্যাটে ছিলেন। তখনো খুব আড্ডা হতো!

পরবর্তী কালে রেইনবোতেও আমাদের যাতায়াত ছিল। মুন্না মানে সনৎ, বিজন তখন রেইনবোতে চাকরি করতো। সেই সুবাদে ওর নিচে পেপসি গার্ডেনে আমাদের গুলতানি হতো মাঝে মাঝে। গৌতমের সঙ্গে সামনাসামনি শেষ দেখা বেনুদির (সুপ্রিয়া দেবী) কাজে। কিন্তু ফোনে যোগাযোগ এখনো আছে। এখন ও নামকরা মানুষ- বিখ্যাত পরিচালক, চিত্রগ্রাহক। সারা পৃথিবী ঘুরে বেড়ায়। কিন্তু মানুষ হিসেবে পুরনো দিনের মানুষের মতো একদমই মাটির কাছাকাছি থাকা এক আপাদমস্তক ভদ্রলোক। এই সব মানুষজনদের সঙ্গেই এতো বছর পথ চলেছি, তাই আজকাল বর্তমান মানুষ আর তাদের ব্যবহার দেখে এক অদ্ভুত ক্লান্তি শরীর ও মনকে গ্রাস করে।

গৌতম ঘোষ

গৌতমের সঙ্গে

যাযাবর ভূপেনদা

ভূপেনদার (যদিও এঁরা সবাই আমার কাকার বয়সী, কিন্তু আমি আলাপের পর থেকেই সবাইকে দাদা বলতাম) সঙ্গে আমার প্রথম পরিচয় আমার মামার (অসীম চৌধুরী) বাড়িতে মনোহরপুকুর রোডে। আমি সোনামামু, সোনামামী বলতাম। সোনামামুর বাড়ি আমার খুব প্রিয় ছিল। আমাকেও ওনারা খুব ভালোবাসতেন। সোনামামু তো আমার ব্যাপারে একদম অন্ধই ছিলেন, আমি কোনো দোষ করতে পারি না। উনি কোল ইন্ডিয়ার একজন বড় অফিসার ছিলেন আর মামীও একটি কেন্দ্রীয় সংস্থায় চাকরি করতেন। ওনাদের কোনো ছেলে মেয়ে ছিল না, পরে অবশ্য একটি মেয়েকে দত্তক নিয়েছিলেন। মালতি ওর নাম ছিল। সেও খুব কম বয়েসে (২৩/২৪) বছর বয়েসে পৃথিবী ছেড়ে চলে যায়। খুব মিষ্টি একটা মেয়ে ছিল- ব্যবহারে আর চেহারায়।

সেই সোনামামুর বাড়িতে আমার আলাপ ভূপেনদার সঙ্গে। ৭০-এর দশকের শুরুর দিকের কথা, মামুর বাড়িতে দারুন একটা আড্ডা হতো সন্ধ্যার দিকে আর রবিবারের সারাদিন তাসের আড্ডা। সেখানে অনেক পরিচিত মুখ আসতেন, সব নাম আজ আর মনে নেই। বিশেষত রবিবার তাসের আড্ডায় ভূপেনদা ছাড়া সুলতা চৌধুরীর কথা মনে আছে। আর একজন আসতেন সোনামামুর খুব বন্ধু ছিলেন, নামটা ভুলে গেছি। ওনার কথা মনে থাকার কারণ, উনি বিধান রায়ের হুডখোলা ডজ গাড়িটা কিনেছিলেন। যাই হোক, সেই ভূপেনদার সঙ্গে পরিচয় ও আড্ডা। সেই সময় ভূপেনদার অর্থনৈতিক অবস্থার একটু সমস্যা চলছিল কিন্তু কথাবার্তায় বোঝা যেত না। কলকাতায় গল্ফ ক্লাব রোডে ওনার একটা ফ্ল্যাট ছিল। ভীষণ আড্ডাবাজ আর কথায় কথায় গান ধরতেন। সোনামামু তখন ঝাউতলা রোডের ডালহৌসি ইনস্টিটিউটের মেম্বার ছিলেন, আমরা প্রায়ই যেতাম মামুর সঙ্গে। ডালহৌসি ইনস্টিটিউটে আমি বাংলাদেশের বিখ্যাত নায়ক রাজ্জাক আর নায়িকা ববিতাকেও একবার নিয়ে গিয়েছিলাম ৩১ ডিসেম্বর রাতে।

সবচেয়ে ইন্টারেষ্টিং আড্ডা হতো ভিক্টোরিয়া মেমোরিয়ালের মাঠে। একটা শতরঞ্চি পেতে গোল হয়ে বসা হতো আর ভূপেনদা গলা ছেড়ে গান ধরতেন পল রবসনের "Old man and the River" থেকে Inspire হওয়া "বিস্তীর্ণ দুপারে অসংখ্য মানুষের হাহাকার শুনেও.....” ভূপেনদার গলার সেই বলিষ্ঠ আওয়াজে আসে পাশে মানুষজন দাঁড়িয়ে মন্ত্রমুগ্ধের মতো শুনতেন। তারপর কত গল্প পল রবসনের সঙ্গে জেল খাটা থেকে শুরু করে নানারকম গল্প। সেসব দিনে ফিরে যেতে ভীষণ ইচ্ছে করে আজ। আমি যখন উত্তমদার উপর ধারাবাহিক "যেতে নাহি দিব" করছি, সেই সময় ইন্টারভিউর জন্য হেমন্ত মুখার্জী, শ্যামল মিত্র কাউকেই পেলাম না। তখন ভূপেনদার সঙ্গে যোগাযোগ করাতে উনি এক কথায় রাজি। যদিও উনি একটা ফিল্মেই উত্তমকুমারের লিপে গান গেয়েছিলেন। উত্তম সুচিত্রা অভিনীত "জীবনতৃষ্ণা" ফিল্মে নিজেরই সুরে একটা অসাধারণ গান গেয়েছিলেন "সাগর সঙ্গমে সাঁতার কেটেছি কত, কখনো তো হই নাই ক্লান্ত.."।

ওনার গল্ফ গ্রীনের ফ্ল্যাটেই শুট করেছিলাম। তখন বিখ্যাত পরিচালক কল্পনা লাজমিও ওখানে থাকতেন। পার্থদা ইন্টারভিউ নিয়েছিলেন। কি সুন্দর ভাবে ভূপেনদা, উত্তমদার গানে লিপ দেওয়া বিশ্লেষণ করেছিলেন। সেই সুবাদে উনি শ্যামল মিত্রর ভয়েসের টিম্বার নিয়ে আলোচনা করেছিলেন। বলেছিলেন ওনার মতো সুরেলা গলা বাংলায় কারোর নেই। নিজে একজন বড় সংগীত শিল্পী হয়েও অন্য একজন শিল্পীর প্রশংসা করতে দ্বিধা করতেন না। এঁদেরই তো বলা হয় আসল শিল্পী। আলমগীর কবির "সীমানা পেরিয়ে" ছবি করার সময় ছবির সঙ্গীত পরিচালনার জন্য আমাকে ভূপেনদার সঙ্গে আলাপ করিয়ে দেবার জন্য অনুরোধ করেছিলেন। আমি আলাপ করিয়ে দিয়েছিলাম, "সীমানা পেরিয়ে"তে ওঁর সেই বিখ্যাত গান "মেঘ থম থম করে”- এই গানেরই হিন্দি সংষ্করণ হলো কল্পনা লাজমির "রুদালি" ফিল্মে "দিল হুম হুম করে.."।

ভূপেনদা কলকাতায় এলেই আমি একবার অন্তত দেখা করতাম।একবার গল্ফ ক্লাব রোডের ফ্ল্যাটে না উঠে ওবেরয় গ্র্যান্ডে উঠেছিলেন। সেখানেও গিয়েছিলাম দেখা করতে। সেদিন ওঁর বিভিন্ন গানের সৃষ্টি সমন্ধে গল্প করেছিলেন। সেই পরিপ্রেক্ষিতে বিখ্যাত গীতিকার শিবদাস বন্দ্যোপাধ্যায়ের কথাও উঠলো। ভূপেনদার বেশিরভাগ গানেরই গীতিকার ছিলেন শিবদাস বন্দ্যোপাধ্যায়।

ছোট ছোট অনেক ঘটনা আছে। একদিন মনে আছে বিখ্যাত রবীন্দ্রসংগীত শিল্পী গৌতম মিত্রকে নিয়ে গিয়েছিলাম ভূপেনদার ফ্ল্যাটে। আমরা পার্থদার (পার্থপ্রতিম চৌধুরী) বাড়ি থেকে ফিরছিলাম, তখন গৌতমকে দেখালাম ভূপেনদার ফ্ল্যাট। গৌতমের খুব ইচ্ছায় ওকে নিয়ে গেলাম ভূপেনদার ফ্ল্যাটে। সেদিনও অনেকক্ষন গল্প করেছিলাম, গৌতমের গানের ব্যাপারে খোঁজখবর নিলেন।

এতো বছর পর সবসময় সব মনে পড়ে না। আমারও তো বয়স হলো। ভূপেনদা আমাদের অন্যতম "ভারতরত্ন"। আমার সশ্রদ্ধ প্রণাম।

ভূপেন হাজারিকা

291

রাজেশ খান্নার সঙ্গে কিছুক্ষণ

সালটা বোধহয় ১৯৭১/৭২ হবে। টাইমস অফ ইন্ডিয়ার মিঃ ভেনুগোপাল ফিল্মফেয়ার অ্যাওয়ার্ড দেখাশোনা করতেন সেই সময়। আমি আর জয়শ্রী সেই বছর ফিল্মফেয়ার আওয়ার্ড ফাংশনের কার্ড পেয়েছিলাম। অভিনেতা ডেভিড এতদিন অনুষ্ঠান পরিচালনা করতেন। সে বছরই প্রথম অনুষ্ঠান পরিচালনায় এলেন শত্রুঘ্ন সিনহা এবং আসরানি। সে বছর সত্যজিৎ রায়ের "প্রতিদ্বন্দ্বী" পুরস্কার পেয়েছিলো। জয়শ্রী রায়, শমিত ভঞ্জ, জয়া ভাদুড়ী (বচ্চন) সেবার অনুষ্ঠানে উপস্থিত ছিলেন। জয়া আর শমিত তখন ঋষিকেশ মুখার্জীর গুড্ডি ছবিতে কাজ করছিলেন। আমি আর জয়শ্রী পরের দিন 'গুড্ডি'র শ্যুটেও গিয়েছিলাম। উৎপল দত্তও ছিলেন। দারুন আড্ডা হলো। আমরা আর শমিত সেবার একসঙ্গে কলকাতায় ফিরেছিলাম। আমরা উঠেছিলাম রিটজ হোটেলে। তখন ফিল্মফেয়ারে অ্যাওয়ার্ড প্রোগ্র্যাম হতো শ্রীসন্মুখনান্দ হলে। সে বছরই মীনাকুমারী শায়েরি শুনিয়েছিলেন অ্যাওয়ার্ড অনুষ্ঠানে। তার কয়েকমাস পরেই উনি পারলোকগমন করেন। পরের দিন তাজ হোটেলে ফিল্মফেয়ার ককটেল পার্টিতে আরেকটা দারুন ঘটনার সাক্ষী ছিলাম। বিখ্যাত সুরকার শঙ্কর জয়কিষেনের "শঙ্কর" সেদিন পিয়ানো বাজিয়েছিলেন।

এবার আসল ঘটনায় আসি। একদিন হোটেলে ফিরছি, সঙ্গে ভেনুগোপাল। লিফটে একজন ভদ্রলোক আমাদের উল্টোদিকে দাঁড়িয়ে মাথা নিচু করে। ভেনুগোপাল বললেন "Hi kaka."। তাকিয়ে দেখি রাজেশ খান্না। আমি তো বাকরুদ্ধ। তখন রাজেশ খান্না India's Heart Throb। 'আনন্দ' সদ্য রিলিজ করেছে, সুপারহিট ফিল্ম। India's first Mega Star ! সেই রাজেশ খান্না আমার সামনে দাঁড়িয়ে। ছোট খাটো চেহারা। ট্রাউজার, উপরে সেই বিখ্যাত গুরু শার্ট। আরো বিস্ময় অপেক্ষা করছিলো, যখন রাজেশ খান্না আমাদের সঙ্গে ভেনুগোপালের রুমে এলেন। আমাদের সঙ্গে আলাপ হলো। আমি ওনার সঙ্গে প্রায় দেড় ঘন্টা আড্ডা মারলাম। কেউ বিশ্বাস করবেন না, অর্ধেক সময় মাথা নিচু করে কোথা

বলছিলেন। এতো Down to Earth। এতো লাজুক ছিলেন। ঋষিকেশ মুখার্জীর কথা, উত্তমদার কথা খুব বললেন। খুব সম্মান করতেন ওনাদের।

তার পরেও একবার অ্যাম্বাসাডার হোটেলে বাসু ভট্টাচার্যর দেওয়া একটা পার্টিতে রাজেশ খান্নার সঙ্গে দেখা হয়েছিল। 'অনুভব' আর 'আবিষ্কার' নিয়ে একটা জয়েন্ট পার্টি দিয়েছিলেন। সেখানে রাজেশ খান্না ছাড়াও উপস্থিত ছিলেন সঞ্জীব কুমার, তনুজা ও শর্মিলা ঠাকুর। আলাপ করে বুঝেছিলাম আদ্যন্ত বিনয়ী এক ভদ্রলোক। অথচ শুনেছিলাম এই মানুষটি টাইমে শুটে আসতেন না। ১০টায় কল টাইম থাকলে বেলা ২টোতে পৌঁছতেন।

আসল মজার ব্যাপার হলো কলকাতায় ফেরার পর। সবাইকে কলকাতায় রাজেশ খান্নার গল্প বলেছিলাম। আমার এক জ্যাঠতুতো বোন বুলু মুরলিধর কলেজে পড়তোঁ। বুলু বললো, "বাপু, কাল তুই আমাদের কলেজের সামনে আসবি, আর হাত ধুবি না। আমার সব বন্ধুরা তোর সঙ্গে হ্যান্ডশেক করতে চায়, যে হাতে তুই রাজেশ খান্নার সঙ্গে হ্যান্ডশেক করেছিলি। যতদিন বেঁচে থাকবো , এই সব ছোট ছোট ঘটনা চিরকাল মনের মনিকোঠায় থেকে যাবে। কত বিখ্যাত মানুষের সংস্পর্শে এসেছি, তাঁদের সঙ্গে গল্প করেছি, আড্ডা দিয়েছি, ভাবলেই নিজেকে খুব ভাগ্যবান মনে হয়।

রাজেশ খান্না

রাজেশ খান্না

তনুজার সঙ্গে শুট

তনুজা সম্বন্ধে লেখা একটা মজার গল্প দিয়ে শুরু করি। ১৯৬৩ সালের কথা। 'দেয়ানেয়া' সদ্য মুক্তি পেয়েছে। সুপার হিট ছবি। তনুজার তখন দারুন জনপ্রিয়তা। আমি তখন ক্লাস টেনের ছাত্র। আমারও তনুজাকে খুব ভালো লেগেছে। তনুজা তখন কলকাতায় বালিগঞ্জ পার্ক রোডে একটা কমপ্লেক্সে থাকতেন, সঙ্গে মা শোভনা সমর্থ। একদিন চলে গেলাম ওই কমপ্লেক্সে তনুজার সঙ্গে দেখা করতে। ওঁর মা দরজা খুলে আমায় দেখে বললেন, "ও তো এখন ব্যস্ত, তুমি পরে এসো।" দেখলেন একটা বাচ্চা ছেলে- কাটিয়ে দিলেন। আমার শ্যুটের পর যেদিন তনুজাকে এই গল্পটা করেছিলাম, ও তো হেসে গড়িয়ে পড়লো।

যাক, এবার আসল ঘটনায় আসি। উত্তমকুমারের উপর ধারাবাহিক "যেতে নাহি দিব" করার আগে আমি আর পার্থপ্রতিম চৌধুরী আলোচনা করে ঠিক করলাম কাদের ইন্টারভিউ নেওয়া হবে বা কাদের পাওয়া যাবে। মুম্বাই থেকে আমরা শর্মিলা ঠাকুর আর তনুজার নাম ঠিক করলাম। দুজনের সঙ্গেই পার্থদার ভালো সম্পর্ক। শর্মিলা 'ছায়াসূর্য' ও 'যদুবংশ' আর তনুজা 'দোলনা' ছবিতে কাজ করেছেন।

আমি আর পার্থদা মুম্বাই গেলাম। এখানে একটা মজার কথা বলে রাখি। পার্থদা প্লেনে উঠতে খুব ভয় পেতেন। যেতে আর আসতে যা করেছিলেন, সে গল্প পরে হবে। যা হোক, আমরা তারদেওতে "হোটেল হীরামনি" বলে একটা হোটেলে উঠলাম। হোটেলে পৌঁছতে পৌঁছতে প্রায় রাত ৮টা বেজে গেলো। পৌঁছেই পার্থদা আগে তনুজাকে ফোন করলেন। তনুজার মা শোভনা সমর্থের সঙ্গে কথা বলে জানা গেলো তনুজা শুটে। তারপর আরো দু বার পার্থদা ফোন করেছিলেন কিন্তু তনুজা তখনও ফেরেননি। রাত প্রায় দেড়টা নাগাদ রিসেপশন থেকে এসে ডেকে বললো, "আপনাদের ফোন, ম্যাডাম তনুজা"। পার্থদা গিয়ে কথা বলায় তনুজা জানালেন, 'পরের দিন আমার জুহু ভিলে পার্লেতে শুট আছে,

চলে এস' বলে ঠিকানা দিয়ে দিলেন। আমি অবাক হয়ে ভাবলাম, কি অসম্ভব ভদ্র এক মহিলা, তিনবার পার্থদা ফোন করেছেন শুনে অত রাতেও কল ব্যাক করলেন।

পরেরদিন আমি আর পার্থদা পৌঁছে গেলাম জুহুতে। সেই শুটে আর একজন নায়িকার সঙ্গে আলাপ হলো, তিনি রতি অগ্নিহোত্রী। যাইহোক তনুজাকে সব বলা হলে তনুজা তো সঙ্গে সঙ্গে রাজি হয়ে গেলেন। আমি টাকার কথা জিজ্ঞাসা করাতে বললেন, "সে পরে হবে, আগে কাজটা তো করি!" আরো বললেন যে উনি তপন সিনহার "আদালত ও একটি মেয়ে"র শুট করতে দিন পনেরোর মধ্যে কলকাতা আসছেন। আমরা যদি তখন শুটটা করে ফেলতে পারি, তাহলে একদিনের হোটেল চার্জ আর এক দিকের প্লেন ফেয়ার দিলেই হবে। আমরা খুব খুশি, অনেক খরচ বেঁচে গেলো। কিন্তু শর্মিলার সঙ্গে কন্টাক্ট করা গেলো না। শর্মিলা তখন ইন্ডিয়ার বাইরে। আমরা ফিরে এলাম কলকাতা।

দিন পনেরোর মধ্যে তনুজা এলেন। আগেই জানিয়ে দিয়েছিলেন কবে শুট করতে পারবেন। উঠেছিলেন সাদার স্ট্রিটের "লিটন" হোটেলে। যেদিন উনি এলেন, সেদিন রাতে আমি আর পার্থদা দেখা করতে গেলাম। পার্থদা পুরো ব্যাপারটা, স্ক্রিপ্ট সব বুঝিয়ে বললেন। তারপর খুব আড্ডা হলো। পার্থদার খুব প্রশংসা করলেন। বললেন 'যদিও আমার প্রথম বাংলা ফিল্ম 'দেয়ানেয়া', কিন্তু ভালো বাংলা আমি বলেছি 'দোলনা'তে। পার্থই আমাকে বাংলা বলতে শিখিয়েছে। পার্থদাও কিছুক্ষণ ফ্লার্ট করলেন তনুজার সঙ্গে।

পরের দিন পার্থদা তনুজাকে, আমাকে আর আমার বৌ পপাইকে নেমন্তন্ন করলেন পার্থদার সদ্য শেষ করা একটা পুরোনো ছবি দেখার জন্য ইন্ডিয়া ফিল্ম ল্যাবরেটরির প্রজেক্শনে। ছবিটার নাম ছিল "নাগরিক" কিন্তু ঋত্বিক ঘটকের ওই নামে একটা ছবি রিলিজ হওয়ার দরুন পার্থদা নাম বদলে রাখলেন "শুভ, কেমন আছো"। ধৃতিমান চ্যাটার্জী, রঞ্জিত মল্লিক, দেবিকা মুখার্জী অভিনয় করেছিলেন। সেদিনের স্পেশাল শোতে আমাদের সঙ্গে দেবিকাও ছিলেন। ছবিটা দেখার পর তনুজা তো উচ্ছসিত প্রশংসা করলেন।

যাই হোক তার দু তিনদিন পর, তনুজা আমাদের "যেতে নাহি দিব" শুটের ডেট দিলেন। তনুজার শুটটা আমরা করেছিলাম ভবানীপুরে সুরেন প্রসাদের 'প্রসাদ ষ্টুডিওতে'।

তনুজার শ্যুট সারাদিন চললো। পার্থদা তনুজাকে বলেছিলেন, "আমি মোটামুটি কোন পয়েন্টে যাবো, সেটা আমি স্ক্রিপ্টে লিখেছি কিন্তু তুমি পুরোটাই যেটা মনে হবে সেই ভাবে বলবে। সেই কারণেই আগে তনুজাকে স্ক্রিপ্ট দিয়ে আসা হয়নি, যাতে আগে রেডি না হয়ে বলতে পারেন। পার্থদা পয়েন্টগুলো ধরিয়ে দিচ্ছিলেন আর তনুজা সম্পূর্ণ নিজের মতো করে বলে যাচ্ছিলেন। উত্তমদার কথা বলতে বলতে এক সময় কেঁদে ফেললেন। খুব ইমোশনাল ইন্টারভিউ ছিল। দুপুরে কিছু খেলেন না, শুধু স্যান্ডউইচ। উনি চলে যাওয়ার সময় হোটেলেও ওঁর জন্য স্যান্ডউইচ ছাড়া আর কোনো বিল দিতে হয়নি। নো ফুড, নো ড্রিঙ্কস। ভদ্রতার আর এক মাপকাঠি।

যা হোক, শেষ হয়ে যাওয়ার পর আমি জিজ্ঞাসা করলাম, "তোমাকে কত দেব?" আমাকে বললেন, "ইউ ইডিয়ট, আমি উত্তমদার সমন্ধে বললাম আর তুমি আমাকে টাকা অফার করছো?" আমি তো অবাক! তারপর বললেন, "এক কাজ করো, আমাকে দু/তিন রকমের মাছ খাইয়ে দিও।" পরের দিন পার্থদার গল্ফ ক্লাব রোডের বাড়িতেই ডিনারের ব্যবস্থা হলো। পপাই দু রকমের মাছ রান্না করে নিয়ে গিয়েছিলো আর এক রকমের মাছ ও আনুসাঙ্গিক যা কিছু সব পার্থদার বাড়িতেই হয়েছিল। তনুজা তখন একদমই আলকোহল টাচ করতেন না। আমি আর পার্থদা হুইস্কি খেলাম। দারুন আড্ডা হলো। মাঝখানে আমার পিছনে লাগলো। পপাই বলেছিলো আমি খাওয়া নিয়ে খুব প্রব্লেম করি, তখন পপাইকে বললেন "একদম ওকে খেতে দেবে না।" আমাকে বললেন, "প্রবীর, তুমি জানো, পৃথিবীতে কত মানুষ একবেলা খাবার পায় না, আর তুমি এই ভাবে খাবারের অমর্যাদা করছো।"

তারপর সুচিত্রা সেন, ঋত্বিক ঘটকের গল্প হলো। খুব সম্মান করতেন ওঁদের। আর উত্তমদা, সত্যজিৎ রায়ের কথা তো হলোই। ঋত্বিক ঘটককে নিয়ে তনুজা একটা ঘটনা বললেন- "আমি তখন

একটা বাংলা ফিল্মের শুট করছি NT1 স্টুডিওতে। বাইরে দাঁড়িয়ে বিশুর (বিশ্বজিৎ) সঙ্গে গল্প করছি। হঠাৎ এক ভদ্রলোক এলেন, কাঁধে একটা ঝোলা ব্যাগ, মুখে খোঁচা খোঁচা দাড়ি। এসেই আমাকে বললেন, "তুমি তো তনুজা, খুব নাম করেছো, ১০টা টাকা দাও তো। আমি অবাক হয়ে কিছুক্ষণ তাকিয়ে টাকাটা দিয়ে দিলাম। উনি চলে যাওয়ার পর বিশু আমাকে বললো 'ভদ্রলোক কে জানো?' আমি ঘর নাড়তে বললো 'ঋত্বিক ঘটক'।

সেদিন রাত ১২টা নাগাদ আমি আর পপাই তনুজাকে হোটেলে পৌঁছে দিলাম। পরের দিন সকল ৬.৩০/৭ টায় মুম্বাইর ফ্লাইট। ওকে পৌঁছে বাড়ি ফিরে, ৩ ঘন্টা পর আবার ছুটলাম তনুজার হোটেলে, ওঁকে এয়ারপোর্টে পৌঁছাবার জন্য।

আজ ভাবি আমাদের এখানকার শিল্পীদের। সবাই মোটা টাকা চাইতো এই ইন্টারভিউ দেওয়ার জন্য। তখন অবশ্য রঞ্জিত, দীপঙ্কর, ভূপেন হাজারিকা, সাবিত্রীদি কেউই কোনো টাকা চাননি। তখনকার একজন নামকরা অভিনেত্রী অবশ্য ১৮,০০০/- টাকা চেয়েছিলেন। ওনার নাম আমি বলতে চাই না। এটাই এখনকার সঙ্গে তখনকার তফাৎ।

তনুজা

তনুজা

সংগীত পরিচালক রবীন্দ্র জৈন

১৯৯৪ সালে একবার মুম্বাই গেলাম ফিল্ম ডিস্ট্রিবিউশনের ব্যাপারে। সেবারে গিয়ে 'মডেল টাউন, ফোরবাংলো, আন্ধেরি ওয়েস্ট'-এ অবস্থিত কুমার স্বপনের ফ্ল্যাটে উঠেছিলাম। স্বপন তখন মুম্বাইতে "নির্জন দ্বীপ" বলে ডাবল ভার্সন একটা ফিল্ম করার চেষ্টা চালাচ্ছে। খুব সুন্দর ফ্ল্যাটটা। শচীন অধিকারী পরিচালিত 'নতুন সূর্য' ফিল্মের নায়ক ও প্রযোজক ছিল স্বপন। তখন থেকেই স্বপনের সঙ্গে বেশ ভালো হৃদ্যতা ছিল। ও নিজেই ওর ফ্ল্যাটে থাকার প্রস্তাব দিল। ভালোই হলো, হোটেল খরচটা বেঁচে গেলো। আর একজন ভালো সঙ্গীও পাওয়া গেল। একদিন স্বপন বললো "তোমাকে আজ একজনের বাড়ি নিয়ে যাবো যদি তুমি ফ্রি থাকো।" গেলাম স্বপনের সঙ্গে, জানি না কার বাড়ি যাচ্ছি। এখনো মনে আছে, পৌঁছে দেখলাম বাড়ির বাইরে লেখা আছে "Ravindra Jain, 2, Manavendra, 16th Road, Bandra West , Mumbai, Maharashtra।"

জানতে চাইলাম, "স্বপন, ইনি কি সংগীত পরিচালক রবীন্দ্র জৈন?" স্বপন হেসে বললো "আর কোনো রবীন্দ্র জৈন আছে না কি?" আমি তো অবাক। স্বপনের সঙ্গে ভিতরে ঢুকলাম- বিরাট লিভিং রুম, রবীন্দ্র জৈন একটা সোফাতে বসে আছেন। আলাপ হলো, খুব সজ্জন মানুষ। চোখে দেখতেন না কিন্তু একটা অদ্ভুত সেন্স ওনার কাজ করতো। ওনার স্ত্রী দিব্যা ভাবীর সঙ্গেও আলাপ হলো। খুব মিষ্টি চেহারা, আর সেইরকম মিষ্টি ব্যবহার। অনেকক্ষণ গল্প গুজব করলাম। নানারকম গল্প করতে করতে বললেন বিখ্যাত সংগীত শিল্পী অভিজিৎ ভট্টাচার্য স্ট্রাগলিং পিরিয়ডে ওনার বাড়িতে থাকতেন। তারপর কোনো একটা কারণে অভিজিৎ বাবু আলাদা চলে যান বা যেতে বাধ্য হন।

তখন তো রাজকাপুরের 'রাম তেরি গঙ্গা মইলি'র গান হিট। রাজকাপুরের অনেক গল্প করলেন। বলছিলেন যখন গান নিয়ে বসা হতো, রাজ কাপুর সবসময়ে আসতেন। রাজ কাপুরের

অসম্ভব Music Sense ছিল। প্রতিটি গানের সুরের পেছনে ওঁর সাজেশন থাকতো। সুর করার সঙ্গে সঙ্গেই নাকি উনি ভেবে নিতেন শট টেকিং কি করে করবেন। Song Picturization এর জন্য রাজকাপুর আর গুরু দত্ত চিরকালই আমার খুব প্রিয় পরিচালক। সুর তৈরির সময় রাজকাপুরের উপস্থিতি আমাকে খুব একটা অবাক করেনি। আমি বললামও সেই কথা। রবীন্দ্রজি আমার কথা শুনে হাসলেন।

মুম্বাইতে থাকাকালীন আরো ২/৩ বার ওনার বাড়ি গিয়েছিলাম। এই সব গল্প শুনতে কার না ভালো লাগে! এর মাস ছয়েক পর উনি কলকাতায় এসেছিলেন। উঠেছিলেন "Sunny Towers"-এ ওনার এক বন্ধুর ফ্ল্যাটে। আমাকে জানিয়েছিলেন। গিয়েছিলাম দেখা করতে। অনেকক্ষণ কথা হলো। ওঁর সঙ্গে এতো ভাব হয়ে গিয়েছিলো যে আমার কথামতো রেটেই উনি 'নগরে বন্দরে' ছায়াছবিতে সঙ্গীত পরিচালনা করতে রাজি হয়েছিলেন। সে ছবি তো আর শেষ হলো না। দুঃখ রয়ে গেলো। তখনকার মানুষদের মতোই উনি ছিলেন নিরহঙ্কারী, পরোপকারী, একটি মানুষ। আর খুব উঁচু মানের সংগীত পরিচালক তো নিশ্চয়ই। এই সব মানুষদের উপস্থিতি একটা সমাজকে দূষণমুক্ত করতে সাহায্য করে।

রবীন্দ্র জৈন

সঙ্গীতশিল্পী উদিত নারায়ণ

সংগীত জগতের এক উজ্জ্বল নাম উদিত নারায়ণ। আর আমি যখনকার কথা বলছি, তখন দুজন পুরুষ গায়ক বোম্বে সংগীত জগতে রাজত্ব করছে- কুমার শানু এবং উদিত নারায়ণ। আমি তখন বিদেশের একটা চ্যানেলের জন্য বাংলা টেলিফিল্ম করছি, ভাবলাম মুম্বাইয়ের কোনো গায়ক যদি টাইটেল সং-এ কন্ঠদান করেন, তাহলে কেমন হয়! কিন্তু ভাবলেই তো হয় না, পাবো কোথায়?

হঠাৎ মনে পড়ে গেলো সজলের কথা। সজল মিত্র ছিলেন বড় বড় গানের অনুষ্ঠানের আয়োজক। পুরনো দিনের বিশিষ্ট অভিনেত্রী শিপ্রা মিত্রর ছেলে। আমার সঙ্গে খুব ভালো পরিচয় ছিল সজলের। আমি ওর বিয়ের সাক্ষীও ছিলাম। চলে গেলাম সজলের 'সাউথএন্ড পার্ক'-এর এর বাড়িতে। আমার ভাগ্য ভালো, তার কয়েকদিনের মধ্যে সজলের একটা অনুষ্ঠান করতে উদিত নারায়ণের কলকাতায় আসার কথা। সজল আমাকে আশ্বাস দিল যে উদিতজী কলকাতায় এলেই আমায় জানাবে। উদিত নারায়ণ কলকাতায় এসে উঠলেন এয়ারপোর্ট হোটেলে। পরের দিন সজলের সঙ্গে গেলাম ওনার সঙ্গে দেখা করতে। হাসি খুশি মানুষ। সব শুনলেন- টাকা পয়সার কথা হলো। খুবই কম টাকায় রাজি হয়ে গেলেন। বললেন "ট্র্যাক নিয়ে মুম্বাই চলে আসুন।" আমিও খুশি হয় ফিরে এলাম, সজলকে অনেক ধন্যবাদ জানালাম।

বিপ্লব চক্রবর্তী ছিলেন সংগীত পরিচালক। কলকাতায় গান রেকর্ড করলাম। প্রখ্যাত গীতিকার কমল বসুর লেখা বিপ্লবের সুরে "সাগরপারে খুঁজিগো তোমারে"। গীতিকার কমল বসু আরেকজন সজ্জন মানুষ। ট্র্যাক নিয়ে পাড়ি দিলাম মুম্বাই। উদিত নারায়ণকে ফোন করে ওঁর বাড়ি গেলাম। বাড়িতে একবার ট্র্যাক শুনে জানতে চাইলেন সঙ্গীত পরিভালক এসেছেন কি না। উদিতজী বললেন, "ডিরেক্টর ছাড়া রেকর্ড করতে সমস্যা হয়। শুধু ট্র্যাক শুনলে তো হয় না। অনেক কাজ থাকে, সেগুলো ডিরেক্টর বুঝিয়ে দিতে

পারেন।" যা হোক, উনি একটা স্টুডিওতে ফোন করে বুক করে দিলেন। সেখানে রেকর্ডিস্ট্ ছিল বাঙালি। আর দুজন বাঙালি সংগীত পরিচালককে সেদিন স্টুডিওতে আসতে বলে দিলেন। বাংলা গান গাওয়ার জন্য ওদের সাহায্য চাইলেন। সেই বছর পুজোয় ওনাদের সুরে উদিতজীর গাওয়ার কথা।

রেকর্ডিংয়ের দিন সবাই এলেন। রেকর্ডিং শুরু হলো। প্রথম মুখড়া গাওয়ার পর এক জায়গায় উনি আমাকে বললেন, "দেখুন এই জায়গাটা বোঝার জন্য ডিরেক্টরের দরকার।" বলে একটা জায়গা উনি গাইলেন। ওই দুজন ভদ্রলোক খুব সাহায্য করলেন উদিতজীকে। প্রথম অন্তরার তৃতীয় লাইনে গাওয়ার একটু গন্ডগোল হলো। কেটে দিয়ে বললেন আবার নাও।" রেকর্ডিস্ট্ বললেন, "দু লাইন তো ঠিক আছে। আমি পাঞ্চ মেরে যাচ্ছি।" পাঞ্চ হচ্ছে প্রথম দুটো লাইন রেখে দেওয়া হবে, থার্ড লাইন থেকে টেক হবে। উদিতজি সরাসরি সে প্রস্তাব প্রত্যাখ্যান করে আবার প্রথম থেকে আবার নিতে বললেন।" সংগীত পরিচালক বুদ্ধদেব গাঙ্গুলিকে পরে জিজ্ঞাসা করে জেনেছিলাম, যদিও বেশিরভাগ শিল্পীই তাড়াতাড়ি করার জন্য পাঞ্চে রাজি হয় কিন্তু পাঞ্চে সেই ফিলটা আসেনা। কোনো গুণী শিল্পী পাঞ্চে রাজি হন না। এই হলো পেশাদারিত্ব।

সেদিন লাঞ্চে উনি কিছু খেলেন না। বললেন এক প্যাকেট বিস্কুট আনিয়ে দিন। ব্যাস এই হলো লাঞ্চ। চাইনিজ, মোগলাই- কিচ্ছু না। একটা গান রেকর্ড করতে প্রায় সারাদিন চলে গেলো। রেকর্ডিংয়ের পর আমার ষ্টুডিওর যা বিল হলো, আমার কাছে একটু কম পড়ে গিয়েছিলো। উদিত নারায়ণ বললেন "নো প্রব্লেম, আমি দিয়ে দিচ্ছি, আপনি আমাকে পরে দিয়ে দেবেন।" আমি এতো অবাক আমার জীবনে হইনি। সারাদিন ধরে রেকর্ডিং করলেন, কিছু খেলেন না, দুজন বাঙালি সংগীত পরিচালককে নিয়ে এলেন ওঁর সুবিধার জন্য আর ভালো কাজ হওয়ার জন্য। আর গানটা গাইলেন নামমাত্র টাকায়। তারপরেও এই শিল্পী মনের পরিচয়!

ওই রেকর্ডিংয়ের পর আমার সঙ্গে ইন্ডোর স্টেডিয়ামে একবার একটা অনুষ্ঠানে দেখা হয়েছিল। গিয়েছিলাম গ্রিনরুমে দেখা করতে কিছুক্ষণ কথাবার্তা হলো। সেই অনুষ্ঠানে বিনোদ রাঠোরও ছিলেন। এ আমার এক সুখস্মৃতি !!

উদিত নারায়ণ

মহুয়াকে যেমন চিনি

মহুয়ার সঙ্গে আমার প্রথম পরিচয় বোধহয় সাতের দশকের মাঝামাঝি। পরিচালক নীতিশ মুখার্জী ঠিক করলেন শীর্ষেন্দু মুখার্জীর উপন্যাস "নয়ন শ্যামা" ফিল্ম করবেন। নতুন নায়ক খোঁজা শুরু হলো। অডিশন দিয়ে আমি নির্বাচিত হলাম "নয়ন" এর ভূমিকায়। "শ্যামা"র চরিত্রে উনি প্রতিষ্ঠিত নায়িকা সুমিত্রা মুখার্জীকে নির্বাচিত করলেন। ফিল্মে আর একটা গুরুত্বপূর্ণ চরিত্র সন্তু মুখার্জী, একজন সাঁপুড়ে। সন্তুর বিপরীতে নীতীশদা মহুয়ার কথা ভাবলেন। তখন মহুয়ার বিয়ে হয়নি। থাকতো দমদমে ক্লাইভঘাট রোডে টেলিফোন ডিপার্টমেন্টের কোয়ার্টারে। মহুয়ার মা চাকরি করতেন। মহুয়ার বাবার নাম ছিল নীলাঞ্জন। আমরা নীলুদা বলতাম। মহুয়ার সঙ্গে কথা বলতে নীতীশদা আমাকে সঙ্গে করে নিয়ে গেলেন।

সেই মহুয়ার সঙ্গে প্রথম আলাপ। মহুয়া রাজি হয়ে গেলো। নীতীশদাও খুশি। আমরা খুশি মনে ফিরে এলাম। আর একটা রোমান্টিক চরিত্রে রঞ্জিত মল্লিক। কাস্ট ফাইনাল। শুটের তোড়জোড় শুরু হলো। দিন ফাইনাল হলো। আমরা যাবো আউটডোরে মল্লিকপুরে। সব ঠিক। এই সময়ে এলো খারাপ খবর। শুটে যাওয়ার দুদিন আগে মহুয়ার পক্স। আমরা ছুটলাম দমদমে মহুয়ার বাড়ি। ও মশারির ভিতর আর আমরা বাইরে, কথা হলো, সব হলো কিন্তু মহুয়ার পক্ষে করা সম্ভব হলো না। 'নয়ন শ্যামা' তে মহুয়ার কাজ করা হলো না কিন্তু আমার সঙ্গে ভাব রয়ে গেলো। সেই ভাব আস্তে আস্তে বাড়তে শুরু করলো। এটা বোধহয় ১৯৭৫ সালের কথা। আমি তখন থাকতাম গোলপার্কে "সপ্তর্ষি" হোটেলে একটা রুম নিয়ে। আমারও জীবনে তখন ডামাডোল। মহুয়া তখন শুট আর নহবত নাটক নিয়ে ব্যস্ত। শুট তাড়াতাড়ি শেষ হলে চলে আসতো সপ্তর্ষিতে। তখনকার অনেকেই সপ্তর্ষিতে আসতো আড্ডা মারতে। শমিত ভঞ্জ, রমেন রায়চৌধুরী, বিপ্লব চ্যাটার্জী আরো অনেকে। মহুয়ার মধ্যে একটা অদ্ভুত মিষ্টি মন ছিল। অন্যকে

বোঝার মতো একটা অনুভূতি ওর মধ্যে কাজ করতো। একটা ফিলিংস ছিল অন্যের জন্য। একটা ছোট্ট ঘটনা বলছি, সবাই এসে আড্ডা মারতে মারতে খাবার অর্ডার দিতো, পেমেন্ট আমাকেই করতে হতো বেশিরভাগ সময়ে। কিন্তু মৌ যখনি অর্ডার করতো, নিজে পেমেন্ট করতো। হাজার বললেও শুনতো না।

এই রকম আড্ডা মারতে মারতে আমরা সবাই একদিন ঠিক করলাম একটা নাটকের গ্রুপ করলে কেমন হয়। কল শো করবো। বুবুর (শমিত) মেজদা তখন বার্নপুরে চাকরি করতেন। উনি ওখানকার রোটারি ক্লাবের একটা কল শো দিলেন আমাদের। নাটক ঠিক হলো নীতিশ সেনের "বর্বর বাঁশি। তিন ভাই আর এক বোনের গল্প। বড় ভাই শমিত, মেজো আমি, ছোট বিপ্লব আর বোন মহুয়া। পরিচালক বিপ্লব। জোর কদমে রিহার্সাল শুরু হয় গেলো। রিহার্সাল না থাকলে, মৌ-এর শুট না থাকলে আমি চলে যেতাম দমদমে ওর ফ্ল্যাটে। নীলুদার সঙ্গেও খুব ভাব হইয়ে গিয়েছিলো। ওর ওখান থেকে আমি আর মৌ নাইট শোতে মাঝে মাঝে সিনেমা দেখতে চলে যেতাম "জয়া" সিনেমা হলে। সিনেমা দেখে রিক্সা করে ওকে বাড়ি পৌঁছে আমি ফিরতাম গোলপার্কে। একদিন সিনেমা দেখতে গিয়ে ওর উপর খুব রেগে গেলাম। ঝগড়া হলো। কারণটা হলো ও খুব পান খেত পাকা বুড়ির মতো। একদিন পান খেয়ে হলের মধ্যেই পানের পিক ফেলেছিল। আমি খুব রেগে গিয়েছিলাম। এইগুলো কিন্তু সবই ওর ছেলেমানুষি। সেদিনের ফিল্মের নামটাও মনে আছে "হোটেল স্নো ফক্স ক্যাবারে"। সেই ফিল্মের সঙ্গে সেদিন ট্রেইলার দেখানো হয়েছিল "আনন্দমেলা'র , যাতে উত্তমকুমার ছাড়াও মহুয়া আর তিলক ছিল।

সেই সময়ে হঠাৎ ও জানালো ও নাটকে অভিনয় করতে পারবে না। আমাদের তো মাথায় হাত। আর সাত দিন পরেই শো। রিহার্সাল থেকে ওই রাতেই ছুটলাম দমদমে। আমি, বুবু আর বিপ্লব। সেদিন বারান্দায় নিয়ে গিয়ে আমাকে আলাদা করে বলেছিলো কেন ও করতে পারবে না। সেটা এখানে আমি বলতে পারবো না। সেই চরিত্রটা করেছিলেন সোমা দে। নাটক খুব সাকসেসফুল হয়েছিল। বুবু অসাধারণ অভিনয় করেছিল। শো-এর পর বার্নপুর ক্লাবে

আমাদের বিরাট পার্টি দেওয়া হয়েছিল। ফিরে আসার পর আমাদের সম্পর্ক ঠিকই ছিল। একদিন শঙ্করদার "শেষ রক্ষা"র সেটে গেলাম। মৌর সঙ্গে দেখা করতে। তারপর দিন ওর শো ছিল "নহবত"এর। আমাকে বললো, "দরকার আছে তোমার সঙ্গে, কাল একবার ফার্স্ট শোর পর আসবে?" আমি রাজি হলাম।

পরের দিন ফার্স্ট শোয়ের পর গেলাম। স্টেজে বসে সবাই আড্ডা মারছিলো। মৌ, বুড়োমামু (তরুণকুমার), প্রদীপ মুখার্জী ও আরো অনেকে। আমাকে তপন থিয়েটারের পেছনে নিয়ে গেলো। পেছনে তখন খাটাল মতো ছিল। ওখানে একটা খাটিয়াতে বসে অনেক কিছু বললো, ওর দুঃখের কথা, আরো অনেক কিছু। সেসব এখানে শেয়ার করা সম্ভব নয়। সেদিন ও কান্নাকাটিও করেছিল। তার পরের দিন আমি চলে গিয়েছিলাম 'নয়ন শ্যামা'র আউটডোরে বাদুড়িয়াতে। সাত দিন পর ফিরে দেখা করতে গিয়েছিলাম ইন্দ্রপুরী ষ্টুডিওতে। ঘরটা অন্ধকার ছিল, আমি নক করে ঢুকলাম। দেখলাম মাথা ভর্তি সিঁদুর। আমি বললাম "বাহ, দারুন মেকআপ হয়েছে তো।" ও বললো "মেকআপ নয়, আমার বিয়ে হয়ে গেছে।" আমি অবাক হয়ে গেলাম, কারণ সাতদিন আগে যা কথা হয়েছে, তাতে এখন বিয়ে হওয়ার কথা ছিল না। বললাম "যা হয়েছে ভালোই হয়েছে"।

এর পর আমাদের দেখা সাক্ষাৎ কমে গিয়েছিলো। এক দু বার বোধহয় ওর নানুবাবুর বাজারের ফ্ল্যাটে গিয়েছিলাম। এর পর দেখা 'আজ কাল পরশুর গল্প' ফিল্মের শুটে বোলপুরে। সেখানেও একদিন ওর রুমে বসে আড্ডা মারলাম, একই মন কেমন করা গল্প। মেয়েটা Misunderstood রয়ে গেলো। একটু বোধহয় বেশি লাগামছাড়া হয়ে গিয়েছিলো। শেষ দেখা আমার সঙ্গে India Film Labortary তে। সেই সময় ওর হাত ভেঙেছিল। প্লাস্টার নিয়ে এসেছিলো 'আজ কাল পরশুর গল্প'র ডাবিংয়ে। ছোট থেকে খালি উপার্জন করে করেই হাঁপিয়ে উঠেছিল। অথচ কি বড় মাপের অভিনেত্রী। ওর ধারে কাছে যাওয়ার মতো অভিনেত্রী আজ বাংলায় কেউ নেই। একটা বিরাট প্রতিভা অকালে ঝরে গেলো। আর অভিনয় জগৎও হারালো এক অসাধারণ অভিনেত্রী আর ভীষণ ভালো মনের একজন মানুষকে।

মহুয়া রায়চৌধুরী

মহুয়া রায়চৌধুরী আজ কাল পরশুর গল্প

রুমকি ঝুমকি (দেবশ্রী তনুশ্রী)

রুমকি ঝুমকি। পোশাকি নাম দেবশ্রী রায় ও তনুশ্রী রায় (ভট্টাচার্য)। দেবশ্রীকে সবাই চেনে বিখ্যাত অভিনেত্রী হিসেবে। কিন্তু তনুশ্রীও খুব ভালো গায়িকা। ওর দিদি কৃষ্ণা মুখার্জীর মতো। কৃষ্ণাদির আর একটা পরিচয়, উনি রানী মুখার্জীর মা। কৃষ্ণাদি খুব ভালো গায়িকা ছিলেন। ভারতে এবং ভারতের বাইরে অনেক অনুষ্ঠান করেছেন এক সময়। মহম্মদ রফির সঙ্গেও বাইরে অনেক অনুষ্ঠান করেছেন। চার বোন আর দুই ভাইয়ের মধ্যে সবথেকে ছোট দেবশ্রী আর তার উপরে তনুশ্রী। সবচেয়ে বড় বোন পূর্ণিমাদি আজ আর নেই। আর এক দাদা সিনেমাটোগ্রাফার ছিলেন। তিনিও আজ আর নেই। আমি আর বিপ্লব মুম্বাইতে কৃষ্ণাদির বাড়িতেও গিয়েছি। তখন রানী খুবই ছোট।

যা হোক আজ আমি রুমকি ঝুমকি অর্থাৎ দেবশ্রী তনুশ্রীকে নিয়ে লিখবো। ওদের সঙ্গে অনেক অনেক বছরের পরিচয়। দিনক্ষণ কিছুই বলতে পারবো না। এতো পুরনো কথা ভুলে গেছি। দেবশ্রী তখন সিনেমা জগতে আসেনি। 'রুমকি ঝুমকি' নামে দুই বোন তখন নাচের অনুষ্ঠান করত। তরুণ মজুমদারের কুহেলিতে একটি বাচ্চা মেয়ের চরিত্রে অভিনয় করেছিল দেবশ্রী। নীতিশ মুখার্জীর 'রবিবার'-ই বলতে গেলে দেবশ্রীর প্রথম সিনেমায় অভিনয়। সেই সময় থেকেই আমাদের পরিচয় পারিবারিক পর্যায়ে চলে যায়। মাসিমা (ওদের মা আরতি রায়) এবং মেসোমশায়ের সঙ্গেও আমার খুব ভালো পরিচয় ছিল। আজ আর ওঁরা কেউ নেই। দেবশ্রীদের ল্যান্সডাউন রোডের বাড়িতে আমার খুব যাতায়াত ছিল। আমার প্রথম স্ত্রী ছিলেন জয়শ্রী রায়। অনেকে ভাবতেন দেবশ্রী আমার শ্যালিকা। দেবশ্রীও ইয়ার্কি করে আমাকে জামাইবাবু বলতো। মজার ব্যাপার আমার বর্তমান স্ত্রীর নাম 'সোমশ্রী'। আজ লিখতে বসে অনেক পুরানো কথা মনে পড়ছে। ওদের বাড়িতে একটা খুব বড় উঠোন ছিল। মনে আছে ঋষি কাপুর আর নিতু সিংয়ের ফিল্মের "এক ম্যায় অউর এক তু....." গানটা যখন খুব হিট

করেছিল, ওদের বাড়ির উঠোনে আমরা তিনজন নাচতাম আর মাসিমা হাসতেন। আমাদের আড্ডায় বিপ্লব চ্যাটার্জী, নানু (সৌমিত্র ব্যানার্জী) আর 'ত্রয়ী' ছবির পরিচালক গৌতম মুখার্জীও থাকতেন। মিঠুন, দেবশ্রী আর সৌমিত্র ব্যানার্জী অভিনীত 'ত্রয়ী' যদিও শেষে পার্থপ্রতিম চৌধুরী শেষ করেন।

আজ অবশ্য নানু, গৌতম, পার্থদা কেউ নেই। নানুকেও (সৌমিত্র ব্যানার্জী) আমি ওর ছোটবেলা থেকে চিনতাম। আমি যখন অ্যান্ডারসনে (লাইফ সেভিং সোসাইটি) সাঁতার কাটতায়, তখন ওখানে নানুও সাঁতার কাটতো। ও তখন বাচ্চা ৮/১০ বছরের ছেলে। কি মিষ্টি দেখতে ছিল। ওই সময় নানু পার্থদার "শুভা ও দেবতার গ্রাস" ফিল্মে মাস্টার সৌমিত্র হিসেবে অভিনয় করে। ওটাই ওর প্রথম ছায়াছবি।

আমাদের আড্ডার মধ্যে গৌতম একদিন বললো "একটা নাটক করা যাক। আমি ডাইরেকশন দেবো।" আমরা রাজি হয়ে গেলাম। জোর কদমে রিহার্সাল শুরু হয়ে গেলো। আমি, নানু, দেবশ্রী, তনুশ্রী ছাড়াও মাসিমাও অভিনয় করছিলেন। দু একবার রিহার্সাল "বালিগঞ্জ শিক্ষাসদন" স্কুলের স্টেজেও হয়েছে। সে আর এক মজার সময়। সব কিছু মনেও নেই। এই নাটক নিয়ে দেবশ্রীরা মজা করে কি যেন একটা নামে ডাকতো, ভুলে গেছি। নাটকটা অবশ্য কোনোদিন স্টেজ হয়নি। কদিন হৈ চৈ করে বন্ধ হয়ে গেলো।

তনুশ্রী বিয়ে করলো সঞ্জয় ভট্টাচার্যকে। সঞ্জয়ের সঙ্গেও আমার আবার আগের থেকে ভালো পরিচয় ছিল কারণ ওর তখন গড়িয়াহাটের মোড়ে ভিডিও ষ্টুডিও ছিল "টেলিভিশনারি" নামে। আমি ওই স্টুডিওতে কাজও করেছি। চিন্ময় রায়ের সঙ্গে "রাম শ্যাম যদু" ধারাবাহিক নিয়ে আমার গন্ডগোল হওয়ার পর সঞ্জয়ের "টেলিভিশনারি" ওটা আমার কাছ থেকে কিনে নিয়েছিল এবং ওরাই ওটা টেলিকাস্ট করেছিল।

দেবশ্রী আবার মাঝে রাজনীতিতে এলো, MLA-ও হলো। তখন অবশ্য প্রায় একদমই যোগাযোগ ছিল না, দু একটা পার্টিতে দেখা

হওয়া ছাড়া। ক্যান্ডিডেট হিসেবে যেদিন দেবশ্রীর নাম ঘোষণা করা হলো, আমি ওকে প্রথম ফোন করে খবরটা দিলাম। আমার সঙ্গে আজও দেবশ্রী, তনুশ্রী, সঞ্জয় সবার সঙ্গে যোগাযোগ আছে। আগের মতো অবশ্য ওই আড্ডা আর হয় না। এখানে সেখানে দেখা হয়ে যায়। কিছুদিন আগেই দেখা হলো টালিগঞ্জ ক্লাবে। দেবশ্রী, তনুশ্রী দুজনেই খুব মিষ্টি স্বভাবের মেয়ে। খুবই সরল। যখনি দেখা হয় মনেই হয় না অনেকদিন দেখা হয়নি। গল্পে, আড্ডায় আবার সেই সব পুরনো দিনে ফিরে যাই। দুজনেই আমার খুব প্রিয় কাছের মানুষ। ওরা দুজনে ভালো থাকুক, সুখে থাকুক ঈশ্বরের কাছে এই কামনাই করি।

এই লেখা শেষ হওয়ার আগেই, এক সকালে খবর এলো ঝুমকি (তনুশ্রী) আর নেই। হঠাৎ সকল বেলা হার্ট এটাকে সব শেষ। ভীষণই হৃদয়বিদারক খবর। দেবশ্রী আর সঞ্জয়ের জন্য খুবই খারাপ লাগছে। গিয়েছিলাম ঝুমকির কাজে। কত ছোট আমার থেকে। ঝুমকি, যেখানেই থাকো শান্তিতে থাকো, ভালো থেকো। খুব মিস করবো।

রুমকির (দেবশ্রী) সঙ্গে

রুমকি (দেবশ্রী) **ও ঝুমকির (তনুশ্রী)** সঙ্গে

চিত্র পরিচালক ইন্দর সেন (চাঁদুদা)

ইন্দর সেনের (চাঁদুদা) সঙ্গে আমার পরিচয় পিকনিক ছবির সময় থেকে। জয়শ্রীকে যখন ফাইনাল করা হলো, তখন থেকেই। তার আগে চাঁদুদার প্রথম ছবি ছিল সৌমিত্র চট্টোপাধ্যায় ও তনুজা অভিনীত 'প্রথম কদম ফুল'। সুপারহিট ফিল্ম। দ্বিতীয় ছবি 'পিকনিক'। পরেও চাঁদুদা আরো অনেক ছবি করেছেন। 'অসময়', 'অর্জুন', 'চামেলী মেমসাহেব' ইত্যাদি। 'অসময়' জাতীয় পুরস্কারও পেয়েছিলো। উত্তমদা আর মহুয়াকে নিয়ে একটা ছবি শুরু করেছিলেন। ফিল্মটার নাম বোধহয় 'হার মানিনি' (আমার ভুলও হতে পারে নামটা)। প্রথমে উত্তমদা চলে গেলেন, তারপর মহুয়াও। উত্তমদা আর মহুয়া চলে যাওয়ায় আর ফিল্মটা শেষ হয়নি।

পিকনিকের পর অনেকদিন কোনো যোগাযোগ ছিল না। তারপর দেখা রবীন ঘোষের ইনফোকম-এ। তখন সোনার সংসার ধারাবাহিক চলছে। সম্পর্ক ধারাবাহিক শুরুর তোড়জোড় হচ্ছে। সেখানে বিখ্যাত সাহিত্যিকদের ছোট ছোট গল্প নিয়ে এক একটা পর্ব। ওখানে চাঁদুদা (ইন্দর সেন) ৪/৫টি পর্ব পরিচালনা করেছিলেন। এই 'সম্পর্ক' ধারাবাহিকে অনেক পরিচালকের হাতেখড়ি হয়। যেমন বিখ্যাত নাট্যব্যক্তিত্ব বিভাস চক্রবর্তী, রাজা সেন, গুলবাহার সিং, সুজিত গুপ্ত, জগন্নাথ গুহ, অঞ্জন দত্ত এবং আরো অনেকে। সেই সময় আমার একটা ধারাবাহিক 'বিচিত্র তদন্ত' দূরদর্শনের অনুমোদন পায়। সেই ধারাবাহিকে ইন্দর সেনকে পরিচালক হিসেবে ফাইনাল করা হয়। ওনার কাজের উপর আমার একটা শ্রদ্ধা চিরদিনই ছিল। সেই সময় চাঁদুদা সালকিয়াতে থাকতেন। পরে গল্ফগ্রিনে ফ্ল্যাট কিনে চলে আসেন। 'বিচিত্র তদন্ত'-র সময় ইনফোকমে, ওনার বাড়িতে, আমার বাড়িতে দিনের পর দিন আড্ডা হয়েছে।

অসম্ভব ডিসিপ্লিনড, স্ট্রিক্ট অথচ খুব সুন্দর মনের মানুষ ছিলেন। আর কয়েকটা প্রিন্সিপলে বিশ্বাস করতেন। যে কাজটা ওনার পছন্দ

না, লাখ টাকা দিলেও সেই কাজ উনি করবেন না। আমার মনে আছে সেই সময় খুব নামকরা প্রযোজক ছিলেন দীপ্তি পাল এবং ওনার স্বামী দিলীপ পাল। যেহেতু ওঁদের পছন্দ হয়নি, সেই কারণে ওঁদের অফার প্রত্যাখ্যান করেন। অথচ সেইসময় কিন্তু চাঁদুদার কাজের খুব প্রয়োজন ছিল। আমার 'বিচিত্র তদন্ত' শুটের সময় দেখেছিলাম ৯টার সময় কল টাইম থাকলে, ৮.৩০টা থেকে হাতে কফির গ্লাস নিয়ে ফ্লোরের সামনে বসে থাকতেন। টেকনিসিয়ানরা কে কখন আসছেন দেখার জন্য। আবার টেকনিসিয়ান্স, আর্টিস্টরা ঠিক সময় পেমেন্ট পাচ্ছেন কি না। সেটার দিকেও চোখ থাকতো। সবাই অসম্ভব শ্রদ্ধা করতো চাঁদুদাকে। বিচিত্র তদন্ত-র দিঘার শুটে, আমরা খুব হৈচৈ করে করেছিলাম। সেই সময়ের দুই নাট্যব্যক্তিত্ব এই ধারাবাহিকেই প্রথম ক্যামেরার সামনে আসেন মেঘনাদ ভট্টাচার্য ও অশোক মুখার্জী।

বিচিত্র তদন্তর সময়ের একটা গল্প বলছি। ইনফোকমের অফিসে আর্টিস্ট সিলেকশন হচ্ছে। অনেকে আসছেন, চাঁদুদা কথা বলছেন, অভিনয় নিয়ে নানারকম প্রশ্ন করছেন। একজন বিবাহিতা মহিলা এলেন। চাঁদুদা জিজ্ঞাসা করলেন, "কখনো অভিনয় করেছেন?" উনি বললেন "হ্যাঁ, ছোটবেলায় স্কুলে করেছিলাম। প্রফেশনালি করা হয়নি। বিয়ে হয়ে গেলো, মেয়ে হলো, সংসার নিয়ে ব্যস্ত হয়ে পড়লাম, তাই আর অভিনয়ের দিক যাওয়া হয়নি। এখন মেয়ে বড় হয়ে গেছে, আমিও ঝাড়া হাত পা, তাই ভাবলাম এবার একটু অভিনয় করি।" চাঁদুদা বললেন "অভিনয়টা অবসর সময়ের বা আপনার ঝাড়া হাতপা হয়ে যাওয়ার পরের কাজ না। আপনি সংসারে যে কাজ করেন, আপনার স্বামী অফিসে যে কাজ করেন, তার থেকে কোনো অংশে কম গুরুত্বপূর্ণ নয় অভিনয় করা, বরং অনেক বেশি কঠিন। অবসর সময়ে যাঁরা অভিনয় করতে চান, তাদের নিয়ে কাজ করতে আমি ইচ্ছুক নই,ধন্যবাদ।" চাঁদুদার চরিত্রের আর একটা দিক হচ্ছে এটা।

আমার গৃহদাহের সময়ের কিছু ঘটনা শেয়ার করছি। আমার অফিস ছিল টেকনিসিয়ান্স ষ্টুডিওতে। পরের দিন শুট আছে, সমরকে (সমর মুখার্জী, চাঁদুদার চিফ অ্যাসিস্ট্যান্ট) বললেন-

"পরের দিন Schedule করতে। আর্টিস্টকে Exact কল টাইম দিতেন।" ওই যে ১টার সময় ডেকে নিলো আর বেলা ৩টের সময় শট নিলো, ওই সব চাঁদুদার ওখানে চলতো না। ১০টায় কল টাইম মানে ঠিক ১০টায় ফ্লোর অ্যাটেন্ড করতে হবে। আর কারো ৫টায় প্যাকআপ মানে ৫টা। সে যত বড় আর্টিস্টই হোক, সমান ব্যাপার। একদিন শুট চলছে, আর্টিস্ট শমিত ভঞ্জ, মুনমুন এবং শৈলেন মুখার্জী। শৈলেনদা একবার চেয়ার থেকে উঠতে গিয়ে হোঁচট খেয়েছেন, ব্যাস শমিত আর মুনমুন হাসতে শুরু করলো। চাঁদুদা ধমক দিলেন। এবার যতোবার শটটা হয়, ওরা হাসতে শুরু করলো। দুবার একই জিনিস করার পর হঠাৎ চাঁদুদা 'লাইটস অফ' বলে ফ্লোর থেকে বেরিয়ে গেলেন। শমিত ছুটে এলো, কি হলো। চাঁদুদা বললেন, "তুই আর মুনমুন হাসি বন্ধ করে বলবি শট নেবো। আর তা না হলে, আমি প্যাকআপ করে দিচ্ছি।"

আর একদিন সিন শুরু হবে, মুনমুন মেকআপ রুমে ওর কয়েকজন গেস্টের সঙ্গে কথা বলছে। সেকেন্ড অ্যাসিস্টেন্ট মুনমুনকে ডাকতে এসেছে, শট রেডি চাঁদুদা ডাকছেন। মুনমুন বললো আসছি। এর পরেও পনেরো মিনিট কেটে গেছে মুনমুন আসেনি। এবার চাঁদুদা নিজে এসে বললেন, "আপনাকে ডাকতে আমাকে আসতে হবে কেন? পাঁচ মিনিটের মধ্যে আপনি ফ্লোরে না এলে আমি প্যাকআপ করে চলে যাবো।"

আর একটা গল্প শুনেছিলাম। চাঁদুদা যখন "চামেলী মেমসাহেব" করছেন, মুম্বাইতে। জর্জ বেকার ও রাখী। রাখী তখন মুম্বাইর নামকরা নায়িকা আর জর্জের তো প্রথম বাংলা সিনেমা। সকাল দশটায় কল টাইম, রাখী এলেন বেলা দুটোর সময় মেকআপ করে। এবার শুট শুরু হবে, চাঁদুদা বললেন "অল লাইটস"। সব লাইট জ্বলে উঠলো। 'লাইটস অফ'- প্যাকআপ বলে চাঁদুদা ফ্লোর ছেড়ে বেরিয়ে গেলেন। সেদিন আর শুট হয়নি। পরে এই রাখীর সঙ্গে চাঁদুদার খুব ভাব হয়ে যায়। ওঁর বাড়িতে চামেলী মেমসাহেব ছবির শুটও হয়েছিল। আমার সঙ্গে যখন রাখীর পরিচয় হয় NT1 স্টুডিওতে "গৃহদাহ"র শুটের সময়, উনি তখন প্রভাত রায়ের

'প্রতীক' ছবির শুট করছিলেন। তখন রাখী চাঁদুদার খুব প্রশংসা করেছিলেন।

চাঁদুদা আর একটা কথা আমাকে খুব বলতেন, "কোনো আর্টিস্টকে তাঁর রেট জিজ্ঞাসা করবি না, তুই কত দিতে পারবি, সেটা বলবি।"

বিচিত্র তদন্ত পাপিয়া, শিলাদিত্য ও ইন্দর সেনের সঙ্গে

বিচিত্র তদন্ত শুটে রমেন, জয়ন্ত এবং ইন্দর সেনের সঙ্গে

অনুপকুমারের সহমর্মিতা

অনুপদার সঙ্গে আমার পরিচয় উমাপ্রসাদ মৈত্রর 'এক যে ছিল বাঘ' ছবির শুটের সময়। ১৯৭২/৭৩ সাল হবে। ওই ছবিতে অনুপদা ছাড়া নায়ক নায়িকা ছিলেন পার্থ মুখার্জী ও জয়শ্রী রায়। বাঘের সঙ্গে সিনটা শুট হয়েছিল বারাসাতে এক সার্কাস পার্টির তাঁবুতে, বাঘের খাঁচায়। সারারাত শুট হয়েছিল। সেইদিন অনুপদার হাস্যরসবোধ দেখেছিলাম। আর অভিনয়ের কথাতো ছেড়েই দিলাম। আমার এখনো মনে আছে - পার্থ আর জয়শ্রীকে নিয়ে বাঘের খাঁচায় ঢোকার আগে সব টেকনিসিয়ান্স, পরিচালক আর আমাদের দিকে তাকিয়ে করুণ ভাবে বলেছিলেন "আমি চললাম, আর হয়তো ফিরবো না। এই তোমাদের সঙ্গে আমার শেষ দেখা। সবাই ভালো থেকো"। আমরা সবাই হাসিতে ফেটে পড়লাম। জয়শ্রী বললো "প্লিজ অনুপদা এই ভাবে বলবেন না, আমার ভয় করছে।" এই হচ্ছেন অনুপকুমার।

এর পর অনুপদার সঙ্গে দেখা নীতিশ মুখার্জীর 'রবিবার' ফিল্মের শুটের সময়। তখন অনুপদা থাকতেন দেশপ্রিয় পার্কের প্রিয়া সিনেমা হলের রাস্তায় বিখ্যাত পরিচালক মৃনাল সেনের বাড়িতে। মৃনাল সেন সম্পর্কে ওনার ভগ্নিপতি হতেন। বিভিন্ন সময় নীতীশদার সঙ্গে ওই বাড়িতে গিয়েওছি। 'রবিবার' ফিল্মে আমার সঙ্গে অনুপদার কোনো দৃশ্য ছিল না। ভালো করে পরিচয় হয় 'রবিবার'-এর ডাবিংয়ের সময়। অত্যন্ত প্রতিভাবান অভিনেতা ছাড়াও অনুপদা ছিলেন ভীষণ মজাদার একজন মানুষ। ডাবিংয়ের পুরো সময়টা জমিয়ে রাখতেন। ভালো অভিনেতা এবং কৌতুকপ্রিয় স্বভাবের বাইরেও অনুপদার আর একটা পরিচয় ছিল অসম্ভব মানবিক এবং সহশিল্পীর প্রতি সৌজন্য ও সম্মানবোধ। এই ব্যাপারে আমি একটা ঘটনার কথা উল্লেখ করবো।

আজও তারিখটা আমার মনে আছে ১২.০২.১৯৯৫। সেই দিনটা আমার জীবনের একটা স্মরণীয় দিন হয়ে রয়ে গেছে। সেই দিন

আমি দেবরাজ রায় পরিচালিত 'শব্দজব্দ' ধারাবাহিকে শ্রেষ্ঠ অভিনেতার "চিত্রাচার্য প্রমথেশ পারিতোষিক ১৯৯৫" পুরস্কার পেয়েছিলাম। পুরস্কার প্রদান অনুষ্ঠানটা হয়েছিল রবীন্দ্রসদন প্রেক্ষাগৃহে। আমার শ্রেষ্ঠ অভিনেতার পুরস্কার পাওয়ার জন্য কিন্তু এই দিনটা আমার কাছে উল্লেখযোগ্য বা স্মরণীয় নয়।

ঘটনাটা বলতে গিয়ে আজও চোখে জল এসে যায়। সেদিন অনুষ্ঠান পরিচালনায় ছিলেন বৈশাখী মজুমদার (বিখ্যাত প্রযোজক রথীন মজুমদারের মেয়ে)। উপস্থিত ছিলেন অনেক নামকরা অভিনেতা, অভিনেত্রী, পরিচালক, প্রযোজক। যাঁরা পুরস্কার পাচ্ছেন, তাঁদের কিছু বলার জন্য অনুরোধ করা হচ্ছিলো। আমার নাম ঘোষণা করার পর আমি যখন উঠলাম, তখন আমাকেও কিছু বলতে বলা হলো, আমি খুব পরিচিত অভিনেতা নই, তাই দর্শক আসন থেকে দু একজন আওয়াজ দিলো "না না কিছু বলতে হবে না"।

আমি বলতে উঠেও অপ্রতিভ হয়ে আবার বসে পড়লাম। আমার স্ত্রী পপাই আর ছেলে নীলও উপস্থিত ছিল এই অনুষ্ঠানে। তাঁদের সামনে এই অপমান আরো বেশি করে লেগেছিলো। চারিদিকে অদ্ভুত এক নিঃস্তব্ধতা। হঠাৎ অনুপকুমার দাঁড়িয়ে উঠে মাইকের সামনে গিয়ে বললেন, "কে বললেন কথাটা"?? দর্শকাসন চুপ। অনুপদা বললেন যিনি বা যাঁরা একজন নবাগত শিল্পীকে এই ভাবে অপমান করলেন, তাঁদের এবং আয়োজকদের ক্ষমা চাইতে হবে প্রবীরের কাছে, তা না হলে আমরা কেউ আজ পুরস্কার গ্রহণ করবো না। আয়োজকরা এসে অনুপদার কাছে ক্ষমা চাইলেন। অনুপদা বললেন, "আমার কাছে না মাইকে গিয়ে সবার সামনে প্রবীরের কাছে ক্ষমা চাইতে হবে।" ওঁরা তাই করলেন। আমি হাতজোড় করে বললাম 'ঠিক আছে'। অনুপদা বললেন "প্রবীর। যাও তোমার বক্তব্য বলো।" আমি প্রথমে ইতস্তত করছিলাম। তারপর যখন আমি উঠলাম, হাততালিতে ভরে গেলো পুরো প্রেক্ষাগৃহ। লিখতে গিয়ে এতোদিন পরেও আমার চোখ জলে ভেসে গেছে।

অনুপকুমারের মতো একজন এতো বড় অভিনেতার জনসমক্ষে এক নতুন অভিনেতার প্রতি এই ভালোবাসা, সম্মান ও সহমর্মিতা দেখানোর ঘটনা আজকের দিনে ভাবা যায়? এই ঘটনাগুলোই প্রমান করে দিয়ে যায় যে শুধু অভিনেতা হিসেবে নয় মানুষ হিসেবেও এঁরা অনেক অনেক উঁচু স্তরের, উঁচু মাপের। অনেক অনেক প্রণাম অনুপদা।

অনুপকুমার রবিবার ফিল্ম

চিনুদা ও জুঁই এর সঙ্গে

চিনুদার (চিন্ময় রায়) সঙ্গে কবে, কোথায় প্রথম আলাপ ভুলে গেছি। ৭০-এর দশকের কথা। আর জুঁইর (জুঁই ব্যানার্জী) সঙ্গেও ওই সময়ে আলাপ। ওঁদের দুজনের বিয়ের আগে। তখন ওঁদের প্রেমও বোধহয় শুরু হয়নি। বিয়ের আগে জুঁই থাকতেন কালীঘাটে। ওঁদের বাড়িতেও গিয়েছি অনেকবার। জুঁইর এক দিদি ছিল, নাম সাগরিকা।

তবে যে ঘটনা সবার আগে মনে পরে সেটা গ্রান্ড হোটেলে একটা দারুন পার্টির ঘটনা। ১৯৭৩ সালের ঘটনা। পার্টিটা দিয়েছিলেন আমাদের বন্ধু এল. পি. গোয়েঙ্কা (ললতা প্রসাদ গোয়েঙ্কা)। ভারত ব্যারেল-এর মালিক। সেদিন ফিল্ম ইন্ডাস্ট্রির অনেকে এসেছিলেন। সঞ্জয় সেন, অপর্ণা সেন, শমিত ভঞ্জ, স্বরূপ দত্ত, মৃনাল মুখার্জী, চিন্ময় রায়, জুঁই ব্যানার্জী, কল্যাণ চ্যাটার্জী এবং আরো অনেকে। ওই পার্টি থেকেই চিনুদা আর জুঁইর প্রেম শুরু হয়। সেদিন ওখানে মৃনাল গেয়েছিল 'এখনই'-র সেই হিট গান "বন্ধু তোমার আসার আশাতে, বসে আছি সাঁঝ রাতে..."। সারারাত চলেছিল সেই পার্টি, ডান্স, হুল্লোড়। আমাদের সবারই বয়েস তখন দুয়ের কোঠায়। অতএব হুল্লোড় হওয়াই স্বাভাবিক। সেদিন পার্টি থেকে ফেরার সময়ে বুবু (শমিত ভঞ্জ) ওর গাড়ি এক্সিডেন্ট করে। ও নিজেই চালাচ্ছিল ফিয়াট গাড়ি। একটা অ্যাম্বুলেন্সকে চৌরঙ্গীতে ওভারটেক করতে গিয়ে পাশে একটা রাস্তা খোঁড়া হচ্ছিলো, সেখানে গিয়ে পড়ে। ওই পিছনের অ্যাম্বুলেন্সই ওকে তুলে হসপিটালে নিয়ে যায়। খুব সিরিয়াস না হলেও পিঠে খুব চোট পেয়েছিলো। অনেকদিন চিৎ হয়ে শুতে পারেনি।

যাইহোক এবার চিনুদার কথায় আসি। আমাদের নিয়মিত যোগাযোগ ছিল। শুটে দেখা সাক্ষাৎ, কারো জন্মদিনের পার্টি ইত্যাদি অনুষ্ঠানে দেখা হতও। আমাদের একটা ইয়ং গ্রুপ ছিল আগেই বলেছি। আমি, শমিত, রমেন, মৃনাল এবং আরো

কয়েকজন। কিন্তু চিনুদাদের সঙ্গে যোগাযোগ বাড়লো ৮০র দশকে। তখন আমি রেগুলার ধারাবাহিক করছি। মোটামুটি আমার কোম্পানি "২৪ ফ্রেমস"-এর নাম তখন সবাই জানে। চিনুদা সেইসময় বাদল সরকারের বিখ্যাত নাটক "রাম শ্যাম যদু" দূরদর্শনে জমা দেন এবং অনুমোদন পেয়ে যান। সেই সময়ে চিনুদা আমার কাছে ওটা প্রযোজনা করার জন্য আসেন। আমার বাড়ি এবং চিনুদার গল্ফ গ্রীনের ফ্ল্যাটে বেশ কয়েকবার আলোচনার পর আমাদের এগ্রিমেন্ট ফাইনাল হয়। অশোক সেনগুপ্তের বালিগঞ্জ সার্কুলার রোডের ফ্ল্যাটে স্ক্রিপ্ট রিডিং হলো। আমাদের টিমের লোকজন ছাড়াও নয়নার দিদি, তপনও (আজ আর নেই) উপস্থিত ছিল।

২৪ ফ্রেমস প্রযোজিত এবং চিন্ময় রায় পরিচালিত এই ধারাবাহিকের কাস্টিংও কমপ্লিট। যদু-র চরিত্রে চিনুদা নিজেই থাকবেন। রাম আর শ্যামের জন্য দুটো নতুন মুখ আমরা ফাইনাল করি। অশোক সেনগুপ্ত ও সাত্যকি রায়। দুজনেই আমার বন্ধু, আজ আর কেউ নেই। শুধু বন্ধুত্বের জন্য ওদের কাস্ট করা হয়নি। অশোক তখন রেগুলার "থিয়েটার সেন্টার"-এ আর সাত্যকি "শৌভনিক"-এ অভিনয় করতো। সাত্যকি আমার সঙ্গে সমরেশ বসুর "গোগোল" ধারাবাহিকেও অভিনয় করেছিল। বিষ্ণুপাল চৌধুরীর পরিচালনায় 'গোগোল'-এ অবশ্য আমি শুধু অভিনেতাই ছিলাম। রাম শ্যাম যদু-র অন্যান্য চরিত্রে ছিলেন শকুন্তলা বড়ুয়া, নয়না ব্যানার্জী (দাস) এবং আরো অনেকে। শুটও শুরু হয়ে যায়। সেই সুবাদে আমাদের ঘনিষ্ঠতা পারিবারিক পর্যায়ে চলে আসে। আমাদের সেলিমপুরের ফ্ল্যাটে, চিনুদার গল্ফগ্রীন ফ্ল্যাটে প্রায় রোজই আড্ডা। চিনুদাদের গল্ফগ্রীণ ফ্ল্যাটে সুন্দর টেরাসে আমাদের আড্ডা চলতো। চিনুদা জুঁইর এক ছেলে আর এক মেয়ে ছিল। আমাদের এক ছেলে নীল। ওরাও থাকতো, হৈচৈ করতো। আমি, পপাই, চিনুদা, জুঁই ছাড়াও আমার আর এক বন্ধু, তার নামও চিন্ময়, অশোক, সাত্যকি, "গোগোল" এর প্রযোজক রামেশ্বর গুহ, ওনার স্ত্রী শান্তিও থাকতো মাঝে মাঝে।

সেই সময় Shoot schedule এবং shift নিয়ে আমার আর চিনুদার মধ্যে গন্ডগোল শুরু হলো। আমি যেহেতু আগে আরো অনেক ধারাবাহিক করেছি, সেইজন্য এই ক্ষেত্রে আমার অভিজ্ঞতা অনেক বেশি। তখনকার অবস্থা অনুযায়ী একটা পর্ব করতে কিছুতেই ৪ দিনের (৩২ ঘন্টা) বেশি সময় দেওয়া সম্ভব না। কিন্তু চিনুদার Directorial schedule ঠিকমতো planned না হওয়ার জন্য একেকটা পর্ব শেষ করতে ৫/৬ দিন হয়ে যাচ্ছিলো। আমি বললাম "এই ভাবে করা যাবে না চিনুদা। তোমাকে ৩/৪ দিনের মধ্যে এক একটা পর্ব শেষ করতে হবে।" এই নিয়ে শুরু হলো গন্ডগোল। আমি একদিন আলোচনা করার জন্য বাড়িতে ডাকলাম ডিনারে। আমি বললাম, "আমি এই ভাবে করতে পারবো না without any proper planning।" চিনুদা রেগে গিয়ে বললেন, "ঠিক আছে তুই ছেড়ে দে, আমি অন্য প্রোডিউসার নিয়ে নিচ্ছি।" আমি বললাম, "ঠিক আছে, আমার টাকা ফেরত দিয়ে দাও, যা খরচা করেছি। আমি রাইট লিখে দিচ্ছি।" সেই সময় আমি পা ভেঙে একদম শয্যাশায়ী। চিনুদা কোনো প্রোডিউসার পান না। প্রায় ১/২ মাস শ্যুট বন্ধ। আমিও বাড়িতে শোয়া। অনেক পরে চিনুদা সঞ্জয়কে (সঞ্জয় ভট্টাচার্য) নিয়ে এলেন। সঞ্জয়ের তখন "Televisionary" নামে ভিডিও ষ্টুডিও ছিল। আমার সঙ্গেও খুবই পরিচিতি ছিল। আমি এগ্রিমেন্ট করে হ্যান্ডওভার করে দিলাম 'রাম শ্যাম যদু'-র স্বত্ব।

চিনুদা প্রেসে উল্টোপাল্টা স্টেটমেন্ট দিতে শুরু করলেন। প্রেস থেকে আমার কাছেও রিপোর্টার আসতে শুরু করলো। আমি তখন বাড়িতে পা ভেঙে শয্যাশায়ী। একদিন সুব্রতদা (সুব্রত মুখার্জী) আমাকে দেখতে এসেছেন, সেই সময়ে একজন সাংবাদিক (পেপারের নামটা ভুলে গেছি) আমাকে এসে চিনুদার বক্তব্য দেখিয়ে আমার বক্তব্য জানতে চাইলেন। আমি বললাম, "এটা নোংরামোর পর্যায়ে যাচ্ছে, আমি কিছুই বলবো না। আপনাদের যা খুশি লিখুন।" তখন সুব্রতদা বললেন, "কেন তুমি বলবে না। তোমার বক্তব্য তুমি লিখে সই করে দাও।" আমার বক্তব্য যখন ওনাদের পেপারে বেরোলো, সাংবাদিক তার মধ্যে সুব্রতদার নামটাও উল্লেখ করে দিলেন। ব্যস, এবার এই ঘটনাটা রাজনীতির মধ্যে ঢুকে গেলো- Congress Vs CPIM। কারণ চিনুদা লেফট মাইন্ডেড

ছিলেন। কিন্তু সৌভাগ্যবশত আমাদের ফিল্মের লেফট ইউনিয়ন আমাকে সাপোর্ট করলেন। ইউনিয়নের শমিত ভঞ্জ, অজিত লাহিড়ী আমাকে সমর্থন করাতে ব্যাপারটা ওখানেই থেমে গেলো।

এই মনোমালিন্যের জন্য চিনুদা জুঁইএর সঙ্গে আমাদের দেখা সাক্ষাৎ বন্ধই হয় গেলো। অনেক পরে ওঁরা আমার স্ত্রী পপাইর সঙ্গে যোগাযোগ করেন EEDF হাসপাতালে ডাক্তারের জন্য এবং দুজনেই আসেন। সেই থেকে আবার যোগাযোগ শুরু হয় কিন্তু আগের সম্পর্ক আর ফিরে আসে নি। পপাইর সঙ্গে যোগাযোগ বেশি ছিল। এর মধ্যে জুঁই চলে গেলো। চিনুদা একাই আসতেন। আমিও একদিন গেলাম চিনুদার সঙ্গে দেখা করতে। EEDF ক্যাফেটেরিয়াতে বসে অনেকক্ষন কথা বললাম। আমাদের দুজনের মনের মধ্যে কোনোরকম রাগ ছিল না, অভিমান হয়তো ছিল কিছুটা। এত সুন্দর একটা সম্পর্ক শুধু ব্যবসা আর ইগোর কারণে যে জায়গায় দাঁড়িয়েছিল, সেই কষ্টটা অভিমানের থেকেও হয়তো অনেক বেশি দুঃখ আর যন্ত্রণার।

চিনুদা, পপাই, জুঁই ও নীল

চিনুদা ,**চিত্রগ্রাহক দীপক দাস, অশোক সেনগুপ্ত** পপাই, নীল ও জুঁই

অকৃত্রিম সুহৃদ সন্তু

সন্তুর সঙ্গে আমার প্রায় ৪৫ বছরের বন্ধুত্ব। সন্তু মুখোপাধ্যায়ের সঙ্গে আমার প্রথম আলাপ বোধহয় 'নয়ন শ্যামা' ফিল্মের শুটে। সালটা ভুলে গেছি। বোধহয় ১৯৭৮/৭৯ হবে। আমরা মল্লিকপুরে আউটডোরে ছিলাম কয়েকটা দিন। প্যাকআপের পর আড্ডাতে বসতাম আর সন্তু তখন একটার পর একটা গান গেয়ে যেত। বিশেষ করে জটিলেশ্বর মুখার্জীর "আমার স্বপন কিনতে পারে, এমন আমীর কই। আমার জলছবিতে রঙ মিলাবে, এমন আবির কই।।" কি অসাধারণ গাইতো গানটা। মাঝে মাঝে সন্তুর গানের সঙ্গে গিটার বাজাতেন সহকারী চিত্রগ্রাহক শঙ্কর চট্টোপাধ্যায়। শঙ্করদা অল ইন্ডিয়া রেডিওর 'A'- গ্রেড আর্টিস্ট ছিলেন। শঙ্করদার আর একটা পরিচয় মডার্ন রিভিউ-র সম্পাদক রামানন্দ চট্টোপাধ্যায়ের নাতি।

একদিন শুটে খুব মজার ব্যাপার হলো। একটা দৃশ্য ছিল যেখানে আমি সুমিত্রাকে জোর করে জড়িয়ে ধরতে যাবো, আর সুমিত্রার নখের আঁচড়ে আমার গাল চিরে যাবে। নীতীশদা সেটাকে বিশ্বাসযোগ্য করার জন্য আমার গালে নিজের নখ দিয়ে চিরে রক্ত বার করে দিলো। সন্তু তো দেখে খেপে গেলো নীতীশদার উপর। সন্তু বললো "আরে নীতীশদা, তুমি এটা কি করলে? প্রবীরের তো সেপটিক হয়ে যাবে, এই ভাবে কেউ করে? তুমি মেকআপ ম্যানকে দিয়ে করাও।" যখনি সন্তুর সঙ্গে দেখা হতো, ও এই গল্পটা করতো সবাইকে।

সেই থেকে সন্তুর সঙ্গে খুব ভাব হয়ে গেলো। ও তখন থাকতো ভবানীপুরের কাঁসারীপাড়াতে। দেশপ্রিয় পার্কে 'সুতৃপ্তি'তে আমরা আড্ডা মারতাম। ফিল্ম ওয়ার্ল্ডের অনেকেই সেখানে আড্ডা মারতো। কেউ সুতৃপ্তির সামনে ফুটপাথে দাঁড়িয়ে, কেউ ভিতরে বসে। আমরা বেশির ভাগ সময় ফুটপাথে দাঁড়িয়ে আড্ডা মারতাম। বিপ্লব চ্যাটার্জী, বাসব সিনহা, অমল সরকার (মৃনাল সেনের প্রধান

সহকারী) এবং আরো অনেক চলচিত্র জগতের উঠতি অথবা স্ট্রাগলিং অভিনেতা, পরিচালকরা। আনন্দলোকের সাংবাদিক স্বপনকুমার ঘোষ আমাদের সঙ্গে ওখানে আড্ডা মারতেন।

একদিন আমি সন্তু আর স্বপন বেরোলাম রাতের কলকাতা দেখতে। সারারাত আমরা তিনজন ঘুরেছি। শেষে ভোর রাতে বালিগঞ্জ শিক্ষাসদন স্কুলের সামনের পার্কে এসে বসেছি তখন বাড়িতে ঢুকতে পারবো না কারন দরজা খোলার কেউ নেই। সেই সময় পুলিশ এসে আমাদের ধরলো। আমরা বললাম যে রাতের কলকাতা দেখতে বেরিয়েছি। সব শুনে পুলিশ ভদ্রলোক হেসে ফেললেন। সে এক নতুন আলাদা রোমাঞ্চ।

একদিন সন্তু সুন্দরী এক মহিলাকে নিয়ে এলো আমাদের আড্ডায়। আলাপ হলো গোপার সঙ্গে। সন্তুর প্রেমিকা। সন্তু আর গোপা তখন বাণীচক্রতে নাচ আর গান শিখতো। দুজনেই সুন্দর গান করতো। সন্তু খুব ভালো রবীন্দ্রনৃত্যও করতে পারতো। সন্তু আর গোপার সঙ্গে ওদের বিয়ের বাজারও করেছি। শ্বশুরবাড়ি থেকে দেওয়া সুটের অর্ডার দিতে আমরা তিনজন গিয়েছিলাম ধর্মতলায় মোহাম্মদ আলীর শোরুমে। পূর্ণ সিনেমার উল্টোদিকের বাড়িতে ওদের বিয়ের রিসেপশন হলো। মনে হয় যেন সেদিনের কথা!

ওর বড় মেয়ে ভেবলি (স্বস্তিকা) হলো ডাক্তার শ্যামল মুখার্জীর কাছে। আমার ছেলে নীলও শ্যামলদার কাছে হয়েছে। শ্যামলদা তখন কলকাতা রোয়িং ক্লাবের মেম্বার। মাঝে মাঝে আমরা সবাই রোয়িং ক্লাবে বসতাম। আরো অনেকে থাকতেন সেই আড্ডায়। একদিন তো সৌমিত্রদাও (সৌমিত্র চ্যাটার্জী) ছিলেন। আমাদের ছেলে মেয়ে তখন খুব ছোট, ওরা সারা মাঠ দৌড়ে বেড়াতো আর আমরা পান করতে করতে আড্ডা মারতাম।

আমার যখন গৃহদাহ-র শুট চলছে আনোয়ার শাহ রোডে ২ নং টেকনিশিয়ান স্টুডিওতে, সেখানেও মাঝে মাঝে সন্তু চলে আসতো, একসঙ্গে লাঞ্চ করতাম। শেষের দিকে সন্তু যখন দাসানি ষ্টুডিওতে ধারাবাহিকের শুট করতো, সেখানেও মাঝে মাঝে চলে যেতাম

দেখা করতে। আমিও অবশ্য ওখানে কয়েকটা শুট করেছি টেলিফিল্মের। তখনও দেখা হতো দুজনের আর পুরানো গল্প হতো। সেই সময় সন্তু গল্ফ গার্ডেন্সে ফ্লাট কিনে চলে এসেছে। ওর সে ফ্ল্যাটেও গিয়েছি কয়েকবার।

আমার সঙ্গে সন্তুর শেষ কথা হয় ফোনে। ও চলে যাওয়ার মাস ৩/৪ আগে। আমার 'অগ্নিমন্থন' শুরু করার ঠিক আগে। 'দিব্যজ্যোতি'-র চরিত্রে সৌমিত্রদা রাজি হয়েছিলেন। শুট শুরু হওয়ার আগে সৌমিত্রদা চলে যাওয়ায় সন্তুকে ওই চরিত্রটা অফার করি। ফোনে কথা বলতে বলতে ও খুব হাঁপাচ্ছিলো। তাই বেশিক্ষণ কথা বলিনি। দেখা করবো বলেছিলাম।

তারপর হঠাৎ সেই খারাপ খবর। খবর পেয়েই রাতে গেলাম। ওর নিথর দেহটা দেখতে দেখতে ভাবছিলাম বুবু (শমিত ভঞ্জ), রমেন, স্বরূপদা, গৌতম দে, বিজন চ্যাটার্জী, মৃনাল মুখার্জী, বাবি (অমিতাভ চ্যাটার্জী) আর আজ সন্তু মুখার্জী। সবাই একে একে হারিয়ে যাচ্ছে। আমাদের গ্রুপটাই ভেঙে গেলো। গানে, গল্পে, আড্ডায় অসাধারণ সব দিন কাটিয়েছি একে অপরের সঙ্গে।

সন্তুর সঙ্গে নয়ন শ্যামা

বুবুর সংগে নানা রঙের দিনগুলি

বুবুর (শমিত ভঞ্জ) সঙ্গে আমার দীর্ঘ বন্ধুত্বের সূত্রপাত ১৯৭১ সালে দীনেন গুপ্তর বাড়িতে, 'আজকের নায়ক' শুট শুরুর আগে। বুবু তখন থাকতো ইন্দ্রানী পার্কে। আজকের নায়কের আগে বুবু হয় ভিলেন অথবা আন্টি হিরো চরিত্রে অভিনয় করেছে। সেইজন্য আজকের নায়ক ছবির রোমান্টিক চরিত্রে অভিনয়ের জন্য ও ভীষণ ভাবে উদগ্রীব হয়ে উঠেছিল। বুবুকে রোমান্টিক নায়ক হিসেবে পাবলিক গ্রহণ করবে কি না, এই ব্যাপারে দীনেনদার একটু সন্দেহ ছিল। প্রথমেই বুবুর কথা দীনেনদা ভাবেননি। বুবুও ছিল নাছোড়বান্দা। রোজ সকালে দীনেনদার বাড়ি চলে আসতো চরিত্রটা পাওয়ার জন্য। নায়িকা ছিল নতুন সুমিত্রা মুখার্জী। ওই সময়েই বুবুর সঙ্গে আমার প্রথম আলাপ। অবশেষে বুবু চরিত্রটা পেয়েছিলো এবং দারুন অভিনয় করেছিল। আমিও ওই ছবিতে অভিনয় করেছিলাম বুবুর চার বন্ধুর একজন। আজকের নায়ক আমার প্রথম অভিনীত ছায়াছবি।

শমিত ছিল এক অসম্ভব প্রানোচ্ছল মানুষ। বুবুকে আমি তিনটে ফিল্ম ও একটা ধারাবাহিকে খুব কাছ থেকে দেখেছি। 'আজকের নায়ক', 'পিকনিক' এবং 'অচেনা অতিথি' ফিল্মে। পিকনিক ছবির তোপচাঁচি আর অচেনা অতিথি ছবির রাজগীর আউটডোরে একসঙ্গে অনেকদিন কাটিয়েছি। আমার ধারাবাহিক গৃহদাহতে বুবু সুরেশের চরিত্রে অভিনয় করেছিল। খুব কাছ থেকে ওকে দিনের পর দিন দেখেছি। বুবু ইন্দ্রানী পার্ক থেকে উঠে এলো বালিগঞ্জ গার্ডেন্সে। ওখানে ওর বাড়িতে নিয়মিত যাতায়াত ছিল আমার। আমার তখন একটা রুম ছিল গোলপার্কে সপ্তর্ষি হোটেলে। তা ছাড়া আমার বাড়িও ছিল গোলপার্কে, গড়িয়াহাট রোড। বুবুর মা, বৌ রঞ্জা আর তিন মেয়েকেও খুব ভালো করে চিনতাম। মাসিমা তো ভীষণ খাওয়াতে ভালোবাসতেন আর ভীষণ ভালো রান্না করতেন। ওঁদের বাড়িতে গেলে না খেয়ে আসা যেত না। বুবুও আবার খুব খেতে ভালোবাসতো। গোলপার্কে আমাদের খুব বন্ধু আশীষদা আর চৈতীদি (সুপ্রীতি ঘোষের মেয়ে) থাকতেন। ওঁদের বাড়িতেও

আমাদের আড্ডা বসতো। ওখানে আড্ডা মানে খালি গান আর গান। আশীষদা, চৈতীদি দুজনেই খুব ভালো গান করতেন। আর বুবুও দারুন গান করতো। আজও মনে পড়ে বুবুর দরাজ গলায় ধরা গান "অশ্রুনদীর সুদূর পারে ঘাট দেখা যায়"। সেই গানের আসরে মাঝে মাঝে থাকতেন অধীর বাগচী, শ্রীকুমার চট্টোপাধ্যায় ও আরো অনেকে। সবার নাম এখন মনে পড়ছে না।

শুট না থাকলে, দুপুরে মাঝে মাঝে বুবু সপ্তর্ষিতে চলে আসতো। সারা দুপুর আড্ডা হতো। বিপ্লব চ্যাটার্জী, মহুয়া রায়চৌধুরী- ওঁরাও সে আড্ডায় আসতেন। ওখানেই একদিন আড্ডা মারতে মারতে বুবু বললো “চল, আমরা একটা নাটকের গ্রুপ করি।” অনেক আলোচনার পর ঠিক করলাম নীতিশ সেনের "বর্বর বাঁশি" নাটক করবো। তিন ভাই আর এক বোনের গল্প। তিন ভাই শমিত ভঞ্জ, বিপ্লব চ্যাটার্জী আর আমি। বোনের চরিত্রে মহুয়া রায়চৌধুরী। পরিচালনার দায়িত্বে বিপ্লব চ্যাটার্জী। এই নাটকের একটা বড় শো পেয়ে গেলাম বার্ণপুরে। বুবুর মেজদা ওখানে চাকরি করতেন, উনি জোগাড় করে দিলেন। আমাদের জোর কদমে রিহার্সাল শুরু হয়ে গেল প্রথমদিকে সপ্তর্ষি হোটেলে আমার রুমে, পরে লেক মার্কেটের একটা বাড়িতে রিহার্সাল দিতাম। ওই বাড়িটা বুবুর পরিচিত এক বৌদির। কদিন আগেও ওই বাড়িতে শুট হতো। আমিও ওখানে ‘যেতে নাহি দিব’ ফিল্মের শুট করেছি।

যা হোক বেশ ভালোই রিহার্সাল চলছে। একদিন রিহার্সালে আমরা সবাই অপেক্ষা করছি মৌয়ের (মহুয়া) জন্য কিন্তু ওর পাত্তা নেই। সাতদিন পরেই আমাদের শো। তখন তো আর মোবাইল নেই। বুবু স্টুডিওতে মৌয়ের যেখানে শুট ছিল, সেখানে ফোন করলো। ষ্টুডিও থেকে জানা গেল – মৌয়ের পাঁচটায় প্যাকআপ হয়ে গেছে। আমরা তো চিন্তায় পড়ে গেলাম। যখন প্রায় ৭.৩০টা বাজে, আমি, বুবু আর বিপ্লব চলে গেলাম মহুয়ার দমদমের ক্লাইভ ঘাট রোডের ফ্ল্যাটে। ও তখন বাড়িতে। ও জানালো ওর পক্ষে এখন শো করা সম্ভব নয়। অনেক বোঝানো হলো কিন্তু ও কিছুতেই রাজি হলো না। আমরা তো অবাক। আমি জিজ্ঞাসা করলাম, “কি হলো হঠাৎ?” ও

আমাকে বাইরের বারান্দায় নিয়ে গিয়ে কারণটা জানালো। সেটা এখানে লেখা সম্ভব নয়।

এবারে কি করা যায়। প্রথমে সন্ধ্যা রায়কে বুবু ফোন করলো। সন্ধ্যা রায় রাজি হলেন না স্টেজ করতে। এরপর আরতি ভট্টাচার্যকে ফোন করা হলো। সেও শুট আছে বলে অক্ষমতা জানালো। আমরা তো ভীষণ বিপদে তখন। বুবু তখন "চল আমার সঙ্গে" বলে আমাদের নিয়ে সোমা দের বাড়িতে। সব শুনে সোমার স্বামী বিবেক বললো, "ও তো কোনোদিন স্টেজ করেনি। পারবে কি?" বিপ্লব বললো, "আমি করিয়ে নেবো।" শেষমেশ সোমাই ফাইনাল হলো। বার্নপুরের শো আমাদের দারুন হয়েছিল। শো এর পর উদ্যোক্তারা বার্নপুর ক্লাবে আমাদের জন্য বিরাট পার্টি দিলেন।

সারাক্ষণই আমরা এই রকম হৈ চৈ করে কাটাতাম। একবার দোলে বুবু বললো, "আমরা এবার জমিয়ে দোল খেলবো ওই লেক মার্কেটের বাড়িতে কিন্তু তার আগে আমরা কয়েকটা জায়গা ঘুরে তারপর ওখানে ফাইনালই সেটলড করবো!" কিন্তু কোথায় কোথায় যাওয়া হবে? আমরা গাড়িতে কিছু বিয়ার তুললাম, প্রথমেই ঢাকুরিয়া ব্রিজের পাশে সাহিত্যিক সুনীল গাঙ্গুলীর বাড়ি। বৌদিও ছিলেন। কিছুক্ষণ খুব আড্ডা আর বিয়ার খাওয়া হলো। ওখান থেকে বেরিয়ে সোজা নিউ আলিপুরে তপন সিনহার বাড়ি। তখন অরুন্ধতী দেবী বেঁচে। ওখানেও কিছুক্ষণ বসলাম, ওঁদের পায়ে আবির দিলাম। ওখানে অবশ্য বিয়ার খায়নি কেউ। ওখান থেকে ফিরে সোজা লেক মার্কেট। সেখানে চললো প্রচন্ড দোল খেলা আর প্রচন্ড বিয়ার খাওয়া। আর বুবু থাকলে গান তো হবেই। সেই "দোল" আজও আমার কাছে এক স্মরণীয় দিন।

বুম্বা (প্রসেনজিৎ), কৌশিক, আর মিঠু (অভিষেক) তিনজন ভীষণ বন্ধু ছিল। আর সবাই ছিল বুবুর খুব কাছের। ওদের তখন স্ট্রাগলিং পিরিয়ড চলছে। সবসময়ে ওরা বুবুর সঙ্গে। বুবুও খুব ব্যাক করতো ওদের। বুবুর বাড়িতে রাতে গেলেই এই তিনজনকে দেখা যেত। বুবুর কাছে, পাশে বসে আছে। বুবুর খুব আদরের ছিল এই তিনজন।

বুবুর বড় মেয়ের বিয়ে হলো 'প্যারিস হলে'। সেখানে তো ড্রিংক চলবে না। আমরা মানে আমি, বিপ্লব, রমেন, গৌতম দে সবাই মিলে গাড়িতেই বার তৈরি করলাম। বুবু অবশ্য সেদিন আমাদের সঙ্গে যোগ দিতে পারেনি। ভিতরে সবাই ছিল মানে পুরো ফিল্ম ইন্ডাস্ট্রি। আমার বৌ পপাই একটু রেগেই গেলো, ওকে কোম্পানি না দিয়ে বাইরে গাড়িতে বসে আছি বলে। পপাইর অবশ্য সবাই চেনা ছিল, খুব একটা অসুবিধা হয়নি।

বুবুকে নিয়ে গল্পের শেষ নেই। মনে আছে যেদিন বিজলি সিনেমা হলে 'অভিনেত্রী সঙঘ' ভেঙে 'শিল্পী সংসদ' তৈরি হচ্ছে, সেদিন বুবু আর বুড়ো মামুর (তরুণকুমার) মধ্যে হাতাহাতি। পরমুহূর্তেই বুড়ো মামু বুবুকে বুকে জড়িয়ে ধরলেন। কি সব দিন ছিল তখন। আমি যখন 'গৃহদাহ' করলাম ইন্দর সেনের পরিচালনায়, সুরেশের চরিত্রের জন্য শমিত ভঞ্জকে নির্বাচিত করা হলো, অচলা মুনমুন সেন আর মহিম রঞ্জিত মল্লিক। কলকাতা দূরদর্শনে প্রথম শরৎচন্দ্রের উপন্যাস। কি মজা করে শুট করেছি, একটা পরিবারের মতো ছিল সব। শুটে বুবু আর মুনমুন দুজনে খুব রঞ্জিতের পিছনে লাগতো। আর শনিবার শুট থাকলে তো পিকনিক হতো, আমার বাড়ি থেকে পপাই রান্না করে দিতো। তাছাড়া থাকতো স্টুডিওর খাবার আর সেদিনকার স্পেশাল অতিথি থাকতেন ভরত দেব বর্মন (মুনমুনের হাসব্যান্ড) এবং সুব্রত মুখার্জী।

একবার গুয়াতে (গোয়া না) একটা অনুষ্ঠান করতে আমরা সবাই গেলাম। 'গুয়া'র সংগে 'গোয়া'কে কেউ গুলিয়ে ফেলবেন না। গুয়া হচ্ছে ঝাড়খণ্ডে, তখন অবশ্য বিহারে ছিল। টাটানগর থেকে প্রায় ১৫০ কিলোমিটার, কলকাতা থেকে ৪২৫/৩০ কিলোমিটার। টাটাদের ফ্যাক্টরি ছিল ওখানে। আমরা এখান থেকে দুটো গাড়িতে গিয়েছিলামক। আমি, বুবু, জয়শ্রী, কল্যাণ চ্যাটার্জী, চিন্ময় রায়, জুঁই ব্যানার্জী এবং সংগীত শিল্পী পিন্টু ভট্টাচার্য। সারা রাস্তা দারুন হৈ হৈ করতে করতে গিয়েছি। ধাবাতে বিয়ার সহযোগে খাওয়া। রাস্তায় পিন্টুদা আর বুবুর গান। টাটানগর থেকে রাস্তা দারুন ছিল। একটু পাহাড়ি রাস্তার মতো। গুয়াতে পৌঁছে চোখ জুড়িয়ে গেলো। কি চমৎকার প্রাকৃতিক পরিবেশ। সেদিন রাত্রে অনুষ্ঠান করে পরের

দিন ফিরে এসেছিলাম। আমি দুটো আবৃত্তি করেছিলাম "হঠাৎ দেখা" ও "নির্ঝরের স্বপ্নভঙ্গ"। একটু বেশি শারীরিক ধকল গিয়েছিলো কিন্তু ওই বয়েসে খুব একটা অসুবিধা হয়নি। তারপর একসঙ্গে মজা করা তো ছিলই।

শমিতকে নিয়ে আর একটা মজার গল্প বলে ওর কথা শেষ করবো। ওকে নিয়ে এতো গল্প আছে যে এক জায়গায় দাঁড়ি না টানলে চলতেই থাকবে। ১৯৭৩ সালে আমাদের একটা পার্টি হয়েছিল গ্র্যান্ড হোটেলে। সেই পার্টিতে তখনকার নতুন অভিনেতা, অভিনেত্রীরা সবাই উপস্থিত ছিলেন। অপর্ণা সেন, সঞ্জয় সেন, মৃনাল মুখার্জী, কল্যাণ চ্যাটার্জী, চিন্ময় রায়, জুঁই ব্যানার্জী, শমিত ভঞ্জ, জয়শ্রী রায় এবং আরো অনেকে ছিলেন। ওই পার্টি থেকেই চিন্ময় রায় আর জুঁইয়ের প্রেমের শুরু। ভোর চারটে পর্যন্ত পার্টি চলেছিল। ওখান থেকে বাড়ি ফেরার সময় শমিত চৌরঙ্গী রোডের উপর লয়েডস ব্যাংকের সামনে একটা এক্সিডেন্ট করে। তখন ওর ফিয়াট গাড়ি ছিল। ওই ব্যাংকের সামনে শমিত একটা অ্যাম্বুলেন্সকে ওভারটেক করতে গিয়ে দেখে ডানদিকে রাস্তাটা খোড়া, ওর গাড়ি ওখানে গিয়ে পড়ে। কিন্তু ঠিক আগের মুহূর্তে বিপদ বুঝে শমিত গাড়ি থেকে ঝাঁপ মারে এবং ভীষণ ভাবে আহত হয়। যে অ্যাম্বুলেন্সটাকে শমিত ওভারটাকে করেছিল, সেই অ্যায়ম্বুলেন্সই ওকে হসপিটালে নিয়ে যায়। দুদিন হসপিটালে ছিল কিন্তু বাড়িতে এসে ও অনেকদিন চিৎ হয় শুতে পারেনি। পিঠে ভীষণ চোট লেগেছিলো।

পরে পুরো ঘটনাটা শুনে উত্তমদা বলেছিলেন "বুবু তো এখন বোম্বেতে ফিল্ম করছে, সেইজন্য ওই জাম্প করাটা ভালো শিখেছে।"

আজকের নায়ক শমিত ভঞ্জের সাথে

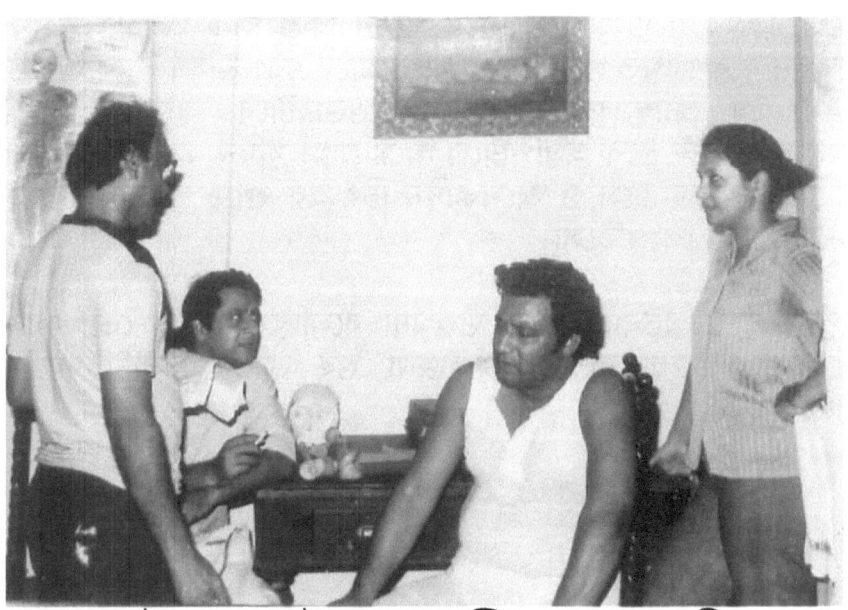

গৃহদাহ শুটের অবসরে ইন্দর সেন, রঞ্জিত, মুনমুন ও শমিত

জর্জ বেকারের সঙ্গে অম্লান বন্ধুত্ব

জর্জের সঙ্গে প্রথম আলাপ 'ইফ' ছায়াছবি শুটের সময়। না, জর্জ এই ছবিতে কাজ করে নি। আলপনা গোস্বামী আলাপ করিয়ে দিয়েছিলো। তারপর থেকেই জর্জের সঙ্গে বন্ধুত্ব বাড়তে থাকে, যা এখনও অম্লান। বাংলাতে জর্জের প্রথম অভিনয় ইন্দর সেনের 'চামেলী মেমসাহেব' ছবিতে রাখী গুলজারের বিপরীতে। রাখী তখন মুম্বাইয়ের প্রথম সারির ষ্টার ও অভিনেত্রী। মুনমুনের বাড়ির আড্ডায় আমাদের নিয়মিত দেখা সাক্ষাৎ হতো। তারপর জর্জ বিয়ে করলো কলকাতায় অর্পিতাকে। অর্পিতাও একজন ভালো অভিনেত্রী। "জননী"তে একটা প্রধান চরিত্রে অভিনয় করেছিল। 'জননী' ছাড়াও আরো অনেক ধারাবাহিক ও সিনেমাতে অভিনয় করেছে অর্পিতা। ওর সঙ্গে আমার আগে থেকেই ভালো পরিচয় ছিল। জর্জকে বিয়ে করার পর সেটা আরো বেড়ে গেলো। সেই সময় ওরা থাকতো নিউ আলিপুরে।

জর্জ যখন মৃন্ময় চক্রবর্তীর 'গোরা' ধারাবাহিকে অভিনয় করছে, তখন আমার "গৃহদাহ"র শুট ২ নং টেকনিসিয়ান্স স্টুডিওতে চলতো। প্রায়ই দেখা হতো স্টুডিওতে। অত্যন্ত বন্ধুবৎসল মানুষ। তারপর নিউ আলিপুরে থেকে ওরা চলে এলো টালিগঞ্জে। আস্তে আস্তে রাজনীতিতে এলো, মেম্বার অফ পার্লামেন্ট হলো। কিন্তু মানুষটা সেই একই রয়ে গেলো। যে কোনো মানুষ, যে কোনো দরকারে ওকে পেতো। জর্জ দিল্লী যাওয়ার আগে আমি প্রায়ই সকালবেলা ওদের বাড়িতে চলে যেতাম। চা, জলখাবারের সংগে জমিয়ে আড্ডা চলতো। সত্যি, দারুন সে সব দিন কেটেছে। আমিও সেই সময় বিজেপির দিকে ঝুকেছিলাম। এখনো সাপোর্ট করি কিন্তু সক্রিয় রাজনীতিতে আমি নেই। জর্জের সঙ্গে অনেক জায়গায় গিয়েছি। একবার আমি, জর্জ আর অমিতাভ (তৎকালীন যুব সভাপতি) বোলপুর গেলাম একটা ফুটবল টুর্নামেন্টে। রাস্তায় ধাবাতে খাওয়া দাওয়া, গল্পগুজব করতে করতে চলে গেলাম।

বোলপুরে ফুটবল টুর্নামেন্টের আগে ট্রাইবালদের নাচের কিছু মুহূর্তের সাক্ষী রইলাম। ফেরার সময় শক্তিগড়ের ল্যাংচাও চললো।

অসম্ভব উপকারী বন্ধু যে কোনো কিছু রিটার্নের আশা করে নয়া। মনে আছে ও যখন সেন্সর বোর্ডের ইস্টার্ন রিজিওনের চেয়ারম্যান, সেই সময় রাজা দাশগুপ্তর ফিল্ম 'চৌকাঠ' রিলিজের ডেট পেয়ে গেছে কিন্তু সেন্সর বোর্ডের মেম্বারের অভাবে সেন্সরের প্রিভিউ হচ্ছে না। রাজা আমাকে ফোনে জিজ্ঞেস করলো, জর্জকে দিয়ে কিছু হেলপ করতে পারবো কি না। আমি জর্জকে ফোন করে সব ব্যাপারটা বলায় ও আমায় আশ্বস্ত করলো 'আমি দেখছি'। এক ঘন্টার মধ্যে আমাকে ফোন করে জানালো 'পরের দিন সকল ১১ টায় প্রিভিউ'। এটাই জর্জের চরিত্র। একই জিনিস ঘটেছিলো আমার 'অগ্নিমন্থন' সেন্সরের সময়। তখন কিন্তু জর্জ আর চেয়ারম্যান নেই কিন্তু ও প্রিভিউ-এর সব ব্যবস্থা করে দিয়েছিলো। বদলে কিছুই আশা করে না, এটাই অকৃত্রিম বন্ধুত্ব।

এখন জর্জ আর অর্পিতা থাকে নিউ টাউনে। দুজনের ছবির মতো সংসার। একদিন ওর বাড়িতে আমাকে আর পপাইকে নেমন্তন্ন করলো। আমাদের পছন্দমতো সব রান্না করলো। জর্জ, অর্পিতা কোনোদিনই মদ্যপান করে না। সেই জন্য ওর বাড়িতে নেমন্তন্ন থাকলে নো ড্রিঙ্কস। ভালো কফি, চা, কোল্ড ড্রিঙ্কস সব পাওয়া যাবে কিন্তু নো ড্রিঙ্কস। আমার খুব ভালো বন্ধু সজ্জন, পরোপকারী জর্জ ও অর্পিতা- তোমরা ভালো থাকো, সুখে থাকো।

জর্জ ও আমি

জর্জ , অর্পিতা ও পপাই

জর্জ ও আমি

সুভদ্র দেবরাজ রায়

সেদিন একটু রাতের দিকে যখন খবরটা পেলাম, মনটা হঠাৎ যেন অবশ হয়ে গেলো। দেবরাজ নেই ! আমার থেকে অন্তত সাত বছরের ছোট, সুভদ্র অথচ আমুদে মানুষটা আর নেই। ওর সঙ্গে আমার সুদীর্ঘ ৫০ বছরের বন্ধুত্ব। নাটক, সিনেমা, সিরিয়ালের পেশাদারী গন্ডীর বাইরে সৌম্যদর্শন দেবরাজের সঙ্গে আমার অন্তর মহলের ঘনিষ্ঠতা। কাজের জগতের বাইরে অসংখ্য ছোট বড় স্মৃতি, কতো ব্যক্তিগত মুহুর্ত, আড্ডা আমাকে আচ্ছন্ন করে রেখেছে।

জন্ম ১৯৫৪র ৯ই ডিসেম্বর। বাবা তরুণ রায় (ধনঞ্জয় বৈরাগী নামে যিনি সমধিক বিখ্যাত), মা দীপাণ্বিতা রায়- দুজনেই নাট্য জগতের বিখ্যাত মানুষ। ১৯৭১-এ ভবানীপুরের মিত্র ইন্সটিটিউশন থেকে উচ্চ মাধ্যমিক, রবীন্দ্রভারতী বিশ্ববিদ্যালয় থেকে নাট্যকলা নিয়ে মাস্টার্স। বিখ্যাত সব পরিচালকের ছবিতে প্রধান চরিত্রে অভিনয় করেছে দেবরাজ। সত্যজিৎ রায়ের 'প্রতিদ্বন্দ্বী', মৃণাল সেনের 'কলকাতা ৭১', তপন সিনহার 'রাজা', বিভূতি লাহার 'সেদিন দুজনে', দীনেন গুপ্তর 'মর্জিনা আব্দাল্লাহ' এবং আরো অনেক। তপনবাবুর 'রাজা' ছবিতে ওর অভিনয় মনে রাখার মতো। ১৯৭৩-এ দীনেন গুপ্ত পরিচালিত মর্জিনা আব্দাল্লাহ ছবিতে মিঠু মুখোপাধ্যায়ের বিপরীতে অভিনয় আরও জনপ্রিয় করেছিল ওকে। অথচ এত ভদ্র মাটির মানুষ আজকের দিনে পাওয়া যায় না। কারোর উপর কোনদিন কোন অভিযোগ শুনিনি। একজন আপাদমস্তক ভদ্রলোকের নাম দেবরাজ রায়।

১৯৭৭ এ কলকাতা দূরদর্শনে সংবাদ পাঠক হিসেবে আত্মপ্রকাশ। সিনেমায় অভিনয়ের পাশাপাশি দূরদর্শনের প্রথম যুগে সংবাদ পাঠক হিসেবেও মুগ্ধ করেছিল দেবরাজ। ঘরে ঘরে ছড়িয়ে পড়েছিল স্পষ্ট উচ্চারণে খবর পাঠের অনুরণন। কেবল অভিনয় আর দূরদর্শনে সংবাদ পাঠকের কাজ শুধু নয়, তার কণ্ঠে শোনা

গিয়েছে বহু শ্রুতিনাটকও। আমার পরিচালনায় 'কাল মধুমাস' ছবিতে দেবরাজ একটি গুরুত্বপূর্ণ চরিত্রায়ণ করেছিল। ২০১৬- তে শুট হওয়া ছবি উত্তমকুমারের বায়োপিক "যেতে নাহি দিব"তে দেবরাজ কানন দেবীর স্বামী হরিদাস ভট্টাচার্যের ভূমিকায় ছিল। এটাই দেবরাজের চলচ্চিত্রে শেষ অভিনয়। তাছাড়াও আমার করা সব ননফিকশন ধারাবাহিকে উপস্থাপক থাকত দেবরাজ। 'ছুটি ছুটি', 'আনন্দবাহার', 'নির্জন দুপুরে প্রেমের গান' সব ধারাবাহিকে দেবরাজ ছাড়া আমার চলতো না।

কাজের বাইরে আমাদের বন্ধুদের একটা বড় গ্রুপ ছিল- দেবরাজ ছাড়া উত্তীয় রাউত, গৌতম দে, শমিত ভঞ্জ, রমেন রায়চৌধুরী, সন্তু মুখার্জী, মৃণাল মুখার্জী, সহকারী পরিচালক বিজন চ্যাটার্জী, বাপি বন্দোপাধ্যায়। আরও কতো নাম- গল্পে, আড্ডায়, খাওয়া দাওয়ায়, বেড়ানো- সব কিছু নিয়ে ঘন্টার পর ঘন্টা কেটে যেত। ঠাট্টা ইয়ার্কির পাশাপাশি কতো সৃজনশীল আলোচনা আমাদের সমৃদ্ধ করতো। কোনোদিনও ওকে নিজেকে জাহির করতে দেখিনি। এই সুবাদে একটি ঘটনার কথা মনে পড়ছে। 'শব্দজব্দ' ধারাবাহিকে এডিট চলছে। তার আগে সেই বছর স্পেনে অলিম্পিক অনুষ্ঠিত হয়েছে। এডিটর মহান্তী, সুমিতাভ এঁরা সব দূরদর্শনের হয়ে গিয়েছিলেন। সব বিদেশের গল্প, অভিজ্ঞতা বলছে। দেবরাজ একদম চুপ করে শুধু শুনে যাচ্ছে। জিজ্ঞাসা করলাম ",দেবরাজ , তুমি গেছো কোনদিন?" খুব আস্তে করে বলল, "হ্যাঁ, ৩/৪ বার।" কিন্তু কোন জাহির করা নেই।

দেবরাজ ভীষণ হাসিখুশি, প্রাণবন্ত একজ্ন মানুষ ছিল। দরাজ গলায় হাসত। ওকে নিয়ে দুটো মজার গল্প বলি। একদিন রাতে আমার বাড়িতে এলো। আমি বললাম "চলো এখন রবের (উত্তীয় রাহুত) বাড়ি যাব।" রবের বাড়ি থেকে আমরা গেলাম গ্রান্ড হোটেলে ডিনার করতে। দেবরাজ অর্ডার দিলো Pepper Steak। অর্ডার সার্ভ করার পর, খেতে খেতে হঠাৎ দেবরাজ বলে উঠলো "আরে আমার Steakএ এতো গোলমরিচ কেন"। রবের কি হাসি। বললো, "আরে তুমি Pepper Steak" অর্ডার দিলে, গোলমরিচ থাকবে না?"

দেবরাজ বললো, 'ও তাই তো!' বলে নিজেও হাসতে শুরু করলো। কি অর্ডার করেছে, নিজেই ভুলে গেছে।

আরেকদিনের একটা ঘটনা বলি। রবের তখন লেক গার্ডেন্সে, আমার বাড়ির কাছেই অফিস ছিল। একদিন আমি আর দেবরাজ গিয়েছি ওর অফিসে। দেবরাজের তখন অ্যাম্বাসেডর গাড়ি, নিজেই ড্রাইভ করতো। আমরা আড্ডা মারছি, একজন এসে বললো, "আপনার গাড়িটা একটু পিছিয়ে রাখুন, সামনের বাড়ির গাড়িটা বেরোতে পারছে না।" দেবরাজ উঠে গেলো। আমরা দেখলাম ও ব্যাক না করে গাড়িটা নিয়ে সোজা চলে গিয়ে, পাশের রাস্তা দিয়ে ঘুরে এসে একটু পিছিয়ে পার্ক করলো। আমরা বললাম, "আরে তুমি একটু ব্যাক করলেই তো হয়ে যেত। ও গম্ভীর হয়ে বললো "আমার গাড়ির ব্যাক গিয়ার পড়ে না।"

অভিনয়ের সব মাধ্যমে দেবরাজ কাজ করেছে। চলচ্চিত্র, ধারাবাহিক, মঞ্চনাটক, রেডিও নাটক সব রকমের। নাটক, ধারাবাহিক পরিচালনাও করেছে। দূরদর্শনের অনেক নাটকও পরিচালনা করেছে। দেবরাজের গল্প, চিত্রনাট্য ও পরিচালনায় দূরদর্শন ডিডি২-র 'শব্দজব্দ' ধারাবাহিকে আমি শ্রেষ্ঠ অভিনেতার পুরস্কারও পেয়েছিলাম। যেদিন দূরদর্শনের রাতে সংবাদপাঠ থাকতো, ও আমাকে ফোন করতো। তখন আমি লেক গার্ডেনে থাকতাম। দূরদর্শনের কাছেই। সংবাদ হয়ে যাওয়ার পর আমার বাড়ি চলে আসত, আড্ডা মেরে বাড়ি ফিরত। যে বার দূরদর্শনে স্ক্রিপ্ট জমা নেয়া হচ্ছে, আমার বাড়িতে সারারাত আমি, দেবরাজ আর বিপ্লব দাশগুপ্ত আড্ডা মেরেছি। দূরদর্শনের সামনে সারারাত লাইন পড়েছে, আমারও লোক ছিল লাইনে। এক ঘণ্টা পর পর আমরা যাচ্ছি, চেক করে আবার চলে আসছি।

ওর সাথে এত ঘনিষ্ঠ সম্পর্ক ছিল যে বলে শেষ করা যাবে না। ওদের ভবানীপুর বাড়িতেও দিনের পর দিন আড্ডা হতো। ক্রমে সময় পালটে গেলো। আমাদের অনেক বন্ধু চিরতরে হারিয়ে গেলো। ইদানীং দেবরাজের সঙ্গে খুব বেশী দেখা সাক্ষাৎ হতো না। খবর পেতাম ওর শরীর ভাল যাচ্ছে না। ফোনে মাঝে মধ্যে কথা হতো।

শেষ কথা হয়েছিল আগস্ট মাসের শেষে। একদিন ওর সল্টলেকের বাড়িতে যাবার আমন্ত্রন জানাল। আর যাওয়া হলো না। গেলে হয়তো এক গাল হেসে বলতো, "ড্রিংক করা ছেড়ে দিয়েছি। আজ চা খাওয়াব..." তারপর দীর্ঘ রোগভোগের পর দেবরাজ রায় আমাদের ছেড়ে চিরতরে চলে গেল। ওর শেষ যাত্রায় আমি গিয়েছিলাম।

সবিষ্ময়ে দেখলাম এরকম একজন ব্যক্তিত্ব- সিনেমা, মঞ্চ নাটক, রেডিও, দূরদর্শন- শিল্পের সব মাধ্যমে যার অনায়াস বিচরণ ছিল, একসময় যার প্রচুর ফ্যান ফলোয়িং ছিল, সেই মানুষটির শেষ বিদায়ের সময় মাত্র গুটিকয়েক লোকের উপস্থিতি। দোর্দন্ডপ্রতাপ আর্টিস্ট ফোরামের পক্ষ থেকে দুজন নিতান্ত অপরিচিত মুখ একটা মালা দিয়ে গেল। নাট্য জগতের কাউকে দেখলাম না। দূরদর্শনের পক্ষ থেকেও কেউ এসেছে বলে মনে হল না।

সারা দিনে নানা সংবাদপত্রে এবং টিভির পর্দায়ও দেবরাজ রায়কে নিয়ে কোনো ভাল প্রতিবেদন দেখলাম না। ব্যতিক্রম কিছু অনলাইন পোর্টাল। এই রকম অসম্ভব গুণী একজন মানুষ- যে সত্যজিত রায়, মৃণাল সেন, তরুণ মজুমদার, দীনেন গুপ্ত, বিভূতি লাহা, এরকম সব খ্যাতনামা পরিচালকদের ছবিতে কাজ করে উচ্চ প্রশংসিত হয়েছেন, শম্ভূ মিত্র, তৃপ্তি মিত্রের মত নাট্য ব্যক্তিত্বের সঙ্গে কাজ করার সৌভাগ্য অর্জন করেছেন, তাঁর এরকম উপেক্ষিত শেষ বিদায় দেখে একই সঙ্গে দুঃখ ও ক্ষোভের সঞ্চার হল। ভাবি- কি সব দেখি আজকাল। গুটি কয়েক মেগা সিরিয়াল করেই সবাই এখন মহানায়ক- মহানায়িকা। পাড়ার মোড়ে ফুচকা খাওয়া থেকে পুজো উদবোধন- সব জায়গায় তাদের সহাস্য উপস্থিতি। উচ্চকিত মিডিয়া প্রচারের আলোয় প্রত্যেকেই এক একজন সেলেব্রিটি। আর তাই বোধ হয় পূর্ববর্তী প্রজন্মের প্রতি উপেক্ষা এই সময়ের এক গভীর অসুখ।

এখন সিংহ ভাগ শিল্পী ভাবেন তাঁরা সব জানেন। একবার মুখ দেখাতে পারলেই পোস্টার, ব্যানার, হোর্ডিং, ফটোশুটের দৌলতে তাঁরা এক একজন বিশাল নাম। ফলে নিজেকে ঘষামাজা করে

আরো উন্নত করার কোনো প্রচেষ্টা দেখা যায় না। আর সবার উপরে রয়েছে- রাজনৈতিক পিঠ চাপড়ানি। অথচ খুব বেশীদিনের কথা নয়। ৭০-৮০-৯০ এর দশকে পশ্চিম বাংলার শিল্প মহলে কতো যথার্থ গুণী মানুষ ছিলেন। কতো নিবিড় যত্নে তাঁরা নিজেদের ধাপে ধাপে উন্নীত করেছেন। মানুষ ভিড় করে সিনেমা, থিয়েটার, যাত্রা দেখতো, রেডিও নাটক শুনতো, টিভি দেখতো- সেই সব গুণী মানুষের জীবনের শেষ দিনে একটু শ্রদ্ধা জানানো যায় না?

জানি, মানুষের স্মৃতি বড়োই স্বল্পায়ু। তবু দেবরাজ রায়ের মত সুভদ্র, অমায়িক শিল্পীর শেষ বিদায় এরকম উপেক্ষিত হয়ে থাকলো- এটা মেনে নিতে আমার কষ্ট হচ্ছে...।

দেবরাজ রায়

351

দেবী চৌধুরানী শুটের অবসরে

কাল মধুমাস শুটে দেবরাজ, আমি, নীল ও বাপি ব্যানার্জী

অডিও স্টুডিওতে দেবরাজের সঙ্গে

জাতীয় পুরষ্কারপ্রাপ্ত শব্দযন্ত্রী অনুপ মুখোপাধ্যায়

আজও মনে আছে সেই দিনটা ২২শে ডিসেম্বর, ২০২৩। সকালেই একটি মর্মান্তিক খবর পেলাম। ভারতীয় চিত্র জগতের অন্যতম শ্রেষ্ঠ Sound Engineer অনুপ মুখার্জী আর নেই। কাজপাগল মানুষটা আগেরদিনও অনেক ক্ষণ কাজ করেছে। ভোরের দিকে সব শেষ। Film & Television Institute of India (FTII) থেকে পাশ করা sound Engineer অনুপ সাউন্ড ডিজাইনের জন্য ৪ বার জাতীয় পুরষ্কার পেয়েছেন।

একদিকে অনুপ সত্যজিত রায়, মৃণাল সেন, বুদ্ধদেব দাশগুপ্ত, তপন সিনহা, গৌতম ঘোষ, সন্দীপ রায়, অতনু ঘোষ, অপর্ণা সেনের মতো প্রখ্যাত পরিচালকের সঙ্গে কাজ করেছে, অন্যদিকে অঞ্জন চৌধুরী, স্বপন সাহা এবং আমার মতো আরও অনেক বাংলা ছবির পরিচালকের সঙ্গেও ওর অনেক কাজ রয়েছে। গৌতমের প্রায় সব ছবিতেই অনুপ সাউন্ড ডিজাইনের কাজ করেছে।

ফিল্ম ইন্সটিটিউট থেকে পাস করার পর ওর যাত্রা শুরু হয় বোম্বাই টেলিভিশান থেকে। সেখান থেকে কলকাতা। ১৯৭৪ থেকে ১৯৮২ অনুপের টেলিভিশানের কেরিয়ার। মালয়েশিয়াতে Asian Institute for Broadcasting Development (AIBD) তে Indian representative নির্বাচিত হওয়া অনুপের জীবনে মাইলস্টোন। এর পরে ও National Film Development Corporation (NFDC)- তে নিজের কেরিয়ার শুরু করে।

অনুপের সঙ্গে আমার দীর্ঘ দিনের হৃদ্যতা। প্রথম আলাপ 'নয়ন শ্যামা' ফিল্মের ডাবিংয়ে বেহালা পর্ণশ্রীতে NFDCরে (ন্যাশনাল ফিল্ম ডেভেলপমেন্ট কর্পোরেশন) ষ্টুডিওতে। বোধহয় সাতের দশকের শেষ অথবা আটের দশকের শুরুতে। অনুপ তখন ওখানকার

সাউন্ড ইঞ্জিনিয়ার। আমি তখন অভিনেতা আর ও তখন রেকর্ডিস্ট। আমার সাম্প্রতিক দুটি ছবি 'যেতে নাহি দিব' এবং অগ্নিমন্থন'। দুটি ছবিরই সাউন্ড ডিজাইন করেছিল অনুপ। কতো আড্ডা হতো, কতো গুরুগম্ভীর আলোচনা হতো ওর সঙ্গে।

এই সুবাদে দুটো ঘটনার কথা উল্লেখ না করলে অনুপের কাজের দক্ষতা ও একাগ্রতা বোঝানো সম্ভব না। উত্তমকুমারের উপর করা 'যেতে নাহি দিব'-তে টাইটেলের আগে আমি 'রাজদ্রোহী' ছবির 'কোথাও আমার নেই সময় থামার .....' গানের ক্লিপিংটা ব্যবহার করেছিলাম। গানটা বহু আগের রেকর্ডিং, এখনকার মতো এতো উন্নত রেকর্ডিং ছিল না, এত ট্র্যাকও ছিল না। ফলে গুনগত মান সেই পর্যায়ের ছিল না। প্রচুর অবাঞ্ছিত শব্দ ছিল। সেই গানটা নিয়ে অনুপ প্রায় এক ঘন্টা বসলো। তারপর আমাকে বললো "এবার শোনো।" আমি তো শুনে অবাক। কে বলবে অত বছর আগে রেকর্ডিং। অবাঞ্ছিত শব্দ একেবারেই নেই। আমি জিজ্ঞাসা করলাম, "কি করে করলে?" হাসতে হাসতে বললো "আছে আছে, বলবো কেন?" আর সাউন্ড ডিজাইন করার সময় অ্যাম্বিয়েন্স লাগানোর পর প্রত্যেক মুহূর্তে বলতো, "শোনো, ঠিক আছে তো"।

আর একটা ঘটনা বলি। অগ্নিমন্থন রিলিজের আগে বললো "আমি একবার হলে যাব।" ফার্স্ট শোয়ের আগে হলে গিয়ে চেক করলো ৫.১ ঠিক আছে কি না, কোয়ালিটি ঠিক আছে কি না। কি প্রচণ্ড একাগ্রতা ভাবা যায় না। কাজ শেষ করার জন্য দিনের পর দিন ফিল্ম সার্ভিস স্টুডিওতে থেকে যেত। অনেক রাত অবধি কাজ করে আবার সকালে উঠে বসে যেত কাজে। আদ্যন্ত কাজপাগল মানুষ একজন। আর ব্যবহার? কে বলবে চার বার জাতীয় পুরস্কার বিজয়ী মানুষ।

এবার মুম্বাইতে গিয়ে দেখে এলাম সুভাষ ঘাইয়ের বিখ্যাত" Whistling Woods International" এ অনুপের ফটো টাঙানো আছে ফিল্মের বিখ্যাত সব মানুষের সঙ্গে। আমার সঙ্গে শেষ দেখা সন্দীপ রায়ের "হত্যাপুরী" ফিল্মের কাজে "ফিল্ম সার্ভিস" স্টুডিওতে। অনেকক্ষন আড্ডা মেরেছিলাম। জীবনের অর্ধেক

সময় ডার্ক মিক্সিং রুমে কাটিয়ে হঠাৎ করে অন্ধকারে মিলিয়ে গেলো অনুপ- চিত্রজগত আরও নিঃস্ব হয়ে গেলো।

এমন একজন মানুষের চলে যাওয়ার খবর সেদিন ২৪ পাতার কাগজ 'আনন্দবাজার' বা ১০ পাতার কাগজ 'সংবাদ প্রতিদিন'-র কোথাও খুঁজে পেলাম না। অবিশ্যি এতে খুব একটা অবাক হয়েছি তা বলা চলে না, সিনেমা জগতে পর্দার আড়ালে নিবিষ্ট কর্মজীবন কাটান যে সমস্ত নন-সেলিব্রিটি সম্প্রদায়, তাঁদের জন্য প্রিন্ট মিডিয়ার এমন ট্রিটমেন্ট একেবারেই স্বাভাবিক এবং যথোপযুক্ত বলেই মনে হয়। এর মধ্যে উজ্জ্বল ব্যতিক্রম অবশ্য 'এই সময়'। ১৮ পাতার এই কাগজটি যোগ্য মর্যাদায় ছেপেছে অনুপ মুখোপাধ্যায়ের প্রয়াণ সংবাদ - পৃষ্ঠা ১৪ তে অন্য এক পরিচালকের অসুস্থ হওয়ার যে খবরটি ছাপা হয়েছে সেই খবরের শেষ "সাড়ে তিন লাইনে" সসম্মানে জুড়ে দেওয়া হয়েছে অনুপ মুখোপাধ্যায়ের চলে যাওয়ার কথা।

আজকাল আর কোনো কিছুতেই অবাক হই না। তবে অনুপের হঠাৎ করে এই চলে যাওয়াটা আমাকে এবং আমার মতন অনেককে সত্যি অবাক করেছে। এতো তাড়া না করলেই পারতে অনুপ !

অনুপ মুখোপাধ্যায় জাতীয় পুরস্কার মঞ্চে

অনুপ মুখোপাধ্যায়

অল্প স্মৃতির কিছু গুণীজন

দেবব্রত বিশ্বাস

দেবব্রত বিশ্বাসকে আমাদের চেনা ব্রাহ্ম হওয়ার সুবাদে। ১১ই মাঘে ওনার গান শুনেছি সাধারণ ব্রাহ্ম সমাজে। শেষ গানটা উনি গাইতেন "প্রাণ ভরিয়ে তৃষা হরিয়ে, মোরে আরো আরো, আরো দাও প্রাণ...."! তখন আলাপ ছিল না, আমরা অনেক ছোটো ছিলাম। আমার পিসির বিয়েতে গান করেছিলেন শুনেছি, সেটা অবশ্য আমার জন্মের আগে। উনি আবার আমার ঠাকুরমার বাপের বাড়ির দিকে আত্মীয়ও হতেন।

ওনার সঙ্গে সামনাসামনি প্রথম পরিচয় সাতের দশকের শেষের দিকে। "ত্রয়ী" ছায়াছবির পরিচালক গৌতম মুখার্জী আমার বন্ধু ছিল। ওর আসল পেশা ছিল গানের অনুষ্ঠান অর্গানাইজ করা, Impresario যাকে বলে। সেই গৌতম একদিন এসে বললো, "জর্জদার (দেবব্রত বিশ্বাস) সঙ্গে তোদের তো পরিচয় আছে, আমাকে একবার নিয়ে চল না ওনার বাড়িতে। আমি একটা অনুষ্ঠান করতে চাই 'রবীন্দ্র নজরুল সন্ধ্যা'- দেবব্রত বিশ্বাস ও মানবেন্দ্র মুখার্জী"। আমি বললাম ব্যক্তিগত পরিচয় নেই, কিন্তু আমার পরিচয় দিলে ভালো করেই চিনবেন। দেবব্রত বিশ্বাস তখন থাকতেন বালিগঞ্জে ট্রায়াঙ্গুলার পার্কের সামনে একটা ফ্ল্যাটে। ওঁর আগের ফ্ল্যাটে থাকতেন চলচিত্র পরিচালক শচীন অধিকারী।

যাইহোক, একদিন নিয়ে গেলাম গৌতমকে ওনার বাড়িতে। একটা Easy Chair এ বসেছিলেন, পরনে লুঙ্গি ও একটা ফতুয়া। পাশে একটা টেবিলে Inhaler, জলের গ্লাস ইত্যাদি। এখনকার শিল্পীদের মতো পাঁচটা সেক্রেটারি, চারটে বাউন্সার কিছুই তো থাকতো না। দরজা খোলাই ছিল আর একদম সামনেই উনি বসে গুনগুন করে সুর ভাজছিলেন। আমি ঢুকেই ওনাকে প্রণাম করলাম। আমার ঠাকুরদার নাম নিয়ে নিজের পরিচয় দিলাম! গৌতমের সঙ্গে

পরিচয় করিয়ে দিলাম। গৌতমও প্রণাম করলো। জিজ্ঞাসা করলেন, "কি ব্যাপার,আগমনের কারণ।"

গৌতম পুরো ব্যাপারটা খুলে বললো। শুনে উনি যা বললেন, আজকে আমার লেখা এই অধ্যায়টার মূল ঘটনা সেটাই। পুরো শুনে উনি বললেন "রবীন্দ্র নজরুল সন্ধ্যা? সেডা আবার কি? না, রবীন্দ্রনাথের লগে আমি কাউরে বয়াইতে পারুম না। তোরা এক কাম কর, ওই যে একজন কে যেন আজকাল গায়িতেসে রবীন্দ্রসংগীত, বলে একজনের নাম করলেন , সেটা এখানে বলবো না ওরে লইয়া যা"।

আমার বাঙাল ভাষাটা একটু গন্ডগোল হতে পারে। তারপর অনেক অনুরোধ করলাম, কিন্তু কিছুতেই রাজি হলেন না। এর পরেও দু একবার ওনার বাড়িতে গিয়েছি। শচীনদার বাড়িতে গেলে ওনার সঙ্গে একবার দেখা করে আসতাম।

দেবব্রত বিশ্বাস

সুবিনয় রায়

"সুবিনয় রায়" আমাদের মনা মামু রবীন্দ্রসংগীতের জগতে আর একটা বিখ্যাত নাম। আমার জেঠিমার আপন মাসতুতো দাদা সুবিনয় রায়, জেঠিমারা ডাকতেন মনাদা বলে। মনামামুর বড় ছেলে রানা আমাদের খুব বন্ধু ছিল এবং খুব ভালো গান করতো। রানা আর নেই। ছোট ছেলে রন্‌জু, মনা মামুর স্কুলটা চালায় এবং নিজেও রবীন্দ্রসঙ্গীত খুব ভালো গায়। আমার বাবার ১০০ বছর পূর্তিতে (১১/০৮/২৩), রন্‌জু ওর ছাত্রছাত্রীদের নিয়ে খুব সুন্দর একটা অনুষ্ঠান করেছিল আমার বোন নুপুরের বাড়িতে।

মনা মামুর সঙ্গে আমাদের পারিবারিক সম্পর্ক থাকার দরুন প্রায়ই দেখা হতো। আমার মনে আছে যখন মনা মামুর "মধুর মধুর ধ্বনি বাজে...." এই রেকর্ডটা বেরোলো , আমি মনা মামুর মতো গলা করে গানটা গাইতাম। আমাদের বাড়িতে মনা মামু এলে বেশি করে গাওয়া শুরু করতাম। আর জেঠিমা খুব রেগে গিয়ে বলতেন "এ কি অসভ্যতা হচ্ছে!"

আমি একটু বদমাইশ ছিলাম তো ছোটবেলায়। আমার জ্যাঠামনি, মনামামু, আমাদের আর এক জ্যাঠা মিন্‌টু জ্যাঠা- এঁদের সব আড্ডা ছিল AAEI ক্লাবে। তখন AAEI ক্লাবে বিলিয়ার্ড খেলা হতো। আমাদের অবশ্য তখন ক্লাবে যাওয়ার প্রশ্নই ওঠেনা। তবে এই সব স্মৃতি নিয়ে থাকতে এখন খুব ভালো লাগে। কি মধুর সব স্মৃতি!!

সুবিনয় রায়

পণ্ডিত দীপক চৌধুরী (পণ্ডিত রবিশঙ্করের প্রিয় ছাত্র)

আমার ছোটবেলার বন্ধু অমল চ্যাটার্জী ছোটবেলায় অভিনয় করেছিল "দেড়শো খোকার কান্ড" এবং "শিউলিবাড়ি"তে। অসম্ভব হ্যান্ডসাম এবং কথাবার্তায় চৌখশ। যে যার কাজে ব্যস্ত হয়ে পড়ার দরুন যোগাযোগ কমে গেলো। একদিন কলকাতায় 'স্টিফেন হাউস'-এ ডালমিয়া ডেয়ারির অফিসে গিয়েছি প্রলয়দার সঙ্গে দেখা করতে। প্রলয় চ্যাটার্জী, ডালমিয়া ডেয়ারির রিজিওনাল ম্যানেজার ছিলেন এবং আমার খুব কাছের দাদা ও বন্ধু। ওখানে হঠাৎ বহু বছর পর অমলের সঙ্গে দেখা। ও তখন ডালমিয়া ডেয়ারিতে চাকরি করে, দিল্লিতে পোস্টিং।
অমলের ফোন নম্বর আর দিল্লির ঠিকানা নিয়ে নিলাম। আমি প্রায়ই তখন দিল্লী যেতাম। পরের বার দিল্লী গিয়ে ওকে ফোন করলাম, রাতে বাড়িতে ডিনারে ডাকলো।

সন্ধ্যাবেলা Connaught Place এর কাছে ওর বাড়িতে যখন ঢুকছি, বাইরে থেকে সেতারের আওয়াজ পাচ্ছিলাম। ভাবলাম অমল কি এখন সেতারও বাজায়, না কি ওর বৌ ! তখন আমি পণ্ডিত রবিশঙ্করকে নিয়ে টিভি প্রোগ্র্যাম করেছি, তাই সেতার নিয়ে একটু আগ্রহ বেড়েছে। বাড়িতে ঢুকে দেখলাম এক ভদ্রলোক এক মনে সেতার বাজিয়ে যাচ্ছেন। মুখে দাড়ি, সৌম্য চেহারা। আমাকে দেখে থামলেন। অমল ওনার সঙ্গে আর নিজের বৌর সঙ্গে আলাপ করিয়ে দিলো। এই ভদ্রলোকই হচ্ছেন পণ্ডিতজির প্রিয় ছাত্র, যোগ্য উত্তরসূরি বিখ্যাত সেতার বাদক এবং অমলের নিজের শ্যালক 'পণ্ডিত দীপক চৌধুরী'।

আমার সঙ্গে আলাপের পরেই উনি বলে উঠলেন, "আপনি তো প্রবীর রায়?" আমি ঘাড় নাড়তে উনি ওনার একটা কানে হাত দিয়ে

বললেন "আপনি তো আমার গুরুকে নিয়ে টিভি অনুষ্ঠান করেছেন!" সেই শুরু পরিচয়ের। সেবার যে কদিন দিল্লিতে ছিলাম রোজ যেতে হতো অমলের বাড়ি। দীপকের সঙ্গে আড্ডা, সেতার বাজনা আর সঙ্গে পানভোজন। কি দরুন সব মুহূর্ত তৈরি হতো।

পণ্ডিতজির অনুষ্ঠানেও দীপকের সঙ্গে দেখা হয়েছে। জোছনদার (জোছন দস্তিদার) একটা নাটকে দীপক সংগীত পরিচালক ছিল, নাটকের নামটা ভুলে গেছি। অসম্ভব প্রতিভাবান সেতার বাদক ছিল, আর সঙ্গে সবসময়ে মুখে মিষ্টি হাসি। সত্যজিৎ রায়ের 'হীরক রাজার দেশে' আর 'ঘরে বাইরে'র মতো ছবিতেও সেতারের পিস বাজিয়েছে। একদিকে অমলাশঙ্কর, মমতাশঙ্করের ডান্স কম্পোজিশনেও সুরারোপ করেছে, আবার জোছনদার 'তেরো পার্বণ', 'মায়ার সংসার' সহ বেশ কিছু ধারাবাহিকেও সুরারোপ করেছে। দীপক ছিল একজন বহুমুখী, সৃষ্টিশীল মানুষ।

"যেন পুত্রকে হারালাম"- ২০০৯ সালে খুব অল্প বয়েসে চলে যাওয়ার পর দীপকের কিংবদন্তি গুরু পণ্ডিত রবিশঙ্করের এটাই ছিল প্রতিক্রিয়া।

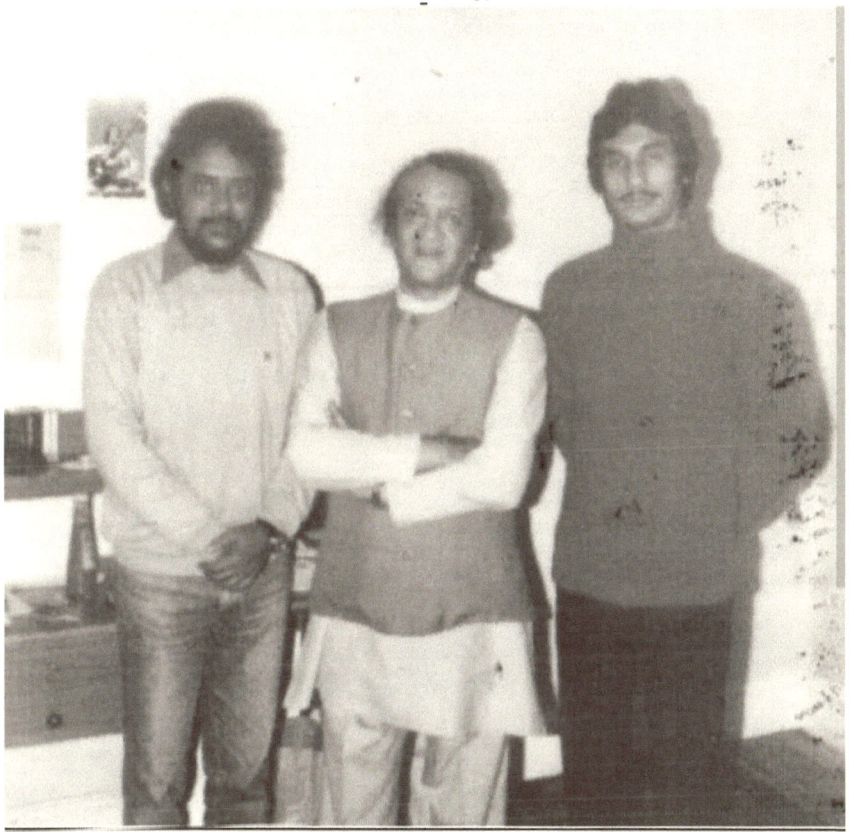

দীপক চৌধুরী

পণ্ডিতজির সঙ্গে দীপক চৌধুরী

বনশ্রী সেনগুপ্ত:

বনশ্রীদির সঙ্গে আলাপ 'ছুটি ছুটি' ধারাবাহিকের সময়। দূরদর্শনের এই অনুষ্ঠানটি ইন হাউস প্রোডাকশন ছিল। দুবার বাইরের প্রযোজককে দেওয়া হয়েছিল ,- সেই দুবারই আমি করেছিলাম।

আমার কাছে অনুষ্ঠানটা আসার পর ঠিক করলাম বাচ্চাদের জন্য এই অনুষ্ঠানের টাইটেল সং আমি বনশ্রী সেনগুপ্তকে দিয়ে গাওয়াবো। এ কথা আমার সংগীত পরিচালক বিপ্লব চক্রবর্তীকে বলতে ও আমাকে নিয়ে গেলো বনশ্রীদির ফ্ল্যাটে। টালিগঞ্জ থানার পিছনে বনশ্রীদির ফ্ল্যাট ছিল। রাস্তার নামটা ভুলে যাচ্ছি, বোধহয় রানী রাসমণি রোড কিংবা সাহানগর, এই রকম কোনো রাস্তা হবে।

প্রথম আলাপের পরই বনশ্রীদিকে ভালো লেগে গেল। ওনার গান তো সবসময়েই ভালো লাগতো। বিশেষ করে "আজ বিকেলের ডাকে তোমার চিঠি পেলাম" বা "দূর আকাশে তোমার সুর..." এই সব গান। আর সামনাসামনি কথা বলে আরো ভালো লেগে গেল। সারাক্ষণ মিষ্টি হাসি মুখে লেগে আছে। বনশ্রীদির স্বামী শান্তিদাও ভীষণ ভালো মানুষ, পুলিশে কাজ করতেন। বললাম আমার ধারাবাহিকে গান গাওয়ার কথা। গানটা রোজই অনুষ্ঠান শুরু হওয়ার আগে হবে। বিপ্লব একটু শোনালো গানটা। "ছুটি ছুটি ...এসো এসো ঘর ছেড়ে বাইরে, এলো যে খুশির দিন, ছুটির দিন, ছুটির দিন ..."। বনশ্রীদির খুব পছন্দ হলো সুর।

কদিন পরেই রেকর্ডিং ছিল আমারই ষ্টুডিও 'পূজা ষ্টুডিও' তে। যেদিন বনশ্রীদির রেকর্ডিং ছিল, সেদিন মাধুরী চট্টোপাধ্যায়, শক্তি ঠাকুর ও গৌতম ঘোষেরও রেকর্ডিং রেখেছিলাম "নির্জন দুপুরে প্রেমের গান" এর ধারাবাহিকের জন্য। খুব হাসিঠাট্টা আর মজা করে রেকর্ডিং হলো। বনশ্রীদির আগে হয়ে গেলো কিন্তু উনি রয়ে গেলেন আড্ডা মারার জন্য। মাধুরীদি ছিলেন, একটু পরে শক্তি

ঠাকুর ও গৌতম ঘোষ এলেন। আজ মাধুরীদি, বনশ্রীদি, শক্তি কেউ নেই।

কি সব নির্ভেজাল, মন থেকে ভালো লাগার একেকটা দিন গেছে তখন। আজ চারিদিকে কত দেখনদারী, নিজেকে জোর করে জাহির করার চেষ্টা। এখনকার কোনো শিল্পী হলে বলতেন, আমি চললাম আরো তিনটে রেকর্ডিং আছে- বলে বাড়ি গিয়ে ঘুমিয়ে পড়লেন হয়তো। এখন এই সব দেখতে দেখতে কি রকম বিরক্তিতে ভরা একটা ক্লান্তি এসে গেছে।

বনশ্রী সেনগুপ্ত

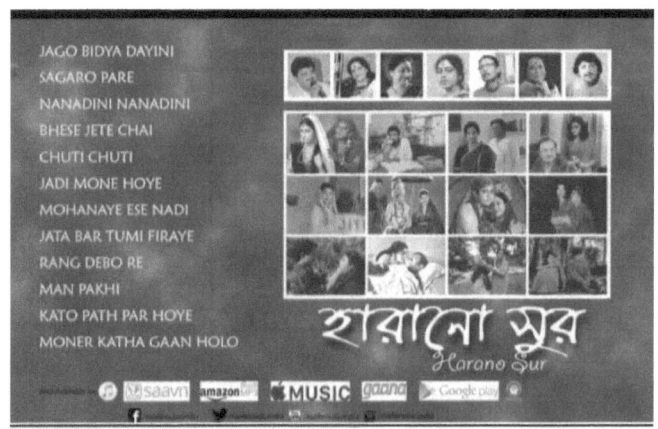

বনশ্রী সেনগুপ্ত হারানো সুর সিডি কভার

জ্যোতিভূষণ চাকি (বিশিষ্ট শিক্ষাবিদ ও ভাষাবিদ)

অনেক মানুষজনকে নিয়ে লিখলাম। এবার ইচ্ছে হলো, আমার স্কুলের কোনো শিক্ষককে নিয়ে লিখি। শুরু করি জ্যোতিভূষণ চাকি মাষ্টারমশাইকে দিয়ে। আমাদের জগদ্বন্ধু ইনস্টিটিউশনে বাংলা পড়াতেন। বিখ্যাত ভাষাবিদ, ১৮টি ভাষায় তিনি পারদর্শী ছিলেন। এইরকম এক শিক্ষকের কাছে শুধু স্কুলে নয়, ওনার বাড়িতেও প্রাইভেটে পড়তে যেতাম। আজ ভাবলে গর্ব হয়। খুব সাধারণ ছিল ওঁর আচার, ব্যবহার, চলা ফেরা। ধুতি পাঞ্জাবি পরতেন, ধুতিটা হাঁটুর একটু নিচ অবধি থাকতো আর পাঞ্জাবিটা কিরকম বাঁকা লাগতো। পরে বুঝেছিলাম পাঞ্জাবির বুক পকেটে এত কিছু থাকতো যে সব সময় একদিকে ঝুলে থাকতো। চোখ থেকে চশমাটা প্রায় খুলে পড়ে যাওয়ার মতো হতো। সেইজন্য উনি চশমাটা কখনো হাতে রাখতেন বা কখনো বুকপকেটে ঢুকিয়ে দিতেন। যখন ওঁর কাছে পড়তাম, তখন ওঁর সম্বন্ধে কিছুই জানতাম না। শুধু জানতাম উনি আমাদের স্কুলের বাংলা শিক্ষক।

পরে জানলাম উনি একজন ভাষাবিদ। ১৮টি ভাষায় উনি পারদর্শী ছিলেন। সংস্কৃত ভাষায় বিশেষ কৃতিত্বের জন্য উনি "কাব্যতীর্থ" সম্মান পান। এ ছাড়া পশ্চিমবঙ্গ সরকারের "বিদ্যাসাগর স্মৃতি পুরস্কার" (২০০৩), "সাহিত্য একাডেমী পুরস্কার (২০০৬), যাদবপুরে বিশ্ববিদ্যালয়ের ডি লিট উপাধি (২০০৬)। ওনার লেখা প্রচুর কাব্যগ্রন্থ, অনুবাদ গ্রন্থ, ছড়ার বই আছে। কিন্তু আমরা ওঁকে জানতাম শুধুই আমাদের একজন স্নেহপ্রবণ শিক্ষক হিসেবে। স্যারকে কোনোদিন রাগতে দেখিনি শুধু একদিন ছাড়া। ওই একদিনের রাগই বুঝিয়ে দিয়ে যায় ওনার চরিত্রের একটা দিক। সেই ঘটনাটাই লিখবো আজ।

আমি তখন নবম শ্রেণীর ছাত্র, ১৯৬২ সালের ঘটনা। আমি ছিলাম টেকনিকাল স্ট্রিমে। আগেই লিখেছি স্কুলে ছাড়াও ওনার বাড়িতে আমরা কয়েকজন প্রাইভেট টিউশন নিতাম বাংলা আর ইংরাজীর। ইংরেজিতেও উনি সমান পারদর্শী ছিলেন। সন্ধ্যাবেলা পড়তে যেতাম। উনি কসবার পূর্বাশা সিনেমার (এখন আর নেই) কাছে থাকতেন। উনি সপ্তাহে আমাদের দুদিন পরীক্ষা নিতেন।

এই রকম একদিন বাংলা পরীক্ষা নেবেন। আমাদের প্রশ্ন লিখে দিয়ে উনি বাড়ির ভিতরে গেলেন। বলে গেলেন, "তোরা উত্তর লেখ, আমি আসছি।" সব বইগুলো সামনে রেখে দিয়েই উনি চলে গেলেন। উনি চলে যাওয়ার পর আমাদের মধ্যে একজন বই বার করে দেখে দেখে লিখতে শুরু করলো। কিছুক্ষন লেখার পর হঠাৎ স্যার ভিতরে এসে ওকে বই নিয়ে লিখতে দেখে প্রথমে হতভম্ব হয়ে দাঁড়িয়ে গেলেন। তারপর ওই প্রথম স্যারকে রাগতে দেখলাম। রাগে ঠক ঠক করে কাঁপছেন আর বলছেন "তুই চিটিং করছিস?" চোখ দুটো লাল, মুখ লাল। "আমার ছাত্র হয়ে চিটিং করছিস? ছিঃ ছিঃ ! এক্ষুনি আমার বাড়ি থেকে বেরিয়ে যা, আর কোনোদিন আমার সামনে আসবি না।" উনি বিশ্বাস করতে পারছেন না যে কেউ ওনার বিশ্বাস ভেঙে দিলো। তারপর মাথায় হাত দিয়ে বসে বলতে লাগলেন "আমারই দোষ, ঠিক মতো শিক্ষা দিতে পারিনি। আমি হেরে গেলাম।" আজ বুঝতে পারি, ওনাদের আদর্শ এই চিটিংকে কিছুতেই মেনে নিতে পারেননি।

আর আজ সব শিক্ষাবিদদের দেখি, সঙ্গে প্রশাসনকেও, তার সঙ্গে কিছু মুখপাত্রদের কথাও শুনি। আমরা কি ভাগ্যবান এই সব মানুষের কাছে শিক্ষা নিতে পেরেছি। এঁরা টাকা দিয়ে সাদা উত্তরপত্র জমা দিয়ে শিক্ষক হননি। আর জ্যোতিভূষণ স্যারও ভাগ্যবান যে এই সব মানুষ, মন্ত্রী আর তাদের চামচাদের দেখতে হয়নি। শিক্ষকদের রাস্তায় বসে থাকতে দেখতে হয়নি। অনেক অনেক প্রণাম স্যার।

জ্যোতিভূষণ চাকি

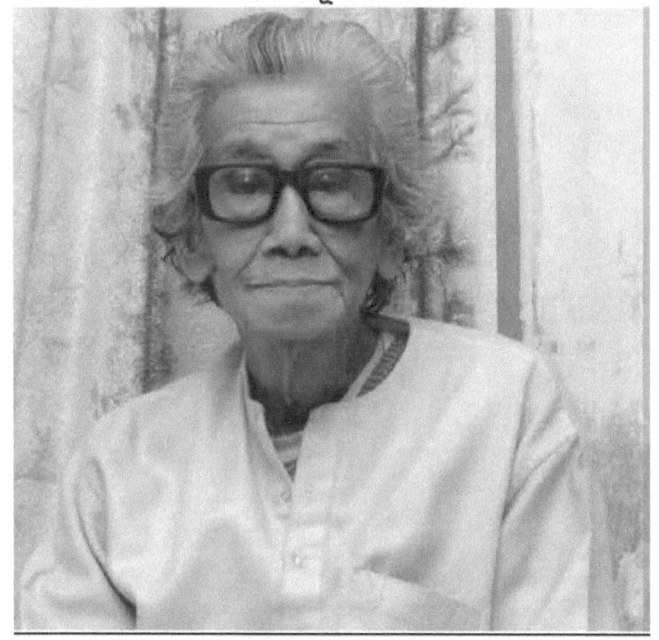

জ্যোতিভূষণ চাকি

চিত্র পরিচালক অঞ্জন চৌধুরী

চলচিত্র জগতে এখন অনেকেই নিজেদের "ইন্ডাস্ট্রি" বলে দাবি করেন। উত্তমকুমার ১৯৮০ সালে চলে যাওয়ার পর যে মানুষটা নিজেকে সত্যি সত্যি ইন্ডাস্ট্রি বলে দাবি করতে পারতেন তাঁর নাম 'অঞ্জন চৌধুরী'। উত্তমকুমারের বিদায় নেওয়ার পর মুখ থুবড়ে পড়া বাংলা সিনেমাকে আবার দাঁড় করিয়েছিলেন এই অঞ্জন চৌধুরী। কিছু অশিক্ষিত সংবাদ মাধ্যমের তৈরী করা কোনো তথাকথিত নায়ক বা মহানায়ক নয়।

অঞ্জন চৌধুরীর এই জায়গায় আসার পথটা কিন্তু একদমই মসৃন ছিল না। ওঁর সঙ্গে আমার পরিচয় সেই ৭০-এর দশকে, সেই সময় উনি চলচিত্র জগতের উপর "চুমকি" নামে একটা পত্রিকা বার করতেন। আর স্টুডিওর গেটে দাঁড়িয়ে ৫ টাকায় সেই পত্রিকাটি স্টুডিওতে আসা পরিচালক, অভিনেতা, অভিনেত্রীদের বিক্রি করতেন। অঞ্জনদার লেখার হাতটা খুব জোরালো ছিল।

সেই সময়ে ওনার পরিচয় রঞ্জিত মল্লিকের সঙ্গে। রঞ্জিতের শুট না থাকলে ওর ভবানীপুরের বাড়িতে সকালের দিকে আমাদের একটা আড্ডা ছিল। সেই আড্ডায় আমি, নীতীশদা ছাড়াও অঞ্জনদাও আসতেন। আড্ডার সঙ্গে পাশের পাঞ্জাবি রেস্টুরেন্টের গ্লাসে করে চা। রঞ্জিত তখন সব জায়গায় অঞ্জনদার নাম রেফার করতো। রঞ্জিতই পরিচালক দীনেন গুপ্তর সঙ্গে অঞ্জনদার পরিচয় করিয়ে দেয় এবং রঞ্জিতের অনুরোধে দীনেনদা ওনার ফিল্ম "শঠে শাঠ্যাং"-র চিত্রনাট্য লিখতে দেন অঞ্জনদাকে এবং সেই ফিল্ম সুপারহিট করে।

শুভেন্দুদার (শুভেন্দু চ্যাটার্জী) পরিচালনায় ওই সময় একটা ফিল্ম হওয়ার কথা হয়েছিল, যার গল্প ও চিত্রনাট্য করেছিলেন অঞ্জন চৌধুরী। এতে একটা বিশেষ ভূমিকায় অভিনয় করার কথা ছিল উত্তমকুমারের। ছবির নাম ছিল "হবো ইতিহাস" ! উত্তমকুমার হঠাৎ

প্রয়ানে ছবিটা বন্ধ হয়ে যায়। সেই সময়ে অঞ্জনদা শুভেন্দুদাকে অনুরোধ করে ছবিটা নিজের নামে করে, নিজের পরিচালনায় ছবিটা শেষ করেন, নাম বদলে রাখেন "শত্রু"। "শত্রু"র কথা নতুন করে বলার কিছু নেই। বাংলা চলচিত্রে উত্তম পরবর্তী যুগে ইতিহাস সৃষ্টি করে এই ফিল্ম। আর রঞ্জিত মল্লিকও সুপার ষ্টার।

এরপর অঞ্জনদাকে আর পিছন ফিরে তাকাতে হয়নি। একটা পর একটা ফিল্ম হিট। গুরুদক্ষিণা, বড়বউ, মেজোবউ, ঈশ্বর পরমেশ্বর ইত্যাদি। রঞ্জিতের প্রতি কৃতজ্ঞতা স্বরূপ অঞ্জনদা ওনার এগ্রিমেন্টে একটা চরিত্রে রঞ্জিত থাকবেই বলে একটা clause রাখলেন। মানে অঞ্জন চৌধুরীকে কেউ পরিচালক হিসেবে নিলে রঞ্জিতকে নিতেই হবে। তখনও অঞ্জনদার সঙ্গে আমার যোগাযোগ ছিল।

তার বেশ কয়েক বছর পর আমার তৎকালীন প্রোডাকশন ম্যানেজার তরুণ বসাক (আজ আর নেই) একদিন এসে বললো অঞ্জনদা আপনাকে একবার দেখা করতে বলেছেন। তরুণের সঙ্গে গেলাম অঞ্জনদার বেহালার বাড়িতে। অঞ্জনদা আমাকে বললেন ইটিভি তে উনি একটা ধারাবাহিক করছেন "এরাও শত্রু" নামে। আমাকে বললেন, "২৪ ফ্রেমসের ব্যানারে তুমি এটার প্রোডাকশন করো।" আমি রাজি হলাম। অঞ্জনদা একটা এগ্রিমেন্ট করে ওনাকে একটা অ্যাডভান্স করতে বললেন। আমি রাজি হলাম এবং একটা টোকেন অ্যাডভান্স করেও ছিলাম। কিন্তু আমাদের দূর্ভাগ্য ইটিভতে শেষ পর্যন্ত হলো না যে কোন কারণেই। পরে অবশ্য ওটা জি টিভি তে টেলিকাস্ট হয়েছিল। তখন অবশ্য আমি আর ছিলাম না। কয়েকটা পর্ব করার পর অঞ্জনদাও চলে গেলেন। উনি চলে যাওয়ার পর অঞ্জনদার ছেলে সন্দীপ চৌধুরী ওটা শেষ করেন। সন্দীপ আমাদের ডিরেক্টরস গিল্ডের সেক্রেটারি ছিল। খুবই অসময়ে মাত্র ৪৪ বছর বয়েসে সন্দীপও চলে গেলো।

অঞ্জন চৌধুরী একসময় সত্যি সত্যি বাংলা ফিল্ম ইন্ডাস্ট্রির হাল ধরেছিলেন। আজ যারা যাই বলুক, উত্তমকুমারের পর অঞ্জন চৌধুরীর সময়েই ছিল বাংলা চলচিত্রের শেষ স্বর্ণযুগ। সুজিত গুহ,

স্বপন সাহার কথা মাথায় রেখেই বললাম। একজন অমায়িক ভদ্রলোক এবং জোরালো কলমের অধিকারী ছিলেন অঞ্জন চৌধুরী।

অঞ্জন চৌধুরী

অকৃত্রিম সুহৃদ ও সহকর্মী-

বাপি (বন্দ্যোপাধ্যায়), বিজন (চট্টোপাধ্যায়) ও বাবি (অমিতাভ চ্যাটার্জী)

বাপি বন্দ্যোপাধ্যায়

কোনোদিনও ভাবিনি বাপি, বিজন আর বাবিকে নিয়ে লিখতে হবে, যখন ওরা আর আমাদের মধ্যে থাকবে না। প্রথমে বাপিকে নিয়ে কিছু লিখি। এক অসাধারণ প্রতিভাবান পরিচালক, অভিনেতা। রঞ্জনদার পরে পার্থপ্রতিম চৌধুরীর প্রধান সহকারী পরিচালক ছিল বাপি। 'যদুবংশ' ছবিতে চার বন্ধুর একজোন ছিল বাপি। সুন্দরমের 'খাঁচা' নাটকে অভিনয়ের জন্য BFJAর শ্রেষ্ঠ অভিনেতার পুরস্কার। সঙ্গে অভিনেত্রী শর্মিলা ঠাকুর। নীতিশ মুখার্জীর 'নয়নশ্যামা' ছবিতে গ্রামের এক বাংলা মদ বিক্রেতার চরিত্রে। বাবলিদা (অমিতাভ চট্টোপাধ্যায়) পরিচালিত 'পালাবার পথ নেই' ছায়াছবিতে একটি অসাধারণ চরিত্রে রূপদান করেছিল। যদিও ছবিটা রিলিজ করেনি।

পরিচালক হিসেবে বাপির প্রথম আত্মপ্রকাশ 'ভারত প্রেমকথা' ধারাবাহিকে। তারপর ধারাবাহিক 'রবীন্দ্রনাথের ছোট গল্প'। পূর্ণ দৈর্ঘের ফিল্ম করেছেন 'পাষণ্ড পণ্ডিত' সেটি জাতীয় পুরস্কারে সম্মানিত। আজকের প্রতিষ্ঠিত পরিচালক ও অভিনেতা অনিন্দ্য সরকার বাপির সহকারী ছিল। আমার সঙ্গে বাপির পরিচয় কোন আদ্দিকালে মনে নেই। নীতীশদার বাড়িতেই প্রথম পরিচয়। বাপি আমার সঙ্গে নয়নশ্যামা ফিল্মে একটা ছোট্ট চরিত্রে অভিনয় করেছিল। আর নীতীশদার সহকারী হিসেবে কাজ করেছিল। খুব মজার একটা ছেলে। সারাক্ষন হাসিখুশি।

আমার সঙ্গে অনেক কাজ করেছে। আকাশ বাংলার জন্য আমার প্রযোজনায় টেলিফিল্ম রবীন্দ্রনাথের 'মহামায়া' ও , 'ত্যাগ'। বিদেশী চ্যানেলের জন্য বাংলা টেলিফিল্ম আমার প্রযোজনায় 'নিজের সঙ্গে

দেখা' ও 'যখন যুদ্ধ'। তা ছাড়া আমার অনেক সিরিয়ালে বাপি, বিজন চট্টোপাধ্যায়ের সহকারী হয়েও কাজ করেছে। আমার সঙ্গে বাপির শেষ কাজ সহকারী হিসেবে 'কাল মধুমাস' ছবিতে। নিজে এতো ভালো পরিচালক হয়েও বন্ধুর সঙ্গে সহকারী হয়ে কাজ করতে কোনোরকম দ্বিধা থাকতো না। একজন সত্যিকারের টীম মেম্বার। আর বাপির সঙ্গে আড্ডা মারতে বসলে পুরোনো সব বড় বড় অভিনেতাদের অভিনয় করে দেখাতো। নাটকের ডায়ালগ বলতো। সবাই অবাক হয়ে শুনতো।

আজকের তথাকথিত কায়দা করা পরিচালকদের দেখি, গুনের দিক দিয়ে দু একজন ছাড়া আজকের কোনো পরিচালকই বাপির ধারে কাছে আসে না। বাপির মধ্যে একটাই অভাব ছিল, কায়দা করতে শিখলো না আর মিডিয়াকে তেল দিতে জানলো না।

কালিম্পঙে কাল মধুমাস শুটে বাপির সঙ্গে

বিজন চট্টোপাধ্যায়

বিখ্যাত "বাপি বিজনের" আর একজন বিজন চট্টোপাধ্যায়। বাপির কথা আগেই লিখেছি। বিজনের সঙ্গে পরিচয়ও সেই নয়নশ্যামা-র শুটের সময় থেকে। বিজনও নীতীশদার সহকারী ছিল এই ছবিতে। তারপর সেই পরিচিতি অন্তরঙ্গ হতে বেশি সময় লাগেনি। বিজন, ওর স্ত্রী কেকা আমাদের পারিবারিক বন্ধু হয়ে গিয়েছিলো। আমার আর বিজনের যাতায়াতটা খুব বেশি ছিল কারণ বিজন আমার অনেক ধারাবাহিকের পরিচালক ছিল। বাপি আর বিজন দুজনেই পার্থপ্রতিম চৌধুরীর সহকারী ছিল।

'শব্দজব্দ' ধারাবাহিকে দেবরাজের সহকারী আর 'নৃত্যের তালে তালে' ধারাবাহিকে ব্রততীর সহকারী ছাড়া আমার সব ধারাবাহিকে ওই ছিল পরিচালক। সে গানেরই হোক আর ফিকশানই হোক। গান সমন্ধে ওর অসম্ভব ভালো জ্ঞান ছিল, নিজেও ভালো গান করতো, বিশেষত মান্না দের গান। বিজন ছিল মান্না দে অন্তপ্রাণ। আমার প্রযোজিত ধারাবাহিকের মধ্যে ওর পরিচালিত উল্লেখযোগ্য কয়েকটা নাম 'নির্জন দুপুরে প্রেমের গান', 'আনন্দবাহার' এবং তারা টিভির জন্য করা শরৎচন্দ্রের 'বিজয়া'। শব্দজব্দ ধারাবাহিকে গানের সুরও বিজনের করা। ব্রহ্মতোষ চট্টোপাধ্যায়ের গাওয়া "আজ দুজনার দুটি মন" গানটা বেশ জনপ্রিয় হয়েছিল। অসম্ভব মেলোডি ছিল গানটাতে। চরিত্রায়ণে ছিলাম আমি আর পাপিয়া অধিকারী। মহিলা কন্ঠশিল্পীর নামটা ভুলে গেছি।

বিজনের সঙ্গে অনেক স্মৃতি জড়িয়ে আছে। 'চিরদিনের গান' ধারাবাহিকের শুটে শঙ্করপুরে দারুন কিছু সময় আমরা একসঙ্গে কাটিয়েছি। ওই ধারাবাহিকে আমার লিপে একটা গান ছিল "আমায় প্রশ্ন করে নীল ধ্রুবতারা"।

বিজনের খুব প্রিয় নিজের তৈরি একটা স্ক্রিপ্ট ছিল 'নগরে বন্দরে'। অসাধারণ চিত্রনাট্য আর সংলাপ। ওই সময় এই ধরনের চিত্রনাট্য

দেখা যায়নি আর হয়ওনি। রাফ এন্ড টাফ স্ক্রিপ্ট। শুট শুরু হলো। আমি আর পাপিয়া প্রধান চরিত্রে, কল্যাণী অধিকারী আর মিন্টু চক্রবর্তী দুটো বিশিষ্ট চরিত্রে রূপদান করেছিলেন। কদিন শুট হওয়ার পর মিন্টু চক্রবর্তী একটা দুর্ঘটনায় পরোলোকগমন করেন। প্রযোজকেরও হঠাৎ নানারকম অসুবিধা দেখা যায়। ফলস্বরূপ ছবিটা আর হলোই না। যা চরিত্র পেয়েছিলাম, ওই চরিত্র পাওয়া যে কোনো অভিনেতার কাছে একটা বিরাট পাওয়া।

এতো গুন থাকা সত্ত্বেও ভীষণ একটা কষ্টকর জীবন কাটিয়েছে বিজন। শেষের দিকে অবশ্য রমেশ গান্ধীর রেইনবো প্রোডাকশানে কাজের সূত্রে কিছুটা টাকা পয়সার মুখ দেখেছিলো। আজকের পরিচালকদের দেখি আর এদের কথা খুব বেশি করে মনে পড়ে। বিজন চলে যাওয়ার আগের সপ্তাহেই আমরা A.A.E.I ক্লাবে দেখা করেছিলাম। অনেকক্ষণ আড্ডা হল। এই ক্লাবে আমরা প্রায়ই যেতাম দুপুরের দিকে। আমি, বাপি, বিজন, বাবি, চিন্ময়, প্যাট (শিলাদিত্য পত্রনবীশ)। এঁদের মধ্যে আজ আমি ছাড়া আর সবাই হারিয়ে গেছে।

যেদিন বিজন চলে যায়, তার আগের দিন রাত ১.৩০ টা পর্যন্ত ফোনে আড্ডা মেরেছি। পরেরদিন সকাল ৭টা নাগাদ মুন্না (সেও আজ আর নেই) ফোন করে বললো, "তুই এক্ষুনি চলে আয়, বিজন আর নেই।"
"এই তো জীবন কালিদা........"

দেবরাজের সঙ্গে বাপি বিজন

বাবি (অমিতাভ চ্যাটার্জী)

আমার বন্ধু বাবি মেডিকাল লাইনে বেশ বড় পোস্টে কাজ করতো। ব্রাঞ্চ ম্যানেজারও হয়েছিল। "ডালমিয়া ডেয়ারির" অ্যাসিস্ট্যান্ট ম্যানেজার হয়েও কাজ করেছে। সুন্দরী বৌ, এক ছেলে, এক মেয়েকে নিয়ে সুখী পরিবার। কিন্তু মাথায় কি যে পোকা নড়লো, চলে গেলো অভিনেতা হতে। একটা নিশ্চিত জীবন ছেড়ে পা বাড়ালো অনিশ্চিতের পথে। প্রথমে কিছুদিন চাকরিটা রেখেই অভিনয় করতো। কিন্তু মেগা সিরিয়ালের সময়ের সঙ্গে তাল মিলিয়ে চাকরি রাখা সম্ভব হলো না। তাতে ও যে খুব দুঃখিত হলো, তাও না। বরং যেন হাঁপ ছেড়ে বাঁচলো। ভালো অভিনেতা ছিল, ভালো চিত্রনাট্য লিখতো, কন্ঠস্বরটাও ছিল বেশ ভালো যদিও ও একটু কায়দা করার চেষ্টা করতো। মানুষ হিসেবে ছিল দিলদরিয়া কিন্তু ভীষণ ভাবে অগোছালো একটা জীবন কাটিয়ে গেলো।

আমার সব ফিল্ম, টেলিফিল্মে বাবি অভিনয় করেছে। শুধু 'অগ্নিমন্থন' বাদ দিয়ে, তখন ও আর আমাদের মধ্যে নেই। প্রচুর টিভি সিরিয়াল ও ফিল্মে অভিনয় করেছে। মোটামুটি চেনা মুখ ছিল। আমার সবকটা টেলিফিল্মের স্ক্রিপ্ট বাবির লেখা। আকাশ বাংলার জন্য 'মহামায়া', 'ত্যাগ'। বিদেশের জন্য 'নিজের সঙ্গে দেখা', 'যখন যুদ্ধ'। মজার ব্যাপার হচ্ছে, ওকে চিত্রনাট্য লিখতে দিলেই নিজের জন্য একটা চরিত্র লিখে রাখতো। ব্রততীর (ব্রততী চৌধুরী) পরিচালনায় দুলেন্দ্র ভৌমিকের গল্প 'নৃত্যের তালে তালে'র চিত্রনাট্য বাবির করা আর সেখানেও নিজের একটা ভালো চরিত্র তৈরি করা ছিল।। অভিনয়টা ভালোই করতো। তাই আমার কোনো আপত্তি থাকতো না।

খন্যান রাজবাড়িতে প্রায় ১০ দিন থেকে আমরা 'মহামায়া' আর 'ত্যাগ'-এর শুট করেছিলাম। দারুন সময়ে কেটেছিল। রোজ শুটের পর রাতে আমরা বসতাম খোলা ছাদে, ভীষণ ভালো একটা আড্ডা হতো, গান হতো। "ত্যাগ" এ টিটো (দীপঙ্কর দে) ছিলেন,

সঙ্গে দোলনও গিয়েছিলেন দুদিন রিলাক্স করতে। "মহামায়া" তে সুচেতা চক্রবর্তী (এখন আর নেই), স্বান্তনা বসু ছিলেন। সবাই ভীষণ আমুদে আর আড্ডাবাজ। সেখানে বাবির কখনো রাগী, কখনো প্রেমিক রূপ দেখা যেত। ক্ষনে ক্ষনে প্রেমে পড়তো আবার পরমুহূর্তেই রেগে উঠতো। একদিন আমি ভীষণ রেগে গিয়ে ওকে বললাম "এক্ষুনি খন্যান ছেড়ে চলে যা।" ও কিছুক্ষণ চুপ করে থেকে, নিজের ঘরে গিয়ে লিখতে বসে গেলো। ওর উপর বেশিক্ষণ রেগে থাকাও যেত না।

আমার করা এখনো পর্যন্ত শেষ কাজ স্বল্পদৈর্ঘের ছবি "সরলরেখা"র চিত্রনাট্যও বাবির করা এবং যথারীতি নিজের চরিত্র লেখা। এখানে একটা ডাক্তারের চরিত্র বাবি নিজের জন্য রেখেছিলো। কিন্তু দূর্ভাগ্যবশতঃ 'সরলরেখা'র শুট শুরু হওয়ার আগেই বাবি আমাদের ছেড়ে চিরবিদায় নিয়ে চলে যায়। আমি সেই চরিত্রটাকে 'লেডি ডাক্তার' করে দিলাম। জানি না কেন করলাম।

আমি, বাপি, বিজন আর বাবি যখন আড্ডায় বসতাম.......খুব মিস করি সেই সব দিন, সেই সব আড্ডা। খুব খারাপ লাগে ভাবতে। শুধু একটাই স্বান্তনা আমরা কেউই চিরকাল থাকবো না। আবার সবার সঙ্গে দেখা হবে কি না জানি না। আশায় রইলাম যদি আবার দেখা হয়ে যায় !!

বাবির সঙ্গে

আমার গ্রুপ থিয়েটারে অভিনয়

সুনীল দাস

আমার গ্রুপ থিয়েটারে অভিনয়ের প্রথম গুরু সুনীল দাস। এক অসম্ভব ভদ্র, শিক্ষিত মানুষ। বাংলার অধ্যাপক, সাহিত্যিক। সুনীলদার গ্রুপের নাম "সম্বর্ত"। ১৯৭১/৭২ সাল নাগাদ সম্বর্ত গ্রুপের 'দশমী' নাটকই আমার জীবনে প্রথম গ্রুপ থিয়েটারে অভিনয়। প্রথম স্টেজ অভিনয় বলবো না। প্রথম স্টেজ অভিনয় শিবরাম চক্রবর্তীর 'হর্ষবর্ধন গোবর্ধন' নাটকে 'গোবর্ধন চরিত্রে। তখন আমি ক্লাস ফাইভ/সিক্সের ছাত্র। স্কুলের অ্যানুয়াল প্রোগ্রামে নাটকটি অভিনীত হয় এবং আমার অভিনয় খুব প্রশংসিত হয়েছিল।

যা হোক, 'দশমী' নাটকে আমার সঙ্গে অভিনয় করতেন গৌতম দে এবং জয়শ্রী রায়। অনেক গুলো শো করেছিলাম। তবে দশমীর পর সম্বর্তর অন্য কোনো নাটকে আমি অভিনয় করিনি কিন্তু সুনীলদার সঙ্গে যোগাযোগ ছিল। সুনীলদার উপন্যাস 'একদিন সূর্য' ছায়াছবিতে আমি অভিনয়ও করেছিলাম নীতিশ মুখার্জীর পরিচালনায়। ওটাই নীতিশ মুখার্জীর প্রথম পরিচালনা।

এর অনেক বছর পর আমার পরিচালনার প্রথম ছায়াছবি 'কাল মধুমাস'-এর লেখকও ছিলেন সুনীলদা। কাল মধুমাস ছবির শুট চলাকালীন উপন্যাসের দ্বিতীয় অথবা তৃতীয় সংস্করণ প্রকাশের দিনেও আমাকে সুনীলদা বিশেষ অতিথি হিসেবে আমন্ত্রণ জানিয়েছিলেন। আমি উপস্থিত থাকতে পেরে নিজেকে ভাগ্যবান মনে করেছিলাম।

আমাদের সবার প্রিয় লেখক ঔপ্যানাসিক, নাট্যকার, অভিনেতা, অধ্যাপক, আপাদমস্তক ভদ্রলোক এই মানুষটি আমাদের ছেড়ে

চলে গেলেন ২০২৪ এর এপ্রিলে। এরকম পরোপকারী, শিক্ষিত, বিনয়ী মানুষ আজকের দিনে বিরল।

সুনীল দাস

নাট্যকার বরুণ দাশগুপ্ত

৬০, ৭০ আর ৮০র দশকের এক জন বিখ্যাত নাট্যকার, নাট্যপরিচালক ও অভিনেতা বরুণ দাশগুপ্ত। ওঁর নাটকের গ্রুপ "চতুরঙ্গ" আর পরবর্তীকালে "ইন্দ্রসভা" মৌলিক নাটকের জন্য বিখ্যাত হয়েছিল। ওঁর জনপ্রিয় কয়েকটি নাটকের নাম- সবিনয় নিবেদন, জলছবি, কচি ও কাব্য, সওদাগর, ডাউন ট্রেন, রবীন্দ্রনাথ ঠাকুরের সে, স্বর্নভিলা, দশমিক, শরৎচন্দ্র চট্টোপাধ্যায়ের চরিত্রহীন ইত্যাদি। বরুণদা আজ আর নেই। ওঁর স্ত্রী যাত্রার একজন বিখ্যাত অভিনেত্রী ও পরিচালক রুমা দাশগুপ্ত।

আমি বরুণদার "ইন্দ্রসভা"তে এক সময় অভিনয় করতাম। বেশ কিছু পরিচিত নাম ওঁর গ্রুপে অভিনয় করেছেন। রুমা ছাড়াও স্বরূপ দত্ত, বিপ্লব চ্যাটার্জী, নন্দিনী মালিয়া, বিমল বন্দ্যোপাধ্যায় ও আরো অনেকে।

কি অসম্ভব পরিশ্রম করতেন মানুষটা। নিজের টালিগঞ্জের বাবুরাম ঘোষ রোডের বাড়িতে রিহার্সালে ডাকতেন সবাইকে। নিজের ঠিকমতো দুবেলা খাওয়ার টাকা নেই অথচ সবার জন্য চা বিসকুটের ব্যবস্থা অব্যাহত। সারাদিন ঘুরে বেড়াতেন স্পনসর জোগাড় করতে, টাকার ব্যবস্থা করতে। একদিন ফিরে এসে সন্ধ্যাবেলা গল্প করছেন- "আজ ডালহৌসিতে ঘুরতে ঘুরতে খুব খিদে পেয়েছিলো কিন্তু পকেটে পয়সা নেই। শেষে একটু চানাচুর কিনে খেলাম। কিছু তো পড়লো পেটে"।

আমরা গভর্নমেন্টের "সং এন্ড ড্রামা" ডিপার্টমেন্টের নাটকও করতাম। এগুলো সরকারের মদ্যপান, ধূমপানের বিরুদ্ধে প্রচারের নাটক। খুবই কম টাকা দিতো। সব একদম অজ পাড়াগাঁয়ে এই নাটক করতাম। নিজেরাই স্টেজ তৈরি করতাম, মেকআপ করতাম। একটা শো শেষ হলে সেই রাতেই আবার পরবর্তী স্থানের জন্য রওনা দিতাম। সারা রাত ঘুম হতোনা। রাত দুপুরে ট্রেন

ধরতাম। কোনো রিজারভেশন তো নেই, ওই বসে বসেই ঢুলতে ঢুলতে চলে যেতাম। তবু নাটকের প্রতি কি অসম্ভব ভালোবাসা ছিলো বরুণদার। আজকাল যখন দেখি লক্ষ লক্ষ টাকার গ্রান্ট নিয়ে সব নাটক করে বেড়াচ্ছেন আর বড় বড় বুলি আওড়াচ্ছেন, তখন এই মানুষটার কথা বড় বেশি করে মনে পড়ে।

আজ হঠাৎ পুরোনো কাগজপত্র ঘাটতে ঘাটতে একটা চিঠি পেলাম বরুণদার লেখা আমাকে। মনটা ভারাক্রান্ত হয়ে গেলো। একটা নাটক নামাতে কি অসম্ভব পরিশ্রম করতেন। গ্রুপ থিয়েটার যারা করেছেন, তাঁরা জানেন কি ভাবে একেকটা নাটক মঞ্চস্থ হতো। আমাকে লেখা চিঠিটা সবার সঙ্গে শেয়ার করতে ইচ্ছে করলো। একজন শিল্পীর কিছুটা পরিচয় এতে পাওয়া যাবে।

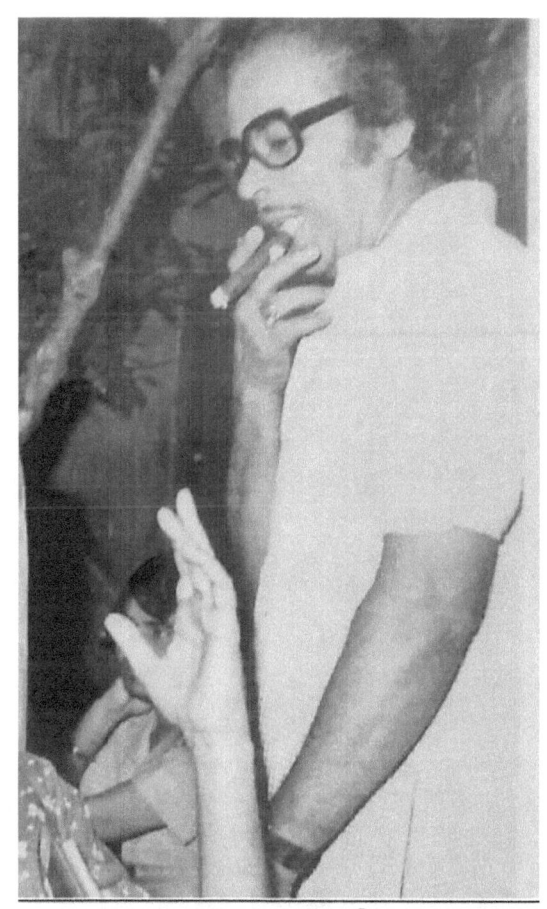

বরুন দাসগুপ্ত আমার রিসেপশনে

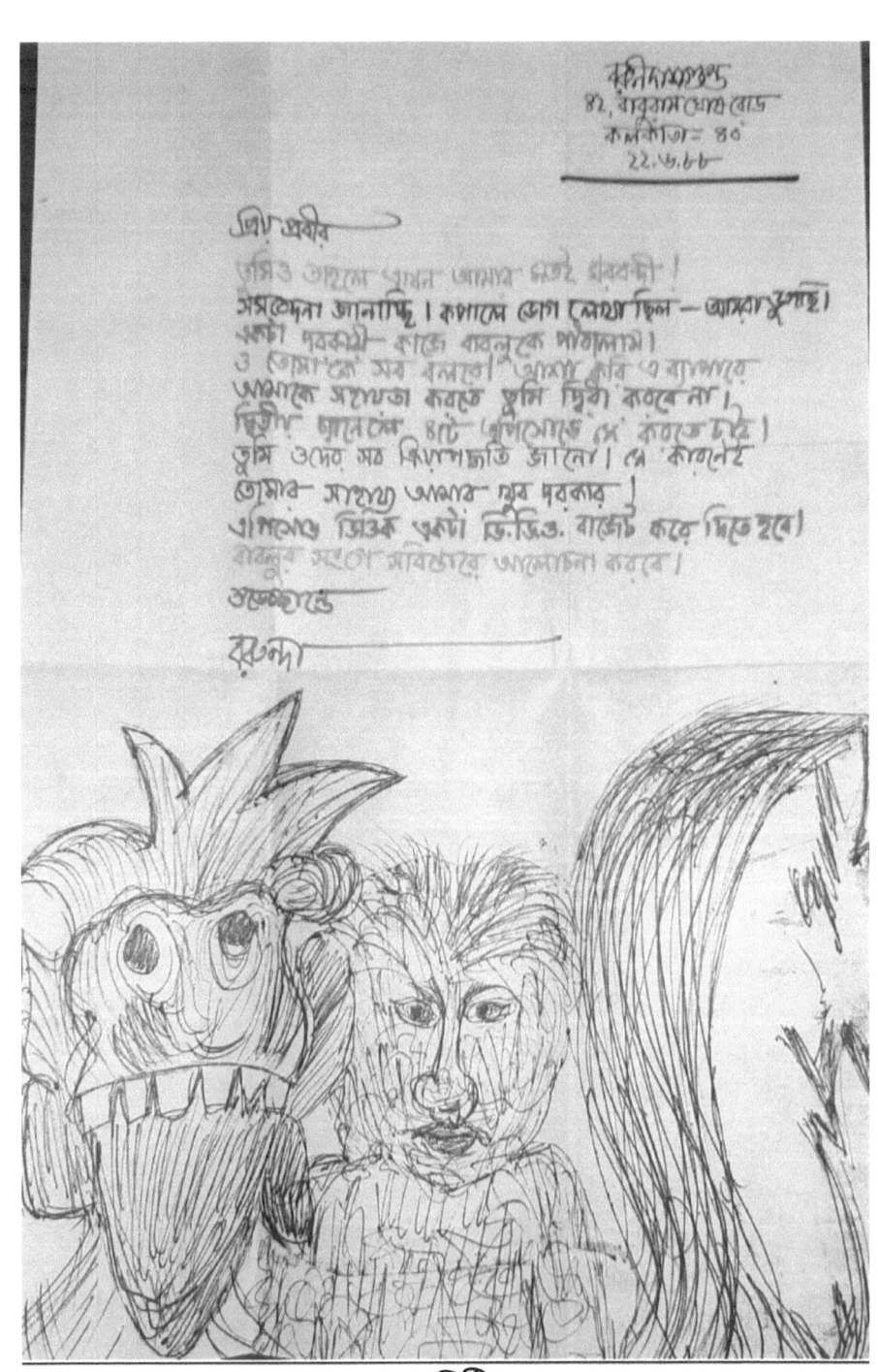

বরুণ দাশগুপ্ত
৪২, বাবুরাম ঘোষ রোড
কলকাতা – ৪০
২২.৬.৮৮

প্রিয় প্রবীর

তুমিও তাহলে এখন আমার মতই গৃহবন্দী !
সমবেদনা জানাচ্ছি। কপালে ভোগ লেখা ছিল — আমরা ভুগছি।
একটা দরকারী কাজে বাবলুকে পাঠালাম।
ও তোমাকে সব বলবে। আশা করি এ ব্যাপারে
আমাকে সহায়তা করতে তুমি দ্বিধা করবে না।
দ্বিতীয় চ্যানেলের ৪টে এপিসোড সে করতে চাই।
তুমি ওদের সব ক্রিয়াপদ্ধতি জানো। সে কারণেই
তোমার সাহায্য আমার খুব দরকার।
এপিসোড ভিত্তিক একটা ডি.ডি.ও. বাজেট করে দিতে হবে।
বাবলুর সঙ্গে সবিস্তারে আলোচনা করবে।

শুভেচ্ছান্তে

বরুণদা

আমাকে লেখা চিঠি বরুনদার

আমার প্রিয় হাসি (সুমিত্রা মুখার্জী)

হাসির (সুমিত্রা মুখার্জী) সঙ্গে প্রথম আলাপ চিত্রগ্রাহক, পরিচালক দীনেন গুপ্তর বাড়িতে। দীনেনদা তখন "আজকের নায়ক" ফিল্ম শুরু করবেন ১৯৭১ সালে। সেই ফিল্মের নায়িকার জন্য কাগজে বিজ্ঞাপন দিয়ে সুমিত্রাকে ফাইনাল করা হয়। সুমিত্রা সেদিন দীনেনদার বড়িতে এসেছিলো বোধহয় প্রথম দিন। শমিত ভঞ্জও সেদিন ছিল। "আজকের নায়ক" শুটের সময়ে পরিচয় বাড়তে থাকে। আমারও প্রথম ছবিতে অভিনয়। যদিও ছোট চরিত্রে। শুট হতো ইন্দ্রপুরী স্টুডিওতে। খুব হৈচৈ করে কাজ হতো। সুমিত্রা তখন থাকতো আনোয়ার শাহ রোড আর টালিগঞ্জ ট্রাম লাইনের ক্রসিংয়ে মসজিদের ঠিক পাশের বাড়িটাতে। এখন আর বাড়িটা নেই, মেট্রো করার সময় ভেঙে দেওয়া হয়। ওর স্বামী ছিলেনশশধর রক্ষিত। দুই ছেলে, শৈবাল ছোট, বড় জনের নাম ভুলে গেছি। শৈবাল এখন নামকরা ডাক্তার। যা হোক, ওখান থেকে পরে সুমিত্রারা উঠে চলে যায় লোয়ার রাউডন স্ট্রিটের ফ্ল্যাটে। আমি প্রায়ই যেতাম ওই ফ্ল্যাটে। আমার মনে আছে সুমিত্রার দুই ছেলের খিদিরপুরের 'সেন্ট থমাস' স্কুলে অ্যাডমিশনের সময়ে আমি গিয়েছিলাম সুমিত্রার সঙ্গে।

যখন 'নয়ন শ্যামা' শুরু হবে, প্রথমে সোমা দেকে নায়িকা ঠিক করা হয়েছিল। কিন্তু সোমা আমার মতো নতুন ছেলের বিপরীতে অভিনয় করতে অস্বীকার করে। নীতীশদা তো খুব চিন্তায় পড়ে গেলেন, কাকে নেওয়া যায়। আমি তখন বলেছিলাম, "সুমিত্রাকে একটা অফার দাও।" নীতীশদা বললেন "সুমিত্রা এখন এক নম্বর নায়িকা, ও রাজি হবে না।" আমি বলেছিলাম, "দিয়েই দেখো না।" সুমিত্রার তো স্ক্রিপ্ট শুনে ভালো লেগে গেলো, রাজিও হয়ে গেলো। নীতীশদা বললেন "হিরো কিন্তু নতুন, যদিও সুমিত্রা আমাকে চিনতো।" ও বললো "আমার তাতে কিছু যায় আসে না, কে কি চরিত্রে অভিনয় করবে, সেটা আপনার ব্যপার। আমি আমার চরিত্র নিয়ে ভাববো।"

আমাদের বেশিরভাগ শুট হয়েছিল মল্লিকপুরে। আমি, নীতীশদা, সন্তু, ক্যামেরাম্যান দীপকদা, সহকারী শঙ্করদা রাতে ওখানেই থাকতাম। রঞ্জিত আর সুমিত্রা যাতায়াত করতো। রঞ্জিত এই ফিল্মে রোমান্টিক নায়কের একটা চরিত্রে ছিল। নয়নের ভূমিকায় আমি, আপাতদৃষ্টিতে নেগেটিভ চরিত্র। একদিন একটা শট ছিল- আমি সুমিত্রাকে জোর করে জড়িয়ে ধরে আদর করার চেষ্টা করবো, আর সুমিত্রা ছাড়াবার চেষ্টা করবে। আমি নতুন, একটু ইতস্তত বোধ করছি। দুটো শট হওয়ার পর সুমিত্রা আমার সমস্যাটা বুঝলো। আমাকে বললো- "প্রবীর, তোমার যা করার, তুমি করো, কোথায় হাত লাগলো না লাগলো, তোমাকে ভাবতে হবে না, তুমি শুধু তোমার মতো করে অভিনয় করে যাও। আমি শুধু নিজেকে বাঁচাবার চেষ্টা করব।" সুমিত্রার কথা শুনে আমার ইতস্তত ভাবটা চলে গেলো আর খুব নরমাল অভিনয়টা হয়েছিল। একজন ভালো অভিনেতা, অভিনেত্রী শুধু এই সহযোগিতা করে।

এর পর শচীন অধিকারীর 'নতুন সূর্য'তেও সুমিত্রা ছিল কিন্তু আমার সঙ্গে কোনো দৃশ্য ছিল না। ও আমার খুব ভালো বন্ধু হয়ে গিয়েছিলো। শুট না থাকলে ও মাঝে মাঝে সেন্ট্রাল এভিনিউতে "হোটেল মিনার্ভা"তেও সকাল থেকে থাকতো। মামাজীর হোটেল ছিল হোটেল মিনার্ভা। কে.এল.কাপুর প্রোডাকসন্সের মামাজীর (মালহোত্রা) সঙ্গে সুমিত্রার খুব ভালো বন্ধুত্ব ছিল। উনি সুমিত্রার খারাপ সময় পাশে দাঁড়িয়েছেন। অসম্ভব ভদ্র একজন মানুষ। ইন্ডাস্ট্রিতে উনি মামাজী বলেই পরিচিত। আমার সঙ্গেও খুব ভালো পরিচয় ছিল। সুমিত্রার সঙ্গে দেখা করতে আমি মাঝে মাঝে ওখানেও যেতাম। অনেক ব্যক্তিগত আলোচনাও হতো সুমিত্রার সঙ্গে।

সুমিত্রার ছোট ছেলে শৈবাল ডাক্তারি পাস করার পর "EEDF" (অরবিন্দ সেবা কেন্দ্র)-এ হাউস সার্জন হিসেবে যোগ দিলো। আমার স্ত্রী পপাই তখন ওখানে কর্মরত। শৈবালকে পপাই খুব সাহায্য করতো। তার জন্য সুমিত্রা প্রায়ই পপাইকে ফোন করে কৃতজ্ঞতা জানাতো। আমার সঙ্গেও রাতে প্রায় ফোনে কথা হতো সুমিত্রার। সুমিত্রা চলে যাওয়ার দিন দশেক আগেও রাতে ফোনে

কথা হয়েছে। এখনো মনে আছে, যেদিন ও চলে যায় সেইদিন "ভারত বন্ধ" ছিল। যাদবপুর- সন্তোষপুর থেকে অতি কষ্টে ওর শেষ যাত্রায় পৌঁছেছিলাম। দেখতে দেখতে কত বছর হয়ে গেলো, হাসির হাসি আর দেখতে পাইনা। ২০০৩ সালের ২১ শে মে হাসি চিরবিদায় নিয়ে চলে গেলো।

হাসি চলে যাওয়ার পরেও আমাকে বন্ধুত্বের নিদর্শন দিতে হলো। শৈবাল আমাকে বললো, "ইন্সুরেন্সের একটা ক্লেমে তোমাকে সই করতে হবে।" জিজ্ঞাসা করলাম, "আমি কেন?" শৈবাল বললো "কোনো রক্তের সম্পর্কের কেউ সই করলে হবে না, কোনো একজন পরিচিতকে সই করতে হবে, যিনি ওনাকে ২০/২৫ বছর চেনেন।" সেই সইটা আমি করেছিলাম।

সুমিত্রা মুখার্জী (হাসি)

নয়ন শ্যামা সুমিত্রা মুখার্জীর সঙ্গে

স্মৃতিতে আরতি ভট্টাচার্য

কর্মব্যস্ত অধ্যায় পেরিয়ে জীবন সায়াহ্নে পৌঁছেছি আমি। এখন একান্ত অবকাশে ফিরে ফিরে দেখি- কতো মুখ, কতো স্মৃতি, ভাল-মন্দে মেশানো কতো শত মুহুর্ত, নিরন্তর চলমান মন্তাজ। পুরনো ডায়েরি, ফাইলপত্র ঘাঁটতে গিয়ে হঠাৎ ৭০-এর এক ডায়েরির পাতায় চার লাইন গানের কলি লেখা পেলাম। ব্যস, নিমেষে মন উধাও তোপচাঁচিতে। ৭০-৭১ এর কথা। ইন্দর সেনের পরিচালনায় রমাপদ চৌধুরীর গল্প অবলম্বনে "পিকনিক" ছবির শুটিং তোপচাঁচীতে। লম্বা সময় প্রায় ১০/১২ দিনের শুটিং। তিন জোড়া চরিত্র- অর্চনা (বুলা) গুপ্ত-ধৃতিমান চ্যাটার্জি, আরতী ভট্টাচার্য-শমিত ভঞ্জ, জয়শ্রী রায়- রঞ্জিত মল্লিক। এই ছবিতে আমার মেয়ে মৌ একটি ছোট রোলে কাজ করেছিল। শুটিং-এর পর দারুণ আড্ডা, হৈচৈ হতো। সঙ্গে শমিত ভঞ্জ আর আরতি ভট্টাচার্যর গান। আরতির গলায় লতা মঙ্গেশকরের "আকাশ প্রদীপ জ্বলে....." গানটা তো একদিন আসর মাতিয়ে দিলো। তার সঙ্গে রঞ্জিতের টুকটাক জোকস- দারুন সময়ে কেটেছিল ওই কটা দিন।

যেদিন তোপচাঁচি থেকে সবাই মিলে ফিরছি, কম্পার্টমেন্টে জমাটি আড্ডা চলছে- আমি সঙ্গের ছোট্ট ডায়েরিটা বের করে আরতির হাতে দিয়ে বললাম- "কিছু একটা লিখে দাও তো।" আরতি এই চার লাইন লিখে দিয়েছিল- সে সময়ের একটি জনপ্রিয় গানের ক'টি লাইন... পুলক বন্দোপাধ্যায়ের লেখা, আশা ভোঁসলের কন্ঠে...

"তুমি খাতার পাতায় চেয়েছিলে
শুধু একটি আমার সই গো।
আমি চোখের পাতায় এঁকে দিলাম
হলাম তোমার সই গো
আমি হলাম তোমার সই গো..."

এতোদিন পরে আচমকা খুঁজে পেলাম ডায়েরিটা, কতো কিছু মনে পড়ে গেল- লিখে ফেললাম। আরতির কোলে আমার মেয়ের দুটো

ফটোও পেলাম। এ যেন নিজের সঙ্গে নিজের দেখা হওয়া। এখন জানি না আরতি কোথায় আছে, শুনেছিলাম মুম্বাইতে থাকে। বহু বছর দেখা নেই। আরতি অনেক ছবিতে কাজ করেছে। প্রথম ছবি বোধহয় মৃণাল সেনের 'এক আধুরি কাহানি'। আর উত্তম কুমারের বিপরীতে 'স্ত্রী' তো সুপারহিট।

আরতি কোলে আমার মেয়ে মৌ

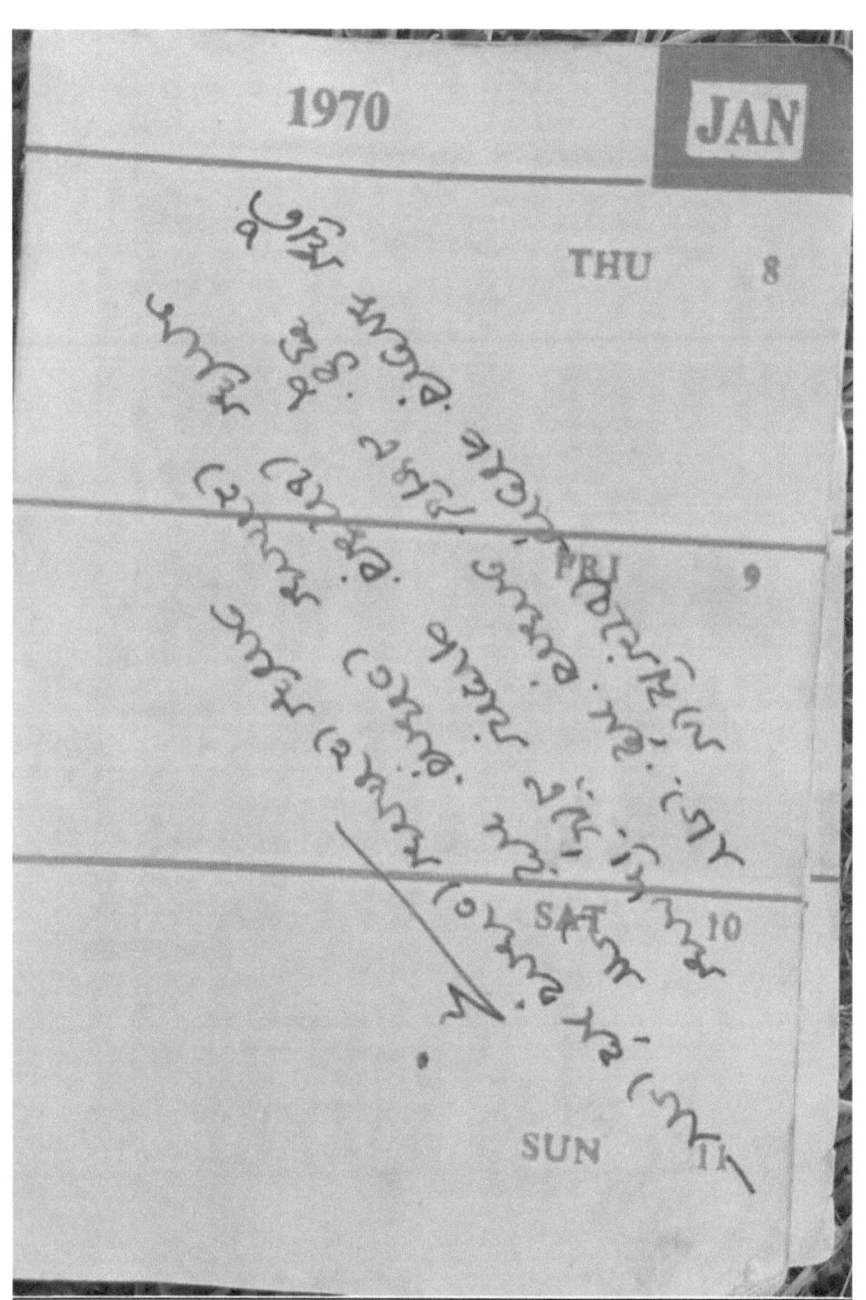

আরতির লেখা

পরিচালক শচীন অধিকারীর সান্নিধ্যে

শচীনদার সঙ্গে কবে কোথায় প্রথম আলাপ খেয়াল নেই। তখন শচীনদা মতিলাল নেহেরু রোডে থাকতেন। সেই সময় শচীনদা বিপ্লবী দীনেশ মজুমদারের উপর 'শপথ নিলাম' বলে একটা সিনেমা করছেন। শুভেন্দু চ্যাটার্জী, শমিত ভঞ্জ, দিলীপ রায়, সাবিত্রী চ্যাটার্জী ছিলেন- যতদূর মনে পড়ছে। ওটাই বোধহয় শচীনদার প্রথম ফিল্ম। মতিলাল নেহেরু রোডের বাড়িতে বেশ ভালো আড্ডা ছিল। নিয়মিত শচীনদার সঙ্গে যোগাযোগ ছিল।

'শপথ নিলাম' রিলিজের আগেই উনি 'দুই বোন' বলে একটা ফিল্ম শুরু করার প্ল্যান করলেন। আমি তখন গোলপার্কে থাকি। একদিন সকালে আমাদের বাড়িতে এলেন, জয়শ্রীকে একটি গেস্ট রোল করে করার প্রস্তাব দিলেন। জয়শ্রী রাজি হয়ে গেলো, একটা গানও ছিল ওর লিপে। একটা হোটেল ডান্সারের ক্যারেক্টার। বেশ ইন্টারেষ্টিং চরিত্র। দুই বোনের চরিত্রে ছিলেন সুমিত্রা মুখার্জী ও বিদ্যা রাও। সারা রাত শুট হয়েছিল মুভিটোন ষ্টুডিওতে।

সেই থেকে শচীনদার সঙ্গে ঘনিষ্ঠতা বাড়তে লাগলো। মতিলাল নেহরুর ভাড়া বাড়ি ছেড়ে ফ্ল্যাট কিনে চলে এলেন ট্রায়াঙ্গুলার পার্কে দেবব্রত বিশ্বাসের পাশের ফ্ল্যাটে। বৌদি একটা সরকারি সংস্থায় চাকরি করতেন আর দুই মেয়ে স্কুলে তখন। বৌদি অসম্ভব সাধারণ, সাদাসিধে মহিলা। সারাক্ষণ মুখে হাসি। আর শচীনদাও ছিলেন খুব আড্ডাবাজ ভালো মনের মানুষ। আমাদের আড্ডা ছিল, তখন শচীনদার ফ্ল্যাটের পাশে রাস্তার উপরে একটা চায়ের দোকানে। প্রায় রোজই চলে যেতাম আড্ডা মারতে। শচীনদার অফিস ছিল ইন্দ্রপুরী স্ট্টুডিওতে দোতলায়। মাঝে মাঝে স্ট্টুডিওতেও যেতাম বিকেলের দিকে। সেখান থেকে আবার কখনো চলে যেতাম রাউডন স্ট্রিটে 'হোটেল রাতদিন'। ওখানে লনে বসে আমাদের আড্ডা হতো। সেই হোটেল এখন উঠে গেছে। ততদিনে আমার জয়শ্রীর সঙ্গে ডিভোর্স হয়ে গেছে, পপাইর সঙ্গে বিয়ে হয়ে

গেছে, আমার ছেলে নীলও হয়ে গেছে আর আমিও তখন কলকাতা দূরদর্শনের ধারাবাহিক জগতে প্রতিষ্ঠিত।

সেই সময় "বাংলা চলচিত্র প্রচার সংসদ" আয়োজিত "উত্তমকুমার অ্যাওয়ার্ড" পেলো আমার প্রোগ্রাম "রবিশঙ্কর- এ লিজেন্ড অফ গ্লোরি"। পুরস্কার প্রদানের পর ওদের আয়োজিত পার্টিতে আলাপ হয় সন্দীপ রায়ের (টুলু) সঙ্গে। উনি "ওয়েলফেয়ার ইকোনমি" বলে একটা কোম্পানির ডিরেক্টর ছিলেন। ওদের অফিস ছিল চ্যাটার্জী ইন্টারন্যাশনাল সেন্টারে। উনি আমাকে বললেন আমরা একটা ছায়াছবি করতে চাই, আপনার সাহায্য চাই। আমি শচীনদার কাছে নিয়ে গেলাম। কয়েকদিন আলোচনার পর স্টোরি ফাইনাল হলো 'নতুন সূর্য'। স্ক্রিপ্ট করলেন উৎপল রায়। কিন্তু সমস্যা হলো কাস্টিংয়ের সময়। ওদের কোম্পানির যিনি ম্যানেজিং ডিরেক্টর স্বপন মিস্ত্রী। তিনি নাকি নায়কের চরিত্রে অভিনয় করবেন। অনেক চেষ্টা করা হলো কিন্তু তাঁকে বোঝানো গেলো না। উনি কুমার স্বপন নামে 'নতুন সূর্য'তে নায়কের ভূমিকায় অভিনয় করলেন। আর ছিলেন পাপিয়া অধিকারী, সোমা চ্যাটার্জী, অভিষেক চ্যাটার্জী, দীপঙ্কর দে, বঙ্কিম ঘোষ, অনিল চ্যাটার্জী, সুমিত্রা মুখার্জী, তরুণকুমার প্রমুখ। সোমার বিপরীতে ছিলাম আমি।

নতুন সূর্য-র শুট হয়েছিল ইন্দ্রপুরী ষ্টুডিও, রূপায়ণ এবং বক্রেশ্বরে। খুব হৈচৈ করে কাজটা হয়েছিল। শকুন্তলা বড়ুয়ার ফিল্মে আসার পিছনেও শচীনদা ছিলেন। সবাই জানেন সুখেন দাসের পরিচালনায় 'সুনয়নী' শকুন্তলার প্রথম ফিল্ম। কিন্তু 'সুনয়নী' করার কথা ছিল প্রথমে শচীনদার। তারপর যে কোনো কারণেই ওটা সুখেন দাসের কাছে চলে যায়। শচীনদা খুবই শান্তিপ্রিয় মানুষ ছিলেন। অজাতশত্রু এক ভদ্রলোক।

শচীনদার আর ওঁর পরিবারের সঙ্গে আমাদের সম্পর্ক খুব ঘনিষ্ঠ ছিল। শচীনদা প্রায়ই আমার বাড়িতেও আসতেন। এরই মধ্যে বৌদি (শচীনদার স্ত্রী) চলে যান। বড় মেয়ের বিয়ে হয়ে গিয়েছিলো আগেই। বৌদি চলে যাওয়ার পর শচীনদাও খুব ভেঙে পড়েন। শচীনদাও একটু অসুস্থ হয়ে পড়েন, বাইপাস সার্জারিও হয়। ওই

সময় ট্রায়াঙ্গুলার পার্কের ফ্ল্যাটটাও বিক্রি করে শচীনদা ছোট মেয়েকে নিয়ে কসবাতে একটা ফ্ল্যাট নিয়ে চলে যান।

২০১৮/১৯ নাগাদ আমি কসবার ফ্ল্যাটে যাই শচীনদার সঙ্গে দেখা করতে। গল্পগুজবে অনেকক্ষণ সময় কাটাই। ছোট মেয়েও ছিল। ও তখন একটা স্কুলে শিক্ষকতা করতো।

সেই শেষ দেখা শচীনদার সঙ্গে। ২০১৯ এ শচীনদা না ফেরার দেশের যাত্রী হন।

শচীন অধিকারীর সঙ্গে আমি আর সোমা নতুন সূর্য শুটের মাঝে

শচীন অধিকারীর সঙ্গে তাপস, প্রসেনজিৎ এবং আমি

নতুন সূর্য র প্রেস কনফারেন্স

এতো সুর আর এতো গান – সুবীর সেন

"সারাদিন তোমায় ভেবে, হলো না আমার কোনো কাজ
হলো না তোমাকে পাওয়া , দিন যে বৃথাই গেলো আজ"

খোলা ছাদে দাঁড়িয়ে সুবীরদা মানে বিখ্যাত সংগীত শিল্পী সুবীর সেন গাইছেন খালি গলায় আর রাজা বসুর ক্যামেরা, রঞ্জন পাণ্ডের সাউন্ড আর বিজন চ্যাটার্জীর পরিচালনায় সেই দৃশ্য ক্যামেরাবন্দি করা হলো। এক অদ্‌ভুত সুরের মুহূর্ত সৃষ্টি হলো। আজ লিখতে লিখতেও গায়ে কাঁটা দিয়ে উঠছে। সিরিয়ালের নাম 'আনন্দবাহার'। দূরদর্শনের জন্য আমার হাউস "24 FRAMES"-এর প্রোডাকশন ছিল। নিউজ ম্যাগাজিন। সেই পর্বটি সুবীরদার উপরেই করেছিলাম।

সেই প্রথম সুবীরদার সঙ্গে আলাপ করিয়ে দিয়েছিলো বিজন (পরিচালক বিজন চ্যাটার্জী)। আমার প্রিয় শিল্পীদের মধ্যে একজন হচ্ছেন সুবীরদা। তখন সুবীরদা থাকতেন বালিগঞ্জ জামির লেনে। প্রায়ই যেতাম সুবীরদার কাছে, অনেক গল্প হত। সুবীরদা গল্প করতে করতে গানও করতেন। কোন রবীন্দ্রসংগীত থেকে শচীন কত্তা কোন গান করেছেন, আমাদের জাতীয় সংগীত ভেঙে কোন হিন্দি গান হয়েছে, এই সব গেয়ে গেয়ে শোনাতেন। কোথা থেকে যে সময় কেটে যেত বোঝাই যেত না। সুবীরদা উত্তমকুমারের সঙ্গে একটা ছবিতে অভিনয়ও করেছিলেন। সলিল দত্তের পরিচালনায় ছবির নাম ছিল 'মোমের আলো'। ছবিতে ছিলেন সাবিত্রী চট্টোপাধ্যায়, ললিতা চট্টোপাধ্যায়, উৎপল দত্ত, রবি ঘোষ, গীতা দে প্রমুখ। সুবীরদা মুম্বাইতেও বেশ কয়েকটি ছবিতে কন্ঠদান করেছিলেন।

পরবর্তীকালে 'চিত্রমালা'র জায়গায় আমার যে ধারাবাহিক 'হারানো সুর' সম্প্রচার করা হতো, সেখানেও সুবীরদার দুটো গান আমি রেখেছিলাম "সারাদিন তোমায় ভেবে" আর "স্বর্ণঝরা সূর্যরঙে

আকাশ যে ওই রাঙলো রে"। "স্বর্ণঝরা সূর্যরঙে" গানটা আমি চন্দননগর স্টেডিয়ামে প্রায় ৪৫ জন স্কুলের ছাত্রছাত্রীদের নিয়ে শুট করেছিলাম।

আমার শ্রদ্ধা আর সম্মান সুবীরদা। সেই সব দিন কোনোদিন ভুলবো না। সব কোথায় যেন হারিয়ে গেলো।

সুকন্ঠী আরতি মুখোপাধ্যায়

আরতি মুখার্জীর সঙ্গে আমার খুব ঘনিষ্ঠ পরিচয় নেই। কিন্তু একটা মানুষকে চিনতে, জানতে যেটুকু পরিচয় দরকার, ওঁর সাথে ততোটুকু পরিচয় আছে। ওঁর বিয়ের বৌভাতে ওঁকে প্রথম চিনি। ওঁর প্রথম স্বামী বিখ্যাত গীতিকার সুবীর হাজরার সঙ্গে আমাদের বাড়ির সাথে পরিচয়ের সূত্রে নিমন্ত্রিত হয়েছিলাম। সে অনেক বছর আগের কথা। এর পর ওঁর সঙ্গে দেখা আমার ‘নগরে বন্দরে’র শুটে। বিজন চ্যাটার্জী পরিচালিত "নগরে বন্দরে" ছবিতে আমি আর পাপিয়া অধিকারী ছিলাম প্রধান চরিত্রে। কোনো কারণে আমাদের সেটে উনি এসেছিলেন ইন্দ্রপুরী স্টুডিওতে। পাপিয়া আমার সঙ্গে আরতিদির আলাপ করিয়ে দিয়ে ছিলেন। তখন উনি থাকতেন ডোভার লেনের কাছে। সেটে দু চারটে সাধারণ কথা হয়েছিল, ব্যস ওই পর্যন্তই।

ভালো করে পরিচয় হয় যখন আমার ছেলে নীলের FFACE থেকে বাংলা চলচ্চিত্রের শতবর্ষে কিছু গুণীজনকে সম্বর্ধনা দেওয়া হয়। আরতিদি সেইসব গুণীজনদের একজন ছিলেন। আর আমার উপর দায়িত্ব দেওয়া হলো, আরতিদির সঙ্গে কথাবার্তা বলে ফাইনাল করার। পার্ক হোটেলের ব্যাঙ্কোয়েটে ২০১৬ সালে অনুষ্ঠানটি হয়েছিল। ফোন নম্বর জোগাড় করে আমি আরতিদিকে ফোন করলাম। উনি তখন মুম্বাইতে। আমি সংক্ষেপে ফোনে সব কিছু বলার পর উনি একটি দিন উল্লেখ করে ওঁর সাথে কলকাতার ফ্ল্যাটে দেখা করতে বললেন। যতোদূর মনে পড়ছে কলকাতার ফ্ল্যাটটা বোধহয় ছিল সানি পার্কে। নির্দিষ্ট দিনে দেখা করে সব বললাম। উনি রাজি হয়ে গেলেন। অনেকক্ষণ গল্প করলাম, ফটো তুললাম। চা খাওয়ালেন। খুশি মনে চিঠি সই করিয়ে ফিরে এলাম।

অনুষ্ঠানের দিন উনি নিজেই এলেন পার্ক হোটেলে, গাড়ি পাঠাতে হয়নি। সেখানেও অনেক কথা হলো। সেদিন আরতিদি ছাড়াও সাবিত্রী চ্যাটার্জী, সুপ্রিয়া দেবী, চিত্রগ্রাহক সৌমেন্দু রায় ও শক্তি

বন্দোপাধ্যায় উপস্থিত ছিলেন। তরুণ মজুমদার অসুস্থতার জন্য আসতে পারেন নি।

সদা হাস্যময়ী অসম্ভব সরল একজন মহিলা। কোনরকম আত্মভরিতা নেই। মিষ্টি স্বভাবের এক গুনী শিল্পী। ওঁর সঙ্গে কথা বলে, পরিচিত হয়ে আমি আপ্লুত।

আরতি মুখার্জী

আরতি মুখার্জী নীলের সঙ্গে

আরতি মুখার্জী আমার সঙ্গে

গীতিকবি গৌরীপ্রসন্ন মজুমদার

গৌরীপ্রসন্ন মজুমদারকে শুধু গীতিকার বলা মানে ওঁর সম্পর্কে পুরোটা বলা হয় না। উনি ছিলেন কবি। কতো কালজয়ী গান ওঁর কলম থেকে বেরিয়েছে, বাঙালি তা' মনে রাখে নি। বাংলাদেশ মুক্তিযুদ্ধের সময় মুজিবুর রহমানকে নিয়ে ওঁর লেখা "শোনো একটি মুজিবরের কন্ঠ থেকে" ইতিহাসের পাতায় স্থান করে নিয়েছে। সুরকার ও শিল্পী ছিলেন অংশুমান রায়।

এই মানুষটার সঙ্গে আমার প্রথম আলাপের দৃশ্যটা মনে পড়ছে। গৌরীপ্রসন্ন মজুমদার ছিলেন আমার বাবার বন্ধু। ঘটনাচক্রে দুজনেরই ডাকনাম 'বাচ্চু'। তখন আমরা থাকতাম বালিগঞ্জ ফার্ণ প্লেসে। আর ওঁরা থাকতেন কাছেই একডালিয়া প্লেসে। তার বহুবছর বাদে রবীন্দ্রনাথ ঠাকুরের 'রবিবার' বলে একটি বাংলা ছবিতে আমি অভিনয় করছি, পরিচালক নীতিশ মুখোপাধ্যায় বললেন, "প্রবীর, নীতা সেন আজ একটি নতুন মেয়েকে ডেকেছেন, "বিভা"র চরিত্রের জন্য। নাম শকুন্তলা বড়ুয়া। তুই চল আমার সঙ্গে।" লেক রোডে প্রখ্যাত সঙ্গীতশিল্পী নীতা সেনের বাড়িতে গেলাম। ওখানেই এতো বছর পরে গৌরীপ্রসন্ন মজুমদারকে দেখলাম। সাদা পোশাক পরা। হাতে পান পরাগের টিন। একেবারে মাটির মানুষ, অত্যন্ত সদালাপী। মানুষটা ছিলেনও ৬ ফিটের উপর লম্বা। একটু সামনের দিকে ঝুঁকে হাঁটতেন।

আমি ওনার কাছে গিয়ে বললাম, "আপনি আমার বাবার খুব বন্ধু ছিলেন "
অবাক হয়ে বললেন, "কে তোমার বাবা?'
বললাম, "আমরা ফার্ণ প্লেসে থাকতাম। আপনি তো একডালিয়া প্লেসে থাকতেন। আপনাদের দোতলায় রাস্তার উপর একটা ব্যালকনি ছিলো।"
বললেন, "হ্যাঁ ছিলো।"
আমি এবারে বললাম, আমার বাবার ডাকনাম "বাচ্চু।'

সোল্লাসে বলে উঠলেন, "আরে! তুমি বাচ্চুর ছেলে?" তারপর কতো গল্প। গানে, গল্পে আড্ডায় সে সন্ধ্যেটা দারুণ কেটেছিল।

এখন ভাবি, কি সব গুণীজনের সান্নিধ্যে এসেছি। নিজেদের প্রতিভায় এঁরা বাংলার শিল্প জগতে এক একজন অমূল্য রত্ন। না চাইলেও মন যখন সেকাল একালের তুলনা করে- বর্তমান সময়কে বড্ড অন্তঃসারশূন্য মনে হয়।

গৌরীপ্রসন্ন মজুমদার

মহম্মদ রফি, সতীনাথ মুখার্জী ও মেগাফোন কোম্পানির কমল ঘোষের সঙ্গে গৌরীপ্রসন্ন মজুমদার

আমার বন্ধু 'সঙঘ'

(সঙঘমিত্রা ব্যানার্জী)

জন্মদিন ৮ই আগস্ট আর সেই শোকের দিনটা ছিল ২৭শে অক্টোবর। আমার সোনামনি, ভীষণ কাছের বন্ধু এবং ভীষণ শক্তিশালী অভিনেত্রী সংঘমিত্রা ব্যানার্জী। পুরোনো কোনো গান শুনলেই, বিশেষ করে সন্ধ্যা মুখোপাধ্যায়ের বিখ্যাত গান "অনেক দূরের ওই যে আকাশ নীল হলো, আর তোমার সাথে আমার আঁখির মিল হলো..." ওর কথা ভীষণ ভাবে মনে পড়ে। অনেকেই হয়ত জানেন না, অভিনয় ছাড়াও "সংঘমিত্রা" ভীষণ ভালো গায়িকা ছিল।

সঙঘর সঙ্গে আমার প্রথম আলাপ ১৯৮৪/৮৫ সালে। অধীর ভট্টাচার্য পরিচালিত 'জীবনসাথী' ছবির সেটে। বোধহয় ইন্দ্রপুরী স্টুডিওতে। আমার এক বন্ধু সন্তু চৌধুরী ওই ফিল্মে অভিনয় করছিলো। সন্তু পাঞ্জাব ন্যাশনাল ব্যাংকে কর্মরত ছিল। ওর সঙ্গে আমি বরুন দাশগুপ্তর গ্রুপ 'ইন্দ্রসভা'তে একসঙ্গে নাটক করতাম। সন্তুর সঙ্গেই গিয়েছিলাম স্টুডিওতে। ওই ছবিতে নায়ক নায়িকা ছিলেন শমিত ভঞ্জ ও আলপনা গোস্বামী (বসু)। সন্তু আর সঙঘমিত্রা ছিল খলনায়ক, নায়িকার চরিত্রে। আলপনা আর শমিতের সঙ্গে অবশ্য আগেই ভালো আলাপ ছিল। দুজনের সঙ্গেই আমি অভিনয় করেছি। যথাক্রমে 'ইফ' ও 'আজকের নায়ক' ছবিতে। 'ইফ' ছবিতে তো আলপনা আমার নায়িকা ছিল। তবে আলপনা আর সংঘমিত্রা- কার সঙ্গে আগে আলাপ এই মুহূর্তে খেয়াল করতে পারছি না। পরিচালক অধীরদাও আমার পরিচিত ছিলেন।

এবার আসল প্রসঙ্গে আসি। এর আগে দু একবার সঙঘর সঙ্গে দেখা হয়েছে কিন্তু ভালো করে পরিচয় এই প্রথম। বেশ কিছুক্ষণ ছিলাম সেটে জমিয়ে আড্ডা হলো, সবাই পরিচিত বন্ধুবান্ধব।

তারপর থেকে সঙঘর সঙ্গে ফোনে কথা হতো। তখন তো আর মোবাইল ফোন ছিল না।
একদিন সংঘর সঙ্গে পার্কস্ট্রিটে 'Blue Fox'এ দেখা করলাম । তারপর ওকে পৌঁছতে গেলাম ওর নাকতলার বাড়িতে। ওদের নিজেদের বেশ বড় বাড়ি। সংঘর ছেলে অনুরাগ (বান্টি) তখন খুবই ছোট। তারপর ও চলে এলো গল্ফ গার্ডেনে ফ্ল্যাট কিনে। প্রথমে একটা, তারপর ওই কমপ্লেক্সেই উপরের ফ্ল্যাটটাও কিনলো। সঙঘর বাবাও তখন ওর সঙ্গে থাকতেন। আমাদের আড্ডা বসত উপরের ফ্ল্যাটে। আমাদের একটা দারুন গ্রুপ ছিল। আমি, শকুন্তলা বড়ুয়া, স্বান্তনা বসু, প্রবাল মল্লিক, সুতপা বন্দোপাধ্যায়, আমার বৌ পপাই এবং সুদীপ্ত। কখনো আবার আমাদের আড্ডা শকুন্তলার বাড়িতেও হতো। সেখানে আবার কখনো কখনো সাবুদি (সাবিত্রী চ্যাটার্জী), রুনুদি (লোলিতা চ্যাটার্জী) এঁরাও আসতেন।

মাঝে মাঝে আবার সন্ধ্যাবেলা সঙঘ আমাকে ফোন করে বলতো- "প্রবীর, চলে এস,একটু আড্ডা মারি।" শুধু আমি, সুদীপ্ত আর সঙঘ। হাসি ঠাট্টা আর সঙঘর গান। কি ভালো গান করতো। বিদুষী মহিলা একজন। প্রেসিডেন্সির ছাত্রী, কলকাতা ইউনিভার্সিটির এম.এ। সংগীতে 6th ইয়ার কমপ্লিট করা একজন গায়িকা। পুরোনো সব গান ওর ঠোটস্থ ছিল। আমি একটা করে বলতাম, আর ও গেয়ে যেত। 'অনেক দূরের ওই যে আকাশ নীল হলো', 'আজ কেন ও চোখে লাজ কেন', 'মায়াবতী নেমে এলো তন্দ্রা'- যে কোনো সন্ধ্যা মুখার্জীর গান বললেই গেয়ে উঠতো। কোনো ভনিতা নেই। আর সঙঘর জন্মদিনে কি হৈচৈ হতো। শুধু আমরা ক'জন। প্রবাল, সুতপার সঙ্গে আমাদের আলাপ সঙঘর বাড়িতেই।

কখনো কারো উপর কোনো অভিযোগ নেই। নিজের জীবন, ছেলেকে বড় করা, অভিনয়, নাটক এই নিয়ে জীবন ছিল। আমি আর সঙঘ একসময় অনেক শ্রুতিনাটকও করেছি। ব্রততী চৌধুরীর পরিচালনায় আমার 'নৃত্যের তালে তালে' ধারাবাহিকে ইন্দ্রজিৎ দেবের বিপরীতে অভিনয় করেছে।

ছেলের বিয়ে দিয়েছিল খুব ধুমধাম করে। তখনি দেখলাম ওর শরীরটা খুব ভেঙে গেছে। জিজ্ঞাসা করলে বলতো- না, কিছুই হয় নি। ভালো আছি। কাজের পরিশ্রম চলছে। শেষের ২/১ বছর আর ওর জন্মদিন হতো না। ফোন করলেই বলতো, শুট চলছে। পরে করছি। সেই সময়ে একদিন ভোর বেলা ২৮শে অক্টোবর, ২০১৬- বান্টির ফোন এলো- "প্রবীর কাকু, মা আর নেই-সব শেষ করে এই ফিরলাম"। তখন জানলাম ওর ক্যান্সার হয়েছিল, ছেলেকে বলেছিলো "আমার দিব্যি কাউকে জানাবি না।" তখন জ্যোতিষ চর্চা ওর একটা নেশায় দাঁড়িয়েছিল। তাই হয়তো বুঝতে পেরে কাউকে বলতে বারণ করেছিল। আমার দুঃখ একটু শেষ দেখা দেখতে পারলাম না। এটা বোধহয় ঠিক করোনি সোনামনি।

এক অসাধারণ বন্ধু, এক প্রাণবন্ত মহিলা, ভীষণ ভালো মা, ভীষণ ভালো মেয়ে। আমি আদর করে ডাকতাম "সোনামনি" বলে। সোনামনি, হঠাৎ খুব তোমার কথা মনে পড়ছিলো। তাই একটু লিখলাম। আরো অনেক কিছু লেখার ছিল কিন্তু আমি তো লেখক নই। শুধু একটু স্মৃতিচারণ করলাম। খুব মিস করি তোমাকে।

পপাইর সঙ্গে সংঘমিত্রা কালিম্পঙে

সংঘমিত্রার ছেলে বান্টি, সংঘমিত্রা আর আমি

সংঘ আর আমি

আমার বন্ধু শকুন্তলা (শকুন্তলা বড়ুয়া) ও আড্ডার গপ্পো

শকুন্তলা এতো পুরোনো বন্ধু যে কি লিখবো আর কি লিখবো না, বুঝে উঠতে পারছি না। কবে আলাপ, সেটা আগে লিখেছি। তবুও আর একবার ঝালিয়ে দিচ্ছি। রবীন্দ্রনাথ ঠাকুরের "রবিবার" ছবি করার সময় একজন নতুন মেয়ের সন্ধানে পরিচালক নীতিশ মুখার্জী আমাকে নিয়ে গেলেন বিখ্যাত সংগীত শিল্পী নীতা সেনের বাড়ি। নীতা সেনই ডেকেছিলেন নীতীশদাকে। লেক রোডে নীতীশদার বাড়ির ২/৩ টি বাড়ির পরেই নীতা সেন থাকতেন। সেইখানেই শকুন্তলার সঙ্গে প্রথম আলাপ। তখনও ওর প্রথম ছবি 'সুনয়নী' হয়নি। ও "গীতাভারতীর" ডিপ্লোমা হোল্ডার। এ ছাড়াও রবীন্দ্রসংগীতে B Music থার্ড ইয়ার পর্যন্ত করেছিল। সুচিত্রা মিত্রর কাছেও ছিল প্রায় ১০ বছর। অসম্ভব ভালো গায়িকা। ওর অনেক রেকর্ডও আছে। ক্রমশ আমাদের পরিচয় পারিবারিক পর্যায়ে চলে আসে।

দুটো গ্রুপ ছিল আমাদের আড্ডা মারার। শকুন্তলা, ওর স্বামী রজত বড়ুয়া, আমি, আমার স্ত্রী পপাই, আশীষদা চৈতিদি (সুপ্রীতি ঘোষের মেয়ে), সুকুমারদা, ইন্দ্রানী সেন, অরূপ সেন, ডাক্তার শ্যামল মুখার্জী, ওঁর স্ত্রী শর্বরী, ডাক্তার রজত সিনহা, ওঁর স্ত্রী অলোকা, শান্তা, সুনীল, অশোক, মিঠু ছিলেন একটা গ্রুপে। শনিবার আড্ডাটা জমিয়ে হতো। হয় গোলপার্কে আশীষদা, চৈতীদির বাড়ি অথবা 'Calcutta Rowing Club'এ। শকুন্তলারাও ওখানকার সদস্য ছিল। রজত বড়ুয়া কোল ইন্ডিয়ার উচ্চপদস্থ অফিসার ছিলেন। রজতদাও খুব ভালো গাইতেন। একটা রবীন্দ্রসংগীত রজতদা অন্য একটা সুরে গাইতেন "আমরা দূর আকাশের নেশায় মাতাল, ঘরভোলা সব যত......" আজও ভুলিনি। চৈতিদি, আশীষদা, সুকুমারদাও অসম্ভব ভালো গান করতেন। সুকুমারদাকে তো পাটনার "হেমন্ত কুমার" বলা হত। এঁদের মধ্যে রজত বড়ুয়া,

আশীষদা, ডাক্তার রজত সিনহা, অলোকা, সুকুরমারদা আজ আমাদের মধ্যে নেই। এই সব আড্ডার মধ্যে ষ্টার সিঙ্গার ছিলেন শকুন্তলা বড়ুয়া আর ইন্দ্রানী সেন।

রোয়িং ক্লাবে আমাদের আড্ডা মানে গানের আড্ডা যখন চলতো, ঘড়ির দিকে কারোর নজর থাকতো না। লনের একদম পেছনদিকে আমরা গোল হয়ে বসতাম। শেষে দারোয়ানকে এসে টর্চ মেরে বলতে হতো ক্লাব বন্ধ হয়ে গেছে। আমরা তখন থাকতাম যাদবপুরে সুলেখাতে। শকুন্তলা রজতদারা থাকতেন রানীকুঠি গভর্নমেন্ট ফ্ল্যাটে। শকুন্তলা অবশ্য এখনও ওখানে থাকে। রজতদা অবশ্য চলে গেছেন না ফেরার দেশে। আমাদের তখন গাড়ি ছিল না। রজতদা আমাদের নামিয়ে দিয়ে যেতেন।

একটা স্মরণীয় দিনের কথা বলতে হয়। যেদিন ইন্ডিয়া প্রথম ক্রিকেট ওয়ার্ল্ড কাপ চ্যাম্পিয়ন হলো, ২৫ শে জুন, ১৯৮৩- সেদিন আমাদের সবার ডাক্তার শ্যামল মুখার্জীর বাড়িতে পার্টি ছিল। আমরা সবাই একসঙ্গে ওয়ার্ল্ড কাপ ফাইনাল দেখেছিলাম। আমার ভগ্নিপতি কিশোর চৌধুরী (সেও আজ আর নেই) আর্মির বম্ব নিয়ে গিয়েছিলো। ইন্ডিয়া জিতে যাওয়ার পর সবাইকে বললো কাছাকাছি গাড়ি থাকলে সরিয়ে দিতে। তারপর ওই বম্ব ফাটালো। সে এক উদ্দীপনাময় রাত।

আমাদের আর একটা গ্রুপে ছিলেন শকুন্তলা, আমি, পপাই, সংঘমিত্রা, স্বান্তনা বসু, প্রবাল মল্লিক, সুতপা ব্যানার্জী। সব গ্রুপেরই একটা কমন ইন্টারেস্ট ছিল গান। এই গ্রুপেও সংঘমিত্রা খুব ভালো গান করতো। আর শকুন্তলা তো আছেই। এই গ্রুপটা অবশ্য অনেক পরের। আগের গ্রুপের মতো এই গ্রুপে অবশ্য এতো নিয়মিত আড্ডা হতো না। সংঘমিত্রার বাড়িতেই বেশি বসা হতো। বিশেষ করে সংঘর জন্মদিনে দারুন পার্টি হতো। শকুন্তলার বাড়িতেও কয়েকবার পার্টি হয়েছে, সেখানে আমরা, সংঘমিত্রা ছাড়াও সাবুদি (সাবিত্রী চ্যাটার্জী), রুনুদি (লোলিতা চ্যাটার্জী) থাকতেন।

শকুন্তলার সমন্ধে লিখতে গিয়ে গ্রুপের কথাই বেশি লিখলাম কারণ আলাদা করে শকুন্তলার কথা লিখলে শুটের কথা লিখতে হয়। আমার পরিচালনায় শকুন্তলা একটা ছায়াছবিতেই অভিনয় করেছে, উত্তমকুমারের জীবনালেখ্য 'যেতে নাহি দিব'। সেখানে কানন দেবীর ভূমিকায় ছিল শকুন্তলা। ওঁর স্বামী হরিদাস ভট্টাচার্যর চরিত্র চিত্রণ করেছিলেন দেবরাজ রায়। এখানে শকুন্তলা নিজের গলায় গানও গেয়েছেন "আমি বনফুল গো, ছন্দে ছন্দে দুলি আনন্দে...." !

এই শুটের সময় উত্তমদাকে নিয়ে একটা গল্প বলেছিলো শকুন্তলা, গল্প মানে সত্যি ঘটনা। 'সুনয়নি'র প্রথম দিনের শুটের গল্প। 'সুনয়নি'তে শকুন্তলা এক অন্ধ মহিলার চরিত্রে অভিনয় করেছিল। শকুন্তলার ভাষায় বলছি- "সুনয়নির প্রথম শটে আমার ডায়ালগ ছিল , আমি ট্রেতে করে চা নিয়ে এসে দাদাকে বলবো 'দাদা চা'। আমি তো ভীষণ নার্ভাস। প্রথম দিনের শুটের আগে কোনোদিন ক্যামেরার সামনে দাঁড়াইনি। সঙ্গে আবার উত্তমকুমার। উত্তমদা দেখলাম খুব আস্তে আস্তে আমার সামনে দিয়ে যাওয়ার সময় একদম নিচু গলায় বলে গেলেন "বাঁ পা দিয়ে হাঁটা শুরু করবে, তিন পা হেঁটে, আমার সামনে দাঁড়িয়ে আমার বাঁ কানের দিকে তাকিয়ে বলবে 'দাদা চা'! আমি করলাম, এক টেকে ওকে। আমার ওই তাকানোতেই প্রমান হয়ে গেলো, আমি অন্ধ। হাততালি পড়লো। এই হচ্ছেন উত্তমকুমার- সহ শিল্পী সহ কলাকুশলীদের দিকে সবসময়েই সাহায্যের হাত বাড়িয়ে দিতেন।

এখনো শকুন্তলা আর ওর বড় মেয়ে পিলুর সঙ্গে আমার ভালো যোগাযোগ আছে। ছোট মেয়ে বুবলি থাকে বিদেশে। শকুন্তলার দুই বোন দেবযানী আর বাচ্চুর সঙ্গেও যোগাযোগ আছে। ওর এক ভাই ছিল ডাক নাম 'ভাকু'। আমার খুব ভালো বন্ধু ছিল। আমার লেক গার্ডেন্সের বাড়িতে প্রায়ই আসতো। খুব গান ভালোবাসতো। সুমন চট্টোপাধ্যায়ের প্রথম ক্যাসেট "তোমাকে চাই" তখন বেরিয়েছে। আমার মনে আছে- ও এসে বললো, প্রবীর এই ক্যাসেটটা শুনো, তোমাকে প্রেজেন্ট করলাম। ও আজ আর নেই। খুবই অল্প বয়েসে চলে গেছে , স্ত্রী আর এক সন্তানকে রেখে।

কাজ আর আড্ডা মিলিয়ে ভালোই কাটতো আমাদের দিনগুলো। শকুন্তলার সঙ্গে এখনো আগের মতোই যোগাযোগ আছে, দুজনে মাঝে মাঝে পুরোনো স্মৃতি রোমন্থন করি। আজ এই বয়েসে এসে এই সব স্মৃতি নিয়েই দিন কাটাচ্ছি। একটু মন খারাপ হওয়া ছাড়া খুব খারাপ লাগেনা স্মৃতিচারণ করতে। ঈশ্বরের অশেষ করুনা যে জীবনটা পুরোপুরি উপভোগ করতে পেরেছি।

শকুন্তলার সঙ্গে

যেতে নাহি দিব শুটে

আমার প্রিয় আল্পনা গোস্বামী (বসু)

আল্পনার সঙ্গে প্রথম আলাপ ১৯৮৩/৮৪ নাগাদ নীতিশ মুখার্জীর রবীন্দ্রনাথের 'রবিবার' ফিল্মের শুটে। নায়ক নায়িকা ছিলেন রঞ্জিত মল্লিক (অভীক কুমার) ও জয়িতা মুখার্জী (বিভা), আমি, দেবশ্রী রায়, আলপনা গোস্বামী, গৌতম দে- সবাই রঞ্জিতের বন্ধু ছিলাম এই ছবিতে। একটা আঁতেল গ্রুপ। ভীষণ ভাবে মডার্ন আর্টে বিশ্বাসী এবং অভীক কুমারের পেইন্টিংয়ের অন্ধ ভক্ত। মডার্ন আর্ট, ওয়েস্টার্ন ডান্স নিয়েই এদের সময় কাটতো।

আলপনা তখন বোধহয় রাসবিহারী সরকারের স্টেজে অভিনয়ও করতো। ভালোই বন্ধুত্ব হয়ে গিয়েছিলো রবিবার করতে করতে। এরপর যখন পরিচালক দেবু (দেবব্রত মুখার্জী) 'ইফ' ফিল্মের স্ক্রিপ্ট শোনায়, আমার ভীষণ ভালো লাগে, নতুন ধরণের গল্প। প্রধান চরিত্রে আমাকে ও নির্বাচিত করে। নায়িকা অর্থাৎ আমার স্ত্রীর চরিত্রে দেবু আলপনাকে চাইছিলো কিন্তু তখন আলপনার সাথে দেবুর আলাপ ছিল না। আমি ওকে নিয়ে গিয়ে আলপনার সঙ্গে আলাপ করিয়ে দিই। আলপনা তখন বেলভিউর উল্টোদিকে মারুতি বিল্ডিঙে থাকতো। ছবির স্ক্রিপ্ট ওরও খুব ভালো লাগে।

'ইফ' ছবির শুটের সময়ে আমাদের আলাপ আরো ঘনিষ্ট হয়। এই ছবিতে আমরা স্বামী স্ত্রী, তাই একটু ইনফরমাল ব্যবহার ফিল্মের ক্ষেত্রে প্রয়োজন ছিল, আলপনার সহযোগিতায় সেটাতে কোনো অসুবিধা হয় নি। এই ছবিতে অবশ্য আরো অনেক পরিচিত মুখ ছিলেন। শৈলেন মুখার্জী, স্মিতা সিনহা, রাজেশ্বরী রায়চৌধুরী, সোমা মুখার্জী এবং আরো অনেকে। বেহালা ফ্লাইং ক্লাবের কাছেই একটা বাড়িতে আমাদের শুট হতো। গল্পের নতুনত্বর জন্য রোজই প্রেসের ভিড় লেগে থাকতো। আলপনা অসম্ভব সুন্দরী, ভালো স্বভাবের একজন মানুষ। জীবনে অনেক ঝড়ঝাপটার মধ্যেও নিজেকে ঠিক রাখতে পেরেছে, সেটাই ওর কৃতিত্ব। 'ইফ' ছবির পরেও আমাদের

খুবই যোগাযোগ ছিল মুনমুনদের বাড়ির আড্ডায়। আমরা সব কমন বন্ধু ছিলাম।

এর মধ্যে বিয়ে করে আলপনা ফ্লোরিডাতে চলে যায়। কিন্তু আমাদের যোগাযোগ বিচ্ছিন্ন হয়নি। কলকাতায় এলেই ওর সঙ্গে যোগাযোগ হয়। এখন তো কত সুবিধে। হোয়াটস্যাপ, ফেসবুকের মাধ্যমেও কথা হয়। ও কলকাতায় এলেই বেশিরভাগ সময় বিখ্যাত ধারাভাষ্যকার কিশোর ভিমানী ও রীতা ভিমানীর বাড়িতে উঠতো। কিন্তু মুনমুন আর হাবির (ভরত দেববর্মন) বাড়ির আড্ডা বন্ধ হতো না।

আমার শেষ ফিল্ম 'অগ্নিমন্থন'-এ সৌমিত্র চ্যাটার্জী আর আলপনার অভিনয় করার কথা ছিল। সৌমিত্রদা চলে গেলেন আর করোনার জন্য আলপনা আসতে পারলো না। প্রায় ১৮ বছর পর ও ফিল্মের জগতে আবার পা রাখতো। কিন্তু আমার দূর্ভাগ্য।

আলপনার সঙ্গে আমার সামনাসামনি শেষ দেখা বেণুদির (সুপ্রিয়া দেবী) বাৎসরিকের কাজে। এখনও পর্যন্ত সেই বছরেই ও শেষ বারের মতো কলকাতায় এসেছিলো। কিন্তু ওর সঙ্গে যোগাযোগ আমার রয়েই গেছে। অসম্ভব ভালো মনের এক মিষ্টি মহিলা আলপনাকে সব সময় বন্ধু হিসেবে পাশে চাই। অনেক ঝড়ঝাপটা পেরিয়ে আজ ও একজন সুখী স্ত্রী, সুখী মা। আমার অনেক অনেক শুভেচ্ছা ও ভালোবাসা রইলো।

ইফ ফিল্মের শুটে আলপনার সঙ্গে

মুনমুনের বাড়ির আড্ডায়

বেনুদির এক বছরের কাজে সোমা ও আলপনার সঙ্গে

ভরত দেব বর্মন- এক নিখাদ ভদ্রলোক

অনেক মানুষ থাকেন, যাঁরা রক্তের সম্পর্ক না হয়েও আত্মার আত্মীয়। মুনমুন আর ভরত দেব বর্মন (হাবি) সেইরকমই দুজন মানুষ। মুনমুনের সঙ্গে আলাপ ১৯৮৬ সাল নাগাদ। ধারাবাহিক 'বিচিত্র তদন্ত'-তে শার্লক হোমসের একটা বিখ্যাত গল্প ছিল "Scandal in Bohemia"। সেই গল্পটার জন্য একজন খুব সুন্দরী নায়িকার দরকার ছিল। কাকে নেওয়া যায় ! পরিচালক ইন্দর সেনের পছন্দ মুনমুন সেন।একদিন আমি আর চাঁদুদা মুনমুনের বাড়ি চলে গেলাম Harrington Mansion এ। সেই প্রথম মুনমুনের সঙ্গে আলাপ। শুনেছিলাম- ও খুব খামখেয়ালী আর মুডি। এই গল্পে মুনমুনের বিপরীতে অভিনয় করলাম আমি। মুনমুনের প্রথম টিভি সিরিয়াল এপিয়ারেন্স- অসাধারণ অভিনয় করেছিল। সেই শুরু। তারপর একটানা বন্ধুত্বের উদযাপন।

'বিচিত্র তদন্ত' শেষ হওয়ার আগেই আমি শরৎচন্দ্র চট্টোপাধ্যায়ের গৃহদাহ-র স্ক্রিপ্ট জমা দিয়েছিলাম। ডিরেক্টর ছিলেন প্রথমে সুজিত গুপ্ত। পরে আসেন ইন্দর সেন। আমি প্রথম থেকেই অচলার চরিত্রে মুনমুনকে ভেবে রেখেছিলাম, কিন্তু ও খুবই দ্বিধান্বিত ছিল। কারণ যে চরিত্র মা করেছেন, সেই চরিত্র করার সাহস ওর নেই। সে সময় আমি ছাড়াও ভরত খুব বুঝিয়েছিল ওকে রাজি করাতে। পুরো গৃহদাহ শুটের সময়ে ভরত খুব উৎসাহ দিত মুনমুনকে। আমাদের একটা গ্রুপ ছিল। আমি আর আমার বউ ছাড়া, সুব্রতদা, আলপনা গোস্বামী, লক্ষ্মণ সিং, চিত্রা, পার্থ তালুকদার, নিনা তালুকদার, সোমা চ্যাটার্জী। গৃহদাহর শুটিং শুরু হলো, যেন একটা পরিবার। মুনমুন নিজের কস্টিউম ডিজাইন করার দায়িত্ব নিয়ে নিলো। গৃহদাহতে ওর প্রত্যেকটা পোশাকের ডিজাইন ওর নিজের করা। প্রায় প্রতি শনিবার ভরত, ভরতের এক বন্ধু কিষান আসতো শুটিংয়ে। আর মাঝে মাঝে আমাদের গেস্ট হতেন সুব্রতদা (সুব্রত মুখার্জী), হৈ হৈ করে শুটিং হতো। আর শুটের পর রাতে প্রায়ই মুনমুন, হাবির বাড়িতে আড্ডা আর সঙ্গে ডিনার।

উত্তমকুমারের বাড়ির মতো মুনমুনদের বাড়ি থেকেও ডিনার না করে কেউ আসতে পারতেন না। আর সমস্ত মেনুর তদারকি করত হাবি। ওইরকম অতিথিবৎসল, শিক্ষিত ভদ্রলোক আমি আমার জীবনে খুবই কম দেখেছি। আর থাকবে নাই না কেন, রাজপরিবারের রক্ত তো ছিল ওঁর শরীরে। উত্তমকুমার হাবির খুব প্রিয় ছিলেন। আমার কাছে খালি জিজ্ঞাসা করতেন ওঁর কথা, ওঁড় বাড়ির আড্ডার কথা। মুনমুনের কাছে শুনেছি হাবি ওর শাশুড়ির খুব প্রিয় ছিল। মনে আছে, যখনই মুনমুনকে বলতাম, তোমার মার সঙ্গে একদিন আলাপ করিয়ে দাও প্লিজ। সবসময়ে ও বলতো, সেটা করানোর ক্ষমতা একমাত্র হাবিরই আছে। শেষপর্যন্ত সেই আলাপ আর হয়নি। অগ্নিদেবের 'চৌধুরী ফার্মাসিউটিক্যাল'- এর শুটের সময়েও আমরা প্রায়ই দেখা করতাম, কখনো টলিক্লাব, কখনও স্যাটারডে ক্লাবে। আমার আর পপাই-এর সঙ্গে ছিল অসম্ভব বন্ধুত্ব- আমরা ফ্যামিলি ফ্রেন্ড হয়ে গিয়েছিলাম। মুনমুনের দুই মেয়ে ডলু (রাইমা) আর বুড়ি (রিয়া) তখন কতো ছোট।

গৃহদাহর শুটিং চলাকালীন আমি আর মুনমুন ঠিক করলাম, আমরা একটা কোম্পানি তৈরি করবো নিয়মিত ধারাবাহিক প্রোডিউস করার জন্য....ন্যাশনাল আর কলকাতায়। মুনমুন, ভরতের সঙ্গে কয়েকটা মিটিং করে আমরা কোম্পানির নাম ঠিক করলাম "Moon Vision Private Limited ". আমি, মুনমুন, ভরত আর আমার স্ত্রী পপাই (সোমাশ্রী) চারজন ডিরেক্টর। কোম্পানি রেজিস্ট্রেশন অ্যাক্টে "Moon Vision Private Limited" রেজিস্টার্ড হয়ে গেলো। প্রথম সিরিয়াল পরিচালনা করার কথা ছিল প্রভাত রায়ের। এই কোম্পানীর কাজ নিয়ে দিল্লী গেছি- আতিথ্য গ্রহণ করেছি হাবির দিদি দেবিকার। উনি দিল্লীর খান মার্কেটে থাকতেন। অসাধারণ সময় কাটিয়েছি মুনমুন আর হাবির সঙ্গে। সঙ্গে সুব্রত মুখার্জী। ওঁর সঙ্গে প্রথম আলাপ মুনমুনের বাড়িতেই।

একবার হাবির পা ভেঙে গেলো আমার মতো, টিবিয়া দু টুকরো। মুনমুন ড্রাইভারকে দিয়ে একটা চিঠি পাঠিয়ে খবর দিলো আর বললো , আমি যেন একটু চওড়া ঘেরের পা জামা নিয়ে আসি।

হাবির সেই প্লাস্টারের উপর আমাদের কত বদমাইশি কমেন্ট !! মুনমুন সেই সময়ে হাবির খুব সেবা করেছিল। কত আড্ডা। কলকাতায়, দিল্লিতে। সব আজ স্মৃতি।

নিয়মিত যোগাযোগ ছিল মুনমুন আর ভরতের সঙ্গে। অবশ্য মুনমুন সক্রিয় রাজনীতিতে যোগ দেবার পর দেখা-সাক্ষাৎ কমই হতো। সম্প্রতি বেশ কয়েকবার মুনমুন আর হাবির পক্ষ থেকে ওদের বাড়ি যাবার আমন্ত্রণ পেয়েছিলাম। 'যাচ্ছি- যাব' করে আর হয়ে ওঠেনি। এর মধ্যেই এই মর্মান্তিক খবর...

হাবি! তোমার মতো বন্ধু বৎসল মানুষকে এতো বছর কাছে পেয়ে আমি ধন্য।

গৃহদাহতে একটা শটের পর ভরত ও মুনমুনের সঙ্গে মনিটরের সামনে

ভরত আর মুনমুনদের বাড়ির পার্টিতে সঙ্গে সুব্রত মুখার্জী ও পপাই

রবীন্দ্র জীবনীকার প্রভাতকুমার মুখোপাধ্যায়ের সান্নিধ্যে

আরেকটা সোনা দিয়ে বাঁধানো স্মৃতি যেদিন শান্তিনিকেতনে রবীন্দ্র জীবনীকার বিশিষ্ট শিক্ষাবিদ পদ্মভূষণ প্রভাত কুমার মুখোপাধ্যায়ের বাড়ি গিয়েছিলাম। প্রভাতকুমার মুখোপাধ্যায় সম্পর্কে আমার দাদু হন। দাদু মানে আমার জেঠিমার আপন মেসোমহাশয়। উনি আবার বিখ্যাত রবীন্দ্র সংগীত শিল্পী সুবিনয় রায়েরও নিজের মেসোমহাশয়। সুবিনয় রায় আর আমার জেঠিমা আপন মাসতুতো ভাই বোন। এইজন্যে আমি ওঁনাকে 'প্রভাত দাদু' বলে ডাকতাম। আজকের প্রজন্মের অনেকেই হয়তো ওনার নামই শোনেনি।

১৯৭৭-৭৮ এর কথা। আমি গেছি শান্তিনিকেতনে নব্যেন্দু চট্টোপাধ্যায় পরিচালিত 'আজ কাল পরশুর গল্প'র ছবির শুট করতে। আর আমার বন্ধু গৌতমও (প্রখ্যাত রবীন্দ্রসঙ্গীত শিল্পী গৌতম মিত্র) তখন শান্তিনিকেতনে। ও গিয়েছিল ঢুলুদার (চিত্র পরিচালক অরবিন্দ মুখোপাধ্যায়) ছবি "পাকা দেখা"-তে একটা ছোট ভূমিকায় অভিনয় করার জন্য। পাকা দেখা ছবির প্রোডিউসার ছিলেন আমাদের বন্ধু অর্নব। ও এখন আর নেই। ওরা ছিল গভর্নমেন্ট গেস্ট হাউসে আর আমরা ছিলাম টুরিস্ট লজে। গৌতম তখন রবীন্দ্রসঙ্গীত, পুরাতনী গাইছে, খুব ভাল গাইতো। ও আর ইন্দ্রাণী সেন তখন রবীন্দ্রসঙ্গীতে বেশ নাম করেছে।

একদিন গৌতম আমাকে বলল- "আমার সঙ্গে একবার প্রভাত মুখোপাধ্যায়ের আলাপ করিয়ে দে না।" আমি বললাম, "ঠিক আছে, নিয়ে যাব।" প্রভাত দাদু তখন থাকতেন পাশেই ভুবনডাঙ্গায়। গেলাম। গৌতমের সঙ্গে আলাপ করিয়ে দিলাম। আলাপচারিতা, কুশল বিনিময় হলো। গৌতম যে রবীন্দ্রসঙ্গীত গায়, প্রভাতদাদুকে

বললাম। বললেন, "একটা গান শোনাও।" ওঁর বাড়িতে হারমোনিয়াম ছিল না। গৌতম একটু দ্বিধা করছে দেখে দাদু জিজ্ঞেস করলেন, "কী? বাদ্যযন্ত্র লাগবে?" প্রভাতদাদুর চার ছেলে- সুপ্রিয় মুখোপাধ্যায় (এখন বেঁচে নেই), চিত্তপ্রিয় মুখোপাধ্যায়, দেবপ্রিয় মুখোপাধ্যায়, বিশ্বপ্রিয় মুখোপাধ্যায়। সাহানা মামী খুব ভাল এসরাজ বাজাতেন। দাদু বড় বৌমাকে ডাকলেন, "সাহানা, একটু এসরাজটা ধরো তো।"

গৌতম সেদিন দুটো গান শুনিয়েছিল। "তোমারেই করিয়াছি জীবনের ধ্রুবতারা" আর "আমি তোমার সঙ্গে বেঁধেছি আমার প্রাণ"। অত্যন্ত সৌম্য দর্শন প্রায় গুরুদেব রবীন্দ্রনাথের মতো দেখতে প্রভাত দাদু ইজিচেয়ারে বসেছিলেন চোখ বুঁজে। গান শেষ হলে চোখ খুলে বললেন, "সাধু, সাধু, তোমার হবে। তুমি অন্তর থেকে খুব আবেগ দিয়ে গান করো। তুমি খুব বড় শিল্পী হবে। তোমার উপর গুরুদেবের আশীর্বাদ আছে।" তারপর মিষ্টিমুখ করে সবাইকে প্রণাম করে আমরা ফিরে এলাম। গৌতমও বোধহয় সেই দিনটা আজও ভুলতে পারেনি।
এও জীবনের আরেক অমূল্য স্মৃতি......

এবারে একটা সাম্প্রতিক অভিজ্ঞতার কথা লিখি।
দিন তিনেকের ছোট ছুটি কাটাতে আমি আর পপাই শান্তিনিকেতন গিয়েছিলাম, সঙ্গে আমার বোন- ভগ্নিপতি। ছিলাম প্রান্তিকের "বাউলমন" রিসর্টে। ইচ্ছে হল-বোলপুরে প্রভাতদাদুর বাড়ি ঘুরে আসি। টোটোতে গিয়ে পৌঁছলাম। বাড়ি তো খুঁজে পাই না। শেষে টোটো চালক আঙ্গুল দিয়ে ইশারা করে দেখালো- "ওই যে"। আমি হতভম্ব। বাড়ি কোথায়? এ তো শপিং মল। "হ্যাঁ ওটাই...।" আর কিছু বলার থাকে না। আমারও নেই। বাস্তবিক প্রভাত কুমার মুখোপাধ্যায় আর শান্তিনিকেতন প্রায় সমার্থক।

১৯১৮ সালে প্রভাতকুমার শান্তিনিকেতনের পাঠভবনে শিক্ষকতা এবং গ্রন্থাগারিকের দায়িত্বভার নেন। বিশ্বভারতীতে অধ্যাপনাও করেছেন তিনি। তাঁর শ্রেষ্ঠ কাজ 'রবীন্দ্রজীবনী' গ্রন্থে সুশৃঙ্খল ও সুবিন্যস্তভাবে রবীন্দ্রনাথের ব্যক্তিজীবন, সাহিত্যকীর্তি, সমাজ-চিন্তা, রাষ্ট্র-দর্শন, শিক্ষা, ধর্ম প্রভৃতি বিষয়ের পরিচয় মেলে।

কবিগুরুকে নিয়ে তাঁর আরও বই আছে- 'রবিকথা', 'রবীন্দ্র জীবনকথা', 'রবীন্দ্রগ্রন্থপঞ্জী', 'রবীন্দ্রনাথের গান-কালানুক্রমিক সূচি' ইত্যাদি। রাশিয়ার ভ্রমণ নিয়ে রচিত 'সোভিয়েত সফর' এবং আত্মজীবনী 'ফিরে ফিরে চাই' লেখকের আত্ম-অনুসন্ধানমূলক দুটি রচনা। তিনি যাদবপুর বিশ্ববিদ্যালয় ও রবীন্দ্রভারতী বিশ্ববিদ্যালয় থেকে ডি. লিট, কলকাতা বিশ্ববিদ্যালয় থেকে জগত্তারিণী, ভারত সরকারের পদ্মভূষণ সহ নানা পুরস্কারে ভূষিত হয়েছেন।

এ হেন এক উজ্জ্বল বাঙ্গালীর বাসভূমি এখন বাণিজ্যকেন্দ্র। লোকজন সকাল থেকে ব্রান্ডেড জিনিষ কিনছে আর পয়সা গুনছে। কি রাজ্য সরকার, কি কেন্দ্রীয় সরকার কারো কোনো দায় নেই- দায়িত্বও নেই।

হতবুদ্ধিগ্রস্ত হয়ে গেলাম। পাশেই শান্তিনিকেতন টুরিস্ট লজ- যেটার কথা আগে লিখেছি। West Bengal Tourism Development Corporation-এর মালিকানাধীন। এখন নাম "শান্তবিতান"। সেখানকার অভিজ্ঞতাও সুখকর হলো না। এতো খারাপ রান্না সাম্প্রতিক কালে খেয়েছি বলে মনে পড়ে না।

ফিরে এলাম। নিজের ভেতর এক সুগভীর দুঃখবোধ ছাড়া আর কিছুই নেই। ভাবি- শিল্প, সাহিত্য, সংস্কৃতি, ঐতিহ্য সব কিছু আমরা কেমন অবলীলাক্রমে পরিত্যাগ করেছি !

প্রভাত মুখোপাধ্যায়

প্রভাত মুখোপাধ্যায়

প্রফুল্ল চন্দ্র সেন - "আরামবাগের গান্ধী"

পুরানো দিনের মানুষদের আদর্শ যে কোন পর্যায়ে যেতে পারে, তারই একটা ছোট ঘটনা এখানে বলবো। আজকের দিনের মানুষদের কাছে এটা কল্পনারও অতীত। রাজ্যের মুখ্যমন্ত্রীর করা অনুরোধ একজন রাখলেন না যুক্তিসঙ্গত কারণে আর মুখ্যমন্ত্রীও সেটা গ্রহণ করলেন হাসি মুখে। ভাবুন তো আজকের কথা।

১৯৬৩ সালের কথা আমি ক্লাস টেনের ছাত্র। তখন বাংলার মুখ্যমন্ত্রী প্রফুল্লচন্দ্র সেন। যিনি "আরামবাগের গান্ধী" বলে পরিচিত ছিলেন। আমার ঠাকুরদা প্রফুল্ল কুমার রায়, যিনি "ফিলিপ্স এন্ড রায়" বলে বেশি পরিচিত ছিলেন। ভারতবর্ষে ইলেট্রিক্যাল ব্যাবসার পুরোধা। উনি তখন "Calcutta Technical School" এরও চেয়ারম্যান ছিলেন। একদিন দুপুরে, বোধহয় রবিবার ছিল, আমরা সবাই খেতে বসেছি। হঠাৎ ফোন বেজে উঠলো। আমাদের ডাইনিং রুম ছিল একতলায় আর ফোন ছিল দোতলায়। ফোন বাজলেই আমি আগে ধরার চেষ্টা করতাম, বলা যায় না কোনো বান্ধবীর ফোনও তো হতে পারে। দৌড়ে গিয়ে ফোন ধরলাম। ও প্রান্ত থেকে একজন বললেন আমি প্রফুল্ল বাবুর সঙ্গে কথা বলতে পারি। বললাম "উনি খেতে বসেছেন, আপনি কে বলছেন?" আবার ওনার গলা- "আমি প্রফুল্ল সেন বলছি। ঠিক আছে একটু পরে আবার ফোন করছি।" (এখন হলে ওনার কোনো চামচা বলতেন CM কথা বলবেন, ডেকে দিন)। আমি বললাম, "আপনি ধরুন, আমি ডেকে দিচ্ছি।" প্রফুল্ল সেন মানে মুখ্যমন্ত্রী, আমি বুঝতে পেরেছিলাম। তখন কিন্তু দশ জন চামচাকে দিয়ে ফোন করাতেন না। নিজেই ফোন করতেন ওঁরা। সত্যজিৎ রায়ও তাই করতেন। শো-অফ কম ছিল তো, কাজের দাম ছিল বেশি।

যা হোক, আমি দাদুকে (আমি ঠাকুরদাকে দাদু বলতাম) ডেকে দিলাম। দাদু কথা বলে আবার এসে খেতে বসলেন। আমার জ্যাঠা জিজ্ঞাসা করলেন, "কি ব্যাপার?" দাদু বললেন, ওঁর একজন ক্যান্ডিডেট আছে, ইলেট্রিক্যালে এডমিশন চায়।" জ্যাঠামশায়

জিজ্ঞেস করলেন "তুমি কি বললে?" দাদু বললেন, "নিশ্চয়ই পাঠিয়ে দেবেন, যদি যোগ্য হয়, এডমিশন হয়ে যাবে।" তখন মুখ্যমন্ত্রী বললেন, "নিশ্চয়ই, যোগ্য না হলে নেবেন কেন? ও ফর্ম তুলতে পারছে না, তাই আপনাকে অনুরোধ করলাম।" দাদু বললেন, "আপনি পাঠিয়ে দেবেন, আমি বলে দিচ্ছি যাতে ফর্ম পেয়ে যায়।"

আজকের দিনে ভাবা যায় একজন মুখ্যমন্ত্রী অনুরোধ করছেন আর একজন বলছেন কথা দিতে পারছি না , যোগ্য হলে নিশ্চয়ই এডমিশন হবে আর মুখমন্ত্রী সেটা মেনে নিচ্ছেন। এখন হলে তো দাদুকে ফোনই করতেন না, ওনার কোনো চামচা ডাইরেক্ট স্কুলে ফোন করে বলতো CM এর ক্যান্ডিডেট, ফর্মটা দিয়ে দাও আর দেখো এডমিশনটা যেন হয়ে যায়। মূল্য পেয়ে যাবে।

প্রফুল্লচন্দ্র সেনের শেষ জীবন তো অনেকেরই জানা, চিকিৎসা করানোর টাকা ছিল না। অথচ এঁরা "সততার প্রতীক"ও না অথবা "বাংলার গর্ব"ও না ! সত্য সেলুকাস কি বিচিত্র এই দ্যাশ! এখানেই আজকের সঙ্গে তখনকার আদর্শ, শিক্ষা, যোগ্যতার এতো পার্থক্য। খুব আশ্চর্য লাগে যখন দেখি চারিদিকে নিম্নমেধা নিয়ে সব ছড়ি ঘুরিয়ে যাচ্ছে আর আমাদের সেটা সহ্য করতে হচ্ছে।

আমার ঠাকুরদা প্রফুল্ল সেনের সঙ্গে

আমার দেখা সুব্রত মুখার্জী

সুব্রতদার সঙ্গে প্রথম পরিচয় মুনমুনের বাড়িতে। তখন আমার "গৃহদাহ"র শুট চলছে। সেই সময়ে আমি আর পপাই প্রায়ই যেতাম মুনমুনের বাড়িতে। ওখানে আমাদের একটা দারুন আড্ডা ছিল। মুনমুন, হাবি ছাড়া লক্ষ্মণ সিং (এশিয়ান গেমস গলফে গোল্ড মেডেল উইনার), চিত্রা সিং, পার্থ তালুকদার (হিন্দুস্থান পিলকিংটনের পি এন তালুকদারের ছেলে), নীনা তালুকদার, কিশোর ভিমানী, রিতা ভিমানী, আলপনা গোস্বামী, সোমা চ্যাটার্জী। ওখানেই সুব্রতদার সঙ্গে প্রথম আলাপ।

সুব্রতদা পপাইকে ডাকতেন "পুপাই" বলে। তাই নিয়ে আমরা খুব হাসাহাসি করতাম। প্রায়ই শনিবার আমার "গৃহদাহ"র শুটে চলে আসতেন। ভরত আর ওঁর এক বন্ধু কিষানও আসতেন। ইন্দর সেন, শমিত ভঞ্জ, মুনমুন তো থাকতোই। আমাদের খাবার সাপ্লাই করতো সন্তোষ। মুনমুন যেহেতু ছোটমাছের ঝাল পছন্দ করতো, সেজন্য সন্তোষ মৌরালা মাঝের ঝালটা এক্সট্রা দিতো। তার জন্য কোনো চার্জ করতো না। জমিয়ে একসঙ্গে খাওয়াদাওয়া হতো। দারুন আড্ডাবাজ মানুষ। সুব্রতদা আবার পপাইর হাতের কালো জিরে দিয়ে পাবদা মাছ অথবা পার্শে মাছের ঝোল খুব ভালোবাসতেন। সে এক দারুন সময় ছিল। আমাদের বাড়িতে আড্ডা মারতে মারতে রাজনীতির অনেক কথাও বলতেন।

আমি, মুনমুন, ভরত আর পপাই যখন "Moon Vision Private Limited " নামে কোম্পানি তৈরি করলাম, আমরা ঠিক করলাম ন্যাশনালে একটা প্রজেক্ট সাবমিট করবো। প্ল্যান অনুযায়ী আমি, মুনমুন আর সুব্রতদা দিল্লী গেলাম। সুব্রতদা অবশ্য ট্রেড ইউনিয়নের একটা কাজ নিয়ে গিয়েছিলেন। মুনমুন ওঁর সিস্টার-ইন- ল দেবিকার বাড়িতে উঠলো। দিল্লী থেকে ও চলে যাবে নৈনিতালে শুট করতে শেখর সুমনের সঙ্গে। আমি অশোক যাত্রীনিবাসে আর সুব্রতদা হোটেল সম্রাটে। দেবিকার খান মার্কেটের বাড়িতে আমাদের প্রথম মিটিং হলো। তখন দূরদর্শনের

ডিরেক্টর জেনারেল ছিলেন ভাস্কর ঘোষ। সুব্রতদা বললেন, "আমি কালকেই ভাস্কর ঘোষের সঙ্গে মিটিং ফিক্সড করে দিচ্ছি। তুমি কাল সকালে আমার হোটেলে চলে এস, ওখান থেকে ফোন করে টাইম ফিক্সড করে দেব।" অশোক যাত্রীনিবাস আর হোটেল সম্রাট কাছাকাছি। দুটোই কনাট প্লেসে। সেদিন রাতে দেবিকার বাড়িতে ডিনার সেরে আমি আর সুব্রতদা ফিরে এলাম।

সুব্রতদার একটা ফোনে ডিরেক্টর জেনারেলের সঙ্গে মিটিং ফিক্সড। যদিও ভাস্কর ঘোষ সেদিন বেশি সময় দিতে পারেননি, সেদিন ওঁর মিনিস্ট্রিতে একটা মিটিং ফিক্সড করা ছিল। নেহাত সুব্রতদা ফোন করেছিলেন বলে উনি টাইম দিয়েছিলেন সেদিন। মিটিঙে উনি প্রজেক্ট সাবমিট করতে বললেন। কিন্তু সেই প্রজেক্ট আর হয়নি। সে অন্য গল্প।

সেই রাতেই সুব্রতদা আমাকে 'হোটেল সম্রাট'-এ রাতে ওঁর সঙ্গে ডিনার করতে বললেন। সেদিন ডিনার করতে করতে অনেক গল্প করলেন। জ্যোতি বসু ওঁর খুব প্রিয় মানুষ ছিলেন আর জ্যোতি বসুও সুব্রতদাকে খুব পছন্দ করতেন। সুব্রতদার খুব প্রিয় মানুষ ছিলেন "ইন্দিরা গান্ধী"। ইন্দিরা গান্ধীকে নিয়ে একটা ইন্টারেষ্টিং ঘটনার কথা বলেছিলেন। ১৯৭৭ সালে ঠিক এমার্জেন্সির পরেই যে নির্বাচন হয়, সেই সময়ে নির্বাচনী প্রচার সেরে দমদম হয়ে শ্রীমতী গান্ধীকে দিল্লী ফেরার সময়ে এক রাত দমদম এয়ারপোর্টে থাকতে হয়। তখন ইন্দিরা গান্ধী আর প্রধানমন্ত্রী নন আর এমার্জেন্সির জন্য পাবলিকও খুব সন্তুষ্ট ছিল না। এয়ারপোর্টে ইন্দিরা গান্ধীকে রেস্ট হাউস দেওয়া হয় নি। উনি তখন সুব্রত মুখার্জীকে ফোন করেন। সুব্রতদা তখন ট্রেড ইউনিয়ন লিডার। এয়ারপোর্টের ইউনিয়নও সুব্রতদার আন্ডারে। সঙ্গে সঙ্গে এয়ারপোর্টে পৌঁছে যান এবং চেঁচামিচি করে ইন্দিরা গান্ধীর জন্য রেস্ট হাউসের ব্যবস্থা করেন। শুধু তাই না, সুব্রতদা নিজের হাতে বালতি করে গরম জলও নিয়ে আসেন। আমাকে সুব্রতদা বলেছিলেন, "কি অপমানজনক ভাবতে পারো প্রবীর?" রাজনীতির আরো অনেক গল্প করেছিলেন কিন্তু সেগুলো আর এখানে আলোচনা করতে চাইনা।

অনেক গল্প করতে করতে সুব্রতদা বললেন "প্রবীর, শুধু ফিল্ম ওয়ার্ল্ডকে প্রফেশন করা খুব রিস্কি। তুমি ডায়মন্ড এক্সপোর্ট ইম্পোর্টের ব্যবসা করতে পারো।" আমি অবাক হয়ে বললাম, "বাব্বা আমি তো কিছুই বুঝি না।" তখন প্রিয়রঞ্জন দাশমুন্সি ছিলেন Excise Minister। "আমি তোমাকে লাইসেন্স করিয়ে দিচ্ছি। কাল তোমাকে প্রিয়দার কাছে নিয়ে যাবো।" যদিও প্রিয়দার সঙ্গে আমার "নেহেরু গোল্ড কাপ" কভার করার সময় পরিচয় হয়েছিল। নেহেরু কাপ হয়ে যাওয়ার পর আর যোগাযোগ ছিল না। পরের দিন মুনমুন চলে গেলো। আমি আর সুব্রতদা গেলাম প্রিয়দার অফিসে। দিল্লিতে তখন সুব্রতদার একটা লাল মারুতি ৮০০ ছিল, প্রিয়দার বাড়িতে থাকতো গাড়িটা। আমরা যখন পৌছালাম তখন প্রিয়দার অফিসে আরো কয়েকজন কংগ্রেস নেতা ছিলেন। তার মধ্যে আমাদের বর্তমান মুখ্যমন্ত্রী মমতা ব্যানার্জিও ছিলেন। ওনার সঙ্গে ওখানেই প্রথম আলাপ এবং এখন অবধি সেটাই শেষ সাক্ষাৎ। সুব্রতদা একটু ম্যাডামের পিছনে লাগলেন, তাই নিয়ে একটু হাসাহাসি হলো। সুব্রতদা ওনাকে তুই করে সম্বোধন করতেন।

যা হোক, সুব্রতদা প্রিয়দাকে আমার ব্যাপারটা বলাতে প্রিয়দা ওনার সেক্রেটারিকে আমাকে একটা ফর্ম দিতে বললেন। আর আমাকে বললেন ওটা কমপ্লিট করে পাঠিয়ে দিতে। আমি অবশ্য ওই ব্যাপারে আর বিশেষ আগ্রহ দেখাই নি। ওই সব ব্যবসা আমাকে টানতো না। কলকাতায় ফিরে এসেও আমার আর সুব্রতদার রীতিমতো যোগাযোগ ও যাতায়াত ছিল। যখনি অ্যাসেম্বলিতে কোনো গন্ডগোল হতো, রাতে নেতারা হয়তো ওঁর বাড়িতে আসবেন কিন্তু উনি যদি দেখা করতে না চাইতেন, আমাকে বলতেন 'চলো কোথাও গিয়ে বসি'। টালিগঞ্জ ক্লাব অথবা আমার বাড়িতে চলে আসতেন। তখন তো আর মোবাইল ছিল না যে ইচ্ছে করলেই ফোনে পাওয়া যাবে। ফেরার আগে হিমুকে (সেক্রেটারি এবং আমাদের খুব প্রিয় একজন মানুষ) ফোন করে খবর নিয়ে বাড়ি ফিরতেন।

গৃহদাহের শেষদিনের শুটের আগের রাতে বাড়ি ফিরতে গিয়ে পড়ে গিয়ে আমার পায়ের টিবিয়া দু টুকরো। ব্যাস ৬ মাস বিছানাবন্দী। ওই সময় সুব্রতদা আমাকে দেখতে প্রায়ই চলে আসতেন ৩/৪ টে

নাগাদ। চা সিঙ্গারা খেতে খেতে আড্ডা হতো। একদিন সঙ্গে মুনমুন এসেছিলো। এসেই সুব্রতদা হাসতে হাসতে বললেন আজ আমাদের প্রেসের গাড়ি ফলো করেছিল। আমি গাড়ি দাঁড় করিয়ে বললাম, "আমরা প্রবীরকে দেখতে যাচ্ছি। কোথাও প্রেম করতে নয়!" তখন অবশ্য প্রেসের কাছে আমার নামটা একটু হলেও পরিচিত ছিল।

'রাম শ্যাম যদু' টিভি সিরিয়াল নিয়ে যখন চিনুদার (চিন্ময় রায়) সঙ্গে আমার একটু ভুল বোঝাবুঝি চলছে, সেই সময় রোজই এই নিয়ে কিছু না কিছু সংবাদ বেরোতো। একদিন সুব্রতদা আমাকে দেখতে এসেছেন, সেই সময় আজকাল থেকে একজন সাংবাদিক এলেন- নামটা মনে পড়ছে না। উনি এসে সেদিনই চিনুদার একটা প্রেস স্টেটমেন্ট দেখিয়ে আমাকে একটা স্টেটমেন্ট দিতে বললেন। আমি বললাম, "না আমি কিছু বলবো না। আপনাদের যা খুশি লিখে দিন।" সুব্রতদা আমাকে বললেন, "কেন বলবে না? তুমি তোমার স্টেটমেন্ট দাও।" সাংবাদিককে বললেন "আপনি লিখে নিন আর প্রবীরের একটা সই করিয়ে নিন।" পরের দিন আজকাল পত্রিকায় আমার স্টেটমেন্ট বেরোলো এবং তার সঙ্গে সাংবাদিক জুড়ে দিলেন যে সুব্রত মুখার্জী তখন উপস্থিত ছিলেন। ব্যস, ব্যাপারটা কংগ্রেস- সিপিএম রূপ নিয়ে নিলো।

মুনমুন সুব্রতদার একটা মজার ঘটনার কথা বলি। একবার পুজোতে আমাকে পাড়ার ছেলেরা ধরলো মুনমুন সেনকে এনে দিতে হবে ওদের পুজোর উদ্বোধনে। যাদবপুরে ঝিল রোডের কাছে একটা পুজোর। আমি তখন খুব অসুস্থ, বাড়িতে শয্যাশায়ী। আমি তো মুনমুনকে ফাইনাল করে দিলাম, খুব সামান্য টাকায়। এবার সমস্যা হলো অনুষ্ঠানের দিনে। এই পুজোতে আসার আগে মুনমুন সেদিন সুব্রতদার 'একডালিয়া এভারগ্রিনের' পুজো উদ্বোধন করেছে। সেখান থেকে আসার সময়ে মুনমুন সঙ্গে সুব্রতদাকে নিয়ে চলে এসেছে। সুব্রতদার সঙ্গে আমাদের তখন এতো ভাব যে এক কথায় সুব্রতদাও এসে গেছেন। মুশকিল হলো সেই পাড়াতে। তখন তো বামফ্রন্টের জমানা আর সুব্রতদা তখন কংগ্রেস। সেদিন অবশ্য পুজোর কর্মকর্তারা কোনো গন্ডগোল করেন নি। কিন্তু

আমাকে বললেন 'এটা কি রকম হলো?' আমি বললাম, "সমস্যাটা কোথায়? এক জনের টাকায় দুজনকে তো পেয়ে গেলে।" রাজনীতিবিদ ছাড়াও ততোদিনে সুব্রতদার "চৌধুরী ফার্মাসিউটিক্যাল" টেলিকাস্ট হয়ে গেছে। আর সুব্রতদারও সাহস বলতে হবে, বামফ্রন্টের পুজোয় অবলীলাক্রমে চলে এলেন।

সুব্রতদা ওঁর তিনটে ইচ্ছের কথা আমাকে বলতেন- ইউনিভার্সিটি সিনেটের মেম্বার হওয়া, কলকাতার মেয়র হওয়া আর রাজ্যসভার মেম্বার হয়ে দিল্লিতে থাকা। সেটার কারণ অবশ্য শরীর। দিল্লীর শুকনো আবহাওয়া ওঁর স্যুট করতো। দুটো ইচ্ছে পূরণ হয়েছিল কিন্তু শেষ ইচ্ছেটা আর হয়ে ওঠেনি। আর কলকাতার মেয়র হিসেবে এখন পর্যন্ত আমার দেখা শ্রেষ্ঠ মেয়র।

এখানে একটা ছোট্ট রাজনীতির কথা বলে রাখি। ওনার মুখ্যমন্ত্রী হওয়া উচিত ছিল। এই রকম অনেক ঘটনা সুব্রতদার সঙ্গে আছে। সুব্রতদা যখন হসপিটালে, তখন খবর নেবার জন্য রোজ বাড়িতে ফোন করতাম। বাড়ি থেকে বলা হতো, ভালো আছেন। তারপর হঠাৎ সেই দুঃসংবাদ!

সুব্রতদাকে খুব মিস করি। একজন আপাদমস্তক ভদ্র পরোপকারী মানুষ।

সুব্রতদা গৃহদাহর শুটে

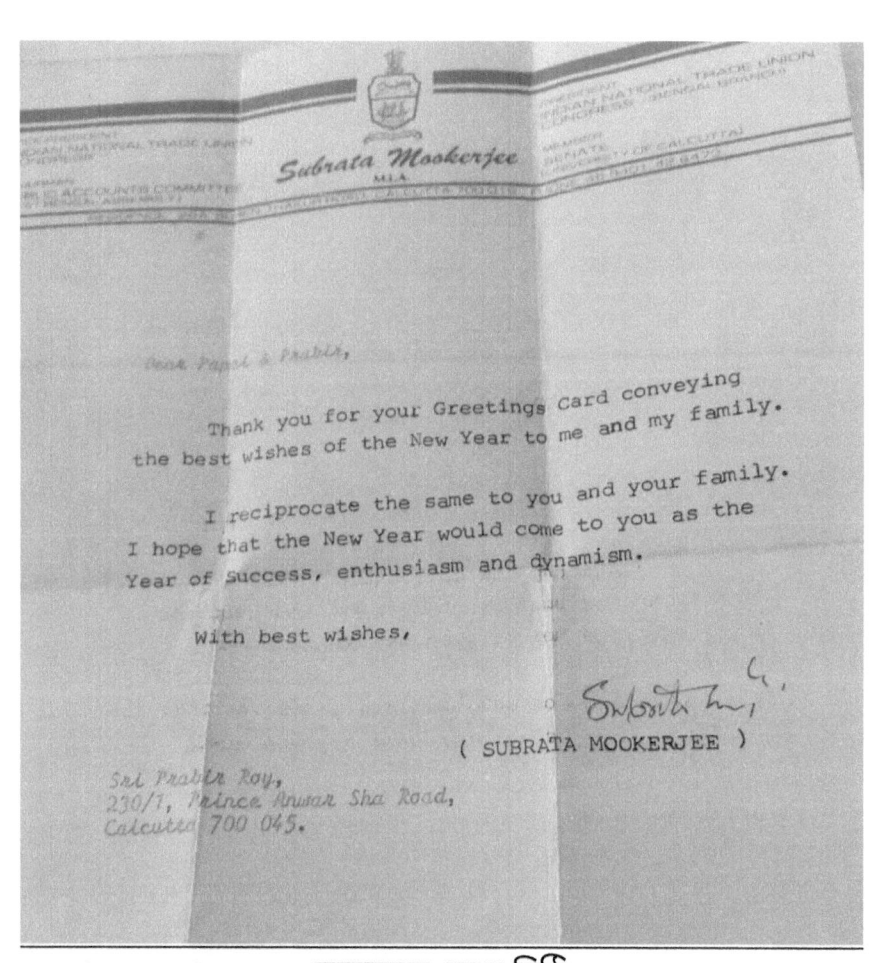

Subrata Mookerjee
M.L.A.

Dear Papal & Prabir,

Thank you for your Greetings Card conveying the best wishes of the New Year to me and my family.

I reciprocate the same to you and your family. I hope that the New Year would come to you as the Year of Success, enthusiasm and dynamism.

With best wishes,

(SUBRATA MOOKERJEE)

Sri Prabir Roy,
230/1, Prince Anwar Sha Road,
Calcutta 700 045.

সুব্রতদার লেখা চিঠি

সুব্রতদার সঙ্গে মুনমুনের বাড়িতে আড্ডা

প্রিয়রঞ্জন দাশমুন্সি - যেমন আমি দেখেছি

আমাদের যুবাকালে "প্রিয় সুব্রত" নাম খুবই জনপ্রিয় ছিল। নক্সালদের সঙ্গে দুজনের লড়াই আজও মনে পড়ে। আমার সঙ্গে প্রিয়দার আলাপ ১৯৮২ সালে "1st জওহরলাল নেহেরু ইন্টারন্যাশনাল ইনভিটেশন গোল্ড কাপ ফুটবল টুর্নামেন্ট" এর সময়। প্রিয়দা তখন অল ইন্ডিয়া ফুটবল ফেডারেশনের ভাইস প্রেসিডেন্ট। সেই প্রথম ভারতে পৃথিবী বিখ্যাত প্লেয়াররা খেলতে আসবেন। যেমন ফ্রাঞ্চিসকলি, রামোস ইত্যাদি। খেলা হবে কলকাতায় ইডেন গার্ডেন্সে। তখনও যুবভারতী তৈরি হয়নি।

দূরদর্শন তখন সাদা কালো। Protopack ক্যামেরাতে তখন কভারেজ হয়। আমি প্রিয়দাকে গিয়ে বললাম, "আমি রঙ্গীন সম্প্রচার করবো পাঁচটি ক্যামেরা সহ অনলাইন অপারেশন। আর প্রত্যেক দিন প্লেয়ার, কোচ, সেই খেলার ভুল ভ্রান্তি- সব দেখতে পারবেন। তদানীন্তন কোচ পি কে ব্যানার্জী তো শুনে খুবই উত্তেজিত। ভারতে তখন রঙ্গীন সম্প্রচার দূর্লভ। প্রিয়দা সব শুনে জিজ্ঞেস করলেন, "তুমি পারবে? তাহলে তো কলকাতায় একটা ইতিহাস সৃষ্টি হবে।" আমি বললাম "পারব।" তদানীন্তন জেনারেল সেক্রেটারি অশোক ঘোষের সঙ্গে পরামর্শ করে উনি আমাকে অনুমোদন দিলেন। আর এতে আমাকে সাহায্য করলেন বেনু দাসগুপ্ত (Sinclaires Hotels and travels এর একজন ডিরেক্টর)।

সেই প্রথম ভারতবর্ষের টিভিতে রঙ্গীন সম্প্রচার হবে। দূরদর্শন প্রথম শুরু করে নভেম্বরে দিল্লি এশিয়ান গেমসের সময়। টুর্নামেন্ট শুরু ১৬ই ফেব্রুয়ারী, ১৯৮২। প্রধানমন্ত্রী ইন্দিরা গান্ধী উদ্বোধন করবেন। কলকাতায় তখন সাজ সাজ রব। প্রথম ইন্টারন্যাশনাল টুর্নামেন্ট ভারতে। ১৫ই ফেব্রুয়ারী, আগের দিন রাতে হিন্দুস্থান পার্কে অশোক ঘোষের বাড়িতে আমাকে ডেকে প্রিয়দা জিজ্ঞসা

করলেন "ডোবাবে না তো?" কলকাতায় প্রথম ইন্টারন্যাশনাল টুর্নামেন্ট আর তার কভারেজ করছে একজন বাঙালি। সবার কি উৎসাহ। তখন প্রিয়দা সবসময় উৎসাহ দিয়ে গেছেন। আমার পুরো সেট-আপ এসেছে "ওয়েস্টার্ন আউটডোর অ্যাডভার্টাইজিং বোম্বে আর 'হিতাচি', জাপান থেকে। সেই সময় কলকাতায় কোনো ভিডিও ষ্টুডিও ছিল না। শুধু কলকাতা কেন, বোম্বাই এর ওয়েস্টার্ন আউটডোর ছাড়া ভারতের আর কোথাও ছিল না। ক্লাব হাউস থেকে উনি কলকাতা দূরদর্শনের কভারেজ পরিবর্তন করে আমার কভারেজ টেলিকাস্ট করা শুরু করলেন। কারণ, আমারটা ছিল রঙ্গীন, কলকাতা দূরদর্শনের ছিল সাদা কালো। বিদেশী প্লেয়ারদের সামনে প্রিয়দা রঙ্গিন প্রচার দেখাতে চেয়েছিলেন।

তার অনেক পরে প্রিয়দার সংগে আর একবার দেখা হয়েছিল। তখন প্রিয়দা সেন্ট্রাল মিনিস্টার। সুব্রতদার (সুব্রত মুখার্জী) সঙ্গে গিয়েছিলাম দিল্লিতে ওঁর অফিসে। সেখানেও অনেক কথা হলো। সেদিন প্রিয়দার অফিসে, আমাদের বর্তমান মুখ্যমন্ত্রী মমতা ব্যানার্জিও উপস্থিত ছিলেন। সেদিন খুব হাসাহাসি হয়েছিল কোনো একটা ঘটনা নিয়ে। সেটা এখানে বলতে চাই না। সেই দিনগুলোর কথা ভীষণ ভাবে মনে পড়ে। আজ খুব মনে পড়ে, আমার কেরিয়ারের শুরুতে ওই Break টা খুব দরকার ছিল। প্রিয়দা না থাকলে ওনার উৎসাহ না পেলে বোধহয় এতবড় কাজটা করতে পারতাম না।

প্রিয়রঞ্জন দাশমুন্সি

ইন্দিরা গান্ধীর সঙ্গে

এখানে ওখানে

মুম্বাই ডায়েরি

লিখতে বসে হাজার স্মৃতি কলমের সামনে মুখ বাড়ায়। প্রত্যেকে চায়, তার কথা আগে লিখি। সালটা বোধহয় ১৯৭১/৭২ হবে। সে বছর সত্যজিৎ রায়ের 'প্রতিদ্বন্দ্বী' ফিল্মফেয়ার পুরস্কার পেয়েছিলো। টাইমস অফ ইন্ডিয়ার মিঃ ভেনুগোপাল, ফিল্মফেয়ার অ্যাওয়ার্ড দেখাশোনা করতেন সেই সময়। অভিনেতা ডেভিড এতদিন অনুষ্ঠান পরিচালনা করতেন। এই বছরই প্রথম অনুষ্ঠান পরিচালনায় এলেন শত্রুঘ্ন সিনহা এবং আসরানি। জয়শ্রী রায়, শমিত ভঞ্জ, জয়া ভাদুড়ী (বচ্চন) সেবার অনুষ্ঠানে উপস্থিত ছিলেন। জয়া আর শমিত তখন ঋষিকেশ মুখার্জীর গুড্ডির শুট করছিলেন। আমরাও পরের দিন "গুড্ডি"র শ্যুটে গিয়েছিলাম। উৎপল দত্তও ছিলেন। আমরা আর শমিত সেবার একসঙ্গে কলকাতায় ফিরেছিলাম।

একদিন হোটেলে ফিরছি, সঙ্গে ভেনুগোপাল। লিফটে একজন ভদ্রলোক আমাদের উল্টোদিকে দাঁড়িয়ে মাথা নিচু করে। ভেনুগোপাল বললেন "Hi kaka."। আমি দেখি রাজেশ খান্না। আমি তো বাকরুদ্ধ। তখন রাজেশ খান্না India's heart throb। 'আনন্দ' সদ্য রিলিজ করেছে। রাজেশ খান্নার সঙ্গে আলাপের স্মৃতি তো আগেই লিখেছি।

তখন ঋষিদার সঙ্গে সহকারী পরিচালক হিসেবে কাজ করতেন কালী ব্যনার্জী, থাকতেন হৃষিদার বাড়িতে। ওই বাড়িতে আসতেন সুমিতা স্যান্নাল। সদ্য রিলিজ হওয়া আনন্দ ছবিতে উনি অমিতাভ বচ্চনের বিপরীতে ছিলেন। সুমিতাদি পরে আমার একটা ধারাবাহিকেও কাজ করেছিলেন- "নির্জন দুপুরে প্রেমের গান"। হাজরায় একটা পুরনো বাড়িতে শুট হয়েছিল। যতদিন বেঁচে থাকবো, এই সব ছোট ছোট ঘটনা চিরকাল মনের মনিকোঠায় থেকে যাবে। কত বিখ্যাত মানুষের সংস্পর্শে এসেছি, তাদের সঙ্গে

গল্প করেছি, আড্ডা দিয়েছি ভাবলেই নিজেকে খুব ভাগ্যবান মনে হয়।
আজ মনে পড়ছে রুনুদি মানে অভিনেত্রী ললিতা চট্টোপাধ্যায়ের কথা। ৭০-এর শুরুর দিক। কাজের সুবাদে আলাপ হয়েছিল দীপক বোসের সাথে- রুনুদির প্রথম স্বামী। ওঁর সঙ্গে আমাদের খুব ভাব ছিল। ডাকব্যাক কোম্পানীর মালিক- ল্যান্সডাউনে বিরাট বাড়ি। থিয়েটার রোডে কলামন্দিরের উল্টোদিকে ছিল ডাকব্যাক হাউস। দীপকদার সঙ্গে খুব আড্ডা হত। প্রায়ই আমরা নিজামে রোল খেতে যেতাম- আমি জয়শ্রী, দীপকদা, পরিতোষদা, বুলন। আমরা গাড়িতে বসে থাকতাম- পালোয়ান এসে রোল দিয়ে যেতো। পালোয়ান মারা গেছে-ওর চেহারাটা মনে আছে- মাথায় একটাও চুল ছিল না। রুনুদির সঙ্গে অবশ্য আরো পরে আলাপ। বোম্বেতে বান্দ্রা- ব্যান্ডস্ট্যান্ডে রুনুদির একটা ফ্ল্যাট ছিল। সেই ফ্ল্যাটেও আমি আর জয়শ্রী দিন ১৫ ছিলাম। "প্রতিদ্বন্দ্বী"-র সুবাদে বোম্বেতে জয়শ্রী যখন অভিনয়ের সুযোগ পেলো, দুটো ছবিতে সই করিয়ে আমরা ওখানে গেলাম। অশোক চন্দ্রা ছিলেন ছবি দুটির প্রযোজক। তখন বোম্বেতে আমরা প্রায় চার মাস ছিলাম। আমার মেয়ে মৌ তখন বছর তিনেক হবে।

সেই সময় শক্তি সামন্ত, আত্মারাম, গুরু দত্তের বড় ছেলে (নামটা ভুলে গেছি) ও আরও অনেকের সাথে আলাপ পরিচয় হয়েছিল। পাঁচ জন বিখ্যাত প্রযোজকের একটা স্‌টুডিও ছিল, “নটরাজ ষ্টুডিও” গুরু দত্ত, রামানন্দ সাগর, শক্তি সামন্ত, প্রমোদ চক্রবর্তী এবং এফ সি মেহরা। আত্মারামের ছবিতে জয়শ্রীর কাজ করার কথাও ছিল। একদিন আমরা আত্মারামের অফিসে বসে আছি , অপরেশ লাহিড়ি একটা ছোট টেপ রেকর্ডার নিয়ে আত্মারামের কাছে এলেন। একটা ক্যাসেট দিয়ে বললেন- আমার ছেলে মিউজিক করছে- একটু শুনবেন। বলে বাপি লাহিড়ির ক্যাসেটটা দিয়ে এলেন।

প্রযোজক অশোক চন্দ্রার শালীর মেয়ে ছিল ভাবনা ভাট- কয়েকটি হিন্দি ও পাঞ্জাবী ছবিতে কাজ করেছেন। আমরা অশোকবাবুর বাড়িতেই থাকতাম। অপেক্ষায় রয়েছি, কিন্তু ছবির শুটিং আর শুরু

হয়না। রোজই বলছেন অমুক দিন শুরু, তমুক দিন শুরু। এই করতে করতে প্রায় তিন মাস কেটে গেলো। খবর পেলাম অশোক চন্দ্রা তাঁর পরবর্তী ছবির কাজ শুরু করে দিয়েছেন। আমি নিজেই একদিন লুকিয়ে ষ্টুডিওতে (নামটা ভুলে গেছি) চলে গেলাম। ছবির নাম 'শতরঞ্জ কি মোহরে'। মুখ্য ভূমিকায় রাকেশ পান্ডে এবং যে চরিত্রটি জয়শ্রীর করার কথা- সেটি করছেন নীতু সিং। এ ছাড়াও ছবিতে প্রদীপকুমার, সত্যেন্দ্র দুবে এবং আরও অনেকে ছিলেন। বাধ্য হয়ে ওখানকার গিল্ডে অভিযোগ জানালাম। আমার তো কোনো জানাশোনা ছিল না। কিন্তু সাহায্য করলেন কলিন পাল, আমার জেঠিমার দাদা। আমাদের সঙ্গে দারুণ সম্পর্ক ছিল। কলিন পাল তখন বোম্বের ফিল্ম জগতে স্বনামধন্য মানুষ। প্রসঙ্গত বলি কলিন পালের ঠাকুর্দা ছিলেন বিপিন চন্দ্র পাল, প্রখ্যাত বাগ্মী, স্বাধীনতা সংগ্রামী, রাজনীতিবিদ। বোম্বে ফিল্ম ইন্ডাস্ট্রির সঙ্গে নিবিড় যোগাযোগের সুবাদে কলিন পাল আমাদের হয়ে অভিযোগ দায়ের করলেন। তখন আর্টিস্ট ফোরামের প্রেসিডেন্ট ছিলেন অভিনেতা সঞ্জয় খান। তিনি একদিন আমাদের ডাকলেন গিল্ডের অফিসে। অশোকবাবুকেও ডাকা হলো। সঞ্জয় খান ওঁর কাছে জানতে চাইলেন "জয়শ্রীর সাথে কটা ছবির এগ্রিমেন্ট করেছেন?" অশোক বললেন- "তিনটে ছবি।" সঞ্জয় খান জানতে চাইলেন- "মাসে কত টাকা দিচ্ছেন?" অশোক আমতা আমতা করে বললেন- "না, মানে মাসে তো কিছু দেওয়া হচ্ছে না।" সঞ্জয় এবার বিরক্ত হয়ে বললেন- "মানে?" উনি সত্যজিত রায়ের ছবিতে কাজ করেছেন। কলকাতার ব্যস্ত শিল্পী, সব ছবির কাজ ছেড়ে দিয়ে এখানে তিন মাসের উপর বসে আছেন। আর আপনি বলছেন মাসে কিছু দিচ্ছেন না। তাহলে উনি কিভাবে সারভাইব করবেন? এখুনি সব কন্ট্রাক্ট বাতিল করুন। আর ওঁদের কলকাতায় ফেরার টিকিটের ব্যবস্থা করে দিন"।

স্বাভাবিক ভাবেই এর পরে আর অশোক বাবুর বাড়িতে থাকা সম্ভব ছিল না। তখন আমরা বান্দ্রা- ব্যান্ডস্ট্যান্ডের দীপকদা, রুনুদির বাড়িতে চলে আসি। তখনও রুনুদির সঙ্গে আলাপ নেই। ঐ বাড়িতেই থাকতেন প্রখ্যাত চিত্রনাট্যকার বিনয় চট্টোপাধ্যায়। একেবারে মাটির মানুষ। আমরা দুজনে ওই বাড়িতে উঠলাম। দুটো

বাড়ি পরেই থাকতেন স্বনামধন্য ফিল্ম এডিটর ও পরিচালক ঋষিকেশ মুখার্জী। কিন্তু ওঁর সঙ্গে কথা বলে কে বুঝবে যে এতো বড় একটা মানুষের সঙ্গে কথা বলছি। কোনোরকম দেখনদারী নেই এখনকার তথাকথিত বিরাট পরিচালকদের মতো। তখন বয়স কম, অতো বুঝতাম না। এখন দিন বদলের আবর্তে বুঝতে পারি- তখনকার দিনে কি সব মানুষ ছিলেন- একাধারে গুণী আর সহজ- সরল।

আলাপ হয়েছিল বাসু ভট্টাচার্যের সাথে। তখন ওঁর ছবি 'অনুভব' রিলিজ হয়েছে ১৯৭১ এ- সঞ্জীবকুমার, তনুজা। রাজেশ খান্না, শর্মিলা ঠাকুরকে নিয়ে পরের ছবি "আবিষ্কার" রিলিজ করল ১৯৭৪ এ। এর পরে বাসু ভট্টাচার্য বাদল সরকারের বিখ্যাত নাটক 'বল্লভপুরের রূপকথা' নিয়ে ছবি করার কথা ভাবলেন। মূল নাটকটি ১৯৬৩ সালের। এই ছবিতে উনি জয়শ্রীকে নেবার কথা ভেবেছিলেন। বাসুবাবু ওনার তিনটি ছবির নায়ক নায়িকাকে নিয়ে কোলাবাতে অ্যাম্বাসাডার হোটেলে একটা বড়ো পার্টির ব্যবস্থা করেছিলেন। তনুজা, শর্মিলা, রাজেশ, সঞ্জীব এসেছিলেন, জয়শ্রীও নিমন্ত্রিত ছিল। শেষ পর্যন্ত যে কোনো কারণেই হোক- ছবিটা হয় নি। যা হোক- তখন এই সুবাদে বাসু ভট্টাচার্যের বাড়ীতে যেতাম। বাসুবাবুর শ্বশুর ছিলেন বিমল রায়। বিমল রায়ের বড় মেয়ে পিঙ্কি বাসুবাবুর স্ত্রী। বিমল রায়ের স্ত্রী মনোবীণা রায় তখন বেঁচে। ওনার কথায় পরে আসছি ! এই পরিপ্রেক্ষিতে বলে রাখি বিমল রায়ের ছোট ভাই বিনয় রায়ের সঙ্গে আমার খুব ভালো পরিচয় ছিল আগে থেকেই। বিনয়দা কলকাতায় থাকতেন আর রোজ সন্ধ্যাবেলা আমাদের সঙ্গে দেশপ্রিয় পার্কের 'সুতৃপ্তিতে' আড্ডা মারতেন। ওঁর সুকিয়া স্ট্রিটের (ঠিক মনে নেই) ফ্ল্যাটেও আমি বিপ্লব, সন্তু মুখার্জি দিনের পর দিন আড্ডা মেরেছি।

ওই তিন/চার মাস বোম্বেতে থাকার সুবাদে অনেকের সাথে আলাপ হয়েছিল। যাই হোক- জয়শ্রীর ছবি করা হলো না- কিন্তু এই চার- পাঁচ মাসে অনেক মানুষের সঙ্গে পরিচয় হয়েছিল, অনেক অভিজ্ঞতা সঞ্চয় করেছিলাম। আলাপ হয়েছিল সাংবাদিক অজয় বিশ্বাসের সঙ্গে। তখন ওনার সঙ্গে রাখীর বিবাহ বিচ্ছেদ হয়ে

গেছে। উনি তখন প্রদীপ কুমারের কন্যা বীনাকে বিয়ে করে জুহুতে থাকতেন। এখনো মনে আছে বাড়ির নামটা- "শান্তি কুটির, আশা কলোনী, জুহু"। একদিন লাঞ্চে আমাকে আর জয়শ্রীকে ডাকলেন। খুব আড্ডা হয়েছিল আর বীনার অভিযোগ শুনেছিলাম। আমাকে বলেছিলো "ওনাকে একটু বলুন না বিয়ারটা কম খেতে।" অজয়দা আজ আর নেই, বীনার সঙ্গেও বহু বছর দেখা হয়নি। বীনার সঙ্গে আমার শেষ দেখা টেকনিসিয়ান্স ২ স্টুডিওতে আমার প্রযোজিত ধারাবাহিক "জাতক কন্যা"-র সেটে। প্রযোজক Manju Perr এর সঙ্গে এসেছিলেন। আশাকরি এখন ভালোই আছেন।

তখন হৃষিকেশ মুখার্জীর বাড়িতে খুব আসতেন রাজেশ খান্না। সম্ভবতঃ নমকহারাম ছবির কাজ চলছে। রাজেশজীর সমস্যা ছিল- উনি শুটিং-এ সময় মতো আসতেন না। ওঁর এই নিয়মানুবর্তীতার অভাব প্রযোজকদের বিব্রত করতো। আর সেই ফাঁকটা ভরাট হয়েছিল অমিতাভ বচ্চনকে দিয়ে। কিন্তু মানুষ রাজেশ খান্না একেবারে সহজ মানুষ।

এর বেশ কয়েক বছর পর বোধহয় ১৯৭৪/৭৫ হবে , আমি আর বিপ্লব (বিপ্লব চ্যাটার্জী) ঠিক করলাম বোম্বেতে হল ভাড়া করে বাংলা ফিল্ম দেখাবো। ব্যস, দুজনে পাড়ি দিলাম বোম্বে। বিখ্যাত পরিচালক বিমল রায়ের ভাই বিনয় রায় তখন বোম্বেতে ছিলেন। উনি বললেন ঠিক আছে, তোমরা চলে এসো। আমার যতদূর হেল্প করার করবো। শ্রাবণী বসুর কথা মনে আছে নিশ্চয়ই। 'লালপাথর' ছবিতে অভিনয় করেছিলেন। শ্রাবণীর ভগ্নিপতি বোম্বেতে একটা কোম্পানিতে ভালো পদে কাজ করতেন। নাম সুজিত। দারুণ হ্যান্ডসাম দেখতে ছিলেন ভদ্রলোক। নাপিয়ান সী-রোডে কোম্পানির ফ্ল্যাট ছিল। মালাবার হিলস এরিয়ায়। পশ এলাকা। উনি তখন বোম্বেতে একা থাকেন। স্ত্রী তখন কলকাতায় ছিলেন। সুজিত সকালে বেরিয়ে যেতেন। আমি আর বিপ্লব বেরিয়ে বিস্কুটের প্যাকেট কিনে আনতাম। আশেপাশে কোনো দোকান পশার নেই। আমাদের ব্রেকফাস্ট ছিল চা আর ক্রিম ক্র্যাকার বিস্কুট, চীজ কিউব দিয়ে। পাশে ছিল একটা লন্ড্রি। বিপ্লব গিয়ে জামাকাপড় ইস্ত্রি করিয়ে নিয়ে আসতো।

তখন বোম্বেতে হিন্দি 'অমানুষ' চলছে। 'অমানুষ' ছবির হিন্দি ভার্সান আমি আর বিপ্লব (বিপ্লব চ্যাটার্জী) বোম্বের মেট্রো সিনেমা হলে দেখেছিলাম। তখন বোম্বেতে অনেক ইরানিয়ান রেস্টুরেন্ট ছিল। লোকজন ভীড় করত। সস্তায় বিরিয়ানি পাওয়া যেত। আর ছিল Juke Box. পয়সা দিয়ে নিজের পছন্দ মতো গান শোনা যেত। বিপ্লব সব জায়গায় পয়সা দিয়ে ওই একটা গানই বাজাতো .."দিল অ্যায়সা কিসি নে মেরা তোড়া"। আমি ওকে বলতাম, "তুই কি করছিস? সব জায়গায় একটাই গান বাজাস!" বিপ্লব বড়ো চমৎকার উত্তর দিয়েছিল, "গুরুকে বোম্বেতে পপুলার করছি"!

বিখ্যাত পরিচালক বিমল রায়ের বাড়ি গেছি। বিমল রায়ের নাম সকলে জানেন। আন্তর্জাতিক খ্যাতি ছিল তাঁর। উদয়ের পথে তাঁর প্রথম ছবি। দো বিঘা জমিন, বন্দিনী, সুজাতা, মধুমতী ইত্যাদি জনপ্রিয় সব ছবি করে গেছেন। বিমল রায়ের ছোট ভাই বিনয় রায় কলকাতায় থাকতেন। বিনয়দার সঙ্গেই বিমল রায়ের বাড়িতে যাওয়া। ওঁর স্ত্রীর নাম মনোবীণা রায়। বিমল রায়ের দুই মেয়ে। বড়ো মেয়ে রিঙ্কি ছিলেন পরিচালক বাসু ভট্টাচার্যের স্ত্রী। বাসু ভট্টাচার্য - আরেক খ্যাতিমান পরিচালক। ছোট মেয়ের ডাক নাম ছিলো 'বাবুনি'। ভালো নাম ভুলে গেছি। অপূর্ব সুন্দরী ছিলেন। এখন আমেরিকায় আছেন শুনেছি।

সেবার আমি আর বিপ্লব বোম্বে গিয়েছিলাম ট্রেনে। টু টায়ারে চলেছি। নাগপুরে ট্রেনটা প্রায় ঘন্টাখানেক দাঁড়াতো। আরেকটা খুব অদ্ভুত জিনিস হতো। নাগপুরে ট্রেনের কামরায় বালতিতে করে বিয়ার নিয়ে উঠতো। ঠিক যেমন চা বিক্রি হয়। সেদিন আমাদের কামরায় কোনো বিয়ার বিক্রেতা আসে নি। বিপ্লব বললো, 'চল, বাইরে থেকে কিনে আনি। বোম্বে মেইল তখন নাগপুরে প্রায় ৪৫ মিনিট দাঁড়াতো। খোঁজ নিয়ে জানা গেলো, স্টেশনের বাইরেই দোকান আছে। গেলাম আর কিনেও আনলাম। ফিরে যখন এলাম, তখন এক পুলিশ ধরলো আমাদের। জিজ্ঞেস করলো, "পারমিট কোথায়?" মহারাষ্ট্রে তখন পারমিট লাগতো হার্ড ড্রিংকসের জন্য। আমরা দোকানে যাবার আগে আমাদের কামরায় আমাদের সামনে

বসা মারাঠি ভদ্রলোকের কাছ থেকে পারমিটটা চেয়ে নিয়েছিলাম। পুলিশ জিজ্ঞেস করাতে বিপ্লব স্মার্টলি পারমিট দেখিয়ে দিল। পুলিশও নাছোড়বান্দা। বললেন, "ইঁয়াহা সাইন কিজিয়ে।" আর সাইন! চোখের সামনে পারমিটে কি বীভৎস সই। বিপ্লব সই করতে শুরু করেই হঠাৎ আমাকে বললো প্রবীর, দৌড়ো। পাশের প্লাটফর্মে আমাদের ট্রেন। আমরা তো দৌড়ে ওভারব্রিজ দিয়ে নেমে আমাদের কামরায় উঠে আমাদের সামনের প্যাসেঞ্জারকে বললাম,"এই নিন মশাই, আপনার পারমিট, আপনার বিয়ার।" ভদ্রলোক তো অবাক! "আরে, আমার বিয়ার হতে যাবে কেন?" পুলিশ উঠে কিছু জানতে   চাইলে বলবেন -আপনার পারমিট, আপনার বিয়ার।

উফ, সেবার দারুণ অভিজ্ঞতা হয়েছিল।

অজয় বিশ্বাস

বীনা বিশ্বাস

আমি, জয়শ্রী, পূর্ণিমা দত্ত ফিল্মফেয়ার অ্যাওয়ার্ড ১৯৭১

459

হংকং ডায়েরি

আজকাল ফিল্ম, সিরিয়ালের থেকে ওয়েব সিরিজের চাহিদা বেশি। নেটফ্লিক্স, অ্যামাজন, হটস্টার, জি৫ ইত্যাদি। আর যাদের উপর আপনার, আমার সিরিজ নেওয়ার দায়িত্ব বা ক্ষমতা থাকে   তাদের বলা হয় Content Head। এদের যদি অ্যাটিটিউড দেখেন, মনে হবে একেক জন একেকটা কোম্পানির মালিক। বিশেষত বাংলায়, যেখানে বাঙালিরা হেড। সে আপনারা যে কোনো OTT র কথাই বলুন। হৈচৈ থেকে শুরু করে জিও, অ্যামাজন সব। যেখানে বাঙালিরা ক্ষমতায় আছে।

আপনি ফোন করলে তো ফোন ধরবেই না, মেসেজ করুন, হোয়াটসঅ্যাপ করুন। কোনো রিপ্লাই নেই। মানে অভদ্রতার চূড়ান্ত। আপনাকে কোনো একটা রেফারেন্সে যেতে হবে। এরা কিন্তু কিছুই বোঝে না কোয়ালিটির। কিন্তু এমন হাব ভাব দেখাবে, যেন একেকজন কেউকেটা।

অথচ আপনি দিল্লী, মুম্বাইতে এইসব কোম্পানির হেডের সঙ্গে মিট করুন, কি চমৎকার ব্যবহার। এই সুবাদে আমি আমার অভিজ্ঞতার একটা ঘটনা বলব। তখন সবে স্টার এসেছে। ওদের হেড অফিস ছিল হংকংয়ে। একজন ভাইস প্রেসিডেন্টের নাম ছিল এলিজাবেথ। টাইটেলটা ভুলে গিয়েছি। আমি ১৯৯২ সালের কথা বলছি। ভারতে তখনও ষ্টার নেটওয়ার্ক সেই ভাবে আসেনি। সেই ভাবে কেন, আসেই নি বোধহয়। আমার যতদূর মনে আছে ষ্টার টিভি নেটওয়ার্ক ইন্ডিয়াতে ওঁদের অপারেশন শুরু করেন ১৯৯৪ - ১৯৯৮ এর মধ্যে। তার কবছর আগেই আমি পণ্ডিত রবিশঙ্করের উপর একটা প্রোগ্রাম করেছিলাম "Ravishankar -- A Legend of Glory" নামে । এই প্রোগ্র্যামটা তখন অ্যামেরিকার মিয়ামিতে "ইন্টারন্যাশনাল টিভি নেটওয়ার্ক ফেস্টিভ্যালে" ভারতীয় দূরদর্শনের প্রতিনিধিত্ব করেছিল।

তখনও ইন্ডিয়াতে স্টার টিভি লঞ্চ করেনি। যেহেতু রবিশঙ্কর একজন আন্তর্জাতিক শিল্পী, আমি ভাবলাম স্টার টিভিকে অ্যাপ্রোচ করি। আমার হংকং যাওয়ার একটা সুবিধা ছিল। আমার মেয়ে তখন Kathay Pacific Airlines এ চাকরির সুবাদে হংকং ও পোস্টিং। আমার যেতে ১০% ভাড়া দিতে হতো। তাই ভাবলাম চলেই যাই হংকং। যেমন ভাবা তেমন কাজ, চলে গেলাম হংকং। গিয়ে মেয়ের ফ্ল্যাটে উঠলাম। যেদিন পৌঁছলাম, তার পরের দিন সকালে স্টার নেটওয়ার্ক অফিসে ফোন করে, রিসেপশনে সব বলতেই আমাকে এই এলিজাবেথকে কানেক্ট করে দিলো। ওনাকে ফোনে সব বলতে পরের দিন সকাল ১১টায় আমাকে একটা অ্যাপয়েন্টমেন্ট দিলেন। আর সঙ্গে প্রিভিউ ক্যাসেটে নিয়ে যেতে বললেন। কলকাতায় হোলে তো রিসেপশন থেকে আগেই বলে দিতো, আপনি মেইল করুন অথবা আগের থেকে এপয়েন্টমেন্ট করে আসুন। ইমেইল করলে রিপ্লাই তো দূরের কথা, আপনার ইমেইলই পৌঁছবে না, কারণ মেল ব্লক করা। ফোন নম্বর চাইলে সেটাও পেতেন না। সে "হৈচৈ" হোক বা "জিও" হোক বা অন্য যে কোনো OTT। এখানে আপনি কাউকে ধরতে পারবেন না , যদি না আপনার সোর্স থাকে। ইমেইল করলে, তার কোনো উত্তর নেই। একসময় হয়তো সে খুব পরিচিত বন্ধু ছিল, এখন যেহেতু একটা position এ গেছে, ব্যস, আর চিনতে পারবে না। খুব একটা কাজ যে জানে তাও না। ছিল একসময়ে ফিল্মে 'প্রোডাকশন ম্যানেজার', কি ভাবে যেন হয়ে গেলো একটা বড় নেটওয়ার্কের "Content Head"। আর একজন তো এখন আবার ফিল্ম ডিরেক্টর, ছিল "Zee Bangla"তে একজন Executive। এই সব কিন্তু আমাদের রাজ্যেই বেশি দেখা যায়।

যাইহোক আসল কথায় আসি। পরের দিন সকালে চলে গেলাম ষ্টার টিভি নেটওয়ার্কের কর্পোরেটের অফিসে। যত দূর মনে পরে অফিসটা ছিল কাউলুনে। আমি যাওয়ার ১০ মিনিটের মধ্যেই এলিজাবেথ আমাকে ডাকলেন ওনার চেম্বারে। আমি হংকং পৌঁছাবার ২৪ ঘন্টার মধ্যে এত বড় একটা নেটওয়ার্কের ভাইস প্রেসিডেন্টের অ্যাপয়েন্টমেন্ট পেয়ে গেলাম। আমার সঙ্গে কথা বললেন প্রায় এক ঘন্টারও উপর। ওঁরা প্রোগ্র্যামটা নিয়েও ছিলেন।

এই সূত্রে আমার মনে পরে "সুভাষচন্দ্র গোয়েঙ্কার" কথা। উনি তখন 'এসেল গ্রুপের' চেয়ারম্যান, Zee টিভির প্রতিষ্ঠাতা। ওনার অ্যাপয়েন্টমেন্ট পেতেও আমার সময় লাগেনি। তখনও Zee বাংলা হয়নি। Sunita Chaswal তখন "Zee Bangla" কলকাতার লঞ্চের ব্যাপারটা দেখছেন। সুবোধ লাল তখন ভাইস প্রেসিডেন্ট। এঁদের কারো সঙ্গেই অ্যাপয়েন্টমেন্ট পেতে অসুবিধা হয়নি।

শুধু এখনকার তথাকথিত বিরাট বিরাট এক্সিকিউটিভদের সঙ্গে দেখা করতে অসুবিধা হয়, বিশেষত যদি তারা বাংলার হন। একজন আবার এখানে আছেন, তাকে না ধরলে, তেল না মাখালে আপনি আবার একটাও মাল্টিপ্লেক্স পাবেন না। আমার একজন বন্ধুর মেয়ে একটা মাল্টিপ্লেক্সের ভাইস প্রেসিডেন্ট ছিল, মুম্বাইতে পোস্টিং। সেও আমাকে বললো, "তোমাদের ওখানে আমারও কিছু করার নেই। সত্যি সত্যি সেও কিছু করতে পারেনি। এখানে তো সবই পলিটিকাল ক্ষমতার জোরে হয়। যোগ্যতায় নয়।

আসলে হঠাৎ যদি কেউ তাঁর যোগ্যতার বেশি কিছু পেয়ে যান, তখন এনারা নিজেদের সমন্ধে একটু বেশি ভেবে ফেলেন। আমার পিয়ারলেসের বি কে রায়কে অথবা FSL এর গ্রুপের তৎকালীন ভাইস প্রেসিডেন্ট Mr Sachdeb এর অ্যাপয়েন্টমেন্ট পেতেও অসুবিধা হয়নি। এমনকি দূরদর্শনের তৎকালীন ডিরেক্টর জেনারেলের অ্যাপয়েন্টমেন্টও পেয়েছিলাম আধ ঘন্টার মধ্যে।

পণ্ডিত রবিশঙ্কর আর সত্যজিৎ রায়ের কথা তো বাদই দিলাম। এঁরা তো ভগবান। এতো বড় মাপের মানুষ, পৃথিবীজোড়া যাঁদের খ্যাতি, তাঁরা নির্ভেজাল মাটির মানুষ।

হংকং

ষ্টার অফিস, হংকং

আমার মেয়ের সঙ্গে, হংকং

আমার মেয়ের বন্ধুদের সঙ্গে হংকং

ষ্টার অফিস, হংকং

আমার সোনার বাংলা

“বাংলাদেশ" হলো ২৬শে মার্চ, ১৯৭১ সালে। আমরা মানে আমি, আশীষদা, চৈতীদি আমরা সব হৈ হৈ করে গেলাম যশোরের দিকে। পাশ দিয়ে সব ইন্ডিয়ান ট্যাঙ্ক ফিরছে, কি উদ্দীপনা সবার। কিন্তু আমাদের যশোর যাওয়া হলো না, বর্ডারে আটকে দিলো। একটা অভিজ্ঞতা নিয়ে ফিরলাম। সান্ধ্য অবসরে ইউ টিউব বাংলাদেশের গানের অনুষ্ঠান সময় পেলেই দেখি। কতো প্রতিভাবান ছেলেমেয়েদের গান শুনি। চমৎকার কন্ঠস্বর, গানের সঙ্গে অর্কেস্ট্রেশনের সুন্দর সামঞ্জস্য। গানের মধ্যে যে Purity থাকার কথা, সেটা খুঁজে পাই।

নতুন নতুন ছেলেমেয়েদের জন্য "Seylone Music Lounge" একটা অসম্ভব ভালো প্ল্যাটফর্ম। লিজা, নিশিথা, সাব্বিরদের মতো নতুন নতুন ছেলে মেয়েরা কি দারুন গাইছে। কখনও অবসরে ওদেশের টেলি সিরিয়াল, টেলিফিল্ম, শর্ট ফিল্মগুলো দেখি। এসব দেখে শুনে কোথাও যেন একাত্মবোধ করি। ঐসব গান শুনতে শুনতে অনেক পুরনো কথা মনে পড়ে। আমার দেশের বাড়ি ঢাকা জেলার মিরপুরে। বাবার দিকে ঢাকা মিরপুর, মার দিকে ময়মনসিংহ। মিরপুর স্টেডিয়াম, যেটি পরে "বঙ্গবন্ধু জাতীয় স্টেডিয়াম" নামে বিখ্যাত হয়, তার কাছেই ছিল আমাদের বাড়ি। আগে এই স্টেডিয়ামে ফুটবল, ক্রিকেট- দুটো খেলাই হতো। ২০০৬-এ "শের-এ বাংলা ক্রিকেট স্টেডিয়াম" হবার পর জাতীয় স্টেডিয়ামে শুধু ফুটবল খেলা হয়।

ঢাকায় গেছি ৩/৪ বার। প্রথমবার গিয়েছিলাম বোধহয় ১৯৭৪ এ। প্রথমবার ঢাকায় উঠেছিলাম ‘পূর্বাণী ইন্টারন্যাশনাল’ হোটেলে। সেবার পরিচিত হয়েছিলাম রাজ্জাক সাহেব, কবরী, ববিতার মতো বিখ্যাত অভিনেতা, অভিনেত্রীদের সঙ্গে। শেষবার গেলাম ২০১২র নভেম্বরে। উঠেছিলাম বনানীতে। ছবির কাজের জন্যই যাওয়া।তখনই একবার মিরপুরে যাবার সুযোগ হয়েছিল। ইদানিং

আমাদের পরিবারের কেউই থাকেন না সেখানে। আমার বাবার জন্মই তো এপার বাংলায়। আমার জেঠামশায়ের যখন ১৯ দিন বয়স, তখন ঠাকুর্দা এদেশে চলে আসেন। ঠাকুর্দা অবশ্য দীর্ঘদিন ছিলেন। প্রথম জীবনে ফরিদপুরে পড়াশোনা করতেন। পরবর্তীকালে "Philips & Roy" নামে যিনি বিখ্যাত। আমার এক মামী সরকারের উচ্চপদস্থ আধিকারিক ছিলেন। তখন প্রণব মুখোপাধ্যায় অর্থমন্ত্রী। মামীমার চেষ্টায় Enemy Property Exchange এক কিস্তি টাকাও পেয়েছিলাম। তারপরে আর ফলো-আপ করা হয়নি।

প্রখ্যাত লেখক ও চিত্র পরিচালক জাহির রায়হানের বাড়ি ছিল মিরপুরে। ওঁর স্ত্রী ছিলেন প্রখ্যাত অভিনেত্রী সুচন্দা। মুক্তিযুদ্ধের সময়ে জাহির সাহেব পাক সেনাদের হাতে নিহত হন। বাংলাদেশ স্বাধীন হবার পর দু দেশের Cultural Exchange Programme আয়োজিত হতো। সেই সুবাদে জাহির সাহেবের বিখ্যাত ছবি "জীবন থেকে নেওয়া" প্রদর্শিত হয়েছিল দক্ষিণ কলকাতার প্রিয়া সিনেমাহলে।

যা বলছিলাম- শেষবার গেলাম 'কাল মধুমাস' ছবির কাজে। এ ছবিতে নায়িকার ভূমিকায় বিজরী বরকতুল্লার অভিনয় করার কথা ছিল। বাংলাদেশের জনপ্রিয় অভিনেত্রী। কিন্তু আর্থিক কারণে শেষ পর্যন্ত এ ছবিতে ওঁর কাজ করা হয় নি। একবার গেলাম বঙ্গবন্ধু শেখ মুজিবুর রহমানের ধানমন্ডীর বাড়িতে। কতো ইতিহাস চারপাশে ছড়ানো। প্রদ্যোৎ সমাদ্দার আর দেবশ্রী আমাদের দীর্ঘদিনের পারিবারিক বন্ধু। ওদের মেয়ে ইতু (অর্পিতা) তখন ঢাকায় একটা কোম্পানিতে ফ্যাশান ডিজাইনার হিসেবে কর্মরত। অর্পিতার আমন্ত্রণে তখন ঢাকার বিখ্যাত ধানমন্ডির 'মুস্তাকিমের' কাবারের দোকানে কাবাব খেয়েছিলাম। এরকম কতো টুকরো টুকরো স্মৃতি। লিখতে বসলে শেষ হতে চায় না।

কিন্তু এখন বাংলাদেশের যা অবস্থা, দেখে কষ্ট হয়ে, আবার রাগও হয়। ১৯৭১ সালে ভারত যে বাংলাদেশের পাশে দাঁড়িয়েছিল, সেটা সম্পূর্ণ অস্বীকার করা হলো। শুধু তাই নয়, বঙ্গবন্ধু মুজিবর

রহমানকেও অস্বীকার করা হলো। এই বাংলাদেশ আমার কাছে নতুন এবং অপরিচিত। এই বাংলাদেশ আমি চাই না।

বঙ্গবন্ধুর বাড়ির সামনে , ঢাকা

বঙ্গবন্ধুর বাড়ি ঢাকা

দর্শকের দরবারে

বঙ্গগৌরব সম্মান

কোনো রাজনৈতিক দলের তাঁবেদারি করে বা কোনো মানুষকে তেল মাখিয়ে পাইনি এই পুরস্কার। দূরদর্শনেরও আগে প্রথম রঙ্গিন টিভি কভারেজ আমি করি। ১৯৮৫ সালে কলকাতা দূরদর্শনে প্রথম স্পন্সরড ধারাবাহিক আমার করা। তার জন্য আমি নিশ্চয়ই কৃতিত্ব দাবি করতে পারি। ধন্যবাদ সবাইকে যাঁরা এই সম্মান আমার মতো অযোগ্য মানুষকে দিলেন।

একটি সর্বভারতীয় সংস্থার কাছ থেকে “বঙ্গ গৌরব সম্মান ২০২২” পাবার পর থেকে ক্রমাগত স্মৃতির সরণীতেই হেঁটে বেড়াচ্ছি। পরমুহুর্তেই ভাবছি- কি সব মোহময়, রঙ্গীন দিন কাটিয়ে এসেছি... ফিরে যাচ্ছি অতীতে।

কৈশোর থেকেই আমার দুটো প্যাশান ছিল –সাঁতার আর অভিনয়। বড় হবার সাথে সাথে পড়াশোনার পাশাপাশি অভিনয়ের খিদেটা আমার মধ্যে জোরালো হয়ে উঠতে থাকে। আবেগ, অনুভূতি, কন্ঠস্বর, শরীরী ভাষার ব্যবহারে একটি চরিত্রকে জীবন্ত করে তোলার নেশা আমাকে পেয়ে বসেছিল। তাই বি কম পাশ করে Progressive Publicity Service-এ Accounts Executive Trainee পোষ্টে যোগ দিলেও মন পড়ে থাকতো অভিনয় আঙ্গিনার আনাচে কানাচে। এভাবেই একদিন বিখ্যাত পরিচালক দীনেন গুপ্তর মুখোমুখি হলাম। ১৯৭১-এ ওঁর পরিচালনায় "আজকের নায়ক" ছবিতে সুযোগ পেয়ে গেলাম। বড় পর্দায় সেটাই ছিল আমার প্রথম কাজ।

অভিনয় করতে গিয়ে পুরষ্কার, তিরষ্কার – দুই-ই পেয়েছি। স্বীকৃতি পেয়েছি, আবার প্রত্যাখ্যাতও হয়েছি। মনে পড়ে নীতীশ মুখার্জীর “নয়নশ্যামা” ছবিটার কথা। ওই ছবিতে আমার বিপরীতে প্রথম নির্বাচিত হন সে সময়ের অভিনেত্রী সোমা দে। আমি তখন একদম নতুন। সোমার কিঞ্চিৎ নাম-ডাক হয়েছে। আমি নতুন বলে সোমা

আমার বিপরীতে কাজ করতে অস্বীকার করে।পরে চরিত্রটির জন্য সুমিত্রা মুখার্জীকে (হাসি) নির্বাচিত করা হয়। হাসি প্রবল আত্মবিশ্বাস নিয়ে, নির্দ্বিধায় একজন নতুন অভিনেতার সঙ্গে কাজ করেছিল। তারপর থেকে আমৃত্যু হাসি আমার খুব ভালো বন্ধু ছিল।

এর পরে সোমার সঙ্গে বার্ণপুরে একটা নাটক করতে গেছি। তিন ভাই ও এক বোনের গল্প। বোনের চরিত্রটি করার কথা মহুয়া রায়চৌধুরীর। কি একটা কারণে মহুয়া কাজ করতে পারল না। ওর পরিবর্তে সোমা দে কে নেওয়া হল। নাটকে তিন ভাইএর ভূমিকায় যথাক্রমে শমিত ভঞ্জ, আমি আর বিপ্লব চ্যাটার্জি। শো-এর আগে সোমার স্বামী বিবেক চ্যাটার্জী (মৃণাল সেনের "এক অধুরী কহানী" ছবির নায়ক) আমাকে ডেকে বললো, "প্রবীর তুমি তো আছ, ওকে মঞ্চে একটু দেখো।" আমি জবাব দিয়েছিলাম- "আমি কে? নিতান্তই একজন নবাগত অভিনয় জগতে। সোমা তো আমার বিপরীতে অভিনয় করতেই চায় নি নয়নশ্যামা ছবিতে।"

অভিনয়ের আসল কেরামতি তো প্রেক্ষাগৃহে, যখন শত শত দর্শকদের সামনে অভিনয় করতে হয়, যেখানে একবারেই বাজীমাত করতে হয়, শট রি-টেকের কোনো জায়গা থাকে না। এখন ভাবি- কতো স্বতঃস্ফূর্ততা ছিল তখন কাজে... কতো উৎসাহ, উদ্দীপনা... আমরা সারা রাত ধরে রাণীগঞ্জে স্টেজ তৈরি করেছি কয়লা খনিতে, সেখানে অভিনয় করেছি, আবার অভিনয় শেষে মাঝ রাতে ট্রেন ধরে বেরিয়ে পড়েছি অন্যত্র।

এই যে অভিনয়ের প্রতি প্রগাঢ় ভালোবাসা- এটাই বোধহয় আমার চালিকা শক্তি ছিল। নিবিষ্ট মনে ভালো অভিনয় দেখতাম, শেখার চেষ্টা করতাম। প্রবল প্রতিভাময় শিল্পীদের পাশে দাঁড়িয়ে দেখতাম তাঁরা কি অবলীলায় অসামান্য মুহূর্ত তৈরি করছেন। "সম্পর্ক" ধারাবাহিকের একটি গল্পে ("চোর ও একটি বঁটি") রবি ঘোষ আর বিমল দেবের সঙ্গে এক ফ্রেমে ছিলাম আমি। দেখেছিলাম কি অবিশ্বাস্য নৈপুণ্যে দুজনে হাসির মুহূর্তগুলো তৈরি করে চলেছেন।

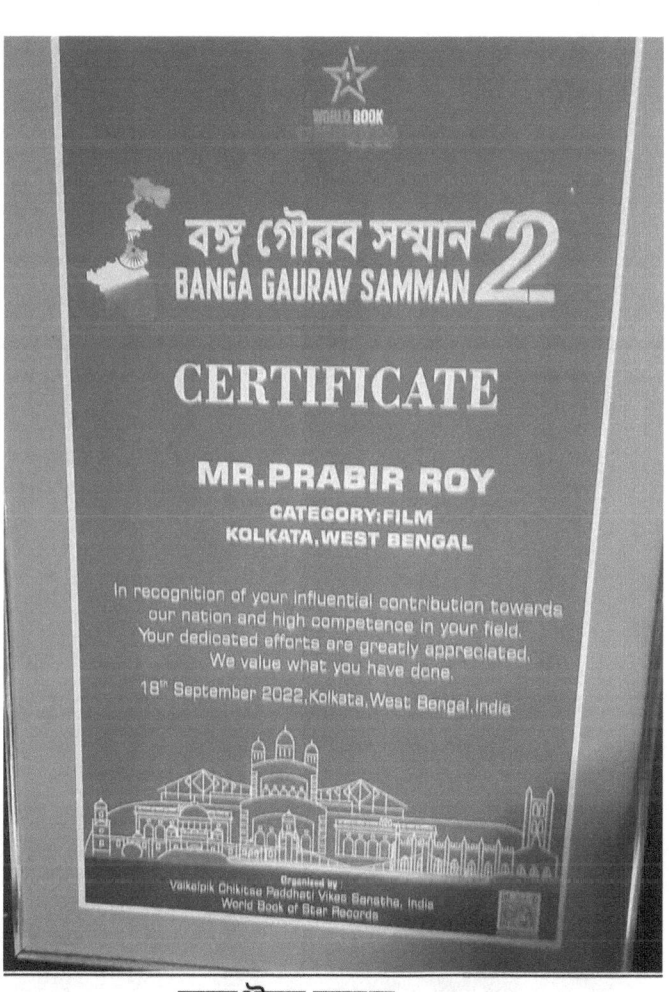

বঙ্গ গৌরব সম্মান
BANGA GAURAV SAMMAN 22
CERTIFICATE
MR.PRABIR ROY
CATEGORY:FILM
KOLKATA,WEST BENGAL
In recognition of your influential contribution towards our nation and high competence in your field.
Your dedicated efforts are greatly appreciated.
We value what you have done.
18th September 2022,Kolkata,West Bengal,India
Organized by :
Vaikalpik Chikitsa Paddhati Vikas Sanstha, India
World Book of Star Records

বঙ্গগৌরব সম্মান

বঙ্গ গৌরব সম্মান
BANGA GAURAV SAMMAN 22
CERTIFICATE
MR.PRABIR ROY

বঙ্গগৌরব সম্মান

প্রবীর রায়- ব্যক্তিগত সম্মান ও পুরস্কার

- **Pramathesh Barua Award**
- **Uttam Kumar Award**
- **"Bichitra Tadanta" was judged the best TV Serial in Eastern India in 1987**
- **"Grihadaha" was judged the best TV Serial in Eastern India in 1988**
- **Prabir Roy, the lead actor in film Nayan Shyama, went to British Film Institute (BFI)**
- **Banga Gourab Samman, 2022**
- **Iconic Pride of India , 2025 for "Best Film Maker With the most Impactful Narratives"**

"অগ্নিমন্থন" পুরস্কার:-

1. Sundarban International Film Festival:- Best Director
2. Jaisalmer International Film Festival: - Best Narrative Feature Film
3. Sweden Film Awards: - Best Feature Film
4. Athens International Monthly Art Film Festival: - Honorable Mention in Direction
5. Cult Jury Film Fest:- a) Best Feature b) Best Direction
6. Tagore International Film Festival: - Best Bengali Narrative Feature Film
7. Bollywood International Film Awards:- Special Jury award
8. Dada Saheb Phalke Film Festival: - Official Selection

9. Yak International Film Festival: - a) Best Indian Feature b) Best Director
10. Roshani International Film festival: - a) Best Social Film b) Best Male Director
11. Travancore International Film Festival: -a) Best Feature b) Best Director
12. South Sudan International Film Festival: -a) Best Foreign Film b) Best Foreign Director
13. International Film & Script Festival Lotus: - a) Best Feature Film
14. World Film Carnival, Singapore: - a) Best Narrative Feature
15. Nawada International Film Festival: - a) Best Feature b) Best Male Director
16. Lion International Film Festival: - Official Selection
17. Dhaka International Cultural Film Festival: - Best Narrative Feature Film
18. Barcelona Indie Awards: - Official Selection
19. Planet Cinema: - Nominee
20. Gully International Film Festival - a) Best Inspirational Film b) Best Male Director
21. Cinemaking International Film Festival, Dhaka:- Official Selection
22. New Jersey Indian & International Film Festival (NJIIFF):-Official Selection
23. Indian Panorama International Film Festival:- Best Narrative Feature Film
24. Iconic Bharat Gourav Puroshkar
25. Chambal International Film Festival:- Festival Special Mention

"যেতে নাহি দিবো" পুরস্কার:-

1. Iconic Bharat Gourav Puroshkar, 2023-24:- Best Documentary Feature Film
2. Mahanayak Uttam Kolkata International Film Festival:- Best Feature Film
3. Roshani International Film Festival, 2024:- Best Documentary Film

"সরলরেখা" পুরস্কার:-

1. Indian Panorama International Film Festival:- Best Short Film on "Truth of Life"
2. Belghoria Short Film Festival: Best Director (Jury's Choice)

IPIFF Award for Jete Nahi Dibo

Indian Panoroma International Film Festival and Iconic Pride
of India Awards

Sweden Film Awards

SMR Film Awards

Indian Panoroma International Film Festival and Iconic Pride
of India Awards

Trophy

ROYZ MEDIA AND ENTERTAINMENT, DIRECTED BY PRABIR ROY

Bioscope Trophy

Chambal Film Festival

Indian Panoroma International Film Festival

Iconic Bharat Gaurav Puroshkar by IPIFF

Iconic Pride of India Awards

BELGHORIA FILM FESTIVAL 2025
SPECIAL JURY MENTION : SARAL REKHA
(Dir : PRABIR ROY)

Certificate of Excellence

BFF

This is to certify that the film...*Saral Rekha*...
Directed by...*Prabir Roy*...has been selected in
Belghoria Film Festival 2025 & secure...*spl. jury mention*...position
in Fiction/Documentary/Music Video category.

Awardee: *Prabir Roy*

BIFF wishes entire unit "BEST OF LUCK" for upcoming projects.

Sri Kunal Sengupta
(Festival Director)

Sri Partha Chakraborty
(Festival Chairman)

Smt. Sreelekha Mukherji
(Director of PR & Management)

প্রবীর রায় সম্পর্কে শিল্পী ও কলাকুশলীরা

(১)

মল্লিকা সিংহরায়
অভিনেত্রী

প্রবীরদা অর্থাৎ ডিরেক্টর প্রবীর রায়ের সঙ্গে আমার আলাপ ২০১৬ সাল নাগাদ "যেতে নাহি দিব" ছবির কাজের সূত্রে। আমি ওই ছবিতে সুপ্রিয়া দেবীর চরিত্র পেয়ে অভিভূত তখন। আমি যতটুকু মিশেছি, তাতে মনে হয়েছে প্রবীরদা কাজের প্রতি খুবই ডেডিকেটেড। অনেক ঝড় ঝঞ্ঝা সামলে উক্ত ছবিটি রিলিজ করেছেন ২০২৩ সালে। কিন্তু হাল ছাড়েননি। একটু বদরাগী বটে কিন্তু ঠান্ডা হতেও বেশি সময় নেন না। আসলে সোজা কথা মুখের ওপরেই বলে দেন, রাখঢাক না রেখে। ওঁর সব কাজে নতুনদের সুযোগ দেবার চেষ্টা করেন। ভালো কাজের, ভালো অভিনয়ের প্রশংসা করেন সবসময়। উনি একসময় দুরদর্শনের জন্য ভালো ভালো প্রজেক্ট করেছেন। সেগুলো সবাই জানে না বা দেখেও নি। সেগুলো আবারও সম্প্রচারিত হলে এখনকার মানুষেরা সমৃদ্ধ হতো। ওঁর অভিজ্ঞতার ভান্ডার এতো বিশাল যে সেই ঘটনাগুলো সোশ্যাল মিডিয়ার পোস্টে পড়তে খুব ভালো লাগে। নানান অজানা ঘটনা জানতে পারি। এককথায় বলবো- উনি খুবই একনিষ্ঠ, জেদি এবং কর্মঠ মানুষ, যিনি বয়েসের তোয়াক্কা না করে এখনো ভালো কাজের আশায় পরিশ্রম করে যাচ্ছেন। উনি আরো অনেক বছর কাজে থাকুন এই প্রার্থনা করি।

***

(২)
বৈশালী মজুমদার (মেনি বেড়াল, প্রবীরদার কাছে)
অভিনেত্রী

আজ এমন একজন মানুষ কে নিয়ে লিখতে বসলাম যে তাঁর সম্পর্কে কি লিখবো, কি ভাবে তাঁকে আমার কলমে তুলে আনার চেষ্টা করবো জানিনা।

সালটা ২০২০। পরিচয়টা সোশ্যাল মিডিয়ার মাধ্যমে। প্রথম কয়েক মিনিট কথা বলে বুঝেছিলাম মানুষটা আজকালকার মুখোশধারী মানুষের থেকে সম্পূর্ণ আলাদা। মুখে যা কাজেও তাই। এটা হলো তাঁর চরিত্রের সব থেকে বড় দিক। আমায় একদিন কথা দিলেন। বললেন, "এসো, অডিশন দাও, ভালো লাগলে কাজটা পাবে।" এবং সত্যিই কাজটা আমি করলাম। এরকম এক কথার মানুষ আজকাল বিরল।

যা হোক, লিখতে যখন বসেছি সব কিছুই লিখবো। যা বকা খেয়েছি কারণে অকারণে, চোখের জল অঝোরে গড়িয়ে পড়েছে। ভীষণ ভয় পেতাম প্রথম প্রথম। ফোন করলেই পাশের ঘরে চুপ করে গিয়ে বসে থাকতাম ভয়ে এই বুঝি বকাঝকা শুরু হবে। যা হোক আজ চার বছরের সম্পর্কে যা বুঝলাম মানুষটা নিছকই ছেলেমানুষ। মনটা বড্ডো নরম। এমনিতে সবার সাথে মিশে যাওয়ার এক বিশেষ গুন তাঁর আছে কিন্তু কাজের সময় বড্ড সিরিয়াস।

লেখা যেন শেষই করতেই পারছিনা। কত কথা মনের কোণে আসছে। যাই হোক সব শেষে বলি, ভালোবাসা নিও, ভালো থেকো। আর এভাবেই আমাদের মতন আরো অনেক নতুন শিল্পীদের স্বপ্নপূরণের দায়িত্ব নিও।

***

(৩)

প্রিয়াঙ্কা ভট্টাচার্য (পিউ)
অভিনেত্রী ও নৃত্যশিল্পী

প্রবীরদা আমার কাছে অনুপ্রেরণা এবং আবেগ। এই মানুষটি ওপর থেকে কঠোর হলেও অত্যন্ত আন্তরিকতা ও ভালোবাসার সাথে আমায় অভিনয়ের সুনিপুণতা বুঝিয়েছেন। আমার মত অতি সাধারণ একটি মেয়েকে সংবেদনশীলতার সাথে একটি গুরুত্বপূর্ণ চরিত্র 'গৌরী দেবীকে' প্রাণবন্ত করে তুলতে সাহায্য করেছেন। যেখানে আমাদের সবার প্রিয় উত্তম কুমারের স্ত্রীর চরিত্রে অভিনয় করার জন্য অনেকেই উৎসাহী ছিলেন, সেখানে আমার মত একটি সাধারন মেয়েকে, যে মেয়েটি অভিনয় ভালোবাসে, তাকে অত্যন্ত নিপুণতার সাথে বুঝিয়ে গৌরী দেবী চরিত্রটির বাস্তব রূপটি চোখের সামনে তুলে ধরে আমায় 'যেতে নাহি দিব' চিত্রনাট্যের 'গৌরী দেবী' করে তুলেছিলেন। তাই এটা আমার জীবনের সবচেয়ে পরমপ্রাপ্তি যে আমি ওঁর সংস্পর্শে কাজ শিখে সেটি অভিনয়ের মাধ্যমে সকলের সামনে তুলে ধরতে পেরেছ। প্রবীরদার কাছে আমি চির কৃতজ্ঞ যে উনি আমায় গৌরী দেবীর চরিত্রটির জন্য উপযুক্ত মনে করেছিলেন এবং ভরসা করেছিলেন। আমার কাছে তাই প্রবীরদা অনুপ্রেরণা এবং আবেগ। 'যেতে নাহি দিব' চিত্রনাট্যটি যেমন আমার কাছে পরমপ্রাপ্তি তার থেকেও পরমপ্রাপ্তি প্রবীরদার সান্নিধ্য, আন্তরিকতা ও স্নেহময় ভালোবাসা। যেতে নাহি দিব' চলাকালীন প্রবীরদা আমাদের সবার প্রিয় সুপ্রিয়া দেবীর সাথে আমাদের সাক্ষাৎ করিয়েছিলেন। প্রবীরদার জন্যই আমরা সুপ্রিয়া দেবীর সান্নিধ্যে এসেছি, সুপ্রিয়া দেবীর সাহচার্য আমরা পেয়েছি প্রবীরদার জন্যই, এটা প্রবীরদার জন্যই সম্ভব হয়েছে। প্রবীরদা যেমন একজন বড় মাপের পরিচালক তার থেকেও বড় মাপের একজন মনের মানুষ। ধন্যবাদ দিয়ে প্রবীরদাকে ছোট করবো না শুধু বলবো প্রবীরদা তুমি খুব ভালো থেকো। অনেক ভালো ভালো কাজ করো এবং আমাদের পাশে থেকো।

(৪)

সোনালী ঘোষ
অভিনেত্রী
১৪ই জুন ২০২৪

প্রবীরদার সাথে আমার জানাশুনো বেশী দিনের নয়। মাত্র কিছু বছরের, তাতেই বুঝতে পেরেছি ওঁর শৃঙ্খলা বোধ, মানবিকতা, অন্যায়কে প্রশ্রয় না দেওয়, কোনো কমিটমেন্ট করার আগে শতবার ভাবা, আর করে দিলে সেটি পূরণ করার আপ্রাণ চেষ্টা। প্রচণ্ড কর্মঠ এবং আজও ছোট থেকে বড় সকলের কাছে ভীষনভাবে সমাদৃত কারণ উনি সকলের সঙ্গে খুব সুন্দর মিশতে পারেন। এক কথায় আমার চোখে প্রবীরদা সুপার ম্যান।

***

494

(৫)

প্রীতি বসু
সঙ্গীত শিল্পী

আমি সঙ্গীত শিল্পী প্রীতি বসু। আজ কিছু কথা লিখবো ডিরেক্টর সাহেব প্রবীর রায় মানে প্রবীরদাকে নিয়ে।

আমার সাথে প্রবীরদার আলাপ পর্বটি বেশ মজাদার। ফেসবুকের মাধ্যমে আমাদের আলাপ এবং সেখানেই আমার গাওয়া রবিঠাকুরের একটি গান "আমার হিয়ার মাঝে লুকিয়ে ছিলে" শুনে প্রবীরদা হঠাৎ একদিন আমায় ফোন করে জিজ্ঞাসা করেন, "এটা তোমার গাওয়া?" আমি বললাম "হ্যাঁ"। উনি বললেন "আমার পরের ছবিতে তোমার গাওয়া গান থাকবে"। এই ছিল আমাদের প্রথম কথা। ব্যক্তিগত আলাপ পরিচয় নেই, কিন্তু ভালো কাজের প্রশংসা উনি করতে জানেন। তাই ওঁর ছবিতে গান গাওয়ার প্রস্তাব দেন। সেই থেকে প্রবীরদাকে আমার চেনা জানা শুরু হয়। শুরু হলো প্রবীরদার ছবি "যেতে নাহি দিব "।

বুদ্ধদেবদার সংগীতায়োজনে, প্রবীরদার এই ছবিতে আমার গান গাওয়ার সুযোগ হলো "কার ছবি এঁকে যাই"। সেই যে অচেনা একটি মেয়েকে ফোন করে একদিন বলেছিলেন "তুমি গাইবে", তিনি কথা রেখেছেন, যদিও সেই মেয়েটি এখন আর অচেনা নয়। প্রবীরদার সঙ্গে সম্পর্কটা কাজের জায়গার গন্ডি পেরিয়ে পারিবারিক হয়ে উঠলো। এই ছবিতে প্রবীরদা আমাকে একটা ছোট্ট চরিত্রে অভিনয় করারও সুযোগ দেন, অভিনেত্রী ও সংগীত শিল্পী বাসবী নন্দীর চরিত্রে।

এই ছবিতে কাজ চলার সময়ে দেখেছি প্রবীরদাকে। এমনিতে মানুষটি ভীষণ মজার, আমুদে মানুষ। কিন্তু কাজের সময়ে তাঁর নিষ্ঠা শিক্ষণীয়। কাজের প্রতি তাঁর একাগ্রতা, ভালোবাসা, গুরুত্ববোধ, সেই কাজকে আরো সুন্দর করে তুলতো। আর সেই কাজ যদি মহানায়ককে নিয়ে হয়, তবে তা বলার উর্দ্ধে, কারণ

মহানায়ক এবং সুপ্রিয়া দেবীকে নিয়ে তাঁর জ্ঞান, পড়াশোনা, আবেগ অনেকের থেকে বেশী। সুপ্রিয়াদেবী ও মহানায়কের সঙ্গে প্রবীরদার ব্যক্তিগত সম্পর্ক খুবই ভালো ছিল।

আমিও ভাগ্যবান যে এমন মানুষের সান্নিধ্যে আমি এসেছি। এতো ব্যস্ত মানুষ কিন্তু আমার জন্মদিনের শুভেচ্ছাবার্তা জানাতে কোনো বছর ভুল হয় না, এটা আমার ভীষণ ভালো লাগে। একটু রাগী, অল্পতে রেগে যান, আবার শান্তও হয়ে যান তাড়াতাড়ি। খুব ভালো থাকুন প্রবীরদা। সুস্থ সুদীর্ঘ জীবন প্রার্থনা করি।

***

(৬)

সুদীপ্তা সেনগুপ্ত চৌধুরী।
অভিনেত্রী ও আবৃত্তিকার
<u>১৫ই মার্চ ২০২৫</u>

প্রবীরদা ডিরেক্টর প্রোডিউসার ঠিকই কিন্তু আমার সাথে পরিচয় অন্যভাবে। সেই পরিচিতির মধ্যে দিয়েই আমাদের পারিবারিক বন্ধুত্ব তৈরি হয়ে ওঠে। হিসেবী পাওনার ঊর্ধ্বে ওঠা আমাদের সম্পর্ক। প্রবীরদা একজন খুব সংবেদনশীল মানুষ, সৃজনশীল এবং গঠনমূলক একজন শৈল্পিক ব্যক্তিত্ব। ওঁর সাথে সাম্প্রতিককালে দুটো ভাল কাজ করার আমি সুযোগ পেয়েছি এবং উনি একটু আধটু অভিনয় আমাকে দিয়ে করিয়ে নিয়েছেন। এক "অগ্নিমন্থন" ছবি আরেকটি হলো একটি শর্ট ফিল্ম "সরলরেখা"। দুটি কাজের জন্য প্রবীরদা অনেক সম্মান অর্জন করেছেন এবং পুরষ্কারও পেয়েছেন দক্ষ পরিচালনার জন্য। আমি আন্তরিক ভাবে খুশি আমি ওনার এই দুটি কাজে অন্তর্ভুক্ত হতে পেরে।

প্রবীরদা খুব ইমোশনাল একজন মানুষ। উনি খুব হাসি খুশিও বটে। জীবনকে উপভোগ করতে প্রবীরদা খুব ভাল জানেন। আরেকটা বড়ো গুণ হলো প্রবীরদা ভীষণ ভাল অরগানাইজ করেন। কাজের ক্ষেত্রে শিল্পীদের সময় মেনে এবং সুচারুভাবে কাজ করিয়ে নেওয়ার ওঁর দক্ষতা অত্যন্ত প্রশংসার দাবি রাখে। যে বিষয়টা না বললেই নয়, সেটি হলো প্রবীরদার থেকে উত্তম কুমারের অনেক অজানা কথা আমরা জানতে পারি, কারণ উত্তম কুমারের সাথে প্রবীরদার খুব কাছের এবং সুমধুর সম্পর্ক ছিল। এই গল্প গুলো বলার সময় দেখেছি দাদা কে খুব নস্টালজিক হয়ে পড়তে আর তখন উপলব্ধি করেছি তাঁদের দুজনের সম্পর্কের গভীরতার কথা। উত্তম কুমারের জীবনী নিয়ে সাম্প্রতিক কালে একটি ছবি দাদার নির্দেশনায় মুক্তি পেয়েছে, "যেতে নাহি দিব"। বাঙালির কাছে এটি একটি প্রিয় ছবি বটেই।

প্রবীরদা অভিনীত বেশ কয়েকটি ছবি বাঙলা ফিল্ম জগতে তালিকাভুক্ত আছে। পরবর্তীতে উনি সিনেমা পরিচালনায় চলে আসেন। ওঁর মতো মানুষ এই যুগে কম দেখা যায়। যে বয়সে উনি পৌঁছেছেন তবু কোনো ভাবেই আমি অনুভব করি না উনি ক্লান্ত হয়ে পড়েছেন। উনি একজন নিরলস পরিশ্রমী সফল পরিচালক। প্রবীরদার এখনো স্বপ্ন সফল করার প্রয়াস সজীব আছে ফিল্ম ইন্ডাস্ট্রিতে। এই ব্যাপারটা অত্যন্ত শিক্ষণীয়। আমরা প্রতিটি মুহূর্তে ভাল কিছু শিখি আর এই গুণী মানুষটির কাছে তাই প্রতিনিয়ত শিখছি। প্রবীর রায়ের ঝুলিতে আরো ভাল ভাল ছবির সংখ্যা বাড়তে থাকুক তথা আমাদের বাঙলা ছবির জগত আরো সমৃদ্ধ হোক এই অপেক্ষায় থাকা।

প্রবীরদার সুস্থতা কামনা করি আর ঈশ্বরের কাছে এইটুকু প্রার্থনা - দাদা যেন আরো ভাল ভাল কাজ করতে পারেন যা আমাদের সবাইকে ঋদ্ধ করবে, সমাজের কল্যাণ হবে ওঁর শৈল্পিক চিন্তাধারার প্রতিফলনে।

***

(৭)

শান্তনু ব্যানার্জী
চিত্রগ্রাহক
৩০শে এপ্রিল ২০২৫

বন্ধু এডিটর ঋতমের ফোন পেলাম, একজন পরিচালক একটি ছবি করবেন, তাঁর ছবির জন্য চিত্রগ্রাহক প্রয়োজন। পরিচালকের নাম বললো ঋতম। বললাম, 'আমার সঙ্গে পরিচয় নেই।' ফোন নম্বর নিয়ে ফোন করলাম সেই পরিচালক মহাশয়কে। উনি পরের দিন আমাকে তাঁর অফিসে ডাকলেন। সময় মতো পৌঁছলাম তাঁর অফিসে। আলাপ হলো পরিচালক প্রবীর রায়ের সঙ্গে। পরের দিন সন্ধেবেলা তাঁর বাড়িতে গেলাম চিত্রনাট্য আনতে। আলাপ ক্রমশঃ গাঢ় হতে শুরু করলো। শুরু হোলো প্রবীরদার নতুন ছবি "অগ্নিমন্থন"।

বুঝতে পারলাম এক বিশাল অভিজ্ঞতার ভান্ডার মানুষটি। বাংলা চলচ্চিত্র জগতের স্বর্ণালী সময়ের মায়ামাখা প্রবীরদার শরীরে। শুটিং এবং তার অবসরে সেই দিনগুলোর না জানা কতো কথা শুনতে থাকি প্রবীরদার থেকে।তুমি থেকে কখন যে তুই হয়ে গেলাম। প্রবীরদার স্নেহ লুকোনো ফল্গুধারার মতো। আছে কিন্তু কোনো দেখানেপনা নেই। আমার অত্যন্ত সৌভাগ্য যে আমি প্রবীরদার স্নেহ পেয়েছি যা এই পেশাগত মাধ্যমে একেবারেই দুর্মুল্য। দরাজ, ঋজু, দিলখোলা এক অদ্‌ভুত মানুষ এই প্রবীরদা। যাঁরা তাঁর কাছে আসতে পেরেছেন তাঁরা জানেন, উপলব্ধি করেন প্রবীরদা ঠিক তাঁর মতো করেই এরকম থাকবেন, থেকে যাবেন- Loud and Clear।

(৮)

গোপাল দেবনাথ
Editor-GRS News India
CEO & Chief Editor, News Stardom
২৫শে মে ২০২৫

টালিগঞ্জের বাংলা ফিল্ম ইন্ডাস্ট্রিতে এই সময়ে খুব অল্প সংখ্যক পরিচালক আছেন যাঁরা প্রতিনিয়ত নতুন প্রতিভার সন্ধানে ব্যাপৃত থাকেন। অভিনেতা, প্রযোজক এবং পরিচালক প্রবীর রায় এমন একজন সতত উৎসাহী মানুষ যিনি তাঁর পরিচালিত ছায়াছবি এবং ধারাবাহিকে এমন অনেক নতুন শিল্পীকে সুযোগ করে দিয়েছেন সঙ্গীতে এবং অভিনয়ে।

'অগ্নিমন্থন' ছবিতে বুদ্ধদেব গাঙ্গুলীর সংগীত পরিচালনায় কন্ঠদান করেছেন তনুশ্রী দেব। একটি ফেসবুক লাইভ অনুষ্ঠানে তনুশ্রীর গান শুনে পরিচালক প্রবীর রায় তাঁকে এই ছবিতে কন্ঠদানের সুযোগ দিয়েছেন। সুদূর শিলচরের বাসিন্দা তনুশ্রী গান রেকর্ডিংয়ের জন্য কলকাতা এসেছিলেন। ওর অসাধারণ কণ্ঠ ও গায়কী, রেকর্ডিংএ উপস্থিত সবাইকে অবাক করে দিয়েছে! এরকম আরও উদাহরণ আছে। প্রবীরবাবুর প্রথম ছবি "কাল মধুমাস" এ গান গেয়েছেন প্রবাল মল্লিক এবং রেশমী চক্রবর্তী ভৌমিক। "যেতে নাহি দিব" ছবিতে প্লেব্যাক করেছেন সাগ্নিক সেন এবং প্রীতি বসু।

শুধু গান নয়, ধারাবাহিক এবং ছায়াছবিতে অনেক নবীন শিল্পী অভিনয়ের সুযোগ পেয়েছেন। কালক্রমে অনেকে স্বনামধন্য হয়েছেন। প্রখ্যাত অভিনেত্রী রূপা গাঙ্গুলীর প্রথম আত্মপ্রকাশ প্রবীর রায়ের ধারাবাহিক "বিচিত্র তদন্ত"এ। ছোট ও বড়ো পর্দার পরিচিত মুখ সায়নী মিত্র, অঙ্গনা বসু প্রথম সুযোগ পান প্রবীর রায়ের ধারাবাহিকে। 'কাল মধুমাস' ছবিতে প্রথম আত্মপ্রকাশ করেছিলেন সিরিয়াল অভিনেতা সুদীপ সরকার এবং রঞ্জিনী চট্টোপাধ্যায়। 'যেতে নাহি দিব' ছবিতে প্রথমবার কাজ করেছেন

ছোট পর্দার পরিচিত মুখ মল্লিকা সিনহা রায়। সমসাময়িক সমাজ জীবনের জ্বলন্ত প্রতিচ্ছবি "অগ্নিমন্থন" এও অনেক পরিচিত মুখের পাশাপাশি ওশনী দাস, ঋক দে ও বৈশালী মজুমদার নামে তিনটি নতুন মুখ দেখা গেছে। 'অগ্নিমন্থন' এই প্রায় ২০ বছর পর অভিনয়ে ফেরার কথা ছিল ৮০র দশকের ডাকসাইটে সুন্দরী অভিনেত্রী আলপনা গোস্বামী (বসু)। কিন্তু কোভিডের জন্য সুদূর আমেরিকা থেকে আসতে পারেননি। সেই চরিত্রে অভিনয় করেছেন সিরিয়ালের পরিচিত মুখ মৌমিতা গুপ্ত।

এ প্রসঙ্গে পরিচালক শ্রী রায় জানালেন, আমাদের চারপাশে কতো প্রতিভা সুযোগের অভাবে হারিয়ে যাচ্ছে। আমি সাধ্যমতো তাদের একটা প্ল্যাটফর্ম দেবার চেষ্টা করি যাতে তারা নিজের প্রতিভার প্রতি সুবিচার করতে পারে। নতুন শিল্পীদের মানুষের সামনে উপস্থিত করার মধ্যে এক অদ্ভূত আনন্দ আছে। আমার ছেলে নীল রায়ের "FFACE" নামে একটি সংস্থাও অভিনয় ও মডেলিংয়ের জগতে অনেক নতুন ছেলেমেয়েকে সুযোগ করে দিয়েছে। স্বস্তিকা দত্ত, শন ব্যানার্জী এদের মধ্যে কয়েকটি উল্লেখযোগ্য নাম।

এ রকম দরদী মানসিকতার জন্য পরিচালক প্রবীর রায়ের জন্য রইলো অনেক শুভেচ্ছা আর অভিনন্দন।

***

503

(৯)

অনিন্দ্য সরকার
(বিশিষ্ট পরিচালক ও অভিনেতা)
০৪.০৫.২০২৫

সিনেমার সঙ্গে জড়িত "রায়" পদবি যাদের, তাদের সম্পর্কে রায় দিতে গেলে বিপদেই পড়তে হয়। যেমন ধরুন প্রথমেই যে নামটা মনে আসে সেটা হল "ডক্টর বিধান চন্দ্র রায়"- যদিও তিনি চলচ্চিত্র শিল্পের সঙ্গে যুক্ত ছিলেন না কিন্তু চলচ্চিত্র শিল্পের এক মহান ইতিহাসের সাক্ষী ছিলেন। তাঁর বদান্যতা ছাড়া মহান চলচ্চিত্রকার সত্যজিৎ রায়ের পথের পাঁচালী মুক্তি পেত না.. দেখলেন তো আবার সেই "রায়"।সত্যজিৎ সম্পর্কে বলা আমার সাজেও না। এখানে সে উদ্দেশ্যে কথাও বলছি না। তবে সত্যজিতের গুরু গম্ভীর কণ্ঠে silence আর তার মাঝের camera lens পিছনে থাকা মানুষটিও রায়। হ্যাঁ আমি কথা বলছি সত্যজিতের অত্যন্ত গুরুত্বপূর্ণ আলোকচিত্রশিল্পী "শ্রী সৌমেন্দু রায়ের"। তারপর ধরুন অভিনয়ের ক্ষেত্রে শ্রদ্ধেয় শিল্পী "শ্রী বিকাশ রায়".. একে একে আসে "শ্রী তরুণ রায়" "দেবরাজ রায়", "অরুণ রায়" ইত্যাদিরা. খুব সাম্প্রতিককালেও একজন অত্যন্ত বলিষ্ঠ পরিচালককে আমরা হারিয়েছি তিনিও "অরুণ রায়".. তার আগেও অঙ্কন শিল্পী এবং পরিচালক "নীতীশ রায়"। আরেকজন "নীতিশ রায়" যিনি শিল্পনির্দেশক এবং পরিচালকও বটে.. শ্রদ্ধেয় পরিচালক মৃণাল সেনের অনেক চলচ্চিত্র নির্মাণেই তার ভূমিকা ছিল খুবই গুরুত্বপূর্ণ। আমার নিজের কাজ করা আর এক গুণী শিল্পী ছিলেন "শ্রী দিলীপ রায়"।

যাইহোক এরকম রায় বাবুদের নিয়ে কথা বলতে বলতে তো অনেক সময় চলে যাবে, কারণ আরো অনেকেই আছেন যাদেরকে হয়তো এই মুহূর্তে ছুঁয়ে যেতে পারছিনা. কিন্তু যে মানুষটি মন ছুঁয়ে আছেন তিনি হলেন "শ্রী প্রবীর রায়"। যাঁকে নিয়ে বলব বলেই এত ভূমিকা করা। প্রবীরদা একসময়ের অভিনেতা প্রযোজক এবং পরিচালক। তাঁর সুপুরুষ dashing চেহারা দিয়ে তিনি একটা সময় অনেককেই

মোহিত করে রেখেছিলেন। প্রবীরদা কে একসময় বোধায় কাকু বা uncle বলতাম তার কারণ বয়সে আমার বাবার থেকে ছোট হলেও আমার বাবা শ্রী অমল সরকারে বিশেষ বন্ধু তালিকায় পড়তেন, তাই হিসেব মতো ছোটবেলা থেকে প্রবীর কাকু বলার হয়তো চল ছিল কিন্তু পরবর্তীতে ওঁর সঙ্গে আমার সখ্যতা এবং বন্ধুত্ব হওয়ার পরে দাদা বলার রেওয়াজটাই চালু থাকলো। সত্যিই অসম্ভব ভালো মনের মানুষ একজন এবং অসমবয়সী হলেও ওঁর সঙ্গে বন্ধুত্ব এক অদ্ভুত অভিজ্ঞতা, যেকোনো বয়সের মানুষকে এত সুন্দর আপন করে নেন, এত কাছে টেনে নেন যে আপনি ওঁর উষ্ণতা আন্তরিকতা সবসময় অনুভব করবেন।

আমি ওঁর পরিচালিত দুটি চলচ্চিত্রে অভিনয় করেছি। উত্তমকুমারের জীবনী নিয়ে 'যেতে নাহি দিব' ছবিতে আমি মহানায়িকা সুচিত্রা সেনের স্বামী দিবানাথ সেনের ভূমিকায় অভিনয় করেছিলাম এবং পরবর্তীকালে 'অগ্নিমণ্থন' ছবিতে বিশিষ্ট নাট্যাভিনেতা মেঘনাদ ভট্টাচার্যের পুত্রের ভূমিকায় অভিনয় করেছি, যার চিত্রনাট্যের দায়িত্বে ছিলেন আরেক "রায়" অভিনেতা এবং চিত্রনাট্যকার "শ্রী অশোক রায়"। আশা রাখি আগামীতেও
প্রবীরদার যে কোন কাজের সঙ্গে নিজেকে যুক্ত রাখব কারণ শুধু কাজই নয় ওঁর সাহচর্যও এক আনন্দময় অভিজ্ঞতা। একসাথে হই হই করে কাজ করা, আড্ডা মারা, ইয়ার্কি ঠাট্টা, ওঁর শিশুদের মতন রাগ করা সবটাই আমার কাছে এক অনাবিল আনন্দ. প্রবীরদার কাছে পুরনো দিনের গল্প শুনতে শুনতে শিহরণ জাগে। তখনকার খ্যাতনামা শিল্পী, কলাকুশলী, পরিচালক, সাহিত্যিক, কবি, সবার সঙ্গেই ওনার নানান রকমের আদান-প্রদান ছিল.. মহানায়ক উত্তম কুমারের কত কাহিনী শুনেছি ওনার কাছ থেকে- সুপ্রিয়া দেবী নিজে হাতে করে রান্না করে খাওয়াতেন ওঁকে.. প্রবীরদার ভান্ডারে এমন সব তথ্য রয়েছে সেগুলি উনি এবার বই আকারে প্রকাশ করতে চলেছেন.. অনেক অনেক শুভেচ্ছা ও ভালোবাসা শুভকামনা এবং অভিনন্দন জানাই সেই জন্য.. প্রবীরদার সুস্থ শরীর এবং দীর্ঘায়ু কামনা করি।

আর সবশেষে বলি যেহেতু বাবার বন্ধুর সাথে এখন আমারও দোস্তি.. তাই বলি "দীনবন্ধু তুমি আমারও বন্ধু বাপেরও বন্ধু".. ভালো থেকো দাদা.. সুস্থ থেকো, আনন্দে থেক্‌ সৃষ্টিতে থেকো।

***

(১০)

অশোক রায়
(অভিনেতা, চিত্রনাট্যকার, পরিচালক)

প্রবীরদা কখনো হারতে শেখেননি

আমার বন্ধু সুবীর ভট্টাচার্যের হাত ধরে তার বাড়িতে প্রথম যাওয়া, পরিচয় এবং লেখক সুনীল দাশের গল্প 'কাল মধুমাস' অনুসৃত তার পরিচালিত প্রথম ফিচার ছবির চিত্রনাট্য লেখার বরাত পাওয়া। স্বল্পদৈর্ঘ্য চলচ্চিত্র ও নাটক ইত্যাদি লেখায় হাত পাকালেও 'কাল মধুমাস' আমার প্রথম পূর্ণদৈর্ঘ্য চলচ্চিত্র লেখা। সে সুযোগ তিনিই আমায় প্রথম দেন। আমার ওপর ভরসা রাখেন। ওনার মুখ থেকেই জানতে পারি যে, চিত্রপরিচালক হিসেবে 'কাল মধুমাস' ওনার প্রথম ফিচার ফিল্ম। তাই আমার কাছেও সেই ছবির স্ক্রিপ্ট লেখা অত্যন্ত গর্বের। প্রথম দিনের পরিচয়েই বুঝেছিলাম ওঁর চরিত্রে কোন বিষয়েই হেরে যাওয়া শব্দটি নেই। সে যে কোন বিষয়ে-রাজনীতি, সমাজনীতি, খেলার জগৎ, পরিবারতন্ত্র, যে কোনো তর্কেই ওনার সাথে হালে পানি পাওয়া কঠিন হতো আমার। তাঁর আর একটি বিশেষ গুণ হলো, অসম্ভব জেদ! যেটি নিজে বুঝতেন ঠিক, পৃথিবী রসাতলে গেলেও সেটাই সঠিক। এতে অনেক বন্ধু শত্রু হয়েছে বটে, কিন্তু এই জেদ তাঁকে এগিয়ে দিয়েছে অনেক দুঃসাহসী কাজে। মুলতঃ প্রযোজকের ভূমিকায় দূরদর্শনে প্রথম ফুটবলে বিশ্বকাপের রঙীন কভারেজ, পণ্ডিত রবিশঙ্কর কে নিয়ে অনুষ্ঠান, 'বিচিত্র তদন্ত' শিরোনামে রহস্যঘন ধারাবাহিক, আরো কত কি!

মহানায়ক উত্তমকুমার ও সুপ্রিয়া দেবী'র ময়রা স্ট্রিটের ফ্লাটে যাওয়া আসা, আড্ডার সূত্রে সেই সময়ের চলচ্চিত্র জগতের রথী-মহারথী, সঙ্গীত পরিচালক, সুরকার ও গায়ক-গায়িকার সাথে সুসম্পর্ক গড়ে ওঠে তাঁর। উত্তমকুমার কে নিয়ে ডকুমেন্টারি তৈরি করতে গেলে, আমি তাকে বাধা দিই এবং সেই স্বর্ণযুগের যে সব সত্যঘটনা তার মুখে শুনেছিলাম তার নিরিখে 'যেতে নাহি দিব'

নামে একটি ডকু-ফিচার ফিল্মের গল্প ও চিত্রনাট্য লিখি আমি। অনেক বাধা, বিপত্তি, আইনি লড়াই শেষে সে সিনেমা হলে রিলিজ করে।

আগেই বলেছি তর্কে হেরে যাওয়া তাঁর ধাতে নেই। সে সহকর্মী হোক অথবা পরিবারের সদস্য। সমসাময়িক শ্বদন্ত সময়ে একজন সংবেদনশীল শিল্পী হিসেবে তার সাথে বহু বিষয়ে তর্ক হোত। তাঁর সাথে সেই তর্কের ভাবনা থেকে আমি লিখে ফেলি এক অ-রাজনৈতিক কথা - 'অগ্নিমন্থন' নামে একটি ছবি। কাহিনী ও চিত্রনাট্য সাজাই তাঁরই চরিত্রের ছায়ায়; ছবির প্রটাগোনিষ্ট এক প্রতিবাদী চিত্র-পরিচালকের অস্তিত্ব বিপন্নতার মাধ্যমে। আবার একটা সাংস্কৃতিক বিপ্লব সংগঠিত হওয়ার আভাষে সে ছবির মুক্তি।

চির-নবীন, বিখ্যাত সাঁতারু, অভিনেতা, প্রযোজক, পরিচালক প্রবীর রায়ের ভালো-মন্দ বিচার করার সাহস অথবা যোগ্যতা আমার নেই, কিন্তু একটি বিষয় আমার বিচারে তিনি অতুলনীয়। এমন অতিথিবৎসল, খাদ্যরসিক, আমাদের মত ভালবাসার মানুষ জনদের সুযোগ করে দেওয়া পরোপকারী মানুষ, আমি খুব কম দেখেছি। অনেক বিষয়ে ওনার সাথে মতের অমিল থাকলেও তোমাকে কুর্ণিশ প্রবীর দা। তোমার স্মৃতিচারণা'য় - তোমার লেখা 'স্মৃতির অলিন্দে একাকী' গুণীজন সান্নিধ্যে তোমার গৌরবময় বিচরণ, একটি অমূল্য দলিল হয়ে থাক, এই কামনা করি।

***

(১১)

শর্বরী চক্রবর্তী

সরকারী চাকুরে এবং বাংলা চলচিত্র ও সংগীতের একনিষ্ঠ অনুরাগী

আমার কথা

২০১৫ সালের মাঝামাঝি কোনো এক সময়ে ফেসবুকের মাধ্যমে শ্রী প্রবীর রায়ের সঙ্গে আমার পরিচয়। পরিচয়ের জন্য একটা কোনো common interest লাগে- যার মাধ্যমে পরিচয়ের গভীরতা বাড়ে। এ ক্ষেত্রে ছিল "মহানায়ক উত্তমকুমার" এবং বাংলা সিনেমা, গান, সাহিত্যের স্বর্ণযুগ। নিছক আলাপের স্তর থেকে যোগাযোগের পরিধি বাড়তে বাড়তে নিতান্ত পোশাকী আলাপ আলোচনার স্তর পেরিয়ে পারিবারিক সম্পর্কে উত্তরণ ঘটলো। হয়তো একটু অতীতবিলাসী বলে পুরনো সব কিছুতেই আমার প্রবল আকর্ষণ। প্রবীরদার কাছে তাঁর কর্ম জীবনের অসংখ্য গল্প শুনতে শুনতে মনে হয়েছে যেন একটা kaleidoscope – সেই সময়কে এবং ব্যক্তি প্রবীরদাকে চেনার জন্য নানা রঙের বর্ণালী।

২০১৬তে মহানায়ক উত্তমকুমারকে নিয়ে প্রবীরদা একটি পুর্ণ দৈর্ঘের ছবির কাজে হাত দেন- "যেতে নাহি দিব"। EIMPA তে ছবির নাম রেজিস্ট্রি করা থেকে শুরু করে ছবির গান রেকর্ডিং, শুটিং-এ থাকা, অসংখ্য বই, পত্র পত্রিকা, DVD নিয়ে চর্চা, আলোচনা- music launch... Poster release....press release.. তারপর ২০১৯ নভেম্বর থেকে আরেক অধ্যায়....। দেখলাম ওঁর নাছোড়বান্দা মানসিকতা- হার-না- মানা জেদ নিয়ে লড়াই, মানসিক এবং শারীরিক একক যুদ্ধ...এর মধ্যে COVID এবং heart attack- দুটো মারাত্মক অসুস্থতা থেকে তুমুলভাবে ফিরে আসা- energy, positive mentality, attitude, মন, মেজাজ, মর্জি ... সব কিছুর সাক্ষী থেকেছে এই ছবি। অনেক ঘাত-প্রতিঘাত পেরিয়ে, চড়াই-উৎরাই ভেঙ্গে ছবিটা রিলিজ করে ২০২৩ এর অক্টোবর মাসে। তার আগেই প্রবীরদা 'অগ্নিমন্থন' নামে আরেকটি ছবি করেন যেটি একালের সমাজ-সময়ের দর্পণ, সেটি রিলিজ করে ২০২৩ এর জানুয়ারিতে।

এবং একেবারে সম্প্রতি 'সরলরেখা' বলে একটি স্বল্পদৈর্ঘের ছবি পরিচালনা করেন।

ওনার কর্মজীবনের অনেক গল্প শুনেছি। আমরা যারা অন্য পৃথিবীর বাসিন্দা, আমরা অনেক স্বনামধন্য বাঙালির গল্প পড়েছি "হারানো দিনের কথামালা" সিরিজে। আমরা অনেকদিন থেকেই এই ধারাবাহিক লেখাগুলোকে দুই মলাটে বন্দী করার জন্য প্রবীরদার কাছে আবদার অথবা অনুরোধ করছিলাম। উদাসীনতার শীতঘুম কাটিয়ে শেষ পর্যন্ত লেখায় হাত দিলেন। আমিও এই কাজে সাগ্রহে জুড়ে গেলাম। সবিস্ময়ে দেখলাম- কোথাও এতোটুকু ধুলো জমেনি। স্মৃতির মায়াগলিতে উল্টোপথে হেঁটে দিব্যি অন্তর্লীন ভালোবাসায় মাখামাখি একটা নকশিকাঁথা আঁকা হয়ে গেলো। বইটা দিনের আলো দেখার অপেক্ষায়। এই সুযোগে আমার অতলান্ত শুভেচ্ছা জানাই আমাদের প্রিয় বৌদি, নীল এবং ফলককে- যাঁরা প্রতিনিয়ত উৎসাহ দিয়েছেন।

ঘরে-বাইরে, কাজে, ক্লাবে, আড্ডায়- বিভিন্ন মুডে আমি প্রবীরদাকে দেখেছি। ওঁর মধ্যে আমি একই সঙ্গে দুটো মানুষ দেখতে পাই।একটা সত্ত্বা উদাসীন, নির্লিপ্ত, নিঃসঙ্গ। আরেকটা সত্ত্বা পরিশ্রমী চঞ্চল, আগ্রহী, committed। উনি uncompromising... একজন stubborn personality। দ্রুততার সঙ্গে কোনো কিছুর সঙ্গে আপোষ করতে পারেন না। এই বয়সেও ওঁর সক্রিয়তা অনেকের কাছে শিক্ষণীয়। সব মিলিয়ে প্রবীরদা এক বর্ণময় চরিত্র। ঈশ্বরের কাছে ওঁর সুস্থ জীবন প্রার্থনা করি।

***

(১২)

রিমঝিম গুপ্ত :- (অভিনেত্রী)

প্রবীর দা : একজন ফাদার ফিগার , ফ্রেন্ড, গাইড , উইটি , চার্মিং , greatest sense of humour,অসম্ভব ভালো মনের মানুষ তুমি তোমার সঙ্গে আমার আলাপ একটা মুভি করতে "কাল মধুমাস "..খুব খুব আনন্দ করেছিলাম .প্রথমবার লং আউটডোর করতে গিয়ে বাড়ি কে মিস করিনি ..আর সোমশ্রী রায় মানে তোমার ওয়াইফ আমি বৌদি একদম একজন মা.. যেরকম সুন্দরী ,বুদ্ধিমতী এবং ভীষণ ভালো মনের মানুষ ভীষণ প্রিয় ..U too r meant for each other..খালি শুট এর সময় যখন তুমি রেগে যেতে খুব বকুনি দিতে ,বৌদি আমাকে মানিয়ে নিতো ..মনে হতো শুট এ নয় আমি ফ্যামিলির কাছাকাছি থাকতাম ।

***

512

(১৩)

<u>পিয়ালী   দাসগুপ্ত:- (Member EMC Club)</u>

EMC ক্লাবের সত্তর উর্দ্ধ মানুষটাকে দেখে একজন গম্ভীর সল্পভাষী সাধারণ সদস্য বলে মনে হয়েছিল। কিন্তু খুব সল্প সময়েই ভুল ধারণা ভগবানের প্রতি কৃতজ্ঞতায় পরিণত হল । কবিগুরুর পঞ্চকন্যার এক কন্যা ইন্দুলেখা চৌধুরীর দৌহিত্র প্রবীর রায় অবশ্যই সমৃদ্ধ বলাই বাহুল্য।

কর্ম সূত্রে পরিচালক-বিশেষ উল্লেখ্য অকুতোভয় লড়াকু - সুলেখকও বটে—তথ্যপূর্ণ বিষয়বস্তু সমৃদ্ধ ওনার লেখা পড়ে অজানাকে জানি আমি।
সুবক্তা আর ভাল হোস্ট ও বটে প্রবীর রায় ।

অনন্য আকর্ষনী শক্তি সম্পন্ন এক অনুপ্রেরণা যিনি অনেকেই মুগ্ধ করেন।

(১৪)

যেমন দেখেছি আমি

শান্তিনাথ কুন্ডু (গীতিকার)

একদিন শুনলাম ওনার লেখা একটা বই বেরোচ্ছে ! ফোন করে জিজ্ঞাসা করাতে উনি বললেন , হ্যা , কেন ? আমি বললাম , আমি আপনার সমন্ধে কিছু লিখতে চাই ! কিছুক্ষণ চুপ থেকে, বললেন যেমন দেখেছো আমাকে সেই বিষয়ে দু একটা কথা যদি লেখার থাকে তো তুমি লিখতে পারো। ভালো খারাপ যেমন আমাকে দেখেছো অর্থাৎ তোমার চোখে আমি যেভাবে ধরা পড়েছি সেই রকমই লিখবে, শুধু ভালোর দিকটা লিখবে আর খারাপ দিকটা লিখবে না তা তো নয় যেটা সত্যি সেটাই লিখবে। আমি বললাম দাদা, এত কম সময়ে আমি কি লিখতে পারব? এখানে উনি আমাকে সাহস যোগালেন। এই সাহসটাই যেকোনো কাজে খুবই দরকার। মনে যদি সাহস, একাগ্রতা থাকে তাহলে অনেক দুরূহ কাজও সহজেই করা যায়। যাইহোক সেই সাহসে ভর করেই এ লেখা। ভুল ত্রুটি হলে মার্জনা করবেন। প্রথমেই বলি ওনার সঙ্গে আমার আলাপ করিয়ে দিলেন মিউজিক ডাইরেক্টর মান্যবর বিপ্লব চক্রবর্তী মহাশয়। ওনার বাড়িতে বিপ্লবদা নিয়ে গেলেন। পরিচয় করিয়ে দিলেন মাননীয় প্রবীর রায় মহাশয় এর সঙ্গে। প্রবীরদা বললেন একটা ফিল্ম করতে চাই ফিল্মের নাম "কাল মধুমাস"। গানের কথা লিখতে হবে। গানটা হবে রোমান্টিক গান। পুরো সিচুয়েশন বুঝিয়ে দিয়ে বললেন দু-এক দিনের মধ্যেই দিতে হবে। একদিন পরেই লিখে নিয়ে গেলাম "তুমি থাকলে পাশে দেখ আকাশ হাসে" গানটা। তারপর থেকেই ওনার প্রায় প্রতিটা ফিল্মেই আমি গানের কথা লিখেছি। এই ফাঁকে বলে রাখি যতবারই ওনার বাড়িতে গেছি প্রতিবারই কিছু না কিছু খেয়ে এসেছি। সময় খুব

কম থাকলে, চা না খাইয়ে ছাড়তেন না। এই প্রসঙ্গে না বললেই নয় বেশিরভাগ সময়ই উনি নিজে আন্তরিকতার সঙ্গে চা করে আনতেন। হয় তো বলতে পারেন চা করেছেন এটা আর এমন কি ব্যাপার! আসলে বলতে চাইছি যে এর সঙ্গে আন্তরিকতা মিশে আছে। এই আন্তরিকতা আজকাল খুঁজেই পাওয়া যায় না। সব কেমন যেন যান্ত্রিক হয়ে যাচ্ছি আমরা। যাক ওসব যে কথা বলছিলাম ফিল্মের কাজে হয়তো কোথাও যেতে হবে, আমাকে তখন ডেকে নিতেন নিজের বাড়িতে। তারপর ওনার গাড়ীতে করে বেরিয়ে পড়তাম আমরা। যে নির্দিষ্ট সময় দেওয়া থাকত নির্দিষ্ট জায়গায় দেখা করার, তার আগেই আমরা পৌঁছে যেতাম সময়কে অনুসরণ করে। আর এখন দেখছি সেই সময়কে যথাযথ গুরুত্ব দিয়ে অর্থাৎ হাতের মুঠোয় নিয়ে এগিয়ে চলতে কজনায় বা পারে? মনে পড়ে একবার গান রেকর্ডিংয়ে সময়ের আগেই আমরা পৌঁছে গেছি, আর যাদের তখন বিশেষ প্রয়োজন তারাই এলেন সময়ের পরে। তাই বলতে চাইছি কাজের প্রতি নিষ্ঠা, ঠিক সময়ে কাজটা করা ওনার মধ্যে দেখেছি। আবার কয়েক জনের মধ্যে দেখেছি যেন একটা গয়ং গচ্ছ ভাব অর্থাৎ যাচ্ছি যাব করছি করব ইত্যাদি যেটা উনি পছন্দ করতেন না। এরজন্য বিভিন্ন সমস্যায় পড়তে হতো ওনাকে, তাই উষ্মা প্রকাশ করা ছাড়া আর কিছুই থাকত না। আবার কাজ করতে গিয়ে এমনও লোক দেখেছি যাঁদের বাইরে থেকে দেখে মনে হবে একটা বিশাল বিশাল ভাব বড় মাপের মানুষ। কিন্তু ভেতরটা অত্যন্ত সংকীর্ণ এবং অকারণে নিজের দোষ ঢাকার জন্য অন্যকে দোষারোপ করতে এতটুকু দ্বিধাবোধ করেন না তাঁরা। এঁদের থেকে প্রবীর রায় মহাশয় সম্পূর্ণ আলাদা। ওনাকে বাইরে ও ভেতরে একই রকম দেখেছি। ওনার পরিচালনায় তিনটে ফিল্মে প্রায় সব গানগুলোই লিখেছি। ফিল্মগুলো হলো "কাল মধুমাস", "অগ্নিমন্থন" ও মহানায়ক উত্তমকুমার-কে নিয়ে "যেতে নাহি দিব"।

এই প্রসঙ্গে মনে পড়ে কাল মধুমাস ছবির মিউজিক ভিডিও লঞ্চে প্রচুর গুণীজনদের আগমন। সুন্দর মোহময় পরিবেশে হালকা করে

ছবির গান ভেসে আসছে। সবাইকে এক এক করে মঞ্চে ডাকছেন ঘোষক। ঘোষণা শেষ সিডি উদ্বোধন হয় হয় এমন সময় বৌদিমণি অর্থাৎ প্রবীর দার স্ত্রী আমাকে বললেন কী ব্যাপার আপনি গীতিকার এখানে কেন? আপনি তো স্টেজে যাবেন। এ কথা বলেই প্রবীর দা-কে গিয়ে বললেন। সেই মুহূর্তে আমি স্টেজে গেলাম। ঘটনাটা বললাম এখানে এই কারণেই যে বৌদিমণি সব দিকেই খেয়াল রাখতেন এবং সর্বতভাবে দাদা-কে সাহায্য করতেন। এ কথা বলতে গিয়েই মনে পড়ে গেল আর একটা কথা। একদিন অগ্নিমন্থন ছবির স্ক্রিপ্ট পড়ে শোনান হচ্ছে, সেখানে চোদ্দ পনের জন বিশিষ্ট অভিনেতা ও অভিনেত্রী উপস্থিত, বৌদিমণি সবার খাবার তৈরি করে রেখে অফিসে গিয়েছিলেন। এটা মনে রাখার ও শেখার মতো একটা ঘটনা।

পরিশেষে বলি অগ্নিমন্থন ছবির গানের ডাবিং শেষে প্রবীর দা-র গাড়িতে ফিরছি হঠাৎ দাদা গাড়ি থামিয়ে দেখি একজন সহযোগী গায়িকা-কে ডেকে পাঁচশ টাকা বুঝিয়ে সুঝিয়ে দিচ্ছেন। জিজ্ঞেস করে জানতে পারলাম গান গেয়ে প্রথম রোজগারের টাকা কোথায় হারিয়ে ফেলেছে ও। তাই আবার তাকে এই টাকাটা দিলেন। এই সব ছোট ছোট ঘটনা থেকে খুঁজে পাওয়া যায় উনি বড়ো মনের মানুষ।

www.ingramcontent.com/pod-product-compliance
Lightning Source LLC
Chambersburg PA
CBHW021209130626
46554CB00004B/1139